일제의 식민지 법 체제와 조선통치

일제침탈사연구총서
정치
06

일제의 식민지 법 체제와 조선통치

동북아역사재단 일제침탈사 편찬위원회 기획
이승일 · 김항기 지음

동북아역사재단
NORTHEAST ASIAN HISTORY FOUNDATION

| 발간사 |

  일본이 한국을 침탈한 지 100년이 지나고 한국이 일본의 지배로부터 벗어난 지 70년이 넘었건만, 식민 지배에 대한 청산은 이루어지지 못하고 있다. 일본의 독도영유권 주장은 도를 넘어섰다. 일본은 일본군'위안부', 강제동원 등 인적 수탈의 강제성도 인정하지 않고 있다. 일본군'위안부'와 강제동원의 피해를 해결하는 방안을 놓고 한·일 간의 갈등은 최고조에 이르고 있다. 역사문제를 벗어나 무역분쟁, 안보위기 등 현실 문제가 위기국면을 맞고 있다.

  한·일 간의 갈등은 식민 지배의 역사를 어떻게 볼 것인가 하는 역사인식에서 기인한다. 역사는 현재와 과거의 대화이며 이를 기반으로 미래로 나아갈 수 있다. 과거 침략의 역사를 미화하면서 평화로운 미래를 말하는 것은 불가능하다. 식민 지배와 전쟁발발의 책임을 인정하지 않고 반성하지 않으면 다시 군국주의가 부활할 수 있고 전쟁이 일어날 위험성도 배제할 수 없다. 미래지향적 한일관계를 형성하고 나아가 동아시아의 평화와 번영의 기틀을 조성하기 위해 일본은 식민 지배의 책임을 인정하고 그 청산을 위해 노력해야 할 것이다.

  식민 지배의 역사를 청산하기 위해서는 식민 지배는 어떻게 이루어졌는지 그 실상을 명확하게 규명하는 일이 긴요하다. 그동안 일본제국주의에 맞서 조국의 독립을 위해 헌신한 독립운동가들의 활동을 찾아내고 역사적으로 평가하는 일에는 상당한 성과를 거두었다. 반면 일제 식민침탈의 구체적인 실상을 규명하는 일에는 충분한 노력을 기울이지 못했다. 제국주의가 식민지를 침탈했다는 것은 너무나 당연한 사실로 여겨졌기 때문에, 굳이 식민 지배에서 비롯된 수탈과 억압, 인권유린을 낱낱이 확인할 필요가 없었는지도 모른다. 그러는 사이 일본은 식민 지배가 오히려 한국에 은혜를 베푼 것이라고 미화하고, 참혹한 인권유린을 부인하는 역사부정의 인식을 보이는 데까지 이르고 있다. 일제의 통치와 침탈, 그리고 그 피해를 종합적으로 조사하고 편찬할 필요성이 여기에 있다.

일제침탈사를 체계적으로 정리하는 일은 개인이 감당하기 어렵다. 이에 우리 재단은 한국학계의 힘을 모아 일제침탈사 편찬위원회를 꾸렸다. 편찬위원회가 중심이 되어 일제의 식민지 침탈사를 정치·경제·사회·문화 모든 방면에 걸쳐 체계적으로 집대성하기로 했다. 일제 식민침탈의 실체를 파악하기 위해 2020년부터 세 가지 방면으로 사업을 추진하고 있다. 하나는 일제침탈의 실상을 구체적이고 생생한 자료를 통해서 제공하는 일로서 〈일제침탈사 자료총서〉로 편찬한다. 다른 하나는 이들 자료들을 바탕으로 연구한 결과물을 〈일제침탈사 연구총서〉로 간행한다. 그리고 연구의 결과를 대중들이 이해하기 쉽게 〈일제침탈사 교양총서〉를 바로알기 시리즈로 간행한다. 자료총서 100권, 연구총서 50권,

교양총서 70권을 기본 목표로 삼아 진행하고 있다.

〈일제침탈사 연구총서〉는 일제침탈의 실태를 정치·경제·사회·문화 분야로 대별한 뒤 50여 개 세부 주제로 구성했다. 국내외 학계 전문가들이 현재까지 축적된 연구 성과를 반영하면서 풍부한 자료를 활용하여 집필했다. 연구자뿐만 아니라 교육 현장에서도 활용되고 일반 독자들도 이해할 수 있도록 집필하기 위해 노력했다. 연구총서 시리즈가 일제침탈의 역사적 실상을 규명하고 은폐된 역사적 사실을 기억하고 왜곡된 과거사에 대한 인식을 바로 잡음으로써 역사인식의 차이로 인한 논란과 갈등을 극복하는데 기여하는 디딤돌이 되기를 바란다.

2023년
동북아역사재단 이사장

| 편찬사 |

    1945년 한국이 일제 지배로부터 해방된 지 78년의 세월이 지났다. 그럼에도 불구하고 일본 사회 일각에서는 여전히 일제의 한국 지배를 합리화하고 미화하는 주장이 나오고 있으며, 최근에는 한국 사회 일각에서도 일제 지배를 왜곡하고 옹호하는 주장이 나오고 있다. 이는 한국과 일본 사회, 한일 관계와 동아시아 국제관계의 미래를 위해서도 결코 바람직하지 않은 일이다.
    이에 동북아역사재단은 일제의 한국 침략과 식민 지배에 대한 학계의 연구 성과를 총정리한 〈일제침탈사 연구총서〉를 발간하기로 하였다. 이에 따라 2019년 9월 학계의 전문가를 중심으로 편찬위원회를 구성하였으며, 편찬위원회는 학계의 연구 성과를 토대로 정치·경제·사회·문화 부문에서 일제의 침탈이 어떻게 이루어졌는지 정리하여 연구총서 50권을 발간하기로 하였다.
    주지하듯이 1905년 일제는 러일전쟁에서 승리한 뒤, 한국에 군대를 주둔시키면서 한국의 외교권을 빼앗고 통감부를 두어 내정에 간섭하였다. 1910년 일제는 군사력으로 한국 정부를 강압하여 마침내 한국을 강제 병합하였다. 이후 35년간 한국은 일제의 식민 통치를 받았다.
    일제는 한국의 영토와 주권을 침탈하였을 뿐만 아니라, 군사력과 경찰력으로 한국을 지배하면서, 정치·경제·사회·문화의 모든 부문에서 한국인의 권리와 자유, 기회와 이익을 박탈하거나 제한하였다. 정치적으로는 군사력과 경찰력, 각종 악법을 동원하여 독립운동을 탄압하고, 한국인의 정치활동을 억압하고 참정권을 박탈하였으며, 집회와 결사의 자유를 억압하였다. 경제적으로는 일본자본이 경제의 주도권을 장악하고, 일본인 위주의 경제정책을 수행했으며, 식량과 공업원료, 지하자원 등을 헐값으로 빼앗아 갔고, 농민과 노동자 등 대다수 한국인의 경제생활을 어렵게 하였다. 사회적으로는 한국인들을 차별적으로 대우하고, 한국인의 교육의 기회를 제한하고, 한국인으로서의 정체성을 박탈하여 결국은 일본의 2등 국민으로 만들고자 하였다. 문화적으로는 표현과 창작의 자유, 종교와 사상의 자유를 억압하고, 한글 대신 일본어를 주로 가르치고, 언론과 대중문화를 통제하였다. 중일전쟁, 아시아태평양전쟁을 도발한 뒤에는 인적·물적 자원을 전쟁에 강제동원하고, 많은 이들을 전장에 징집하여 생명까지 희생시켰다.

〈일제침탈사 연구총서〉는 침탈, 억압, 차별, 동화, 수탈, 통제, 동원 등의 단어로 요약되는 일제의 침략과 식민 지배의 실상과 그 기제를 명확히 밝히고자 하였다. 이를 통해 일제의 강제 병합을 정당화하거나 식민 지배를 미화하는 논리들을 비판 극복하고, 더 나아가 일제 식민 지배의 특성이 무엇이었는지, 식민 통치의 부정적 유산이 해방 이후에 어떤 영향을 미쳤는지를 밝히고자 하였다.

편찬위원회는 연구총서와 함께 침탈사와 관련된 중요한 주제들에 관하여 각종 법령과 신문·잡지 기사 등 자료들을 정리하여 〈일제침탈사 자료총서〉도 발간하기로 하였다. 아울러 일반인과 학생들이 보다 쉽게 읽을 수 있는 〈일제침탈사 교양총서〉를 바로알기 시리즈로 발간하기로 하였다.

일제의 한국 침략과 식민 지배의 역사는 광복 후 서둘러 정리해냈어야 했지만, 학계의 연구가 미흡하여 엄두를 내기 어려웠다. 이제 학계의 연구가 어느 정도 축적되어 광복 80주년을 맞기 전에 이와 같은 작업을 할 수 있게 된 것을 다행으로 생각한다. 한일 양국 국민이 과거사에 대한 올바른 역사인식을 갖고 성찰을 통해 미래를 향해 함께 나아갈 수 있기를 기대하면서 삼가 이 책들을 펴낸다.

2023년
동북아역사재단 일제침탈사 편찬위원회

차례

발간사 4
편찬사 7

서론
1. 일본 식민통치제도의 형성과 조선통치법　　14
2. 일제의 식민지 법에 관한 연구 현황　　37
3. 이 책의 내용과 서술 방향　　47

제1장　근대 일본의 식민지 통치법
1. 식민지 대만의 위임입법제도와 율령　　54
2. 식민지 조선의 위임입법제도와 제령　　74
3. 조선총독의 권한과 한계　　96

제2장　식민지 통치 법령의 입법 절차
1. 일본 본국 법령의 입법　　112
2. 조선총독부 법령의 입법　　124
3. 제령의 입법 과정을 통해 본 조선총독부와 일본정부 간의 관계　　135

제3장 **조선총독부의 민사법 정책**
1. 「조선민사령」의 제정과 법적 특징　　　　　　　　　　　152
2. 조선총독부의 관습 성문법화 정책과 일본정부의 법제일원화 원칙　165
3. 1940년대 관습 성문법화 정책의 중단과 조선인 차별 완화　　199
4. 조선인 참정 문제와 이법역(異法域) 폐지론　　　　　　　214

제4장 **조선총독부의 형사법 정책**
1. 일제강점기 형사재판제도의 운영 실태　　　　　　　　　238
2. 「조선형사령」의 제정과 시행　　　　　　　　　　　　　248
3. 「조선형사령」의 개정과 그 성격　　　　　　　　　　　　271
4. 식민지 조선에서 실시된 특례적 형사법　　　　　　　　288

결론　　　　　　　　　　　　　　　　　　　　　　　329

부록　341
참고문헌　362
찾아보기　372

서론

1. 일본 식민통치제도의 형성과 조선통치법

1) 일제 식민통치법의 기초 이념: 동화주의와 자치주의

제2차 세계대전 패전 직후 일본정부는 구식민지에서의 통치활동을 역사적으로 정리한 조사보고서를 발행한 바가 있다. 이 보고서에서 "조선통치의 근본 방침은 내선일체화이고, 궁극의 목표는 조선의 시코쿠(四國)·규슈화(九州)이다. 이에 이르기까지 통치자의 구상은 일시동인이고, 채택해야 할 통치정책의 기조는 이들(조선인)을 일본 본국의 국민과 같은 형태로 만드는 것, 즉 반도 민중의 일본 동화에 힘쓰는 것에 기조를 두었다"라고 소개하였다.[1] 요컨대, 일본의 조선통치책은 내선일체=동화정책=내지화=일시동인이었다는 것이다.[2]

한국사학계에서도 일제의 조선지배정책을 동화정책이라고 규정하는 데 대체로 동의하고 있다.[3] 다만, 개별 연구자들에 따라서 동화정책의

---

[1] 大藏省管理局, 1947, 『日本人の海外活動に關する歷史的調査(朝鮮)』, 2~3쪽.

[2] 鈴木武雄, 1946, 「朝鮮統治の性格と實績-反省と反批判」, 『日本人の海外活動に關する歷史的調査(朝鮮)』.(박찬승, 2019, 『21세기 한국사학의 진로』, 한양대학교출판부, 136쪽.)

[3] 한국사학계의 일제 식민정책에 관한 주요 연구성과는 다음과 같다. 강창일, 1994, 「일제의 조선지배정책」, 『역사와현실』 12; 최석영, 1997, 『일제의 동화이데올로기의 창출』, 서경문화사; 최유리, 1997, 『일제말기 식민지 지배정책 연구』, 국학자료원; 권태억, 2001, 「동화정책론」, 『역사학보』 172; 류승렬, 2007, 「한국의 일제강점기 '동화'론 연구에 대한 메타 분석」, 『역사와현실』 65; 권태억, 2008, 「1910년대 일제의 조선 동화론과 동화정책」, 『한국문화』 44; 이승일, 2008, 『조선총독부 법제정책』, 역사비평사.

내용이 다르고 또 시행 시기도 제각각이어서 일제가 언급한 동화정책이 무엇인지를 구체적으로 이해하기가 어렵다.[4] 예컨대, 어떤 이는 동화정책을 조선인의 일본인화로 이해하면서 '민족말살정책'이라고 규정하고, 어떤 이는 일제가 동화를 표방하면서도 사실상 법과 제도에서 조선인들을 차별한 정책이라고 설명하기도 한다. 한편에서는 내지연장주의라는 용어를 사용하면서 일본의 법과 제도를 조선에 강제로 시행하는 정책으로 설명한다.

동화정책을 본격적으로 분석한 권태억[5]은 영국, 프랑스, 일본의 식민정책을 비교·분석한 후에 1937년 중일전쟁 이전까지 일본의 식민정책은 동화정책이 아니었다고 결론지은 바가 있다. 그 근거로 권태억은 조선은 메이지헌법이 적용되지 않는 이법지대(異法地帶)였다는 점, 조선인이 일본식 이름을 붙이는 것을 금할 정도로 차별의식과 배제의식이 강했다는 점 등을 들었다. 그 이전의 일제의 동화정책은 정치적 선전 내지 표방의 성격이 더 강했다고 보았다.

전상숙은 권태억의 문제의식을 계승하면서도 병합 이래 일제의 식민지 지배정책이 일시동인→내지연장주의→내선융화→내선일체 등을 표방한 동화주의였다고 본다. 다만, 조선의 동화주의 정책이 전면적으로 전개되어 '민족말살정책'으로 강압적으로 실행된 시기는 이른바 파시즘기라고 보았다.[6]

---

4 일제 식민지 지배정책의 연구사 정리는 다음의 저서 참조. 박찬승, 2019, 「일제의 식민지 지배정책 연구사」, 앞의 책.
5 권태억, 2001, 앞의 글; 권태억, 2007, 「1920·30년대 동화정책론」, 『한국사론』 53.
6 전상숙, 2005, 「일제의 식민지 조선 행정일원화와 조선총독의 '정치적 자율성'」, 『일본연구논총』 21, 282쪽.

김신재는 "일제의 조선지배는 통치방식상 영국식에 가까웠지만 내용상으로는 프랑스의 동화정책을 기조"로 하였으며, 이는 "영국식과 프랑스식의 혼합형 식민주의로 일본의 독특한 지배방식"이었다고 설명한다. 그리고 "일제는 동화가 아니고서는 조선을 영구히 지배할 수 없다고 인식하고 식민지배 초기부터 동화라는 원대한 전략하에서 단계적 과정을 밟았다"고 본다. 김신재는 일제의 식민정책이 제1기 1910~1919년 3·1운동 시기까지, 제2기 1920~1937년 중일전쟁 직전까지, 제3기 1937년 중일전쟁부터 패전까지의 시기 등 3단계로 점진적으로 진행되었다고 하였다.[7]

필자도 일제의 조선지배정책을 동화정책으로 규정하는 데 동의한다. 하지만 일제 식민통치의 특징을 점진적·단계적이라고만 규정하는 것은 조선통치책의 특징을 드러내는 데 한계가 있다고 생각한다. 동화정책을 추진한다고 해서 즉시 일본의 모든 법과 제도를 식민지에 시행하는 것은 아니기 때문이다. 또한, 수천 년간 독자적인 국가와 문화를 형성해 온 조선인들을 일거에 일본인으로 바꾸어 놓을 수도 없다.

1895년 일본정부에 프랑스식 동화정책을 제안하였던 미셸 르봉(Michel Revon)조차도 일본의 법과 제도를 당장 대만에 시행해야 한다고 제안한 것이 아니라 '대만을 점진적으로 본국에 근사(近似)시켜서 장래에 일본의 일현(一縣)으로 삼아야 한다'고 주장하였다. 식민통치 당국은 통치에 참여하는 일본인과 원주민의 수, 일본 문화의 유입과 동화의 정도, 일본 국가에 대한 원주민들의 충성심, 식민지 거주 일본인의 수, 일본인들의 원주민에 대한 포용 정도, 식민지의 경제·사회 성숙의 정도,

---

7 김신재, 2016, 「일제 강점기 조선총독부의 지배정책과 동화정책」, 『동국사학』 60.

원주민들의 교육 수준 등 여러 가지를 고려하면서 점진적으로 또 단계적으로 동화의 수준을 높여가기 마련이다. 따라서 동화가 완전히 달성되기 이전까지는 상당 기간 민족 차별, 이화(異化), 폭력, 배제 등이 남아 있게 된다. 이 점을 고려하지 아니한 채 정책의 일부만을 강조하면, 일제의 조선통치의 특징을 설명하기 어려워진다.

이외에도 종전 식민정책사 연구들은 몇 가지 한계가 있다. 첫째, 일본 식민통치정책은 조선총독부의 정책만으로는 특징이나 방향이 잘 드러나지 않음에도 불구하고 식민지 조선에 초점을 맞추어 연구하는 경향이 짙었다. 조선의 통치제도(제령)는 대만의 것(율령)을 거의 그대로 모방하였으나 조선총독이 제정한 민사법과 형사법은 대만과는 상당히 달랐다. 따라서 조선총독부가 시행한 개별적인 법령이나 정책만으로 일제 식민지 체제와 그 변화의 큰 흐름을 이해하기에는 어려움이 있을 수밖에 없다. 이를 극복하기 위해서는 대만과의 비교 연구가 필요하다.

둘째, 식민지 통치법 제정에 참여하는 다양한 권력 주체들의 상호작용과 이 과정에서 드러난 권한의 크기 등에 대한 연구가 상대적으로 부족한 편이다. 한국학계가 1990년대까지는 총독부와 일본정부를 서로 구별하지 아니한 채 식민정책을 분석하였다면 근래에는 조선총독의 자율성과 특수성을 각별히 강조하는 연구가 나오고 있다. 물론, 일본정부가 직접 조선통치책을 수립하는 경우는 매우 적었지만, 조선총독부의 식민통치안은 일본정부의 승인을 얻지 못하면 공포될 수 없는 한계가 있었다. 제국의회도 특별입법을 통해서 식민지에 직접 영향을 미칠 수 있었다. 이처럼 식민지에 영향을 미칠 수 있는 권력주체들 간의 상호작용을 분석하지 않는다면 단편적인 식민정책 이해로 귀결될 뿐만 아니라 일본정부와 제국의회의 역할과 권한이 과소 평가될 수 있다.

셋째, 일본정부가 참고하였던 서구 식민통치제도 비교의 연장선상에서 식민통치제도를 이해할 필요가 있다. 일제의 동화정책은 서구에서 이미 시행되고 있던 식민통치제도가 일본정부와 제국의회에 의해서 변형되어 역사적으로 형성되었기 때문이다. 따라서 일본의 식민정책을 단순히 영국형 자치정책이나 프랑스형 동화정책이라고 규정할 수 없다. 일제의 초기 식민통치제도는 일본정부, 제국의회 그리고 대만총독부가 영국 및 프랑스의 것을 참고하여 크게 수정한 결과이다. 이 과정에서 일본만의 독특한 제도적 특징이 나타났다. 그럼에도 불구하고 기존의 연구들은 이 같은 접근보다는 이미 완성된 제도(율령 또는 제령)의 분석에 치중하였다. 그래서는 일제 통치제도만의 특징이 잘 드러나지 않는다.

마지막으로 한국사 연구자들이 식민통치 당국자 혹은 식민정책학자들이 이해하고 시행하였던 것과는 다르게 동화정책을 규정한 측면도 있다. 물론, 동화정책 연구를 반드시 식민당국자들이나 식민학자들이 사용한 개념으로부터 시작할 필요는 없다. 하지만 이 용어가 통치당국의 정책 방향을 구체적으로 알려주고 있고 또 일제 식민정책학에서 중요한 논쟁이 되었던 것이라면, 당시 동화주의가 어떠한 의미로 사용되었는가를 염두에 두면서 연구를 진행할 필요가 있다.

일제 식민지기 대표적인 식민정책학자인 야나이하라 다다오(矢內原忠雄)는 1926년에 펴낸 저서에서 서구의 식민정책을 종속주의, 자주주의, 동화주의 3종으로 구분하고 당시 일본정부의 조선통치책을 '동화주의'라고 규정하였다.[8] 야나이하라에 따르면, 종속주의는 원주민의 이익

---

8   矢內原忠雄, 1926, 『植民及植民政策』, 有斐閣, 247~250쪽; 야나이하라 다다오 저, 최은진 역, 2023, 「조선통치 방침」, 『일본의 식민지 조선통치론』, 민속원.

을 고려하지 않고 식민국이 오로지 자신의 이익만을 위하여 식민지의 자원과 인력을 일방적으로 약탈하는 정책이다. 식민지 정책을 결정하는 데 있어서 원주민을 전혀 참여시키지 않고 착취하는 이러한 종속주의는 16~18세기 유럽 국가들이 해외 식민지에 행한 것으로, 원주민의 절멸이나 반항으로 귀결되었다.

이에 반해서 자주주의(≒자치주의)와 동화주의는 원주민의 정치적 참여를 제한적으로나마 인정하는 정책이다. 동화주의는 식민지를 식민국의 일부로 취급하면서 언젠가는 식민국이 될 수 있다는 인식하에서 원주자 사회의 법제, 언어, 관습, 종교 등을 간섭·부정하고 대신에 모국의 '문명적' 법과 제도를 시행하고 잡혼을 장려하는 정책이다. 이 경우 식민지에 의회를 설치하지 아니하고 식민국의 여러 국가기관이 직접 통치한다. 그러나 동화주의는 이른바 '인류 보편의 가치'를 식민지에서도 실현할 수 있다는 제국주의자들의 주장에도 불구하고, 필연적으로 원주민들의 사회생활을 압박하여 불만, 반항, 반란을 불러일으킬 수밖에 없다는 것이 야나이하라의 주장이다.[9]

야나이하라는 무력이 동반되는 군사적 지배와 동화주의는 서로 동반되며 양자의 공통된 기초는 본국 중심의 절대적 지배주의라고 설명한 바가 있다.[10] 야나이하라 외에도 자유주의적 식민정책학자들은 일본정부의 군사적·폭압적 동화정책은 식민지민들의 저항과 반발을 초래하기

---

9 야나이하라의 식민정책학에 대해서는 다음의 논문 참조. 이석원, 2003, 「근대 일본의 자유주의 식민정책학 연구-야나이하라 다다오의 식민정책학을 중심으로」, 연세대학교 석사학위논문.

10 矢内原忠雄, 1965a, 「軍事的と同化的日佛植民政策比較の一論」, 『矢内原忠雄全集(4卷)』, 岩波書店, 290쪽.

때문에 이를 중단하고 자치주의(자주주의)로 통치책을 바꿀 것을 주장하였다.

자주주의는 원주민의 역사적 특수성을 인정하고 그들의 풍속, 관습, 규범, 문화, 종교 등을 가능한 한 활용한다는 입장에서 식민통치책을 수립하자는 것이다. 따라서 원주민들이 참여하는 의회를 구성하고 그 의회가 자주적으로 식민지에 적합한 각종 법과 제도를 제정하여야 한다고 주장한다. 야나이하라는 자주정책만이 식민모국과 식민지 간에 호혜적인 관계를 형성할 수 있다고 생각하였다.[11] 다만, 자주정책은 결코 식민지의 독립을 예상하는 것은 아니다.

근대 일본의 식민정책학에서 '자치정책'과 '동화정책'을 구분하는 기준은 첫째, 식민지 통치권을 형성시키는 입법기관을 어디에 설치할 것인가 그리고 입법권은 누가 행사할 것인가. 둘째, 식민지의 사정과 관습을 존중하여 법을 제정할 것인가 아니면 본국의 이른바 '문명화'된 법을 연장 시행할 것인가 등이다. 야나이하라는 이 같은 유형의 식민정책을 영국의 주요 식민지(캐나다, 호주, 뉴질랜드, 아일랜드 등)와 프랑스의 알제리 통치[12]에서 볼 수 있다고 설명하였다.

영국식 자치정책은 통치권을 행사하는 기관을 식민지에 두거나 토착

---

11 야나이하라는 영국이 캐나다에서 실시한 자주주의를 가장 선진적인 예로 들면서, 조선에 식민지 의회를 설치할 것을 주장했다. 야나이하라는 "주민의 참정권을 인정하는 것은 식민지 통치를 건전하고 공고하게 할 수 있는 제1요건이다. 대만, 조선과 같이 인구도 많고 역사도 오래된 사회에 대해 주민의 참정권을 인정하는 것은 정의가 요구하는 것이며, 또 동시에 제국적 결합의 공고를 기하는 까닭이다. 다만, 그 참정권 승인의 형태는 제국의회로의 대표의 형식에 의할 것인지 아니면 식민지의회 개설의 형식에 의할 것인지의 문제가 남아 있을 뿐"이라고 주장하였다.
12 이재원, 1995, 「제국주의 식민통치 성격 비교: 프랑스-알제리」, 『역사비평』 2.

통치기관을 인정하고 해당 기관이 통치(입법권, 행정권을 행사)하는 것을 말한다.[13] 물론, 식민지에 대한 모국의 감독은 이루어지나 식민모국의 국가기관(의회)이 직접 통치하지 아니하고 식민지에 설치된 특별통치기관이 그 지역의 풍토, 실정, 관습, 문화 등을 고려하여 식민지 법과 제도를 제정한다. 영국은 해외 식민지들이 방대하고 원거리에 위치해 있으며, 또 현지 사정을 모두 파악하는 것이 어렵기 때문에 영국식 교육을 받은 현지인을 통치자로 활용하는 경우가 많았다. 이 같은 영국식 통치는 적은 비용으로 식민지를 통치할 수 있다는 이점도 있었다.

이에 반해서 프랑스식 동화정책은 식민지 내에 입법기관을 설치하지 아니하고, 프랑스 본국의 국가기관(의회)이 직접 식민지의 법률까지 제정하는 것을 지향한다. 다만, 엄격한 자격 심사를 거쳐서 통과된 극소수의 식민지인에게는 시민권을 부여하고 본국의 입법 및 행정기관에 참여할 수 있는 자격을 주었다.[14] 또한 본국의 법과 제도를 식민지에도 시행하되, 여건상 즉시 시행하기 어려운 것은 잠시 유보하고 지역의 관행에 맞는 제도를 시행하는 것이다.

위의 구분에 따르면, 일본 식민정책은 영국식 자치정책도 아니고 프랑스식 동화정책도 아니다. 식민지 조선과 대만에는 자치정책의 핵심인

---

13 하마우즈 데쓰오 저, 김성동 역, 2004, 『대영제국은 인도를 어떻게 통치하였는가』, 심산; 최재희, 2007, 「인도 민족운동과 정치참여」, 『제국주의 시기 식민지인의 '정치참여' 비교』, 선인; 박금표, 2008, 「영국 지배 시기의 지방자치제도와 빤짜야뜨」, 『남아시아연구』 14-1.

14 프랑스가 통치하고 있던 인도차이나에서는 1925년에 프랑스 시민권을 부여받은 사람이 31명이었으며 1939년에는 300명에 불과했다. 알제리에서는 1889~1909년까지 551명이 시민권을 신청했으나 214명이 거부되었다. 아르노 낭타, 2010, 「프랑스의 식민화 역사」, 『근대 열강의 식민지 통치와 국민통합』, 동북아역사재단, 69쪽.

식민지 의회가 만들어지지 않았고 또 동화정책의 특징인 식민지인이 식민모국 의회에 참여할 수 있는 제도도 전혀 없었기 때문이다. 그럼에도 불구하고 당시 일본의 식민정책학자들이 조선통치책을 '동화정책'이라고 규정한 이유는 일본정부가 식민지인들의 법, 관습 및 사정을 원칙상 인정하지 아니하고 일본의 법과 제도를 강제적으로 시행하는 정책을 추진하였기 때문이다.

야나이하라는 정치적 자유의 측면에서 조선인과 대만인이 완전한 무권리 상태에 있었다는 점을 고려하여, 일본정부의 식민통치제도를 '독단전제'라고 규정하였다.

> 조선의 중앙행정은 총독의 독단전제이다. 이와 같은 식민지 통치제도는 넓은 세계에서도 유례를 찾기 어렵다. 특히 면적, 인구, 역사에서 소규모가 아닌 식민지에 대해서 본다면, 아마 세계 유일의 전제적 통치제도이다. … 무슨 이유로 조선에 대해서는 총독의 전제정치인가? 조선인의 정치능력이 아직 발달되지 않았기 때문이라는 것인가? 현재 조선인의 정치능력은 필리핀인이나 자바인에도 미치지 못했다고 말하는 것인가? 혹은 조선인은 참정희망을 갖지 않는다는 것인가? 이와 같이 말하는 자의 얼굴을 나는 눈을 크게 뜨고 볼 것이다. 조선에 가 보아라. 길가의 돌조차도 자유를 외친다. … 요컨대 조선민중에 대해서 참정을 인정하지 않는 것은, 정부가 이것을 원하지 않기 때문이지 다른 어떠한 적극적인 이유도 존재하지 않는다.[15]

---

15 矢內原忠雄, 1965b, 「植民政策の新基調-朝鮮統治の方針」, 『矢內原忠雄全集(1卷)』, 岩波書店, 739~740쪽.

1920년대 일부의 식민정책학자들은 당시 조선통치책을 '동화정책'이라고 비판하면서 조선인들에게 참정권을 인정하는 자치정책(자주정책)으로 통치방향을 전환할 것을 촉구하였다. 하지만 일본정부는 조선인에게 참정권을 부여하는 것에는 매우 소극적이었다. 식민통치 내내 일본정부에게는 식민지인들의 참정권 향유 여부보다는 일본 본국의 법과 제도를 언제 어떻게 시행할 것인지가 더 중요하였다. 야나이하라는 식민지 주민들의 참정권을 배제한 채 시행하는 일본의 '동화정책'을 '관치적 내지연장주의'로 규정하였다.[16]

따라서 서양의 식민통치와 비교할 때 두드러지는 일제 식민통치의 특징은 조선 주민의 정치적 의사를 원천적으로 배제하고 총독 개인에게 지나치게 많은 권력을 집중시킨 점에 있다. 그리고 식민지 행정기구 내에 조선총독의 무단적, 독재적, 폭력적 통치를 견제하거나 제어할 수 있는 수단이 전혀 없기 때문에 조선인들의 요구는 언제나 뒷전에 밀릴 수밖에 없었다. 물론, 서양 제국주의 국가들의 참정제도가 형식적이고 허울에 불과하기는 하였으나 참정제도 자체를 만들지 않은 일본의 통치제도는 매우 억압적인 사례에 속한다.[17]

2) 일본 식민통치법의 형성과 성격: 관치적 독재통치

일본의 대만통치제도는 1895년 4월부터 1896년 3월 사이에 대만사무국, 대만총독부, 제국의회 등이 협의하면서 만들어졌다. 청일전쟁 이

---

16   矢內原忠雄, 1965a, 앞의 글, 290쪽.
17   야나이하라 다다오 저, 최은진 역, 2023, 앞의 글, 245쪽.

전까지 일본은 해외 식민지를 경영한 경험이 없었기 때문에 식민통치의 선구자 역할을 하였던 영국과 프랑스의 식민지 제도를 면밀히 검토하였다. 당시 일본정부 내에는 사법성 고문으로 영국 출신의 윌리엄 커크우드(William Montague Kirkwood)와 프랑스 출신의 르봉이 근무하고 있었는데, 사법대신은 그들에게 각각 대만통치안을 작성하여 제출할 것을 요구하였다.

르봉은 1895년 4월 22일에 제출한 의견서에서 프랑스가 알제리에서 시행하였던 것처럼 대만인에게 막대한 공권(公權: 선거권, 피선거권, 공무담임권 등)을 신속히 부여할 것을 제안하였다. 사법제도 및 법률에 대해서는, 대만에 일본의 형법을 곧바로 시행하고 사권(私權)에 대해서는 대만의 관습을 면밀히 조사한 후에 일본민법을 점차 시행할 것을 주장하였다. 르봉은 대만인에게도 본국의 의회에 참여할 수 있는 길을 열어 두고, 가능한 한 빨리 일본 본국의 법과 제도를 대만에 시행할 것을 주장하였다. 다만, 즉시 시행하기 곤란한 경우에는 대만의 실정과 관습을 조사한 후에 점진적으로 일본법을 적용할 것을 제안하였다.

이에 반해서 영국인 커크우드는 4월 30일에 여러 식민지의 제도를 조사한 「식민지제도」라는 문서를 사법대신에게 제출하였다.[18] 이 문서는 영국의 통치제도를 모방해서, "① 식민지에 문관의 지사를 두고 그에게 관할 구역 내의 행정을 처리하도록 하되, 행정회의를 설치하여 지사를 보좌하게 한다. ② 지사는 '입법원'의 협찬을 얻어서 법률을 제정한다. ③ 입법원의 의장은 문관 지사가 겸직하고, 의원은 15~17명으로 구성하되 행정회의 의원, 기타 관리, 지명에 의해 선임되는 민간인 등으로 구

---

18 「殖民地制度(1845.4.30.)」, 『秘書類纂臺灣資料』, 108~148쪽.

성한다. 특히, 민간인 중에서 임명하는 입법원 의원은 일본인이 아니라 중국인들을 일부 참가시키는 것이 바람직하다"고 제안하였다. 이 제안은 흡사 식민지 자치의회를 떠올리게 한다.

대만사무국은 커크우드 의견서를 기초로 하여 「대만조례안」을 작성하였다. 「대만조례안」에서 대만총독은 "입법회의의 의정 및 칙재"를 거쳐서 그 관할구역 내에 법률의 효력을 갖는 "총독부령"을 발할 수 있도록 규정하였다. 이외에도 예산 및 결산안, 인민의 청원으로서 특히 중요한 것은 입법회의가 의정할 수 있도록 규정하였다. 단, 입법회의는 칙령으로 제정하도록 하였다.

대만사무국은 「대만조례안」을 대만총독부로 넘겨서 의견을 청취하였는데 이 안에 대해서 대만총독부가 강력히 반발하였다. 대만총독부 측이 반발한 이유는 "입법회의의 권한이 심대하여 대만총독의 입법권 행사를 제약할 수 있다"는 것이었다.[19] 이후 대만사무국은 대만총독부의 의견을 일부 반영하여 「대만통치법」을 새롭게 작성하였다.[20] 「대만통치법」은 입법회의를 폐지하고 대신 대만총독이 법률효력을 갖는 총독부령을 직접 제정할 수 있도록 규정하였다. 단, 법률 효력을 갖는 총독부령안, 예·결산안 등에 관해서는 '총독부평의회'에 평결을 부치도록 하였다. 그러나 총독부평의회는 의회 기능을 하는 조직이 아니라 총독부 관리들로 구성되는 관료조직에 불과하였다.[21]

---

19 臺灣總督府警務局, 1933, 『臺灣總督府警察沿革誌Ⅰ』, 69쪽.
20 「臺灣統治法 修正ノ分 第一號 法律案」, 『秘書類纂臺灣資料』, 151~153쪽.
21 일본정부는 대만총독부평의회를 총독, 민정국장, 군무국장 등 대만총독부 관료들만으로 구성함으로써, 총독의 견제기구라기보다는 총독의 의사결정을 돕는 보좌기구로 만들어 버렸다. 대만통치제도는 식민지 주민의 참여를 철저히 차단하였으며, 대

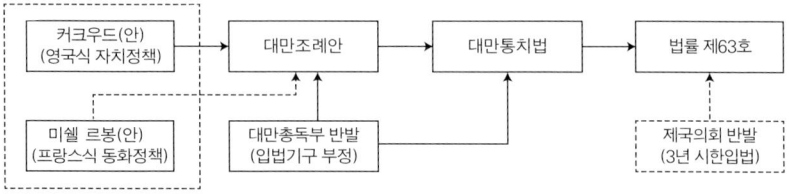

〈그림 1〉 일본 식민통치법의 형성 과정

이후 일본정부는 「대만통치법」을 약간 수정하여 제국의회에 '대만에 시행할 법령에 관한 법률안'으로 제출하였다. 일부 의원은 행정관료에 불과한 총독이 입법권을 행사하는 것이 헌법 위반이라는 비판을 제기하였으나 이 주장은 일본정부와 제국의회의 타협 속에서 힘을 잃었다. 제국의회는 일본정부와 타협하여, 3년 시한입법을 조건으로 대만총독에게 입법권을 위임하는 데 동의하였다. 이것이 법률 제63호이다.

제국의회와 일본정부가 서로 타협할 수 있었던 이유는 법률 제63호가 통치상 여러 가지 장점이 있었기 때문이다. 첫째, 대만은 일본과 거리가 멀고 왕래하는 것이 불편하기 때문에, 긴급 상황시 신속한 조치를 취할 수 있다. 둘째, 관습, 풍토, 민심이 다른 대만인들에게 일본의 법제를 강제하면 오히려 저항과 반발을 초래할 수 있었다.[22] 셋째, 메이지헌법과 법률에서 보장하는 국민의 권리 의무에 관한 사항을 대만인에게 굳이 시행하지 않아도 된다. 즉, 차별의 존속과 통치의 편이성 측면에서 채택

만총독부 내의 심의 절차들을 형식화하고 총독의 독재적·관료적으로 권한을 보장하는 방향으로 확립되었다. 이는 일제 식민통치 방식의 특징이었다.

22 손준식, 2010, 「일제하 대만의식의 형성배경과 그 성격」, 『중앙사론』 31, 168쪽.

할 수 있는 제도였다.

법률 제63호에 의해서 대만에 어떤 종류의 법을 시행할 것인지는 총독의 의향에 달려 있었다.[23] 이로써, 대만은 일본 본국과 법의 형식과 내용을 달리하는 이법역(異法域)이 되었으며 '원칙상' 일본 본국의 법률은 시행되지 않았다. 그리고 대만총독은 입법권뿐만 아니라 행정과 사법에 관해서도 폭넓게 권한을 행사하였다.

이상에서 살펴보았듯이, 대만에서 수립된 일본의 통치제도는 식민지의회 구상이 폐기되고, 대신에 총독 개인에게 모든 권력을 집중하는 방향으로 수립되었다. 영국인 커크우드가 제안한 입법원은 설치되지 않았고 대만총독이 발하는 율령(입법명령)을 심의하는 대만총독부평의회는 대만총독부 관료들만 참여하는 관치적 기구였다. 식민지 내에서는 총독의 통치행위를 견제할 수 있는 제도적 수단이 존재하지 않았다.

이러한 대만통치제도는 큰 변경없이 조선통치에 적용되었다. 즉, 일제는 1911년에 법률 제30호를 제정하여 조선총독에게 입법권을 포함한 통치권을 포괄적으로 위임하는 통치방식을 답습하였다. 1919년 내각총리대신이었던 하라 다카시(原敬)는 「조선통치사견」이라는 문서에서 "조선에 대한 제도는 대체로 대만을 모방한 것이다. 이때 모방한 대만의 제도라는 것은 1895년 청일전쟁 후의 결과로 처음으로 우리 영토가 되었고 당시 신영토를 통치한 경험이 없었기 때문에 구미 여러 나라의 식민지에 대한 제도를 참작하여 결정한 것이었다"라고 회고한 것을 통해 알 수 있다.[24] 다만, 대만의 경우에는 3년 또는 5년 시한으로 입법되었으나

---

23 일본정부는 '칙령'으로 일본 본국의 법률을 대만에 연장·시행할 수 있었고 정부입법의 형식으로 대만에 관하여 특별입법을 할 수 있었으나 매우 자제하였다.

조선은 영구법으로 제정되었다는 차이가 있다.

3) 식민통치법의 전환: '특별통치주의'에서 '내지연장주의'로

일본정부의 식민통치법은 2단계로 구분된다. 제1단계는 1895년부터 1921년까지 대만에서 시행된 '특별통치주의'의 시대이다. 이 시기는 법률 제63호를 제정하여 대만총독에게 입법·사법·행정·군사권을 위임하는 시기이다. 대만총독은 척식무대신의 감독을 받아 포괄적으로 대만을 통치하였다.[25] 법률 제63호는 시한입법이었기 때문에 3년마다 제국의회로부터 연장 여부를 승인받아야 했다. 그러다가 1907년 1월 1일부터는 법률 제31호가 법률 제63호를 대체하였다. 제63호와 다른 점은 법률의 효력기간이 1911년 12월 31일까지 5년으로 연장된 것이었다. 그리고 제5조를 신설하여 율령은 대만에서 시행하기로 결정한 '법률'이나 '칙령'을 위배하지 못한다고 규정하였다. 이 규정은 법률과 율령이 서로

---

[24] 하라 수상은 「조선통치사견」에서 "조선에 대한 식민지 제도는 대만 제도의 모방으로서 대만의 제도는 구미제국의 식민지에 대한 여러 제도를 참작하여 결정한 것으로 시험 중인 제도이다. 이것을 제국의 신영토에 대한 근본 제도로 하는 것은 인정할 수 없다. 조선병합 약 10년의 경험에 의하면 현행제도는 근본적으로 잘못이 있다. 왜냐하면 구미제국이 속한 식민지는 인종, 종교, 역사, 언어, 풍속이 서로 달라 특수한 제도를 펼치지 않으면 안 되지만 조선은 언어, 풍속이 약간 다를 뿐 근본적으로 거슬러 올라가면 동일 계통에 속하고 인종 역사에서도 거의 동일하다. 이것을 무시한 채 특수한 영토를 다스려야 하는 제도를 모방하고 있다. 따라서 조선도 내지와 완전히 동일한 제도를 펴야 하며, 행정상 사법상 군사상 기타 경제 재정 교육지도의 면에서도 완전히 동일하게 해야 한다"고 주장하였다. 서종진, 2020, 「일본 제국주의의 '내지연장주의'와 조선총독부의 '문화정치'」, 『한국정치외교사논총』 41-2, 12쪽.

[25] 「御署名原本·明治二十九年·勅令第八十八號·臺灣総督府條例」.

충돌하는 경우 해결방안을 마련한 것이었다.[26]

위 법률의 입법취지에 따라서, 대만총독부는 대만인에게는 가급적 일본 본국의 법령을 시행하지 아니하고 대만의 구관으로 통치하되, 일본인과 외국인은 일본법령을 적용하는 속인주의 법제도를 채택하였다. 그리고 일본의 연구자들은 일본 본국과는 다른 법과 제도로 대만인을 통치한다는 의미에서 일제의 대만통치를 '특별통치주의'라는 용어로 규정하였다. 이 단계에서 일본정부도 구관으로 대만인을 통치하는 것에 찬성하였다.

제2단계는 법률 제31호가 1921년에 법률 제3호로 대체되어 1922년 1월 1일부터 시행된 시기이다. 법률 제3호는 원칙상 대만에 일본 본국의 법률을 칙령으로 시행하되, 일본의 법률로 시행하기에 적당하지 않은 예외적인 사항에 대해서만 율령을 제정할 수 있도록 하였다. 이는 대만총독의 율령권이 행사될 수 있는 영역을 대폭 축소하고 칙령으로 대만을 직접 통치할 것을 선언했다는 점에서 큰 전환점이 되었다. 법률 제3호와 일련의 후속 칙령의 제정을 통해서 대만에서는 친족 및 상속 등 일부 분야를 제외하고는 일본 본국의 법률들이 연장 시행되었다. 일본의 다수의 연구자들은 법률 제3호의 시행을 계기로, 일본정부의 식민정책이 특별통치주의에서 내지연장주의로 전환되었다고 지적한다.

조선의 경우, 조선총독에게 입법·사법·행정권을 모두 위임하였다는 점에서는 대만과 유사하다. 하지만 1912년 「조선민사령」과 「조선형사령」 제정을 계기로 해서 조선총독부는 조선인, 일본인, 외국인을 불문하고 일본 본국의 법과 제도를 시행하는 조치를 단행하였다. 즉, 「조선민

---

26 1907년부터 대만총독부평의회를 율령심의회로 변경하였다.

사령」에서는 일본민법을 비롯해 총 23종의 일본법률이, 「조선형사령」에서는 일본형법을 비롯해 총 12종의 일본법률이 시행되었다. 그리고 일본법률이 시행되는 범위에서는 조선총독의 입법권이 행사될 수 없었다. 1912년에 비로소 일본법령을 식민지에 시행하는 것을 원칙으로 하되, 식민지에 직접 시행하는 것이 곤란한 것 또는 특수한 사정이 있는 것에 한정하여 예외적으로 조선 재래의 관습과 제도를 인정하는 '내지연장주의'가 등장하였다.[27]

일제 식민통치정책에서 내지연장주의는 대만의 경우에는 1922년에, 조선의 경우에는 10년 정도 빠른 1912년에 시행되었다. 그리고 내지연장주의 정책은 30여 년에 걸쳐서 점진적·단계적으로 시행되었다. 앞에서 말했듯 일본정부가 구상하고 있던 내지연장주의는 일본인과 조선인을 평등하게 대우하는 것이 아니라 원칙상 일본 본국의 법령을 식민지에 강제로 시행하는 것과 조선과 일본을 통치하는 통치기관을 통합한다는 것을 의미하였다. 그리고 패전 직전에는 식민지에 설치되어 있던 특별통치기관(총독부, 고등법원 등)을 폐지하고 일본 본국의 국가기관(제국의

---

[27] 이 책에서는 1910년 이래의 일본의 조선통치책을 동화주의(≒내지연장주의)라고 규정한다. 1910년 조선통치에서는 조선인에게 철저한 탄압, 정치적 배제가 이루어지면서도 일본 본국의 법과 제도를 강요하기 시작하였기 때문이다. 1919년 3·1운동 이후에는 문화정치가 시행되면서 총독 무관제를 폐지하고 조선인 관리에 대한 임용 및 처우를 일부 개선하였다. 조선인들에게 시행되지 않았던 언론, 출판의 자유를 제한적으로 허용하고 일본식 교육제도를 도입하기 시작하였다. 그리고 「조선호적령」 제정, 「조선민사령」 제11조 개정을 통해서 내선결혼을 법률적으로 승인하였다. 특히, 조선인들의 참정에 대한 요구를 흡수하기 위하여 지방자치제도를 시행하는 등 지속적으로 일본의 법과 제도를 조선에 시행하는 범위를 확대하여 갔다. 무단통치의 상징이었던 헌병경찰제, 「조선회사령」, 「조선태형령」을 폐지하였다. 내지연장주의를 강력히 주장한 하라 수상은 자신이 오랫동안 품었던 정책을 조선총독부와 대만총독부에 시행하기 위하여 노력하였다.

회, 내각, 대심원)이 직접 조선인과 일본인을 통치할 것을 구상하였다. 그리하여 장차 조선과 대만은 내무성이 관할하는 지방행정기관이 관할하게 될 것이었다.

4) 조선총독의 권한과 한계

지금까지 일본의 식민정책사 연구자들은 법률 제63호, 법률 제3호, 법률 제30호를 분석하거나 「대만총독부관제」나 「조선총독부관제」를 중심으로 분석하는 경향이 있었다. 물론, 이 같은 거시적이고 구조적인 접근은 일본 식민정책의 기본 틀을 이해하는 데 도움을 준다. 하지만 더 중요한 것은 이 같은 식민정책이 제정되는 입법절차의 분석이다. 식민통치책을 수립하는 권한이 누구에게, 얼마나 배분되어 있는지, 그리고 식민정책 수립을 둘러싼 국가기관 간의 갈등과 충돌이 어떻게 처리되는가를 잘 설명해주기 때문이다. 이를 통해서 식민통치기관 간의 위계와 권한의 크기를 파악할 수 있다.

조선과 대만에 대한 통치권은 각 총독들에게 폭넓게 위임되어 있었으나 이 위임의 의미를 지나치게 확대·해석해서 마치 총독이 일본정부로부터 독립된 권력 주체인 것처럼 설명하는 것은 과도한 측면이 있다. 총독의 통치권은 식민지 내부의 의사결정만으로 실행되지 못하고 '칙재'를 거쳐야 비로소 실현될 수 있었기 때문이다.

그리고 칙재를 얻기 위해서는 반드시 주무대신의 청의(請議)→법제국 심사→각의결정의 절차를 거쳐야 했다. 이 중에서 법제국 심사는 형식적 요건이 아니라 실질적 심사를 받는 매우 엄격한 절차였다. 일본정부는 총독들이 제안한 식민정책이 마음에 들지 않거나 일본제국의 정책

방향과 맞지 않다고 판단되는 경우에는 법제국 심사를 핑계로 얼마든지 수정을 요구할 수 있었다. 더 나아가 총독이 제안한 통치책을 아예 폐안시켜 버릴 수도 있었다(제2장 및 제3장 참조). 이에 대해서 대만총독이든 조선총독이든 정치적으로 불만을 표시할 수는 있었지만 자신들의 의지를 관철시킬 수 있는 제도적 수단을 가지지는 못하였다.

일본의 입헌체제에서 내각총리대신 산하의 법제국은 율령과 제령을 수정·폐안하거나 통과시키는 데 있어서 결정적인 권한을 가진 '게이트 키퍼' 역할을 담당하였다. 예컨대, 대만총독부와 일본정부는 대만에 시행할 구관입법(舊慣立法)을 둘러싸고 1910년대에 갈등·대립한 적이 있었다. 이 정책은 대만총독부가 1901년부터 준비하여 1914년 무렵에 10여 건이 넘는 율령안의 제정으로 완성된 핵심 정책이었다.[28] 하지만 대만총독부가 15년간 야심차게 준비하였던 율령안들은 일본정부의 반대에 부딪혀 단 1건도 제정되지 못하고 전부 폐기되었다. 대만총독부로서는 큰 충격이었을 것이다.

조선총독부도 비슷한 사례가 있었다. 1910년 9월에 조선총독부가 조선인에게는 일본법령을 시행하지 아니하고 조선 재래의 관습으로 규율할 것을 내용으로 하는 조선민사령안을 제출하였는데 이 제령안도 법제국에 의해서 폐안되었다. 조선민사령안은 1908년에 제정된 「대만민사령」과 거의 차이가 없었기 때문에 충분히 수용할 수 있는 것이었다. 그러나 1910년을 전후하여 일본정부의 식민지정책이 변경되면서 더 이상 식민지 관습을 그대로 법인(法認)하는 민사법 정책은 채택될 수 없

---

28 이승일, 2010, 「일제의 동아시아 구관조사와 식민지 법 제정 구상」, 『한국사연구』 151.

었다.

당시 데라우치[29] 조선총독이 육군 번벌세력의 거물이었을 뿐만 아니라, 한국병합을 성공적으로 이끈 초대총독으로서 정치적 권위가 한껏 높았을 때임에도 불구하고 조선총독부의 식민통치책은 거부되었다. 결국, 조선총독부는 일본정부의 요구를 받아들여서 일본법령들을 광범위하게 의용하는 「조선민사령」과 「조선형사령」을 1912년에 공포하였다. 이 일은 일본정부가 식민지의 관습을 '원칙상' 인정하지 않겠다는 것을 보여준 상징적인 것이었다.[30]

조선총독부 제령(안)이 일부 변경된 사례도 있다. 1930년대 초반 조선총독부 산업정책의 핵심이었던 「조선농지령」은 척무성, 농림성, 법제국 등에서 검토하였으며 이 과정에서 원안이 일부 수정되었다. 주요 수정사항으로는 첫째, 당초 조선총독부는 법령의 명칭을 「조선소작령」으로 정하였으나 협의 과정에서 「조선농지령」으로 변경되었다. 둘째, 소작

---

[29] 초대 조선총독인 데라우치 마사다케(寺內正毅)는 조선총독과 일본 육군대신을 겸임하고 있었다. 즉 데라우치는 조선총독이자 육군지도자로서 함께 고려할 필요가 있었다. 그는 야마가타 아리토모-가쓰라 타로(桂太郎)-데라우치-다나카 기이치(田中義一)로 이어지는 조슈벌의 육군지도자였다. 데라우치는 1902년 3월부터 1911년 8월까지 육군대신으로 있으면서 육군성의 주요 직위를 조슈벌 출신들로 채웠다. 야마카타 계파의 최대 기반인 육군을 지배함으로써 데라우치는 정계에서 중요한 위치를 차지하고 러일전쟁 이후 내각이 경질될 때마다 수상 후보에 올랐다. 조명근, 2011, 「日帝의 國策금융기관 朝鮮銀行 연구」, 고려대학교 박사학위논문, 65쪽.

[30] 조선총독부는 1920~1940년대 초반까지도 조선관습을 성문법으로 제정하는 정책을 끈질기게 밀고 나갔지만 1921·22년 「조선민사령」 제11조 개정, 1939년 「조선민사령」 제11조 개정과정에서 번번이 자신들의 의견을 관철시키지 못하였다. 일본정부의 법제일원화 요구에 밀려서 일본민법을 그대로 의용하는 형식으로 「조선민사령」 제11조가 개정된 것이다. 조선총독부의 최종 목표였던 조선친족령·상속령 제정도 끝내 실현되지 못하였다.

권 설정 기간이 5년(원안)에서 3년으로 단축되었다. 셋째, 소작계약 해제 조항 중에서 소작인이 소작료나 채무를 체납하는 등의 '배신행위'를 하면 즉시 소작을 해제할 수 있도록 하였다.[31] 이 사례는 조선총독부가 제안한 제령(안)이 일본정부에 의해서 수정되어 공포되었음을 보여준다.

한편, 내각의 국무대신들은 자신의 사무와 관계가 있는 정책에 대해서 의견을 표명할 수 있었다. 그리고 제국의회는 법률의 형식으로 조선에 관한 식민정책을 수립하는 경우에는 자신들의 의사를 관철시킬 수 있었다. 「조선은행법」의 제정을 둘러싼 조선총독부, 대장성, 제국의회 간의 갈등에서 이러한 사례를 찾아볼 수 있다. 「조선은행법」은 입법사항이었으나 정부입법의 형식으로 발의할 예정이었기 때문에 대장성이 법률안 초안을 담당하였다. 그러나 해당 법률이 조선총독부와 직접 관련이 있기 때문에 제국의회에 법안을 제출하기 전에 대장성과 조선총독부는 긴밀히 협의하였다.

협의 당시에 조선은행의 감독권의 주체를 조선총독부로 할 것인지 일본정부로 할 것인지를 두고 조선총독부와 대장성이 서로 대립하였다. 결국, 양자 간의 협상에서 조선총독부의 입장이 관철되어 정부 원안이 제27회 제국의회에 상정되었다. 그러나 제국의회 의원들이 정부 원안에 반대하면서 일부 내용이 수정되었다. 제국의회가 "정부는 조선은행의 업무를 감독한다"라고 수정하여, 일본정부가 감독권의 주체임을 분명히 하였다. 다만, 조선총독도 조선은행의 일부 사무에 대해서는 감독과 통제를 할 수 있도록 규정하였다. 그리고 이 법안과는 별도로 대장성과 조

---

31 「조선농지령」의 일본 본국 심의과정에 대해서는 다음의 논문을 참조할 수 있다. 최은진, 2020, 「1930년대 조선농지령의 제정과정과 시행결과」, 한양대학교 박사학위 논문, 131~141쪽.

선총독부 간에 '조선은행 감독에 관한 타협안'이 작성되었다. 이 타협안에 따르면, 조선총독이 행사할 수 있는 권한 중에서 중대한 사항은 사전에 대장성과 협의하도록 규정하였기 때문에, 조선총독의 감독권은 매우 제한되었다. 조선총독부는 정관 변경 및 이사 임명권의 경우에 사후 보고로 할 것을 요구하였으나 수용되지 않고 대장성의 주장대로 관철되었다.[32]

이상에서 살펴보았듯이, 식민통치에 관한 사항은 총독에게 포괄적으로 위임되어 있었으나 실현 여부는 일본 본국이 쥐고 있었다. 일본 본국(내각과 제국의회)은 총독을 견제하거나 통제할 수 있는 법적 절차와 행정적 수단을 가지고 있었다. 그렇다고 해서 일본정부가 일일이 식민통치책을 직접 제정하는 경우는 드물었다. 조선통치에 대한 제1차적 권한은 총독에게 있었기 때문이다. 다만, 일본정부는 최종 승인권만은 굳건히 가지고 있었다.

일제의 식민정책의 수립과정을 제령을 중심으로 살펴보면, 입안권(총독), 승인권(일본정부), 집행권(총독)으로 각각 나뉘어 있다. 식민통치책 수립에서 조선총독부, 일본정부, 제국의회는 상호 의존적인 관계였으며 식민정책을 둘러싸고 서로 협력하기도 하고 충돌하기도 하였다. 일본 식민정책은 조선과 대만에 간여할 수 있는 국가기관들 상호 간의 견제, 충돌, 양보, 타협하는 과정에서 입안·수정되어 갔다.[33]

---

32 1924년에 제정된 「조선은행법(법률 제21호, 1924.7.22.)」에서 조선은행 감독권 일체가 대장대신에게로 이관되었다. 조명근, 2022, 『일제 강점기 화폐제도와 금융』, 동북아역사재단, 77~79쪽.

33 물론 제국의회가 입법을 통해서 직접 조선에 정책을 시행하는 방법도 있었다.

5) 식민지 통치를 위한 형사법 체계의 구축

일본은 한국을 강점하는 과정에서 식민지 통치체제를 공고하게 하기 위한 사법제도 정비에 착수하였다. 1906년 4월 6일 시정협의회에서 법부대신 이하영이, 지방관이 실시하는 재판에는 신용이 없기 때문에 국법이 거의 없는 상태이고 한국 법관에게 신용이 없으므로 이를 타개하기 위해 일본인 법무보좌관을 초빙하자고 건의하였다. 이어 같은 해 6월 26일 법률 제56호「한국에서의 재판사무에 관한 법률」과 칙령 제164호「통감부법무원관제」를 통해 통감부 관리에 속하는 통감부법무원이 한국의 사법사무를 관장하도록 하였다.

1910년 8월 「조선에 있어서의 법령의 효력 건」을 공포하고 식민지배가 시작되면서 통감부 시절의 형사절차와 한국법령이 당분간 효력을 유지하도록 하면서 통감부재판소의 조직을 이어 받은 총독부재판소가 설치되었다. 1911년에는 법률 제30호 「조선에서 실행할 법령에 관한 법률」을 통해 조선총독의 명령을 통해 법률에 요하는 사항을 규정할 수 있도록 하여 제령제정을 통한 독자적인 입법권을 행사할 수 있었다.

1912년 3월 18일 「조선형사령」(제령 제12호), 「조선태형령」(제령 제13호), 「조선감옥령」(제령 제14호) 등 식민지 통치를 위한 기본 형사법령을 동시에 발포하면서 식민지배를 위한 형사법체계가 성립되었다. 이 중 「조선형사령」은 부칙 포함 모두 47개조로 구성되었고 대부분의 내용은 식민지배를 위한 절차를 규정하였다. 그러면서 실체법과 관련해서는 일본형법 및 형법시행령, 형사소송법 등을 의용하는 형식으로 집행되었다. 하지만 재판절차에 있어 검사와 경찰의 권한이 강화되는 등 신속한 수사 및 처벌이라는 식민지적 특수성이 반영되었다.

「조선형사령」과 같은 날 발포된 「조선태형령」은 조선인에게 합법적으로 신체형을 가하는 수단으로 조선인에게만 가해지는 형벌이었다. 신체에 직접적 고통을 가하는 신체형은 근대사회에서 점차 폐지되는 추세였으나 조선인은 민도가 낮아 감옥에 가두는 것을 형벌로 받아들이지 않는다는 이유로 시행되었다. 즉, 조선인은 신체형을 통해 교화시켜야 하는 야만인이라는 인식하에 태형을 시행하였던 것이다.

태형은 주로「범죄즉결례」및「경찰범처벌규칙」관련 위반자들에게 적용되었다. 이외에도「산림령」이나「주세령」을 위반하는 경우에도 적용되는 등 식민지민의 일상을 통제하는 데 중요한 역할을 하였다.

「조선형사령」을 비롯한 형사 관련 법령은 대부분 식민지 운영을 위한 독자적인 실체법이 아니라 일본형법, 형사소송법을 의용하는 형식이었다. 그러나 운용은 본국에서와는 달리 식민지적 특징을 가미한 것이 대부분이었으며, 식민지만의 특례 조항들도 존재했다.

이처럼 일제하 형사법은 기본적으로 식민지 조선인의 일상 통제와 규제를 위한 역할과 함께 독립운동으로 대표되는, 일제에 저항하는 세력을 탄압하려는 의도에서 운영되었다. 또한 일제하 형사법은 일제강점기 식민지배에 적용된 것으로 끝나지 않고 현대 한국의 형사법 제도에도 큰 영향을 끼쳤다는 점에서 보다 면밀한 검토가 필요하다.

2. 일제의 식민지 법에 관한 연구 현황

한국학계의 식민지 법 연구는 다른 분야에 비해서 늦게 시작되었고 연구도 매우 적은 편이다. 독립운동사 연구의 일환으로서 형사법령에 대한 단편적인 연구는 수행되었으나 식민지 법 체제를 종합적으로 다룬 연구는 거의 없는 편이다. 그러나 법은 식민정책을 제도화하고 또 식민지사회를 강제하는 강력한 정책수단이라는 점에서 특별히 주목할 필요가 있다.

일본에서는 일찍부터 제령에 관한 연구가 시작되었다. 일본 측의 연구들은 메이지헌법 아래에서 총독의 입법권이 어떻게 해서 부여되었는지, 그리고 총독의 입법권이 식민정책에서 어떠한 의미가 있는가를 분석했다.[34] 예컨대, 메이지헌법이 조선에도 관철된다는 일본정부의 언명은 이데올로기적으로 일시동인(一視同仁), 내지연장주의, 내선일체의 슬로건과 관계가 있었지만, 이와 같은 동화정책은 식민지배를 용이하게 하는 하나의 방책에 불과했고, 실제로는 억압과 차별의 성격이었다는 연구도 있다. 오구마 에이지(小熊英二)는 포섭과 배제의 논리를 사용하여 "포섭=국민교육, 국내법 적용", "국민참정권 배제=구관온존, 식민지 자치"라는 방식으로 이해했으며,[35] 야마모토 유조(山本有造)는 일본의 지배를 "법제적·정치적으로는 명백히 이역(異域)이면서 이데올로기적으로는 내지화(內地化)를 표방하는 이념과 현실의 이중성"으로 파악했다.[36] 일본인들의 연구는 일제 동화정책의 이중성을 지적했다고 생각된다. 일본의

---

34 平野武, 1972, 「日本統治下の朝鮮の法的地位」, 『阪大法學』 83; 春山明哲, 1980, 「近代日本の植民地統治と原敬」, 『日本植民地主義の政治的展開 1895~1934年』, アジア政經學會, 1980; 江橋崇, 1985, 「植民地における憲法の適用-明治立憲體制の一側面」, 『法學志林』 82-3·4.

35 小熊英二, 1998, 『日本人の境界』, 新曜社.

36 山本有造, 1992, 『日本植民地經濟史研究』, 名古屋大學出版會.

연구는 제령 및 율령을 분석함으로써 식민통치체제를 거시적으로 이해하는 데 기여하였으나 각 총독들이 조선과 대만에 실행한 법령을 구체적으로 분석하지 못한 한계가 있다.

한국에서는 1995년에 김창록이 조선총독의 제령의 입법과정, 법제적 성격 등을 선구적으로 분석하였다.[37] 이 연구를 통해서 제령의 법적 특징 및 타 법령과의 차이점을 비로소 이해할 수 있게 되었다. 이후 2022년에는 전영욱이 제령의 위상과 그 정치적 역할을 종합적으로 분석한 박사학위논문을 제출하여 식민지법령 분석을 위한 새로운 접근을 시도하였다.[38] 다만, 제령에 관한 법률은 1911년에 제정된 이후 1945년까지 전혀 달라지지 않았기 때문에 제령 자체만 가지고서는 식민정책의 변화를 추적할 수 없다는 한계가 있다.

위의 연구들은 식민지기 법 체제와 개별 법령 이해를 위한 기초연구로 활용할 수 있다는 점에서 평가할 만하다. 그러나 이 연구들은 첫째, 대만 율령과의 비교사적 연구가 충실하지 못하다는 점, 둘째, 제령 제정과정에서의 일본정부의 역할을 충분히 밝히지 못하였다는 점, 셋째, 조선총독부와 일본정부 간에는 식민지 법제정책을 둘러싼 심각한 이견이 있었고 이 이견을 둘러싼 분쟁이 어떻게 해소되고 있었는지 등에 대한 구체적 분석이 결여됨으로써, 일제 식민지 법 체제의 본질과 그 변동의 방향을 파악하지 못한 한계가 있다.

이에 대해서 2008년에 이승일은 제령의 입법과정과 「조선민사령」

---

[37] 김창록, 1995, 「식민지 피지배기 법제의 기초」, 『법제연구』 8; 김창록, 2002, 「제령에 관한 연구」, 『법사학연구』 26.

[38] 전영욱, 2022, 「일제시기 제령의 위상과 정치적 역할」, 서울시립대학교 박사학위논문.

제11조를 분석한 연구를 내놓으면서 새로운 제안을 하였다.[39] 이승일은 첫째, 데라우치를 중심으로 하는 육군 번벌세력이 조선총독의 입법권을 법률의 형식이 아니라 칙령의 형식으로 부여하려고 하였다가 좌절되었는데, 그 이유가 입법권 상실을 우려한 제국의회의 강력한 반발 때문이라는 점을 밝혔다. 이를 통해서 식민정책은 조선총독부, 일본정부뿐만 아니라 제국의회까지 시야에 넣어서 연구해야 한다는 점을 부각시켰다.

둘째, 1912년 「조선민사령」은 종전 일본의 식민지 민사법의 원칙이었던 '구관주의'에서 탈피하여 '일본민법주의'로의 전환을 알리는 상징적인 법령이며, 이 같은 식민지 민사법의 전환을 이끈 것은 일본정부의 식민정책이 특별통치주의에서 내지연장주의로 점차 전환되고 있던 상황과 관련이 있다고 주장하였다.

셋째, 1918년 「공통법」 제정을 계기로 하여 조선총독부가 추진한 식민지 관습의 성문법화 정책이 일본정부의 법제일원화 정책과 충돌하면서 좌절되는 양상을 세밀하게 소개하였다. 이를 통해서 조선에 대한 식민정책은 조선총독부가 단독으로 결정하는 것이 아니라 일본정부, 제국의회와의 긴밀한 협조, 타협, 갈등, 투쟁 등의 과정을 거친다는 점을 밝혔다.

한편, 일제 식민정책 이해와 관련해서 몇몇 연구자들의 주장과 논점을 정리할 필요가 있다. 일부에서는 '총독정치'라는 용어를 사용하면서, 조선총독이 본국 정부에 대하여 '정치적으로 자율성'을 갖고 있으며 무엇보다도 실질적으로 천황에게만 책임지고 일본정부의 간섭이나 견제를 받지 않는 전제적인 통치권을 갖는다고 설명하였다.[40]

---

39 이승일, 2008, 앞의 책.
40 전상숙, 2022, 『조선총독의 지배정책』, 동북아역사재단, 25~26쪽.

특히, 김종식은 제령은 칙재를 거치지만 실제로는 조선총독 단독으로 발포할 수 있는 것이라고 주장한다.[41] 김종식은 제령의 칙재 절차를 형식적 요건으로 해석하였다. 그러나 조선총독의 제령은 내각 법제국의 심의 과정에서 폐안되는 경우가 있었고, 조선총독부 측의 원안이 크게 수정되어서 통과된 경우도 있었다. 물론 조선총독은 직제상으로는 각성 대신들로부터 지시나 감독을 받지 않았으나, 일본정부는 정책결정 시스템을 촘촘하게 만들어서 사실상 일본정부의 승인 혹은 협조 없이는 조선총독이 어떠한 정책도 펼칠 수 없도록 하였다.

그리고 일부 연구에서는 마치 총독이 무소불위의 권력을 휘둘렀다고 평가하기도 한다. 총독의 전제성은 총독 권력의 강대함이나 무한함을 의미하는 것은 아니다. '전제'는 조선의 통치기구 내에서 총독의 권한 행사를 견제하거나 제약할 수 있는 법적 통제수단이 없다는 것을 의미한다. 그러나 일본정부와 제국의회는 조선총독부를 통제하기 위한 최소한의 법적 수단을 가지고 있었기 때문에 총독의 자율성을 과도하게 강조하면 일본 본국의 역할이 실제보다 낮게 평가될 수 있다.

최근에는 조선총독부를 식민국가로까지 격상시켜서 분석하는 경향도 등장했다. 윤해동은 네오 베버리안 접근을 활용해서 국가능력, 국가의 자율성, 국가효과라는 3가지 측면에서 조선총독부가 '근대 국가'로서의 역량을 충분히 갖추었다고 주장하였다. 예컨대, "조선의 총독에게는 입법, 사법, 행정을 아우르는 이른바 종합행정권이 부여되었으며 군부 출신의 유능한 군인들이 총독으로 충원되었다. 강한 능력이 부여된 식

---

41 김종식, 2011, 「1910년대 식민지 조선 관련 일본 국내정치 논의의 한 양상」, 『한일관계사연구』 38, 309쪽.

민국가는 자본주의 인프라를 구축하는 데에서 뛰어난 능력을 발휘하였으며 이러한 의미에서 조선의 식민국가는 자본주의 국가였다"라고 설명한다. 또 "식민지 자본주의 아래에서 식민지민들은 '위대한 탈출[42]'의 여정을 준비할 수 있게 되었다"고 주장하였다.[43]

그러나 윤해동의 주장은 이론적으로나 실증적으로 검토할 여지가 있다. 첫째, 조선총독이 입법·사법·행정권을 모두 포괄하는 종합행정권을 가지고 있고 또 조선이 일본 본국과 형식상 이법역(異法域)을 형성하고 있다고 해서 조선총독부를 '근대 국가'라고 규정하는 것은 지나친 비약이다.[44] 조선총독부는 일본국가로부터 주권의 일부를 위임받은 특별통치기관이지 일본국가와 비교할 수 있는 '근대 국가'는 아니다. 무엇보다도 조선총독부는 독자적인 영토를 보유하고 있지 못하였으며 통치대상인 조선인과 재조일본인도 모두 일본국적 보유자이다. 그리고 대만총독과 조선총독의 권한은 언제든지 제국의회나 일본정부에 의해서 회수될 수 있었다.

둘째, 윤해동은 서양학계의 연구성과를 바탕으로 하여 식민국가를 '주권 없는 근대 국가'로 설명하고 있는데 식민지 조선에서 이 이론이

---

42 이 '위대한 탈출'이 해방을 의미한다면 그것은 과도한 주장이다. 식민통치로 인하여 조선인들이 해방으로 나아갈 수 있는 역량과 능력을 함양하는 것으로 해석될 수 있기 때문이다. 일본정부와 조선총독부의 식민정책은 조선인을 노예로 만드는 방향이었고 조선 지역을 일본의 일개 지방으로 편입시키는 것이었다. 특히, 조선인들이 자본주의 교육과 훈련을 충실히 받는다고 해서 해방의 역량을 갖게 되는 것도 아니다. 일제는 시장, 법, 교육을 통해서 조선인을 동화시키고자 하였기 때문에 식민통치하에서 민족독립의 길은 험난하였다.

43 윤해동, 2022, 『식민국가와 대칭국가』, 서해출판, 394쪽.

44 윤해동, 2022, 위의 책, 391쪽.

적용 가능한지 의문이다. '근대' 국가는 자기지배의 원리, 즉 나에 대한 통치는 내가 승인한 권력이 한다는 이념이 관철되는 국가이다. 그러나 한반도 거주민(조선인 및 재조 일본인)들이 형식적으로나마 승인한 주권기관은 조선에 존재하지 않았다.[45] 이 이론 틀은 논리 모순이다.

셋째, 조선총독부를 국가로 규정하기 위해서는 조선총독부 내부에 자기완결적인 의사결정 프로세스를 가지고 있어야 한다. 그러나 조선총독의 통치권은 일본정부의 통제를 받는 등 '완결성'이 결여되어 있었다. 일본정부가 조선통치에 필요한 직제(칙령 제정 사항)를 만들어주지 않거나 혹은 총독부 고위관료들을 임명해주지 않으면 조선총독은 어떠한 업무도 수행하지 못한다. 만약, 식민국가의 프레임 속에서 조선의 통치정책을 분석하면, 일본정부와 제국의회의 역할을 현저히 약화시킬 것이다.

이형식은 총독의 전제성이 두드러진다고 해도 정책실현과정에서 전제성이 일관된다고 할 수 없다는 입장을 취하고 있다. 그리고 일반적으로 조선총독은 천황이 직접 임명장을 수여하는 친임관인 대만총독이나 관동도독(나중에는 관동장관)과 비교해서 천황에 직예해 있고 상주권을 갖는 등 강대한 권한을 가진 것으로 평가한다. 이형식은 "다른 식민지와

---

[45] 근대국가의 하나의 유형으로서 식민국가를 상정하려 한다면, 일반적으로 '근대' 국가가 가지는 입헌적 성격을 일부나마 조선총독부도 가지고 있어야 한다. 근대국가는 헌법에 기초하여 주권을 발생시키는 기관(의회)이 설치되어 있고, 입법권은 바로 그 정치공동체의 주민들에게 귀속되어 있다는 정치이념이 실현되는 국가이다. 그러나 식민지 조선에는 주권을 정당화하는 데 필수적인 인민의 동의기관이 존재하지 않았다. 조선총독의 입법권은 제국의회로부터 위임받아 형성된 것이기 때문에 총독의 권한을 주권이라는 용어로 설명하는 것이 부적절하다. 조선인, 대만인은 물론 재조 일본인조차도 패전 직전까지 완전한 정치적 무권리 상태였기 때문이다. 윤해동이 근대국가의 논거로 삼고 있는 총독의 종합행정권은 입헌적 원리를 부정하는 것으로 논리 모순이다.

비교해 볼 때 조선총독은 입법·행정·사법에 걸쳐 거대한 권한을 가지고 있어 그 전제성이 현저하나, 정책실현과정에서도 전제성이 일관된다고는 할 수 없다"[46]는 다소 균형감 있는 주장을 하고 있다.

한편, 일제강점기 형사사법제도, 형사법에 대한 연구는 그다지 많이 이루어지지 않았다. 주로 우리 민족의 항일운동을 탄압했던 일제의 「보안법」과 3·1운동 직후 제정된 제령 제7호와 1925년 시행된 치안유지법을 통해 일제의 조선지배의 특징을 고찰하고 민족운동과의 대항관계 속에서 치안유지법 운용의 구체적 실태를 분석하려는 연구가 이루어졌다.[47] 또 식민지조선의 치안유지법의 운용과 실태를 일본 체제와 비교하여 그 식민지적 특성을 규명하려는 연구와 1930년대 후반 일제의 전시체제하 사상전향정책의 일환으로 시행된 「조선사상범보호관찰령」(1936.12, 제령 제16호), 「조선사상범예방구금령」(1941, 제령 제8호) 등 조선총독부의 통제정책에 대한 연구가 이루어졌다.[48]

최근에는 갑오개혁 이후 근대적 형법제도가 통감부 설치 이후 식민지적 형법제도로의 이행 속에서 식민지적 특성을 띠는 한국근대 형사재판제도사에 대한 연구가 있다.[49] 법사학 분야에서는 일본제국의 근대적 사법 체계가 대한제국기를 거쳐 일제강점기에 이르기까지 식민지 조선에 적용, 변용되어 '근대적' 사법제도, 검찰사법체제가 형성되는 과정에

46　이형식, 2011, 「조선총독의 권한과 지위에 관한 시론」, 『사총』 72, 191~192쪽.
47　한인섭, 1991, 「치안유지법과 식민지 통제법령의 전개」, 『한국법사학논총』, 박영사; 장신, 1998, 「1920년대 민족해방운동과 치안유지법」, 『학림』 19.
48　황민호, 2005, 「전시통제기 조선총독부의 사상범 문제에 대한 인식과 통제」, 『사학연구』 79.
49　도면회, 2014, 『한국근대형사재판제도사』, 푸른역사.

대한 연구, 이 과정 속에서 일본제국과 대만형 사법제도의 형성과정과의 비교연구를 통해 사법제도의 인식과 영역을 확장하는 연구들이 이루어졌다.[50] 사회학에서는 식민지에 강제된 일제의 '신식제도들' 등 근대의 경험이 거기에 내재해 있는 근대적 규율들을 통해 우리에게 미치는 영향과 근대적 주체의 형성, 식민지성과 근대성의 상호관계, 규율권력의 문제 등에 대한 연구, 일제하 형사처벌체계 가운데 근대감옥의 도입을 통한 총독부 국가권력의 억압적 통치 구조를 규명하려는 연구 등이 이루어졌다.[51]

이 책에서는 선행 연구성과를 기반으로, 일제의 조선통치법이 동화주의 혹은 내지연장주의 틀에서 제정·시행되었다고 설명하고 있다. 1920년대 일부 식민정책학자들이 비판한 조선의 동화정책은 식민지 주민들의 의사는 원천적으로 배제한 채, 일본 본국의 법과 제도를 폭력적으로 조선과 대만에 강요한다는 의미였다. 또한 무단통치, 문화정치, 내지연장주의, 내선융화, 내선일체, 황민화정책, 민족말살정책 등은 본질적으로는 일제의 동화정책을 의미한다고 본다. 다만, 시기별, 상황별로 표현의 양태와 총독의 정치적 입장에 따라서 강조하는 바가 달랐을 뿐이다.[52]

---

50 문준영, 1999, 「대한제국기 형법대전의 제정과 개정」, 『법사학연구』 20; 2001, 「제국일본의 식민지 형사법제도의 형성-1895~1912년 대만과 조선의 법원조직과 형사법규를 중심으로」, 『법사학연구』 23; 「제국일본의 식민지형 사법제도의 형성과 확산-대만의 사법제도를 둘러싼 정치·입법과정을 중심으로」, 『법사학연구』 30.

51 이종민, 1998, 「식민지하 근대감옥을 통한 통제 메카니즘 연구-일본의 형사처벌 체계와의 비교」, 연세대학교 박사학위논문.

52 동화는 식민지민의 의사에 반해서 강제로 시행되기 때문에 무단적 폭력적 수단이 수반된다. 그러나 3·1운동을 계기로 무단적 수단이 효과적이지 않다는 것을 깨달

1919년 당시 하세가와 조선총독은 "조선과 내지의 관계는 열강과 식민지의 관계와 다르다. … 조선은 우리 대륙발전의 근거지로서 실로 본토의 외벽이다. 혼연융화하여 그 결합을 굳게 하는 것은 실로 제국의 존재 요건이다. … 그들(조선인)에게는 수천 년의 역사와 전통적 민족성이 있다. 동종동문이라도 그것을 하루아침에 동화해 버리는 것은 신법의 위세로도 전혀 불가능한 일이다. 고로 통치의 방침은 동화주의를 따르지만 파괴주의는 아니고 점진주의가 되는 것을 요한다"고 하였다.[53]

그리고 일본정부가 상정하였던 법제적 동화, 즉 동법역화(同法域化)는 형식상으로 ①「조선에 시행할 법령에 관한 법률」을 폐지하여 조선총독의 입법권을 박탈하고, ② 조선총독부재판소가 대심원을 최고재판소로 하는 계통으로 통합됨으로써 일본의 재판소구성법이 조선에도 연장, 시행되고, ③ 조선총독부의 권한이 중앙정부에 대해 분립적이었던 것을 폐지하여 보통의 지방관서와 같이 중앙정부의 감독하에 있는 행정기관의 계통에 속하게 하는 것을 의미했다. 조선인과 일본인의 차별 철폐나 법적 평등은 달성해야 할 정책 목표로는 끝내 추구되지 않았다. 일제의 동

게 된 일제는 부드러운 수단을 사용하는 쪽으로 입장을 선회하였다. 이 같은 동화적 입장은 1919년에 하라가 수상이 된 후에 강화되었다. 당시 일본 수상이었던 하라는 「조선통치사견(하)」에서 식민지 조선에 가능한 한 빨리 시행해야 할 동화정책 15항목을 언급하였다. 이를 요약하면, "조선총독은 문무관을 차별하지 말 것, 조선에서 시행할 법률과 명령은 가능하면 본국에서 시행하는 것으로 할 것, 국방·사법·대장(大藏)과 관련된 업무는 가급적 본국과 밀접하게 관련지을 것, 시정촌제에서 부·현제로 발전시켜 간 오키나와처럼 결국 자치제를 시행할 것, 헌병경찰제도를 폐지하고 지방경찰권을 도장관에게 귀속시킬 것, 본국과 동일한 교육을 실시할 것, 관리 등용과 봉급에서 민족을 구별하지 말 것, 잡거와 잡혼을 추진할 것, 형법의 태형령을 없애고 본국과 같은 제도를 실시할 것" 등이었다. 이 항목들은 1920년대에 상당 부분 법제화되었다.

53 「騷擾先後策私見」, 『齋藤實文書(1)』, 高麗書林, 331~335쪽.

화정책에 따르면, 조선의 독립과 자치는 꿈도 꿀 수 없는 것이었다.

3. 이 책의 내용과 서술 방향

근대 입헌국가의 주요정책은 최고의 정책수단인 '법률'과 '칙령'으로 시행된다. 따라서 어떤 특정 시기의 식민정책을 정의하고 구분짓기 위해서는 법률과 칙령에 의해서 제도화된 정책을 구체적으로 분석해야 한다. 식민지 법은 사회현상을 보수적으로 반영하지만 동시에 사회를 개편하는 강력한 제도적 수단이 될 수 있기 때문이다. 특히 성문법은 사회의 관습과 제도를 규제하고 강제적으로 재편하는 데 매우 효과적인 정책 수단이라는 점에서 일제의 통치의지와 방향을 이해하기에 상대적으로 용이한 편이다. 따라서 이 책에서는 조선을 통치하는 최고 정책 수단인 총독의 제령의 내용과 성격, 제령의 입법절차 그리고 제령으로 공포된 「조선민사령」 및 「조선형사령」을 중심으로 분석하였다.

제1장은 일본의 식민통치법이 어떠한 과정을 거쳐서 만들어졌으며 특징은 무엇인지를 분석하였다. 법률 제63호로 상징되는 일본형 식민통치제도는 1895년 사법성에 근무하고 있던 영국인 커크우드와 프랑스인 르봉이 작성한 통치안에서 비롯되었으나 대만사무국, 대만총독부, 제국의회가 차례로 검토하면서 크게 수정되었다. 대만통치법에 대해서 여러 기관들이 개입하면서 법률 제63호는 관료제적·독재적 성격이 대폭 강화된 형태로 만들어졌다. 대만통치제도는 식민지 주민의 참여를 철저히 차단하였으며, 대만총독부 내의 심의 절차들을 형식화하고 총독의 권한

을 보장하는 방향으로 만들어졌다. 이 점이 일제 식민통치제도의 특징이었다.

이와 같은 관치적 통치법은 조선에서도 거의 그대로 시행되었다. 다만, 일본정부는 대만의 통치제도를 조선에 도입하면서도 제국의회의 간섭을 배제하고 조선총독인 데라우치의 정치적 권위를 세워주는 방향으로 일부 수정하려고 했다. 예컨대, 조선총독의 입법권(制令)을 '법률'이 아니라 '칙령'으로 부여하려고 했고 시한법률이 아니라 영구법으로 제정하려고 했으며 제령의 입법절차도 간소화하려는 계획을 가지고 있었다. 그러나 이 같은 시도는 제국의회의 반발로 좌절되었다.

제2장은 조선총독의 제령이 제정되는 절차와 과정을 분석하였다. 이 연구를 통해서, 조선총독의 통치권이 실현되는 절차와 더불어 조선총독부와 일본정부가 행사할 수 있는 권한의 크기와 행사 범위를 가늠할 수 있는 근거를 제공하였다. 식민지 총독의 율령 및 제령은 총독부 단계에서 완결되는 것이 아니라 '칙재'를 거쳐야 비로소 제정될 수 있었다. 그리고 칙재를 얻기 위해서는 반드시 주무대신의 청의(請議), 법제국 심사, 각의결정의 절차를 거쳐야 했다. 이 중에서 법제국 심사는 매우 엄격한 절차였다. 일본정부는 총독들이 제안한 식민정책을 법제국 심사를 핑계로 수정을 요구할 수 있었으며 총독이 제안한 통치책을 폐안시켜 버릴 수도 있었다. 이에 대해서 대만총독이든 조선총독이든 정치적으로 항의할 수는 있었지만 자신들의 의지를 관철시킬 수 있는 제도적 수단을 가지지는 못하였다. 특히, 일본의 관료체제에서 내각총리대신 산하의 법제국은 율령과 제령을 수정·폐안하거나 통과시키는 데 있어서 결정적인 권한을 가진 '게이트키퍼' 역할을 담당하였다.

제3장은 「조선민사령」의 제정과 개정 과정을 분석하였다. 이를 통해

서 조선총독부가 추진한 관습의 성문법화 정책과 일본정부가 견지한 법제일원화 원칙이 서로 충돌하면서 식민지 조선의 민사법이 개정되었음을 밝혀냈다. 조선총독부는 일본민법 의용을 원칙으로 하는 「조선민사령」이 1912년에 제정되었음에도 불구하고 조선관습을 성문법으로 전환하는 법 정책을 추진하였다. 그러나 일본정부가 이에 반대하면서 결국 1921·1922년 「조선민사령」 제11조도 일본민법을 그대로 의용하는 방식으로 개정되었다. 조선총독부는 1920년대 초반에 자신들이 추진하였던 법 정책이 관철되지 못하였음에도 불구하고 1940년대 초반까지도 관습의 성문법화 정책을 계속 추진하였다.

그러나 이 같은 정책은 전시체제기로 접어들면서 변화하지 않을 수 없었다. 1930년대 중일전쟁기에 접어들면서 일본정부는 거국일치의 관점에서 조선총독의 자율적 권한을 축소하려고 하였다. 이에 대해서 조선총독부는 종합행정권(입법·사법·행정)을 유지하는 쪽으로 대응했으나 1942년 이후 조선통치의 주도권은 상당 부분 일본 본국이 장악한 상태였다. 태평양전쟁 발발 이후 전 국가적인 동원을 위해서는 식민지·본국이라는 이원 체제는 효율적이지 못했기 때문에, 일본정부는 각 식민지들을 일원화하여 전시상황에 대응하려 했던 것이다. 이와 같은 상황에서 조선총독의 입법권 위축은 피할 수 없었으며, 조선 관습을 성문화하려는 입법도 추진력을 상실할 수밖에 없었다.

특히, 일본정부는 조선인의 정치적·사회적 처우 개선을 통해 조선인이 자발적으로 전시동원에 협력하도록 유도했다. 대표적인 것이 조선인의 이적과 참정권 문제였다. 일본정부는 전쟁에 적극 협력한 소수의 조선인이 일본으로 이적할 수 있도록 하고, 조선에도 중의원선거법을 실시할 것을 계획했다. 그리고 조선인이 제국의회에 참여하게 되면 조선총독의 입법권을 박탈하고 조선을 일본법역으로 통합하려 했다. 이처럼 일본 정부에 의해 추진된 동역화(同域化)는 조선 지역의 입법 및 사법·행정권한을 일본 본국의 국가기관이 행사하겠다는 의미일 뿐, 일본인과 조선인의 법적 평등을 의미하지 않았다. 이는 곧 조선총독부의 폐지로 연결될 가능성이 있었다.

제4장은 형사법에 대한 내용이다. 일제강점기 조선총독부가 규정한 범죄의 요건과 이에 대한 처벌은 일제가 식민지 조선을 통제하는 방향을 보여주는 기준이라고 할 수 있다. 일제는 조선인 형사 피고인에게는 대한제국기에 제정된 「형법대전」을 기준으로 「철도사항범죄처단례」(법률 제3호, 1900.1.), 「신문지법」(법률 제1호, 1907.7.), 「보안법」(법률 제2호, 1907.7.), 「출판법」(법률 제6호, 1909.2.) 등을 적용하여 통제하였다. 반면 재조일본인에게는 일본에서 시행되는 각종 형사법과 통감부가 제정한 「보안규칙」(통감부령 제10호, 1906.4.), 「신문지규칙」(통감부령 제12호, 1908.4.) 등을 적용하는 이원적 구조를 가지고 있었다.

1912년 3월 18일 제령 제11호로 「조선형사령」이 공포된 이후 4월 1일부터 일본 형사법을 의용한 일원적 형사법 체계로 변경되었지만 일본의 「형법」, 「형사소송법」 등을 거의 대부분 조선에 실시하되 여러 가지 식민지적 특례를 추가하였다. 그 결과 원칙적으로 조선인과 재조 일본인은 동일한 죄를 범했을 경우 동일한 형벌을 선고받게 되었으나, 조선인에만 적용되는 몇 가지 특례를 통해 식민지 차별적 성격의 형사법 체제를 구축하고 운영하였다. 여전히 조선인은 인권 보호 측면에서 취약성을 벗어날 수 없었다.

마지막으로 이 책은 서론, 결론, 제1장, 제2장, 제3장은 이승일, 제4장은 김항기가 집필하였다. 이 책은 필자들의 새로운 연구와 더불어 기존 연구 성과를 바탕으로 서술한 개설서이다. 선학들의 연구 성과는 각주와 참고문헌에 기재하였고 집필 과정에서 참고한 문헌은 『조선총독부 법제정책』(2008, 역사비평사), 『조선총독부 공문서』(2007, 역사비평사)이다.

제1장
근대 일본의 식민지 통치법

1. 식민지 대만의 위임입법제도와 율령

1) 군정기 대만통치(안)

(1) 유럽인 고문관들의 대만통치(안)

일본은 청일전쟁에서 승리하여 대만을 식민지로 만들었다.[1] 일본정부는 대만을 신속히 접수하기 위하여 점령군을 파견하였으나 예상외로 대만인들이 대규모 군사반란을 일으키는 등 완강히 저항하면서 치안 확보가 매우 어려운 상황에 처했다.[2] 불가피하게 일본정부는 군정을 실시(1895.6.17~1896.3.31.)하기로 하고 초대 총독겸군무사령관으로 가바야마 스케노리(樺山資紀)를 임명하였다. 가바야마 총독은 일본정부로부터 임시대권[3]을 부여받아서 군정기간 동안에 입법권, 행정권, 사법권 등의 권한을 포괄적으로 행사하였다.[4]

---

1 청과 일본은 1895년 4월 17일에 시모노세키조약을 체결하였고 5월 8일에는 청의 즈푸에서 비준서를 교환함으로써 대만은 일본의 식민지가 되었다.
2 일본군이 무자비한 진압작전으로 대응한 결과 1898년부터 무장항일투쟁이 중단된 1902년까지 일본군에 의해 살해된 항일세력이 12,000명 이상이었다. 그중 2,900여 명은 체포된 이후 사형 판결을 거쳐 처형될 정도였다. 일본의 초기 점령 과정과 이에 대한 대만인들의 저항에 대해서는 다음의 저서 참조. 許世楷, 1972, 『日本統治下의 臺灣』, 東京大學出版會.
3 임시대권의 의미는 총독이 한시적으로 행정, 군사, 입법, 사법권을 행사한다는 것이었다. 일본은 군대를 동원하여 대만의 반란을 진압하고 6월 17일에 가바야마 스케노리(樺山資紀)가 초대 총독으로 부임하였다. 하지만 대만인의 반란이 계속되었기 때문에 약 9개월간 군정을 실시하였다.

일본정부는 군정 이후 대만을 통치할 제도를 시급히 마련해야만 했다. 당시까지 일본은 해외 식민지를 경영한 경험이 없었고 이론도 갖추지 못한 상태였기 때문에 선진 유럽의 해외 식민통치제도를 조사하였다. 당시 사법성에는 법률고문으로 프랑스 출신의 미쉘 르봉(Michel Revon)[5]과 영국 출신의 윌리엄 커크우드(William Montague Kirkwood)[6]가 있었는데, 일본정부는 그들에게 대만통치 방안에 대한 의견서 작성을 요청하였다.

1895년 4월 커크우드와 르봉은 영국과 프랑스의 식민지 제도를 참고하여 작성한 대만통치안을 사법대신에게 각각 제출하였다. 르봉은 4월 22일에 제출한 의견서에서 "대만을 점진적으로 본국에 완전히 근사(近似)시켜서 장래에는 일본의 일현(一縣)으로 삼아야 한다"고 주장하였다. 그는 대만인들을 일본인으로 만드는 데 많은 시간이 필요하지 않기 때문에 프랑스가 알제리에서 시행하였던 것처럼 대만인에게 막대한 공권(公權:선거권, 피선거권, 공무담임권 등)을 신속히 부여하여야 한다고

---

4 「內閣總理大臣ヨリ臺灣總督ヘノ訓令(1895.5.10.)」, 『秘書類纂臺灣資料』, 1936, 434~439쪽.

5 미쉘 르봉은 1893년에 임용된 일본정부의 외국인 법률 고문이자 저명한 법학자이다. 귀스타브 에밀 보아소나드가 자신의 후임으로 르봉을 일본정부에 추천하였다. 1893년부터 1899년까지 도쿄 제국대학 법과대학 교수를 역임했으며, 보아소나드의 후계자로 화불 법률학교(현 호세이대학)의 제2대 교감에 취임했다.

6 커크우드는 1885년 4월에 일본정부(사법성)의 법률 고문으로 취임하였고 일본 법률 조사위원으로서 각종 법령의 기초사무에 종사했다. 1887년 1월에 새로운 고용 계약을 맺고, 1886년부터 1901년까지 15년간 장기로 고용되었다. 1896년 10월에는 척식장관의 의뢰로 영국의 식민지(인도, 실론, 버마 해협 식민지)를 시찰하고, 1897년에는 대만 총독의 의뢰로 대만을 시찰했다. 그는 대만 통치에 관한 의견서를 정리하여, 영국의 통치 방법을 참고로 메이지헌법과는 별개로 대만을 위한 특별법을 제정할 것을 제안했다.

주장하였다.[7] 이 같은 입법구상은 일본의 제국의회를 비롯한 국가기관에 대만인이 참여할 수 있는 길을 제도적으로 열어둘 것을 제안한 것이었다.

사법제도 및 법률에 대해서는, 대만에 일본의 형법을 곧바로 시행하고 사권(私權)에 대해서는 대만의 관습을 면밀히 조사한 후에 일본민법을 점차 시행할 것을 주장하였다. 특히, "법관에 대해서는 일본의 재판소구성법을 모방하여 무수(無數)한 계급을 조직하고, 또 도쿄의 대심원 및 사법성에 직속하는 하급재판소와 1개의 공소원을 설치"할 것을 제안하였다.[8] 이 주장은 대만에는 제1심 및 제2심에 해당하는 하급재판소와 공소원을 설치하고 최종심 재판은 일본 본국의 대심원이 행사해야 한다는 것으로 동화주의 정책에 기초한 것이었다. 이 같은 입장에 따라서 르봉은 가능한 한 빨리 일본 본국의 법과 제도를 대만에 시행하여야 하며, 즉시 시행이 곤란한 경우에는 대만의 실정과 관습을 조사한 후에 일본법을 점진적으로 적용할 것을 주장하였다.

커크우드는 4월 30일에 여러 식민지 제도를 조사한 「식민지제도」라는 문서를 사법대신에게 제출하였다. 이 문서는 르봉의 대만통치안과는 근본적으로 다른 내용을 담고 있다.[9] 주요 내용만 소개하면, "① 일본내각에 식민지를 관장하는 식민성을 둔다. ② 식민지에 문관의 지사를 두고 그에게 관할 구역 내의 행정을 처리하게 한다. ③ 지사는 입법원의 협

---

7 「遼東及臺灣統治ニ關スル答議(1895.4.22.)」, 『秘書類纂臺灣資料』, 1936, 407~408쪽.

8 「遼東及臺灣統治ニ關スル答議(1895.4.22.)」, 『秘書類纂臺灣資料』, 1936, 407~408쪽.

9 「殖民地制度(1895.4.30.)」, 『秘書類纂臺灣資料』, 1936, 108~148쪽.

찬을 얻어서 법률을 제정하되, 식민지의 관습 및 제도 중에서 시행할 수 있는 것은 가능한 한 폐지하지 말고 시행한다"는 것이었다.[10] 단, 천황은 식민지에서 제정된 법률을 금지할 수 있도록 규정하였다.

① 식민성(植民省)을 두고 내각대신이 그 장관이 되고, 그로 하여금 일본의 각 식민지를 통할케 할 것
② 각 식민지에 문관의 지사를 두고 식민지의 행정을 처리케 한다. (이하 생략)
③ 식민지에 행정의회를 두고 지사를 보좌케 한다.(이하 생략)
④ 식민지에 입법원을 두고 지사를 의장으로 한다.(이하 생략)
⑤ 각 식민지의 지사는 식민지의 치안을 보호하고 질서를 유지하고 양정(良政)을 시행하기 위해서 입법원의 협찬을 얻어서 법률을 제정한다. 대긴급한 경우에는 지사가 그것을 제정할 수 있는 권리를 가질 수 있을 것
⑥ 황제는 식민지에서 제정된 법률을 금지할 권리를 갖고 (이하 생략)
⑩ 식민지의 입법, 민제도급관습(民制度及慣習)은 시행할 수 있는 것은 그것을 보존하고, 입법원에서 또는 다른 적당한 입법에서 세사숙려(細思熟慮) 후가 아니면 그것을 폐지 또는 변경할 수 없을 것 (이하 생략)

입법원의 의장은 문관 지사가 맡고, 입법원의 의원은 15~17명으로 구성하되 행정회의 의원, 기타 관리, 지명에 의해 선임되는 민간인으로

---

10 「殖民地制度(1895.4.30.)」, 『秘書類纂臺灣資料』, 1936, 108~148쪽.

구성할 것을 제안하였다. 특히, 문관 지사가 임명하는 입법원 의원 중에서 민간인은 일본인이 아니라 중국인들을 일부 참가시키는 것이 바람직하다고 제안하였다. 입법원 의원은 관선이기는 하지만 흡사 식민지 자치의회를 떠올리게 하는 방안이다. 커크우드 의견서는 문관 지사가 입법원 의장을 겸직하고 있어서 행정권과 입법권의 완전한 분리는 인정하고 있지 않지만, 법률을 제정하기 위해서는 반드시 입법원의 협찬을 거치도록 규정하였다는 점에서 행정기관에 대한 형식상의 견제절차를 마련한 것이었다.

커크우드의 의견서는 대만의 입법에 대해서 사실상 제국의회가 관여할 수 없도록 하는 것이었기 때문에, 의원들이 헌법상의 고유 권한을 박탈하는 것이라고 반발할 가능성이 높았다. 커크우드는 이 같은 위헌 논쟁의 여지를 없애기 위해, 약 3달 후인 7월 24일에 「대만의 제도, 천황의 대권 및 제국의회에 관한 의견서」를 사법대신에게 제출하였다.[11] 이 의견서의 주된 내용은 대만의 통치제도와 메이지헌법과의 관계에 집중되어 있다. 즉, 대만에는 현행의 메이지헌법이 원칙적으로 적용되지 않는다는 것을 전제로 문관 지사가 직접 법률을 제정할 수 있도록, 헌법의 개정을 제안하는 것이었다. 그는 "대만과 같은 해외의 원격지에는 헌법을 그대로 시행할 수 없다"는 인식하에서 다음과 같이 헌법을 개정해야 한다고 주장했다.[12]

---

11 「臺灣制度, 天皇ノ大權及帝國議會ニ關スル意見書(1895.7.24.)」, 『秘書類纂臺灣資料 臺灣資料』, 1936, 78~107쪽.
12 위의 글, 105~106쪽.

① 헌법 발포 후에 획득한 일본의 해외 식민지 또는 속국에는 이 헌법의 조항을 적용하지 않는다.
② 식민지 또는 속국의 제도는 천황의 행정상 입법상의 대권에 의해서 칙령으로 시행한다.

메이지헌법을 제정할 당시에 일본은 식민지가 없었기 때문에 식민지에 헌법이 적용되는지 등에 관한 규정을 설치할 필요가 없었다. 하지만 대만은 메이지헌법이 제정된 후인 1895년에 식민지가 되었기 때문에, 메이지헌법의 각 조항이 대만에도 시행되는지 여부가 논쟁이 될 수 있었다. 커크우드는 메이지헌법에서 구체적으로 식민지에 적용할 수 있다고 특별히 규정하지 않은 사항은 대만에 적용되지 않는다고 해석하고, 대신 식민지 혹은 속국의 제도는 천황의 대권인 칙령으로 제정해야 한다고 주장하였다. 이는 식민지를 천황의 직할령으로 통치하여야 한다는 의견을 제시한 것이다.

이러한 유럽인 고문관들의 의견서는 1896년 4월 1일 자로 공포된 대만통치제도에 상당한 영향을 미쳤다. 특히, 커크우드의 의견서 중에서 '입법원' 설치 구상은 대만사무국이 작성한 「대만조례안」에도 그대로 녹아 있다는 점에서 그 영향력을 확인할 수 있다.[13]

(2) 대만사무국의 대만통치법안

일본정부(이토 내각)는 1895년 6월에 대만사무국을 설치하여 대만통

---

13 後藤武秀, 2019, 『臺灣法の歷史と思想』, 法律文化社, 31쪽.

치법 제정에 착수하였다. 대만사무국은 총재 1인, 부총재 1인, 위원 약간 명으로 구성되었고 대만 및 팽호열도에 관한 제반의 사무를 관장하였다.[14] 특히 「대만사무국관제」 제4조에서 일본정부와 대만총독 간에 왕복하는 문서는 대만사무국을 반드시 경유하도록 했고, 특히 대만총독에게 발하는 일본정부의 문서는 사전에 대만사무국의 심사를 거쳐야 하였다. 이는 대만사무국이 대만통치제도의 제정에서 결정적인 역할을 한다는 점을 보여준다.

이는 대만사무국의 인적 구성에서도 드러난다. 대만사무국 총재에 이토 히로부미(내각총리대신), 부총재에는 가와카미 소로쿠(川上操六, 참모차장)가 임명되었고, 외무성 등 관계 각성(各省)의 차관이 위원으로 위촉되었다. 대만사무국은 대만통치의 방침과 통치기관에 관한 초안을 작성하는 역할을 담당하였다. 대만사무국은 민정실시를 앞두고 대만을 통치할 기구의 조직·권한을 구체적으로 규정한 「대만총독부관제안」[15]과 통치제도를 기술한 「대만조례안」(이하 "조례안"이라 한다.)을 작성하였다.[16] 이 조례안 중에서 입법 및 사법에 관한 주요 내용을 소개하면 다음과 같다.

제1조   대만에 대만총독을 두고 대만 및 팽호열도(澎湖列島)를 관할
　　　　케 한다.

---

14 「臺灣事務局官制(칙령 제74호, 1895.6.13.)」, 『御署名原本·明治二十八年·勅令第七十四號·臺灣事務局官制』.

15 臺灣總督府警務局, 1933, 『臺灣總督府警察沿革誌 I』, 69쪽.

16 原敬文書研究會, 1986, 「法律案 (秘)臺灣條例」, 『原敬關係文書(6)』, 日本放送出版會, 223~225쪽; 中村哲, 1943, 『植民地統治法의 基本問題』, 日本評論社, 60~61쪽.

제2조 총독은 입법회의의 의정 및 칙재를 거쳐서 그 관할구역 내에 법률의 효력을 갖는 총독부령을 발할 수 있다.

제3조 긴급한 경우에는 총독은 그 관할구역 내의 안녕질서를 유지하기 위해 긴급부령을 발할 수 있다.

전항의 경우에는 차회의 입법회의의 승인을 거쳐 칙재를 청하여야 한다. 만약, 입법회의의 승인을 얻지 못했을 때는 그 부령은 장래에 대해서 효력을 잃는다. 칙재를 얻지 못했을 때도 같다.

제4조 입법회의의 조직은 칙령으로 정한다.

제5조 아래에서 열기(列記)하는 각건(各件)은 입법회의에서 의정(議定)한다.

　1. 법률 효력을 갖는 부령안

　2. 예산 및 결산안

　3. 人民의 請願으로서 특히 중요한 것

제11조 대만의 재판소 조직 및 그 관할구역은 칙령으로 정한다.

제12조 재판관은 법률에서 정한 자격을 갖춘 자에게 맡긴다. 단, 당분간 행정관으로 하여금 겸무(兼務)케 할 수 있다.(이하 생략)

위 조례안은 행정·입법·사법·재정에 대한 내용을 중심으로 모두 21개 항목으로 이루어져 있다. 법률 효력을 갖는 총독부령은 대만총독이 입법회의의 의정과 칙재를 거쳐서 제정하도록 규정하였다. 이 규정은 '문관 지사'를 '총독'으로, '입법원'을 '입법회의'로 수정한 것을 제외하면 커크우드 의견서와 거의 차이가 없다.[17] 예·결산에 대해서도 입법회의가 의정할 수 있었다.

단, 입법절차에서는 상당 부분의 변경이 있었다. 즉, 커크우드 의견서는 문관 지사가 입법원의 협찬을 얻어서 법률을 제정하도록 하였는데, 이 조례안에서는 입법회의의 의정(議定)과 함께 '천황의 칙재'를 청하도록 규정하였다. 다만, 긴급한 상황에서 대만총독은 긴급부령을 공포할 수 있었는데, 이 경우에는 반드시 차회(次回)의 입법회의의 승인을 거쳐서 칙재를 청하여야 하고, 만약 입법회의의 승인을 얻지 못했을 경우에 부령의 법률적 효력을 상실하도록 규정하였다.[18]

대만사무국은 해당 조례안을 대만총독부로 송부하여 의견을 청취하였다. 대만총독부는 1896년 1월 18일에 조례안을 입수하여 검토한 후에 강력한 반대 입장이 담긴 의견서를 제출하였다. 대만총독부 측이 작성한 의견서의 주요 요지는 "입법회의의 권한이 심대하여 대만총독의 입법권 행사를 제약할 수 있다"는 것이었다.[19] 이후 대만사무국은 대만총독부의 의견을 일부 반영한 「대만통치법」을 새롭게 작성하였다.[20] 즉, 조례안 제2조의 "입법회의의 의정"이라는 표현과 제3조의 "입법회의의 승인"이라는 표현을 모두 삭제하여 다음과 같이 수정하였다.

제1조　대만에 대만총독을 두고 대만 및 팽호열도를 관할케 한다.
제2조　대만총독은 칙재를 거쳐서 그 관할구역 내에서 법률 효력을

17　中村哲, 1943, 위의 책, 70~71쪽.
18　이 문서는 대만의 사법제도에 관해서도 구체적으로 기술하고 있다. 우선, 대만재판소의 조직 및 그 관할구역을 칙령으로 정하도록 하였다(11조). 그리고 재판관은 법률에서 정한 자격을 갖춘 자에게 맡기되, 당분간은 행정관에게 겸무(兼務)하도록 하였다(12조).
19　臺灣總督府警務局, 1933, 앞의 책, 69쪽.
20　「臺灣統治法 修正ノ分 第一號 法律案」, 『秘書類纂臺灣資料』, 1936, 151~153쪽.

갖는 총독부령을 발할 수 있다.

제3조　긴급한 경우에서는 대만총독은 그 관할구역 내의 안녕질서를 유지하기 위해 법률 효력을 갖는 긴급총독부령을 발할 수 있다.

전항의 경우에서는 발포 직후에 칙재를 청하고, 만약 칙재를 얻지 못했을 때는 그 부령은 장래에 대해서 효력이 없는 것으로 한다.

제5조　다음의 條件은 대만총독이 총독부평의회의 評決에 부친다.

1. 법률 효력을 갖는 총독부령안
2. 예산안 및 결산안

제6조　총독부평의회의 조직은 칙재로 정한다.

제7조　대만의 재판소의 구성 및 그 관할구역은 대만총독이 정한다.

제8조　재판관은 법률에서 정한 자격을 갖춘 자에게 맡긴다. 단, 당분간 행정관에게 겸무케 할 수 있다.

제18조　현행 또는 장래 발포하는 법률로서 그 전부 또는 일부를 대만에 시행할 것은 칙령으로 정한다. 단, 법률 중 특히 대만에 시행하는 것은 이러한 제한에 있지 않다.

조례안에서는 입법기구의 설치를 상정하였으나 「대만통치법」에서는 그것을 부정하였다는 점에서 큰 차이가 있다. 또한 입법절차에서도 조례안은 "입법회의의 의정 및 칙재를 거친 후에 총독부령"을 제정하도록 했으나, 「대만통치법」에서는 칙재를 거쳐서 총독부령을 제정하는 것으로 변경하였다. 다만, 법률 효력을 갖는 총독부령안, 예·결산안 등에 관해서는 총독부평의회에 평결을 부치도록 하였다. 특히, 조례안에서는 인민의 청원을 입법회의에서 의정할 수 있도록 했으나 「대만통치법」에서는 이 같은 내용도 삭제했다. 또한, 긴급한 경우에 발하는 총독부령의 입법 절차도 조례안에서는 입법회의의 승인이라는 절차가 필요했으나 「대만통치법」에서는 천황의 칙재를 거쳐서 총독부령을 제정할 수 있도록 변경하였다.

이와 함께 입법회의를 총독부평의회로 변경한 점도 큰 변화이다. 1943년에 나카무라(中村哲)는 입법회의는 대만 주민의 참여를 제한적이나마 허용하는 식민지 의회적 성격을 가지고 있지만 총독부평의회는 그것을 부정하였다는 점에서 질적으로 차이가 있다고 평가하였다.[21] 총독부평의회는 총독부 관리들로만 구성되는 관료적 성격이 강한 내부 협의기구에 불과하였다.

「대만통치법」에서는 사법제도 및 사법관의 자격에 대해서도 구체적으로 정하였다. 우선, 대만의 재판소의 구성 및 관할구역은 대만총독이 정하도록 규정하였다(제7조). 「대만조례안」에서는 재판소의 구성을 칙령으로 정하도록 하였으나 「대만통치법」은 그것을 총독에게 위임할 것을 제안하였다. 다만, 재판관은 일본의 법률에서 정한 자격을 갖춘 자를 임명하도록 하였다는 점, 그리고 당분간은 행정관이 겸직할 수 있도록 예외를 두었다(제8조)는 점 등은 조례안과 동일하다.

이와 함께 현행 또는 장래에 발포할 일본의 법률이면서 그 전부 또는 일부를 대만에 시행하는 것은 칙령으로 정하도록 규정하였다. 다만 법률 중에서 특별히 대만에 시행할 것을 요하는 것은 이러한 제한을 두지 않았다(제18조). 이는 대만의 입법에 대해서 제국의회가 특별입법의 형식

21　中村哲, 1943, 앞의 책, 63쪽.

으로 간여할 수 있는 길을 열어둔 것이었다.

2) 민정기 대만의 위임입법제도와 율령

1896년 2월 2일에 대만사무국회의가 개최되었다. 이 회의는 제9회 제국의회의 회기 중에 열렸는데 여기에서 제국의회에 제출할 대만통치법(안)이 확정되었다. 한편, 이 회의가 열리기 전인 1896년 1월에 하라(原敬, 당시 외무차관)는 이토 수상을 방문하고 대만통치의 기본방침에 관하여 자신의 의견을 기록한 문서를 제출하였다.[22] 그는 이 문서에서 대만의 법률에 관해서는 현행 일본의 법률 중에서 대만에 시행할 수 있는 것은 점차로 시행하고, 나머지는 제국의회가 직접 제정하거나 혹은 긴급칙령으로 규정할 것을 제안하였다.[23] 행정명령도 현행의 명령 중에서 시행이 가능한 것은 점차 대만에 시행하고 나머지는 별도로 제정하도록 권고하였다. 이 주장은 일본 본국의 법률과 제도를 대만에 직접 시행하는 것을 원칙으로 하되 특별한 사항은 대만총독이 아니라 제국의회가 법률을 제정하거나 천황의 칙령으로 규정할 것을 제안한 것이었다.

이 같은 하라의 주장은 종전까지 대만사무국 내에서 논의되었던 대만통치안들과는 전혀 다른 내용이었다. 하라의 내지연장주의적 통치안은 대만사무국 다수가 반대하여 채택되지 못했다. 그리고 「대만총독부 관제」 중에서 육해군대장 또는 중장만이 대만총독이 될 수 있다는 안

---

22 당시 외무성 차관으로서, 대만사무국 위원으로 참여하고 있었던 하라는 원안에 반대하고 내지연장주의에 입각한 식민통치제도를 수립할 것을 주장하였다.

23 「臺灣問題二案」, 『秘書類纂臺灣資料』, 1936, 33쪽.

(案)은 다수가 동의하지 않았으나, 이토 총리가 육군의 입장을 고려해야 한다고 주장하여 원안 그대로 채택되었다.[24] 그리고 일본정부는 1896년 3월 17일 아래의 법률안을 중의원에 제출하였다.

대만에 시행할 법령에 관한 법률안

제1조 대만총독은 그 관할구역 내에서 법률의 효력을 가지는 명령을 발(發)할 수 있다.

제2조 전조의 명령은 대만총독부평의회의 의결(議決)을 취해 척식무대신을 거쳐 칙재를 청한다. 대만총독부평의회의 조직은 칙령으로 정한다.

제3조 임시긴급을 요하는 경우에 대만총독은 전조 제1항의 절차를 거치지 아니하고 바로 제1조의 명령을 발할 수 있다.

제4조 전조에 의해 발한 명령을 발포 직후에 칙재를 청하고 또 대만총독부평의회에 보고한다. 칙재를 얻지 못했을 때는 총독은 곧바로 그 명령이 장래에 효력이 없다는 것을 공포한다.

제5조 현행의 법률 또는 장래 발포하는 법률로서 그 전부 또는 일부를 대만에 시행하는 것을 필요로 하는 것은 칙령으로 정한다.

위 법률안은 「대만통치법」의 내용을 토대로 하되 총독의 입법권과 입법절차를 중심으로 규정하고 나머지는 모두 삭제하였다. 주요 내용으로는 첫째, 대만총독에게 관할 구역 내에 법률 효력을 갖는 명령을 발할

---

24 原奎一郎 編, 1981, 『原敬日記(1卷)』, 福村出版株式會社, 230쪽.

권한을 부여하되, 대만총독부평의회의 의결을 취해서 척식무대신을 거쳐서 칙재를 청하도록 규정하였다. 둘째, 임시긴급을 요하는 경우에 대만총독은 즉시 제1조의 명령을 발할 수 있으나, 긴급명령 발포 직후에는 칙재를 청하고 또 대만총독부평의회에 보고하도록 규정하였다. 만약, 칙재를 얻지 못했을 때는 총독은 곧바로 그 명령이 장래에 효력이 없다는 것을 공포하여야 하였다. 셋째, 현행의 법률 또는 장래 발할 법률로서 그 전부 또는 일부를 대만에 시행하는 것을 필요로 하는 것은 칙령으로 정하도록 하였다.

그러나 이 법률안은 제국의회의 심의과정에서 위헌 여부를 둘러싸고 많은 논란을 야기하였다. 제국의회에 참석한 미즈노 준(水野遵) 정부위원은 대만총독에게 입법권이 필요한 이유로서 첫째 대만의 인정, 관습, 문화가 다르고 토비(土匪)의 봉기도 수시로 발생한다는 점, 둘째 대만은 멀리 떨어져 있어서 중앙과의 연락이 불편하다는 점을 제시하였다. 이 주장에 대해서 나카무라(中村克昌) 의원은 '입법명령은 일본에서는 천황 외에는 행사할 수 없다'고 지적하면서 헌법에 저촉될 수 있다고 문제를 제기하였다. 미즈노는 대만에는 아직 헌법이 전부 시행되는 것은 아니기 때문에 총독도 입법명령을 제정할 수 있다고 답변하였다.[25]

---

25 일본정부는 1896년 법률 제63호를 심의할 당시에는 메이지헌법은 대만에 미치지 않는다고 주장하였으나 곧바로 "헌법이 이미 부분적으로 대만에 시행되고 있다"고 입장을 변경하였다. 1899년에는 다시 "헌법이 대만에 적용되고 있다"고 표명하였으며 1906년이 되자 일본정부는 명백히 "대만을 점령한 때부터 헌법은 이미 전부 시행되었다"고 선포하게 된다. 10여 년의 대만통치를 통해서 메이지정부의 고위층은 이미 법률 형식상에서 제국 헌법을 대만에 시행하는 것이 식민통치를 하는 데 방해가 되지 않는다는 점을 깨닫게 되었으며, 이는 헌법 시행 후 그 국권을 행사하는 데 대하여 불편한 점이 발생하는 경우에는 위임입법제도를 통하여 해결할 수 있었기 때문이다. 王泰升, 2013, 「대만법의 근대성과 일본 식민통치」, 『법사학연구』 27, 11쪽.

그러나 의원들이 법률(안)이 위헌의 소지가 있다고 계속 비판하자, 미즈노는 헌법이 부분적으로 대만에 시행되고 있다고 입장을 변경하였다. 그리고 해당 법안을 영구법으로 제정하는 것도 헌법상의 문제가 있다는 의원의 지적이 있었는데 이 지적도 수용하였다.[26] 이렇게 하여 3년의 시한규정이 추가된 법률 제63호가 1896년에 공포되었다.[27]

법률 제63호를 둘러싸고 제국의회와 일본정부가 서로 갈등이 있었음에도 불구하고 양자가 타협하여 법률을 통과시킨 이유는 일본 법률을 대만에 연장하지 않는 것이 통치상 여러 가지 장점이 있었기 때문이다. 구체적으로는 첫째, 대만의 긴급한 상황의 도래시 법령을 신속히 제정할 수 있다. 둘째, 일본의 법률제도에 익숙하지 않은 대만인들에게 본국의 법제를 강제하면 오히려 그들의 저항과 반발을 초래할 수 있다. 셋째, 메이지헌법과 법률에서 보장하는 국민의 권리 의무에 관한 사항을 대만인에게 굳이 시행하지 않아도 된다. 즉, 차별의 존속과 통치의 편이성 측면에서 채택할 수 있는 제도였다.

법률 제63호가 제정된 날에 「대만총독부평의회장정」(칙령 제89호, 1896.3.30.)이 제정되었다. 대만총독부평의회는 총독, 민정국장, 군무국장, 민정국부장, 군무국부장, 민정국참사관, 기타 총독이 필요하다고 인정할 때는 전항의 직원 외에 유관하는 문무관에게 명하여 임시로 의사에 참여케 할 수 있었다. 대만총독부평의회는 법률 제63호의 의결뿐만 아니라 총독의 자순(諮詢)에 의해서 다음의 사항에 대해서 답신할 수 있었다. ① 예산안 및 결산, ② 중대한 토목공사의 설계, ③ 인민의 청원으

---

26   中村哲, 1943, 앞의 책, 72~82쪽.
27   「御署名原本・明治二十九年・法律第六十三號・臺灣ニ施行スヘキ法令ニ関スル件」.

〈표 1-1〉 대만 통치법(안)의 변천과 성격

	커크우드안	대만조례안	대만통치법(안)	법률 제63호
제정형식	칙령	법률	법률	법률
대만의 입법원칙	식민지 법률	총독부령	총독부령	원칙: 율령(총독) 예외: 칙령, 법률
입법절차	입법원 협찬 → 칙재	입법회의 의정 → 칙재	평의회 평결 → 칙재	평의회 의결 → 척식무대신 경유 → 칙재
대만인의 입법 참여	제한적 허용	제한적 허용	불허	불허
법률시효	-	-	-	3년

로서 특히 중대한 것, ④ 이외에 필요하다고 인정하여 특히 자순하는 사항 등이었다.

일본정부는 대만총독부평의회를 총독, 민정국장, 군무국장 등 대만총독부 관료만으로 구성함으로써, 총독의 견제기구라기보다는 총독의 의사결정을 돕는 보좌기구로 만들어 버렸다. 대만통치제도는 식민지 주민의 참여를 철저히 차단하였으며, 대만총독부 내의 심의 절차들을 형식화하고 총독의 독재적·관료적으로 권한을 보장하는 방향으로 확립되었다. 이는 일제 식민통치 방식의 특징이었다. 법률 제63호는 대만에 입법기구를 설치할 것을 제안하였던 종전의 방안을 거부한 것이었다. 이는 당시 대만총독부가 총독의 권위와 권한을 해칠 수 있다고 강하게 반발하였기 때문이다. 이에 더하여 제국의회는 메이지헌법을 근거로 들면서 시한입법을 주장하였다. 이렇게 여러 국가기관이 개입하면서 대만통치법은 관료적·독재적 성격이 강화되었고 다른 한편으로는 제국의회의 정기적인 연장 승인이 필요한 방향으로 수정되었다.

즉, 법률 제63호는 3년의 시한입법이었기 때문에 3년마다 제국의회로부터 연장 여부를 승인받아야 하였다. 1907년 1월 1일부터는 법률 제31호가 법률 제63호를 대체하였다. 법률 제31호가 법률 제63호와 다른 점은 첫째, 법률의 효력기간이 1911년 12월 31일까지로 5년 연장되었다. 둘째, 법률 제31호는 법률 제63호에 비해서 '본국통제적' 성격이 더 강화되었다. 예컨대 제5조를 신설하여, 율령은 대만에서 시행하기로 결정한 '법률'이나 '칙령'을 위배하지 못한다고 규정하였다. 법률과 율령이 서로 내용상 충돌할 경우에 해결방안을 마련한 것이었다. 법률 제31호[28]도 연장되다가 1921년에 법률 제3호가 공포되었고 1922년 1월 1일부터 시행되었다.

법률 제3호는 하라의 강력한 의지와 더불어 정당내각 및 제국의회 의원들의 호응을 얻어서 제정되었다. 하라 내각은 1918년 9월 29일부터 1921년 11월 13일까지 존속하였는데, 하라는 총리취임과 동시에 식민정책을 특별통치주의에서 내지연장주의로 전환하였다. 그리고 무관총독제를 폐지하고 문관 출신인 덴 겐지로(田健治郎)를 총독으로 기용하였다. 이와 동시에 1921년 1월 30일에 정부입법의 형식으로 '대만에 시행할 법령에 관한 법률안'을 제출하여 대만총독의 율령권이 행사될 수 있는 영역을 대폭 감축하였다.

　　　　대만에 시행할 법령에 관한 법률(법률 제3호, 1921.3.15.)
　　제1조　법률의 전부 또는 일부를 대만에 시행하는 것을 요하는 것은
　　　　　칙령으로 정한다.
　　　　　전항의 경우에 관청 또는 공서의 직권, 법률상의 기간 기타
　　　　　사항에 관해 대만의 특수사정으로 인하여 특례를 설치할 필

28　대만총독부평의회가 율령심의회로 변경되었다.

요가 있는 것은 칙령으로 별단의 규정을 설치할 수 있다.
제2조 대만에서 법률을 요하는 사항으로서 시행할 법률이 없을 때 또는 전조의 규정에 의하기 어려운 것에 관해서는 대만총독의 명령으로 규정할 수 있다.
제3조 전조의 명령은 주무대신을 거쳐 칙재를 청한다.
제4조 임시긴급을 요하는 경우에 대만총독은 전조의 규정에 의하지 아니하고 곧바로 제2조의 명령을 발할 수 있다.
전항의 규정에 의해 발한 명령은 공포 직후에 칙재를 청해야 한다. 칙재를 얻지 못했을 때는 대만총독은 곧바로 그 명령이 장래 효력이 없다는 것을 공포해야 한다.
제5조 본법에 의해서 대만총독이 발한 명령은 대만에서 행해지는 법률 및 칙령에 위반할 수 없다.
부칙   본법은 1922년 1월 1일부터 시행한다.

법률 제3호의 제정은 일본정부가 식민정책을 전환한 것과 관련이 있었는데 그 중심에 하라 총리가 있었다. 원래 하라는 제2차 이토내각이 설치한 대만사무국에 외무차관으로 참가하고「대만문제2안(臺灣問題二案)」을 작성한 적이 있었다.[29] 이 안은 대만을 영국의 식민지 지배와 같이 일종의 콜로니로 할지 혹은 일본 각 지역과 똑같이 하나의 지역으로 할지 중에서 후자를 채택할 것을 주장한 것이다. 하라는 일찍부터 내지연장주의를 선호하였던 인물이었다.[30] 이같은 하라의 생각이 1921년에

---

29 原敬文書硏究會, 1986, 앞의 책.
30 後藤武秀, 2019,『臺灣法の歷史と思想』, 法律文化社, 31쪽.

〈표 1-2〉 1921년 법률 제3호 시행 전후의 내지법과 율령의 건수 비교

	법률 제3호 이전(1896~1921)			법률 제3호 이후(1922~1945)		
	내지법	율령	소계	내지법	율령	소계
합계	84(29.2%)	203(70.7%)	287(100%)	159(70.3%)	67(29.6%)	226(100%)

출처: 外務省, 1990, 『外地法制誌(5卷)』, 文生書院, 71~72쪽.

비로소 법제로 실현된 것이다.

종전까지 대만의 입법사항은 대만총독이 제정하는 것이 원칙이었으나 법률 제3호는 일본 본국의 법률을 우선적으로 적용·시행하는 것을 원칙으로 변경하였다. 만약, 대만에 시행할 법률이 없을 경우에 한하여 대만총독이 입법할 수 있었다.

법률 제3호가 시행되면서 율령의 제정 횟수도 감소되었다. 법률 제63호 및 법률 제31호 하에서 대만총독이 제정한 율령은 203건이다. 그리고 칙령에 의해서 대만에 시행된 일본 내지법률은 84건이었다. 그러나 법률 제3호 시행 후에는 율령이 67건에 불과하였고 일본 내지법률은 159건이나 대만에 시행되었다.[31]

법률 제3호의 입법취지에 따라서 1922년에 칙령 제406호가 제정되었다. 칙령 제406호는 1923년 1월 1일부터 민법, 상법, 민사소송법, 민사소송용인지법, 상사비송사건인지법, 민법시행법, 인사소송수속법, 비송사건수속법, 경매법, 부동산등기법, 상법시행법 등 여러 법률들을 대만에서 시행할 것을 규정하였다. 그리고 1922년 칙령 제522호에 의해서 1923년 1월 1일부터 파산법 및 화의법(和議法)이 추가로 시행되었다. 또한 1933년 칙령 제331호에 의해서 1934년 1월 1일부터 수형법(手

---

31 後藤武秀, 2019, 위의 책, 33쪽.

形法), 소절수법(小切手法)이 시행되는 등 내지연장주의가 계속 강화되었다.[32]

한편, 1922년 칙령 제407호에서는 민법상의 특례를 규정하여, 대만인 상호 간의 친족 및 상속에 관한 사항에 대해서는 일본민법 제4편 및 제5편의 규정을 적용하지 않고 종전과 같이 관습에 의하기로 하였다.[33] 뒤에서 살펴보겠지만 이 같은 법 체제는 1912년 「조선민사령」과 매우 흡사하였다.

이상에서 살펴보았듯이, 일제의 「대만통치법」은 크게 2단계를 거쳐서 변화하였다. 첫째 단계는 1896년 4월 1일부터 1921년까지의 시기로 대만총독에게 폭넓게 권한을 위임한 시기이다. 그리고 대만에 통용되는 주요 법령도 대만총독이 제정하였고 일본정부도 굳이 대만에 관해서 일본의 법령을 직접 제정하려는 의지가 많지 않았다. 둘째 단계는 법률 제3호가 제정된 시기로, 대만의 입법원칙이 칙령으로 일본 본국의 법률을 의용하는 것으로 전환되었다. 그리고 대만의 특성이 반영된 법제가 필요한 경우에만 예외적으로 대만총독이 율령으로 제정할 수 있도록 바꾸었다. 이는 1907년 사할린의 통치체제와 매우 유사하다.[34] 대만에서도 본격적으로 내지연장주의가 시행될 수 있는 제도적 기초가 확보된 것이었다. 다만, 일제의 내지연장주의는 시행하는 법률과 통치기관의 통합을 의미하는 것이지 주민의 평등을 의미하는 것은 아니었다.

---

32 外務省, 1990, 『外地法制誌(5卷)』, 文生書院, 80~81쪽.
33 外務省, 1990, 위의 책, 82쪽.
34 사할린은 1918년 「공통법」에서는 내지로 취급되었다. 공식적으로는 1943년에 외지에서 내지로 편입되었다.

2. 식민지 조선의 위임입법제도와 제령

1) 일본정부의 조선통치(안)

대만은 갑작스럽게 식민지로 편입되어서 일본정부가 통치제도를 수립하는 데 시간이 많이 걸렸을 뿐만 아니라 큰 진통을 겪었다. 하지만 한국의 경우에는 1905년부터 사실상 통감부가 각 국가기관들을 지배하고 있었기 때문에 국정 실태를 잘 파악하고 있었다. 또한, 대만통치가 15년 정도 경과하여 나름의 경험도 쌓여 있었기 때문에 통치제도를 만드는 것은 어렵지 않았다. 단지, 일본정부가 대한정책(對韓政策)을 어떻게 결정하는가에 달려 있었다.

1905년 이래로 일본은 이토 주도로 보호국화 정책을 유지하고 있었는데, 1909년 상반기에 한국을 병합하기로 정책을 전환하였다. 즉, 1909년 4월 10일에 가쓰라 다로(桂太郎) 수상과 고무라(小村) 외무상이 도쿄의 레이난자카(靈南坂)에서 이토 통감을 만나서 회견하는 자리에서 한국병합에 공식적으로 합의하였다.[35]

그러나 한국병합을 주도하고 있던 육군 번벌세력들은 대만의 식민통치제도를 한국에 그대로 도입하는 것에 부정적이었다. 데라우치 마사타케(寺內正毅, 조선총독 겸 육군대신) 등은 자신들의 권한을 최대한 확대하고 제국의회를 중심으로 하는 정당세력의 개입과 간섭을 가급적이면 축소하고 싶어했다. 야마가타 아리토모(山縣有朋)부터 데라우치 마사타케로

---

35 小松綠, 1920, 『朝鮮併合之裏面』, 85~86쪽.

이어지는 번벌세력은 정당세력의 정권참여로 인하여 발생하는 일본정치의 변화로부터 상대적으로 독립적인 조선의 운영을 기대하였다. 이에 반해서 제국의회의 다수당인 정우회 등은 식민지 조선을 일본정치의 지배영역에 포함시키려 하였다.[36]

당시 육군 번벌세력들은 조선총독의 입법권을 '법률'이 아니라 '칙령'의 형식으로 위임하는 것을 추진하였다. 대만총독의 율령권은 제국의회가 시한입법 형식으로 위임하여 주었기 때문에 제국의회가 입법권을 직접 회수할 수 있었고 주기적으로 제국의회의 승인을 받아야만 하는 번거로움이 있었다. 만약, 칙령으로 조선총독의 입법권을 부여하면 제국의회가 칙령을 폐지하거나 혹은 개정하는 것이 쉽지 않았다.[37]

야마가타 계열의 데라우치가 1910년 5월 30일 제3대 통감이 되어 한국병합의 실무를 맡으면서 육군 번벌세력의 이해에 부합하는 조선통치안이 만들어졌다. 1910년 6월 3일 각의에서 '한국에 대한 시정방침'을 결정하였는데 주요 사항을 소개하면 다음과 같다.

1. 조선에는 당분간 헌법을 시행하지 않고 대권에 의해서 통치할 것

---

36 일제의 한국침략이 한창 진행되던 1905년 러일전쟁 후부터 1913년 다이쇼정변에 이르기까지의 기간은 야마가타의 후계자로서 번벌과 군부의 대표격인 가쓰라와 일본 내 최대 정당인 정우회의 대표인 사이온지 긴모치(西園寺公望)가 서로 돌아가면서 정권을 담당하던 가쓰라·사이온지 시대라고 불린다. 외형상으로는 제1차 가쓰라 내각-제1차 사이온지 내각-제2차 가쓰라 내각-제2차 사이온지 내각의 순서대로 정권교체가 진행된 것처럼 보이지만 그 속에는 권력과 정책을 둘러싼 번벌과 정당의 첨예한 대립이 존재하였다. 김종식, 2011, 「1910년대 식민지 조선 관련 일본 국내정치 논의의 한 양상」, 『한일관계사연구』 38, 304~306쪽.

37 메이지헌법에서 칙령은 법률을 폐지하거나 수정할 수 없도록 규정하였지만 그 반대의 경우에 대해서는 규정이 따로 없다.

1. 총독은 천황에게 직속[直隸]하고, 조선의 일체의 정무를 통할할 권한을 가질 것
1. 총독에게는 대권의 위임에 의하여 법률사항에 관한 명령을 발할 권한을 부여할 것

    단, 본 명령은 별도로 법령 또는 율령 등 적당한 명칭을 붙일 것

付 : 헌법의 석의(釋義)

한국병합인 이상 제국헌법은 당연히 그 신영토에 시행되는 것으로 해석한다. 그러나 사실은 신영토에 대하여 제국헌법의 각 조장(條章)을 시행치 않음이 적당하다고 인정되어 헌법의 범위에 있어서 제외법규(除外法規)를 제정할 것[38]

각의결정에서는 '당분간'이라는 단서를 달기는 하였으나 조선에는 사실상 헌법을 시행하지 않고 천황 대권으로 직접 통치하겠다는 점을 분명히 하였다. 당시 일본정부의 입장은 "대만 및 화태(사할린)에 대해서는 그 통치를 헌법 규정의 범위 내에서 법률로써 그 지역의 법률사항에 관해서 규정하였지만, 오직 조선에 대해서만은 종래 정부의 방침과 전연(全然) 반대의 견해를 채택하여, 동반도에 한해서는 대권 직접의 통치로 한다"는 것이었다.[39]

그러나 조선에 헌법을 시행하지 않는다는 점을 공식화할 경우에는

---

38 外務省, 1965, 「韓國に對する施政方針(閣議決定, 1910.6.3.)」, 『日本外交年表竝主要文書(上)』, 336쪽.

39 「秘 合併後韓半島ノ統治ト帝國憲法トノ關係」, 『寺內正毅文書』.

여러 정당들과 학자들이 반발할 것을 고려하여, "메이지헌법은 당연히 신영토에 시행되는 것으로 해석하지만, 사실상 신영토에 대하여 헌법의 각 조장을 시행하지 않는 것이 적당하다고 인정되어 헌법의 범위에서 제외법규를 제정"할 것이라고 결정하였다.

조선에 대해서 사실상 헌법불시행설을 채택하자는 주장은 대만통치의 사례에서 비추어 매우 특이한 것이었다. 대만의 경우에도 당초에는 칙재(勅裁)를 거쳐서 천황의 의사로써 헌법 적용의 범위 외부로 하고 대권으로 통치하려고 하였으나, 제국의회가 크게 반발하여 1896년 법률 제63호로 후퇴하였다. 이 뿐만 아니라 대만의 법률 제63호 및 제31호의 연장 과정에서도 식민지에 메이지헌법이 시행된다는 점이 여러 차례 확인되었다.[40]

그러나 일본내각은 대만의 경우처럼 각의결정이 있었음에도 불구하고 이를 취소하고 제국의회가 새로 입법권을 부여한 선례가 있었기 때문에, 이 점을 고려하여 조선의 경우에는 각의결정 방식을 취하지 말고 곧바로 천황의 '조서(詔書)'에 그것을 언명해야 한다고 제안하였다.[41] 천황의 조서에 명기된다면 제국의회가 감히 반발하지 못할 것이라고 생각한 것이다.

이렇듯, 조선에 관한 포괄적인 식민통치안이 결정되면서 일본정부는 병합 이후의 구체적인 통치방안 작성에 착수하였다. 일본정부는 한국병합을 위해서 한국의 경찰권을 장악하였고, 이어서 1910년 6월 하순부터

---

40 臺灣總督府, 1921, 『臺灣ニ施行スヘキ法令ニ關スル法律其ノ沿革竝現行律令』; 山崎丹照, 1943, 『外地統治機構の研究』, 高山書院; 中村哲, 1943, 앞의 책.

41 「秘 合倂後韓半島ノ統治ト帝國憲法トノ關係」, 『寺内正毅文書』.

<표 1-3> 병합준비위원회 위원의 구성

지위	이름	직책
의장	시바타 가몬	내각 서기관장
주임	구라치 데쓰키치	외무성 정무국장
	고마쓰 미도리	통감부 외무부장
위원	야스히로 반이치로	법제국 장관
	若槻礼次郎	대장성 차관
	後藤新平	척식국 부총재
	中西淸一	법제국 서기관
	江木翼	척식국 서기관
	兒玉秀雄	통감부 회계과장
	中山成太郎	통감부 서기관

출처: 한성민, 2016, 「을사조약 이후 일본의 '한국병합' 과정 연구」, 동국대학교 박사학위논문, 200쪽.

7월 하순에 걸쳐서 수상관저에서 '병합준비위원회'를 개최하였다. 병합준비위원회에서는 국제관계 쪽은 외무성 정무국장 구라치 데쓰키치(倉知鐵吉), 한국 측은 통감부 외무부장 고마쓰 미도리(小松綠)가 주임이 되어 원안을 작성하였고 병합준비위원회에서 원안을 검토하였다.[42]

병합준비위원회는 대만의 통치안들을 기안하였던 대만사무국과 마찬가지로 식민지 조선에 관한 정부안을 마련하는 기구였다. 병합준비위원회의 통치안은 1910년 7월 7일에 논의가 종료되었고, 7월 8일에 각의로 넘어갔다.[43] 7월 8일의 각의에서는 병합조약안, 조칙안, 선언문 등을 최종 승인하였다. 그리고 일본정부는 한국에 관한 외교관계 및 다른 문제들에 대해서 구체안이 없었기 때문에, 별도로 시바타 가몬(柴田家門)

---

42 小森德治, 1968, 『明石元二郎』, 原書房, 372쪽.
43 小森德治, 1968, 위의 책, 372~373쪽.

내각 서기관장, 야스히로 반이치로(安廣伴一郎) 법제국 장관, 구라치 데쓰키치 외무성 정무국장을 위원으로 선임하여 조사케 하였다. 그 결과 위원들은 '국칭', '조선인의 국법상의 지위', '조선에 있어서의 사법상의 제 사항(諸事項)', '조선총독부설치', '조선에 있어서의 법령의 효력', '외국거류지의 처분', '한국황실 및 공신의 처분' 등 총 21개 항목을 갖추어 내각에 복명(復命)하고 각의는 약간 수정하여 가결하였다.[44] 이 중에서 중요한 것은 다음과 같다.

병합실행방법세목(倂合實行方法細目)

제2 조선인의 국법상의 지위

1. 한국인은 특별히 법령 또는 조약으로서 별단의 취급을 한다는 것을 정한 경우 외에, 완전히 내지인과 동일한 지위를 가질 것
2. 간도 재주자에 대해서는 조약의 결과로서 현재와 동일한 지위를 갖는 것으로 간주할 것
3. 외국으로 귀화하여, 현재 이중국적을 갖고 있는 자에 대해서는 국적법이 조선에 시행될 때까지 일본의 이해관계에서는 일본신민으로 간주할 것

제4 재판소에서 외국인에 적용할 법률

외국인은 재판상 내지인과 동일하게 취급하고 내지인과 동일한 법규를 적용하기로 한다. 필요한 경우에는 제령을 공포할 것

---

44 小松綠, 1920, 앞의 책, 98~106쪽.

제17 입법사항에 관한 긴급칙령안

제18 조선총독부 설치에 관한 칙령안

제21 조선에 있어서 법령의 효력에 관한 제령안

조선총독부 설치에 즈음하여 그 효력을 잃을 제국법령 및 한국법령은 당분간 조선총독이 발하는 명령으로서 그 효력을 갖는다.[45]

병합준비위원회에서 가장 논란이 되었던 것은 식민지 조선에 대한 입법권을 어느 기관이 행사할 것인지, 그리고 조선에서도 헌법을 시행할 것인지의 문제였다. 데라우치는 일본과 사정을 전혀 달리하는 신영토에 헌법을 시행하는 것은 시정상 매우 불편하다는 의견이었다. 당시 메이지 헌법은 영토 규정을 따로 두지 않았고 일본인만을 대상으로 제정된 것이기 때문에 식민지인에게 적용하는 것은 불편할 뿐만 아니라 헌법 정신에도 부합하지 않는다고 판단하였다.[46] 이에 따라서 병합준비위원회에서는 헌법제정 당시에 예상하지 않았던 신영토에 대해서는 별단의 수속을 취하지 않으면 헌법이 자연히 시행될 수는 없다는 주장이 다수를 점하게 되었다. 특히 당시 책임자였던 데라우치 통감의 의견을 존중하여 헌법불시행설을 채용하기로 결정하였다.

그러면서도 대만의 입법화 과정에서 내각 및 제국의회가 메이지헌법의 식민지 시행을 인정한 선례가 있었기 때문에, "이론상, 당연히 헌법이 시행되지만 실제에서는 그 조장을 실행하지 않고 헌법의 범위 내에서

---

45 小松綠, 1920, 위의 책, 98~106쪽.

46 小松綠, 1920, 위의 책, 94~95쪽.

특별법을 제정"하는 방식으로 메이지헌법과 "입법사항에 관한 긴급칙령안"과의 충돌 문제를 해결하려 했다.[47] 그러나 당시 학계에서는 헌법의 시행구역에 관한 어떤 제한이 없기 때문에 신영토가 일본에 편입된 이상은 당연히 헌법이 실시되는 것으로 해석하고 있었다.[48]

> 조선이 제국의 판도로 귀속된 이상 이론상 헌법이 미친다는 것은 당연한 것에 속한다. 그러나 조선의 사정이 자못 내지와 다른 바가 있어서, 현재 제국헌법을 실시하여 조선인의 권리·의무 규정을 모두 법률로써 하는 것은 사실상 도저히 실행할 수 없기 때문에, 제국정부는 1910년 7월 12일 각의에서 한국병합 이후 제국헌법은 당연히 신영토에 시행되는 것으로 해석하였지만 사실상 신영토에 대해서 헌법의 각 조장을 시행하지 않는 것이 적당하다고 인정하여, 헌법의 범위에서 제외법규를 제정하기로 하였다.[49]

한편, 조선에 특수입법이 필요하다는 인식은 관습, 인정 등에서 조선과 일본이 현격한 차이가 있다는 인식 때문이기도 했지만, 조선인의 법적지위와도 관련이 있었다. 일본정부는 조선인의 권리와 의무에 관한 사항을 일본인과 똑같이 규율하는 것은 불가하다고 판단했다. 물론,

---

47　小松綠, 1920, 위의 책, 94~96쪽.
48　식민지 위임입법에 대한 헌법논쟁에 대해서는 다음의 논문 참조 平野武, 1972, 「日本統治下の朝鮮の法的地位」, 『阪大法學』 83; 春山明哲, 1980, 「近代日本の植民地統治と原敬」, 『日本植民地主義の政治的展開 1895~1934年』, アジア政經學會; 江橋崇, 1985, 「植民地における憲法の適用 - 明治立憲體制の一側面」, 『法學志林』 82卷 3·4號.
49　「朝鮮施政方針及施設經營」, 『寺內正毅文書』.

1910년 7월 8일의 각의결정에서 "조선인은 특별히 법령 또는 조약으로써 별단의 취급을 한다는 것을 정한 경우 외에는 완전히 내지인과 동일한 지위"를 갖는 것으로 국법상 지위가 규정되었고, 또한 외국으로 귀화하여 이중국적을 가진 조선인에 대해서도 국적법이 조선에 시행될 때까지 일본과의 이해관계에 있어서는 일본 신민으로 간주한다고 결정되었다. 그러나 여기에서 "내지인과 동일한 지위" 혹은 "일본 신민으로 간주"한다는 표현은 매우 다른 의미를 내포하고 있었다.

> 종래 한국 신민이었던 자는 병합에 의하여 당연 일본 국적을 취득하지만, 그렇다고 한국인이 일본인과 완전히 동일하지는 않고 단지 외국에 대해서 일본 국적을 취득한 것에 불과하다는 것을 주의해야 한다.[50]

조선인은 외국에 대해서는 일본 국적을 보유한 일본인으로 규정되지만, 일본 국내법에서는 일본인과 법적으로 다른 존재였다. 국제법학자인 야마다 사부로(山田三郎)는 "일본이 한국을 병합한 이후 조선인과 일본인에게 공법상(公法上) 어떤 차별을 설치할 것인가는 국법상의 문제"라고 말했다.[51] 이 언급은 조선인이 대외적으로 일본 국적을 취득하긴 하지만 일본 국내법상의 차별적 법제는 일본정부의 정책적 판단에 따라서 얼마든지 제정할 수 있다는 뜻으로 해석할 수 있다. 일본정부는 한국병합 이후 조선인들은 단지 외국에 대해서만 일본 국적을 취득한 것이고,

---

50 山田三郎, 「1910年 7月 15日 倂合後ニ於ケル韓國人ノ國籍問題」, 『寺內正毅文書』.
51 山田三郎, 위의 글.

국내법상으로는 일본인과 동등한 존재로 취급되지 않는다는 점을 명확히 하였다.

그리고 병합 직후 조선에 실시할 민·형사 관련 법제의 원칙도 대강 확정되었다. 일본정부는 "조선총독부 설치에 즈음하여 효력을 잃을 일본 법령 및 한국 법령은 당분간 조선총독이 발하는 명령으로써 그 효력을 가진다"고 하여, 1909년 사법권 위탁 당시의 민·형사 정책을 그대로 유지했다. 이와 같은 방침은 조선총독이 곧바로 조선인에 적합한 민·형사 법제를 제정할 수 없었기 때문에 임시로 통감부의 사법질서를 유지한 것이었다. 향후 조선에 시행할 민·형사 법제를 어떻게 제정할 것인가 하는 점이 조선총독부 법제 정책의 과제로 남게 되었다.

2) 조선의 위임입법제도와 제령

한국병합 직후에 일본정부는 1910년 7월의 각의결정에 기초한 조치를 취하였다. 법률로 제정할 사항 및 긴급재정처분을 요하는 사항은 제국의회의 협찬 사항이었으나, 일본정부는 한국에 대한 각종의 법령이 신속하고, 기밀을 요한다고 판단하여, 일본헌법 제8조 및 제70조 규정에 의거하여 의회의 협찬을 기다리지 않고 12건의 긴급칙령을 공포하여, 일체의 행정 및 재정문제를 해결하려 하였다. 육군 번벌과 일본정부의 당초 계획이 그대로 현실화된 것이다.

그리고 일본정부는 조선총독부를 설치하고 조선총독의 권한과 법적 지위를 확립하였다. 「조선총독부관제」에서는 총독의 조선 관할권과 위임의 범위 내에서 육해군의 통솔권이 인정되었다. 조선총독은 "천황에 직예하여 제반의 정무를 통할하고 내각총리대신을 거쳐 상주 및 재가"

를 받도록 하였다. 이에 따라서 조선총독은 천황에게만 책임을 질 뿐, 각 성대신의 감독이나 지시를 받지 않았다. 조선총독은 각성대신과 직무상 대등한 지위를 얻었다. 조선총독은 조선 지역에 관해 최고 통치권자 자격을 획득하였고, 조선군에 대한 통할권도 획득하였다.

긴급칙령 중 제324호는 조선의 입법사항에 대해서 조선총독이 제정할 수 있도록 규정한 것이다. 한국병합으로 대한제국이 소멸되고 일본영토로 편입되었으면 메이지헌법상의 국가기관(내각, 제국의회, 대심원)이 관할 사무에 대해서 각각 권한을 행사하는 것이 일반적이다. 그러나 긴급칙령 제324호는 일본의 국가기관(특히 제국의회)이 조선에 직접 개입할 수 있는 여지를 가급적 봉쇄하는 효과가 있었다.

이 칙령은 첫째, 일본 본국의 행정권 및 입법권이 조선 지역에는 그대로 행사되지 않고 조선총독에 의해서 각 권한이 행사된다는 것을 분명히 하였다. 조선총독의 제령은 조선 지역을 지배하는 최고의 입법명령으로 의미가 있었고 조선에 관한 중요한 통치행위는 조선총독의 명령, 즉 제령으로 실행되었다. 따라서 제령이 제정되고 최종 승인되는 과정은 곧 식민지 통치정책이 수립되고 실행되는 과정과 동일한 의미가 있었다. 이로써, 조선총독은 위임된 입법권을 통하여 행정, 사법 등의 전 영역에서 통치행위를 관철시키거나 영향력을 행사할 수 있게 되었다.

둘째, 조선에 대한 조선총독의 독재권[52]이 일본 본국에 의해서 간섭, 수정될 가능성을 열어두었다는 의미도 있었다. 위 칙령이 식민정책의 결정에서 중요한 의미를 띠는 것은 제령권의 행사 방법과 그 절차를 규정

---

52 총독의 독재권은 두 가지 의미가 있다. 하나는 조선총독의 각종 권한이 조선인의 의사와는 무관하게 일방적으로 관철된다는 점, 또 하나는 총독의 권한을 견제할 수 있는 내부의 기관이나 절차가 없다는 점이다.

한 제2조와 제3조가 있기 때문이다. 일본정부는 조선총독에게 입법, 사법, 행정 등 3권을 모두 부여하는 강력한 권한을 부여하였으나, 다른 한편으로는 그 권한이 실현되는 절차에서 일본 내각이 통제할 수 있는 방법을 세밀하게 마련하였던 것이다.[53]

조선에 시행할 법령에 관한 건(긴급칙령 제324호)

제1조 조선에서 법률을 요하는 사항은 조선총독의 명령으로 정한다.

제2조 전조의 명령은 내각총리대신을 거쳐 칙재를 청한다.

제3조 임시긴급을 요하는 경우에 조선총독은 즉시 제1조의 명령을 발할 수 있다.

전항의 명령은 발포 후 즉시 칙재를 청해야 한다. 만약 칙재를 얻지 못할 때는 조선총독은 즉시 그 명령이 장래에 효력이 없다는 것을 공포해야 한다.

제4조 법률의 전부 또는 일부를 조선에 시행하는 것을 요하는 것은 칙령으로 정한다.

제5조 제1조의 명령은 제4조에 의하여 조선에 시행한 법률 및 특히 조선에 시행할 목적으로 제정한 법률과 칙령에 위배할 수 없다.

제6조 제1조의 명령은 제령(制令)이라고 칭한다.

부칙   본령은 공포일부터 시행한다.[54]

---

53 일본정부는 조선에 대해서 법률 및 칙령의 제정을 통한 직접 지배의 길도 동시에 열어 두었다. 그러나 이와 같은 일본정부의 직접 개입에 의한 조선통치는 조선총독부와의 관계에서 매우 미묘한 문제였기 때문에 제한적으로 실행되었다.

54 「朝鮮ニ施行スヘキ法令ニ關スル法律(긴급칙령 제324호, 1910.8.29.)」, 『朝鮮總督府

일반적으로 '법률'은 일본의 통치권이 미치는 곳에서는 당연히 시행되는 것이 원칙이었으나, 긴급칙령 제324호 제1조에 의해서 조선은 일본 영토이면서도 일본 본국의 법률이 통용될 수는 없었다. 오히려 조선에서는 법률이 특수한 경우를 제외하고는 시행되지 않았다.[55] 제1조의 제령에 의해서 제정되는 것이 조선에서 시행되는 일반법령이었고, 칙령과 법률은 특수한 경우에 한정하여 시행되었던 것이다.[56] 대만의 법률 제63호 및 법률 제31호와 거의 유사한 내용이다.

만약, 조선에 '법률'의 전부 또는 일부를 시행하기 위해서는 칙령이나 제령으로 조선 시행을 규정했을 경우에만 가능하였다. 이와 같이 일본법률의 조선 시행은 칙령 혹은 제령이라는 절차가 필요하였으나, 일단 조선 지역에 시행되는 경우에는 제령보다 우위에 있을 수 있었다. 즉, 제5조에 의해서 제령은 조선에 시행되는 법률과 칙령을 위배할 수 없다는 한계가 있었다.

한편, 일본 본국의 법령이 조선에 직접 시행되는 경우도 있는데, 이 경우는 제국의회가 조선에만 적용되는 특별법을 제정했을 경우거나 혹은 칙령으로 조선에만 통용되는 법령을 공포했을 경우이다. 대표적으로는 「조선총독부관제」 등 식민지 통치기관의 직제나 관원(고등문관)의 임명은 칙령으로 규정하여야 하였다. 칙령은 각의를 거쳐야 하기 때문에 일본정부는 조선통치에 대해서 영향력을 발휘할 수 있었다. 단, 어느 정도로 이와 같은 통제수단을 사용할 것인지 아닌지는 일본 내 정치상황

官報』.

55　山崎丹照, 1943, 앞의 책, 306쪽; 中村哲, 1943, 앞의 책.
56　김창록, 1995, 「식민지 피지배기 법제의 기초」, 『법제연구』 8, 69~70쪽.

과 일본정부의 정책적 판단에 달려 있었다.

이와 같이 긴급칙령 제324호에 의해서 조선은 원칙적으로 내지법률의 효력이 미치지 않는 지역이 되었고, 법률을 요하는 사항은 조선총독의 명령으로 정한다는 2대 원칙이 확립되었다. 일본정부가 한국을 병합하였음에도 불구하고 일본법제를 그대로 연장하지 않고 식민지의 특수상황에 상응되는 법제체제를 유지하기로 했던 것은 인정(人情), 풍속, 관습 등에서 일본과의 현격한 차이와 더불어 조선인과는 일본헌법과 법률을 조선인과 모두 공유하려 하지 않았던 것과 관련이 있었다.

긴급칙령 제324호는 내용상으로 대만의 위임법률과 유사한 것 같지만 두 가지 측면에서 중요한 차이가 있었다. 첫째, 대만총독의 입법권은 제국의회가 법률로 부여한 것이지만, 조선총독의 입법권은 칙령으로 부여했다. 이는 조선입법에 관해서 제국의회의 간섭을 가급적 용인하지 않겠다는 점을 분명히 한 것이었다. 둘째, 대만총독의 입법권은 3년 혹은 5년 동안만 임시적으로 허용한 것이어서 주기적으로 제국의회의 연장 승인을 받아야 하였다. 이는 일본에서 헌법상의 입법기관은 제국의회이지만, 식민지 대만의 특수한 사정을 고려해서 임시적으로만 입법권을 위임하겠다는 사실을 제국회의 의원들이 계속 견지하였기 때문이다. 그러나 조선총독의 경우에는 시한이 붙지 않은 영구입법의 형식을 취하였다. 이 두 가지 점은 제국의회를 장악하고 있던 정당세력들에게는 큰 불만이었다.

메이지헌법 제8조 제2항에 따르면, 긴급칙령은 공포 후 차회에 열리는 제국의회의 승낙을 받아야 하고 만약 승낙을 얻지 못하면 효력을 상실하였다. 일련의 긴급칙령안들이 의회에 상정되는 제27회 의회가 1910년 12월 20일부터 1911년 3월 22일 사이에 개최되었기 때문에 이

회기 동안에 긴급칙령 제324호를 비롯한 여러 건들의 긴급칙령들이 승인을 받아야 하였다.[57]

제27회 의회의 의석분포를 보면, 입헌정우회(이하 정우회)는 200석이 넘는 거대 정당이었고 입헌국민당은 90여 석, 중앙구락부가 50여 석, 무소속은 30여 석에 불과하였다. 제27회 의회 의석 분포상 긴급칙령 제324호가 통과되기 위해서는 정우회의 협조가 절대적으로 필요하였다. 당시 정우회의 하라는 제27회 의회가 개회되기 직전인 1910년 12월 4일에 가쓰라를 방문하여 조선총독의 입법권을 비롯한 현안에 관해서 의견을 나누었다. 그 자리에서 식민지 조선이 일본의 영토인 이상은 조선에도 헌법이 시행되어야 한다고 주장하고 특히 시한이 붙지 않은 제령안에 반대하였다.[58]

그러나 가쓰라는 대만과 달리 조선에서는 제령의 효력에 시한을 두면 안 된다고 주장하였다.[59] 당시 내각에서는 조선에 대해서 헌법 제외 방침을 확립하고 있었고, 이 연장선상에서 시한이 붙어 있지 않는 칙령 형식의 제령안을 입안했던 것이다. 가쓰라는 제령에 시한을 붙이지 않은 이유에 대해서, 통치상 총독의 위엄과 관련이 있다고 언급하면서 육군 번벌세력의 조선에 대한 기득권을 보장할 것을 요구하였다.[60] 원래부

---

57 제1차 사이온지 내각에서 의원의 임기만료로 치러진 1908년 제10회 총선거에서 정우회는 379명 중에서 최대 다수를 차지하는 제1당이 되었다. 그러나 총선거 직후에 경제정책의 실패와 번벌의 압박으로 사이온지 내각이 물러나고 제2차 가쓰라 내각이 성립하였다. 제2차 가쓰라 내각은 국민당을 여당으로 제1당인 정우회와 대립하는 국면을 연출하였다.

58 原奎一郎 編, 1981, 『原敬日記(1910.12.4)』 3卷, 64쪽.

59 原奎一郎 編, 1981, 위의 책, 64쪽.

60 原奎一郎 編, 1981, 『原敬日記(1910.12.14)』 3卷, 70쪽.

터 하라는 내지연장주의적 통치를 선호하였다. 하라가 외무차관의 자격으로 대만사무국에서 활동할 당시에도 일본 본국의 법과 제도를 대만에 직접 연장 시행할 것을 주장한 적이 있었다.

가쓰라는 제27회 의회에서 반드시 긴급칙령 제324호를 통과시켜야 하였다. 그러나 1911년 1월 15일에 이미 조선총독과 대만총독의 권한 문제를 포함하여 정부안이 그대로 가결되는 것이 무리라는 관측이 나오고 있었다. 1월 25일부터 3월 11일까지 계속된 긴급칙령에 관한 특별위원회에서는 제324호를 비롯한 일련의 긴급칙령에 대한 심의가 진행되었는데, 여기에서 주요하게 논의가 되었던 것은 조선총독 입법권의 정당성 문제였다.

사실, 조선총독에게 입법권을 부여하는 것을 내용으로 하는 긴급칙령 제324호는 이미 공포된 대만의 법률 제31호와 내용상으로 동일하였다. 다만, 대만율령의 경우에는 시한이 붙어 있었고 조선제령의 경우에는 시한이 붙지 않았다는 것, 또 율령은 제국의회 협찬을 거쳐서 위임된 것이지만 제령은 제국의회의 협찬을 거치지 않고 칙령으로 위임된 것이라는 점이 차이였다.

1911년 1월 25일에 제1회 중의원 위원회가 열렸는데, 이 위원회는 가쓰라 내각이 추진하였던 조선의 일본헌법 제외 전략의 성패가 달려 있었던 중요한 자리였다. 관례에 따라서 이 위원회는 각 정파의 의석수를 기준으로 위원을 배정하였다. 위원은 정우회가 15명, 국민당이 6명 중앙구락부 4명, 무소속 2명으로 구성되었다. 정우회는 제적 의원의 과반수를 차지하였기 때문에 위원회를 장악할 수 있었다.[61]

---

61 김종식, 2020, 「3·1 운동을 전후한 1910년대 식민지조선을 둘러싼 일본의 정치과

이 위원회에서 정우회 소속인 마쓰다 겐지(松田源治)는 ① 통감시대에는 문·무관이 모두 통감이 될 수 있었는데, 총독부관제에서는 무관총독제로 국한한 이유가 무엇인가, ② 보통경찰제도가 아닌 헌병경찰제도를 실시하는 이유는 무엇인가, ③ 조선에서 과연 헌법이 시행되고 있는가 등 3가지 문제를 제기하였다.[62] 우라베 기타로(卜部喜太郎)는 헌법상의 문제점을 더 구체적으로 지적하였다. 즉, 첫째 헌법 제8조에 기초한 긴급칙령은 칙령의 내용 자체에 법률의 내용을 구비하고 있어야 한다. 그런데, 제324호는 법률 내용을 규정하는 것이 아니라 '법률에 대신할 명령'을 포괄적으로 위임하고 있기 때문에 제국헌법이 결코 허락하는 것이 아니라는 점, 둘째, 제국헌법의 법률은 제국의회의 협찬을 얻어야 하고, 이것은 제국의회가 갖는 입법부로서의 당연한 권리이고, 단지 유일한 예외가 헌법 제8조에 기초한 긴급칙령일 뿐인데, 또 다시 제령권이라는 입법권을 위임하는 것은 헌법 위반이라는 점을 지적하였다.

우라베는 제령권의 인정이 조선영토에 관한 제국의회의 입법권을 탈취한 것으로 파악하였다. 우라베는 '국민으로의 동화'를 주장하면서 국민의 통일은 곧 정치의 통일이어야 하고, 정치의 통일은 법령의 통일이어야 한다고 주장하였다.[63] 우라베뿐만 아니라 칙령안에 비판적이었던 일부 중의원 의원들은 긴급칙령안이 헌법 위반이라고 비판하였다.

이에 대해 당시 정부 측 위원이자 법제국장관이었던 야스히로 반이치로(安廣伴一郎)는 긴급칙령 제324호는 대만에서 시행되고 있는 것과

정 연구」, 『역사학보』 245, 100쪽.

62 「明治43年勅令第324號(承諾ヲ求クル件)外11件委員會(第2回)」, 6~7쪽.

63 위의 글, 10~12쪽.

동일한 규정이고 헌법 위반이 아니라는 논리로 일본정부의 입장을 변호하였다. 또한 야스히로는 칙령 제324호는 법률로 개폐(改廢)할 수 있고, 제령도 법률로 폐지할 수는 있다고 언급하였다.[64] 야스히로는 제령에 대한 법률의 우위를 확인하면서 제국의회 의원들을 안심시키려 하였다.

그러나 우라베는 율령은 제국의회의 협찬에 의해 법률로서 성립하였고, 제령은 긴급칙령에 의해 성립하였기 때문에 본질적으로 양자는 다르다는 점을 지적하면서 헌법상 문제점을 다시 지적하였다. 이에 대해서 야스히로는 긴급칙령 제324호는 헌법 제8조에 기초한 것이고, 불승낙(不承諾)이 될 때까지는 법률과 동일한 효력을 갖는다고 지적하면서, 조선의 제령과 대만의 율령은 동일한 것이라고 반론을 제기하였다.

요컨대, 제국의회 의원들은 대만의 율령과 조선의 제령이 내용상으로는 유사하지만, 그것이 갖는 법률적, 정치적 효과는 상이하다는 것을 인식하고 있었다. 즉 제국의회 의원들은 조선 지역에 대한 입법권을 상실하는 것을 못마땅하게 여기고 있었으며, 이 같은 상황에서 법률이 아니라 칙령으로 제정하는 것에 대해서 반발한 것이다. 다수의 의원들은 긴급칙령 제324호의 사후승낙을 하지 말 것을 주장하였다.

한편, 긴급칙령 제324호를 심의하는 과정에서, 1911년 1월 29일에 하나이 다쿠조(花井卓藏)는 입법권은 입법부가 맡아야 하고 결코 행정부에 양도할 수 없으며, 긴급칙령으로 위임명령권을 부여한 사례는 헌법이 제정된 이래로 없었다면서, 법률로 총독에게 입법권을 부여하여야 한다고 주장하였다.[65] 그리고 하나이는 조선에 대한 새로운 법안을 제출하

64　위의 글, 12쪽.
65　「朝鮮ニ施行スヘキ法令ニ關スル法律案(花井卓藏君提出)第一讀會(1911.1.29.)」, 『帝國

였는데, 정부의 긴급칙령안과 동일하지만 시한이 붙어 있다는 점만 다르다. 즉, 하나이는 제령을 인정하면서도 1915년 12월 31일까지 시한을 붙였던 것이다. 하나이가 제출한 아래의 법률안 이유서를 보면 제국의회 의원의 식민지 입법제도에 관한 의견을 살필 수 있다.

조선에 시행할 법령에 관한 법률안 이유서

1. 조선은 인정, 풍속 기타 각종의 사정이 내지와 달라서 동일한 법령으로 규율할 수 없다. 또한 시의 적절한 조치를 시행할 필요가 있고, 정부와 같이 조선총독에게 부여하는 명령으로서 법률사항을 규정할 권한을 갖게 한다.

2. 1910년 칙령 제324호는 본법의 규정과 그 내용을 같이 하지만, 비상명령으로서 장래에 효력을 갖게 하는 것은 헌법의 상규(常規)에 어긋나고 또 입법권을 무겁게 여기는 까닭이 아니다. 따라서 의회는 발령 당시의 사정 여하에 불구하고 사후승낙을 부여하지 않을 것으로 믿는다. 고로 법률로써 전항의 권한을 조선총독에게 주어야 한다.

3. 의회가 가령 긴급칙령에 대해서 사후승낙을 부여하여도 칙령은 법률이 아니기 때문에 어떠한 방법에 의해서도 그것을 수정하거나 또는 개폐할 수 없다. 따라서 수정개폐의 여지가 있는 법률을 제정하고 (이하 생략)

4. 참조 법률은 다음과 같다.

議會衆議院議事速記錄』, 55쪽.

대만에 시행할 법령에 관한 건은 법률로 제정되었다.[66]

하나이는 조선은 일본과 사정이 다르기 때문에 조선총독에게 입법권을 부여해야 한다는 점에는 동의하였다. 그 대신에 입법권의 부여는 법률의 형식을 띠어야 하며 영구법이 아니라 5년 시한입법을 주장하였다.

이처럼 제국의회 의원들이 조선에 일본법령을 그대로 연장하지 않는 것에 동의하였음에도 불구하고 긴급칙령 제324호를 반대한 직접적 이유는 시한입법과 법령 형식의 문제 때문이었다. 따라서 하나이는 조선총독의 입법권을 법률의 형식으로 위임하고 또한 법률안의 시효를 1915년 12월 31일까지로 제한할 것을 제안하였다. 내용상으로는 정부안을 그대로 수용하고 있지만, 법령 형식의 측면에서는 조선 지역에 대한 매우 상이한 접근 방식이라 할 수 있다. 즉 정부안이 조선을 헌법 제외지역으로 설정할 것을 염두에 두면서 천황대권에 의한 입법을 시도한 것이라면, 하나이안은 조선 지역에 대한 제국의회의 입법권 상실을 우려하여 제국의회가 조선총독의 입법권을 부여하려 한 것으로 볼 수 있다.

당시 일본정부와 제국의회는 일본과 동일한 법령으로 조선을 규율할 수 없다는 점에 대해서는 의견이 같았다. 식민지를 일본의 법률제도로 규율할 수 없다는 인식은 이미 대만에서도 통용되고 있었기 때문에 이에 관해서는 쉽게 합의할 수 있었다. 그러나 대만과 유사한 법안을 내각에서는 긴급칙령으로, 제국의회에서는 법률로 제정하려 했다는 차이가 있었다. 즉 조선총독의 입법권을 누가 만들어주느냐의 차이이다. 내각에서는 제국의회의 간섭없이 조선총독에게 입법권을 부여하려 했고, 제국

---

66   위의 글, 55~56쪽.

의회에서는 헌법론을 들어서 의회의 협찬으로 입법권을 부여하려 했던 것이다. 아래는 하라의 글이다.

> 총독에게 법률에 대신할 제령 발포권을 부여하는 긴급칙령으로 이것은 대만과 같지만, 시한을 정하지 않아서 실로 승낙하기 곤란한 문제였다. 그러나 현재 이것에 시한 등을 붙여서 총독의 권위에 조금이라도 상처를 주는 것은 조선통치상 곤란함이 있을 수 있다. 또한, 무기한으로 이 권력을 부여하더라도, 도저히 영원히 전제적 제도가 될 수 없다는 것은 대국적으로 보는 자라면 쉽게 이해할 수 있는 일이다.[67]

당시 최대 정당세력을 이끌던 하라는 조선총독의 제령권에 대해서는 총독의 통치상 위엄에 관계되는 문제라는 가쓰라의 주장을 수용하여 시한이 붙지 않는 안건에 동의하였다. 다만, 칙령의 형식으로 허가하는 것이 아니라 제국의회의 입법으로 허가하는 쪽으로 양측이 타협을 보았다.

결국 긴급칙령 제324호는 제국의회의 협찬을 얻지 못하여 장래에는 효력을 상실하게 되었고[68] 긴급칙령 제324호와 동일한 내용의 법안이 1911년에 법률 제30호로 통과되었다.[69] 법률 제30호는 데라우치가 초기에 구상했던 조선의 헌법제외 방침이 제국의회에 의해서 일정하게 변형을 겪은 것이라 할 수 있다.

요컨대, 육군 번벌세력들이 영향력을 행사하던 일본정부는 대만

67　原奎一郎 編, 1981,『原敬日記(1911.1.26)』3卷, 84쪽.
68　「明治43年勅令第324號ノ效力ヲ將來ニ失ハシムルノ件」.
69　「朝鮮ニ施行スヘキ法令ニ關スル法律(법률 제30호, 1911.3.25)」,『朝鮮總督府官報』.

〈표 1-4〉 일본의 식민지 입법제도 비교

	대만			조선
	법률 제63호 (1896~1907)	법률 제31호 (1907~1921)	법률 제3호 (1921~1945)	법률 제30호 (1911~1945)
제정형식	법률	법률	법률	법률
식민지 입법 원칙	원칙: 율령 예외: 법률, 칙령	원칙: 율령 예외: 법률, 칙령	원칙: 칙령, 법률 예외: 율령	원칙: 제령 예외: 법률, 칙령
입법절차	평의회 의결→척 식무대신→칙재	율령심의회→주 무대신→칙재	원칙: 제국의회, 칙령 예외: 대만총독 상주	조선총독 상주→ 칙재
법률시효	3년	5년	-	-
관습법 범위	모든 민사사건	모든 민사사건	친족 및 상속 등	친족, 상속, 부동 산물권 등

의 위임입법제도와 다르게 식민지 조선의 입법제도를 만들려고 구상하였다. 그러나 이 같은 시도는 제27회 의회를 장악하고 있던 정우회 소속 의원들의 반대로 좌절되었다. 이에 따라서 일본정부는 긴급칙령 형식으로 조선총독에게 입법권을 부여하자는 제안을 철회하였고, 제국의회는 시한입법의 주장을 철회하는 방식으로 타협하였다. 법률안은 제국의회가 언제든지 폐지할 수 있었기 때문이다. 이렇게 하여 법률 제30호가 제정되었다. 그리고 대만에는 대만율령을 심의하는 대만총독부평의회 혹은 율령심의회가 내부적으로 설치되어 있었으나 조선총독부에는 그것조차 설치되지 않았다. 법률 제30호를 대만과 비교하면 〈표 1-4〉와 같다.

대만과 조선의 입법권의 법제화를 둘러싼 논쟁을 통해서 총독부, 제국의회, 일본의 번벌세력 등이 치열하게 다투었음을 알 수 있다. 그리고 어느 한쪽의 의견이 일방적으로 관철되지 못하였고 각 세력 간의 일정한 협의와 타협의 산물로 식민통치법이 제정되었음을 알 수 있다. 요컨대, 일본정부는 총독들에게 입법권을 부여하여 대만과 조선의 통치에 관해서 포괄적으로 권한을 위임했다. 따라서 식민지를 어떻게 통치할 것인지는 각 총독이 어떠한 율령과 제령을 제정하는가에 달려 있었다. 따라서 일본의 식민지 통치체제의 성격은 식민지 총독이 행사하는 율령과 제령 입법과정 및 집행과정에서 잘 드러난다.

3. 조선총독의 권한과 한계

1) 조선총독의 '종합행정권'과 척무대신의 '통리권'

지금까지 식민지 통치제도와 총독의 입법권에 대해서 살펴보았다. 조선총독은 입법자인 동시에 집행자였다. 입법자라는 의미는 조선에 거주하는 사람들의 권리·의무관계를 창설하거나 폐지하는 등 가장 높은 수준의 식민통치책을 직접 제정할 수 있다는 것을 의미한다. 이 같은 권한 행사에 대해서 일본정부와 제국의회가 개입하거나 혹은 좌절시킬 수 있었는지를 밝히는 것은 식민정책의 수립과 운영과정을 이해하는 데 중요하다.

일단 총독의 권한을 구체적으로 살펴보면 총독의 행정적인 권한은 「조선총독부관제」에 규정되어 있다. 이 관제에 따르면, 총독은 친임으로 하되 육해군대장으로 충원하였다(제1조 및 제2조). 그리고 총독은 천황에 직예하며 위임의 범위 안에서 조선의 정무에 관한 모든 사항을 관할하고 육해군을 통솔할 수 있었다(제3조). 게다가 총독은 소속 부서의 관리를 통독(統督)하고 주임문관의 진퇴에 관해서 내각총리대신을 경유하여 상주하고, 판임문관 이하의 진퇴에 관해서는 전행(專行)하였다(제6조). 1919년 3·1 운동 이후에는 총독의 병력 통솔권을 폐지하고 그 대신에 육해군 사령관에게 병력 사용을 청구할 수 있도록 변경되었다.[70]

이와 함께 사법권에 대해서도 강한 영향력을 행사할 수 있었다. 총독은 「조선총독부재판소령」을 제정하여 재판소의 종류, 심급, 사법절차 등을 직접 규정하였다. 물론, 재판에 대해서 총독이 직접 간섭한 경우는 많지 않았으나 사법관의 인사권과 징계권을 총독이 가지고 있었기 때문에 사법관들이 총독의 의중을 무시할 수는 없었다.[71] 행정장관인 총독이 사법권을 장악한다고 하는 특수한 사태는 필연적으로 식민지의 사법권 독립, 식민지 사법관료의 신분보장문제, 대우문제를 발생시켰다. 예를 들면, 데라우치 총독 암살 미수사건 당시 데라우치 조선총독은 마쓰테라 다케오(松寺竹雄) 검사정(檢事正), 구라토미 유사부로(倉富勇三郎) 사법부장관, 아카시 모토지로(明石元二郞) 경무국장을 불러서 조선인 관련자에 대한 처분에 대해서 의견을 개진하는 등 재판에 개입하려 하였다.[72]

조선총독은 조선 내에서는 견제받지 않는 최고의 통치권자였다는 점에 대해서는 거의 이견이 없다. 대만총독은 일본정부의 감독을 받아야 했으나 조선총독은 정치적으로 천황에게만 책임지고 일본정부의 간섭이나 견제를 직접 받지 않았다.[73] 내각총리대신이나 각성대신이 조선총

---

70 이 변경은 문관도 조선총독으로 임용될 수 있도록 관제가 개정된 것에 따른 후속 조치였다.

71 이형식, 2011, 「조선총독의 권한과 지위에 관한 시론」, 『사총』 72, 200쪽: 2020, 「제국 일본의 사법통일문제」, 『동양사학연구』 152.

72 이형식, 2011, 위의 글.

73 전상숙, 2022, 『조선총독의 지배정책』, 동북아역사재단, 25~26쪽.

독에게 업무에 관해서 지시나 명령을 내릴 권한을 가진 것은 아니었다. 조선총독은 일본정부에 대하여 정치적으로 '상대적 자율성'이 있었다.

다만, 조선총독과 식민지 주무대신 간의 관계는 시기에 따라서 달라졌다. 일본은 1894년 청일전쟁을 통해서 대만을 식민지로 편입한 이래로 1910년대까지 관동주, 사할린, 남양청, 조선 등을 잇달아 식민지, 조차지, 위임통치령 등으로 지배하였다. 이렇게 해외 식민통치 지역이 확대되면서 일본정부는 각 지역을 관할하는 주무관청에게 어느 정도의 권한을 부여할 것인지 그리고 식민지 주무관청과 총독 간의 관계는 어떻게 설정할 것인지 등에 대해서 결정하여야 했다.

일본에서 식민지를 관할하는 주무관청은 1896년 3월 30일에 설치된 '척식무성'이 최초이다.[74] 척식무대신은 대만과 북해도에 관한 제반의 정무 중에서 종래 내무성 주관에 속하는 사항을 관리하였다(제1조). 척식무대신은 대만총독과 북해도청 장관을 감독할 수 있었다(제2조). 이처럼 대만총독부는 출범과 동시에 내각의 감독권하에 있었다. 이 같은 조치는 「대만총독부조례」에도 그대로 반영되어서 제3조에 "총독은 위임의 범위 내에서 육해군을 통솔하고 척식무대신의 감독을 받아 제반의 정무를 통리"하도록 규정되었다.[75] 그러나 척식무성은 불과 1년 만에 폐지되었고 이후에는 대체로 내무성이 대만의 사무[76]를 관장하였다.[77] 대만에 관

---

74 「拓殖務省官制(칙령 제87호, 1896.3.30.)」,『御署名原本·明治二十九年·勅令第八十七號·拓殖務省官制)』.

75 「臺灣總督府條例(칙령 제88호, 1896.3.30.)」,『外地法制誌(5)』, 148~149쪽.

76 외지 및 외지인의 정의에 대해서는 다음의 저서 참조. 松岡修太郎, 1936,『外地法』, 日本評論社; 清宮四郎, 1944,『外地法序說』, 有斐閣; 松岡修太郎, 1944,『朝鮮行政法提要』, 東都書籍.

77 식민지를 관할하는 주무관청을 내각에 설치하고자 한 시도는 1900년 12월 고토 신

한 사무가 내무성으로 이관된 후에도 내무대신은 대만총독을 감독하는 권한이 있었다.

1907년에 사할린을 외지로 편입한 후 해외 식민지를 관할하는 부서는 1907년 「내무성관제」에 의해 정해졌다. 즉, 대만과 사할린은 내무성이 관할하고 관동도독부는 외무성이 담당하는 체제로 변경되었다.[78] 당시만 해도 내무성과 외무성 산하의 '과' 혹은 '국'이 식민지 사무를 담당하였다. 이후 대만을 관장하는 주무부서가 계속 바뀌었으나 내각총리대신 혹은 내무대신이 대만총독을 감독하는 권한을 갖고 있었고 그러한 사실이 「대만총독부관제」에도 명기되었다.

한국병합 직후에 일본정부는 내각총리대신 산하에 '척식국(拓殖局)'[79]을 설치하여 외지를 통합적으로 관리하였다. 척식국은 내각총리대신에 속하여 대만, 사할린, 한국에 관한 사항을 통리하고 관동주에 관한 사항(외교에 관한 사항을 제외)도 총괄 관할하도록 규정되었다. 척식국 총재는 친임관, 부총재는 칙임관으로 임용하였는데 조선총독보다 정치적으로는 지위가 낮은 편이었다.

「척식국관제」가 제정된 직후에 1910년 9월에 「조선총독부관제」가 제정되었는데, 이 관제에 따르면, 조선총독은 "천황에 직예하고 위임의 범위 내에서 육해군을 통솔하고 조선방위의 사무를 관장"하였다. 특히 조선총독은 "제반의 정무를 통할하고 내각총리대신을 거쳐서 상주하고

페이가 제출한 「척식성 설치 의견」이라는 문서가 처음이다. 그 당시까지 대만은 내무성이 관할하는 지역의 하나였다.

78 「內務省官制改正(칙령 제166호, 1907.4.20.)」.

79 「拓殖局官制(칙령 제279호, 1910.6.21.)」, 『国立公文書館太政官·内閣関係御署名原本(明治)明治43年勅令御署名原本·明治四十三年·勅令第二百七十九號·拓殖局官制』.

재가"를 받도록 하였다.[80] 조선총독은 단지 내각총리대신을 거쳐서 상주를 할 뿐, 식민지를 관할하는 주무관청에 대해서는 어떠한 규정도 없었다. 이러한 지위는 내지연장주의가 뚜렷하게 나타난 1919년에 「조선총독부관제」가 전부 개정된 후에도 조금도 바뀌지 않았다.[81] 「대만총독부관제」에서 내각총리대신의 감독권이 명기된 점을 고려하면 조선총독의 지위는 독특했다.

이후 척식국은 1913년 6월에 행정정리 정책에 의해서 폐지되었다. 당시 척식국이 관할하던 대만·사할린·조선에 관한 사무는 내무성이, 관동도독부는 외무성이 관할하는 과거의 체제로 돌아갔다. 이 같은 직제상의 변화는 「조선총독부관제」에도 영향을 미쳐서 총독이 천황에게 상주하기 위해서는 "내무대신으로부터 내각총리대신을 거쳐 제반 정무를 관리하도록" 규정이 개정되었다.[82] 1917년에 일본정부는 척식국을 다시 부활시켜서 내각총리대신 산하에 척식국을 두고, 조선, 대만, 사할린 및 관동주(외교 업무는 제외)에 관한 사무를 모두 관장하도록 하였다.[83] 척식국을 통할하는 장관에 칙임관 1인, 차장에 칙임관 1인을 두도록 하였다. 이렇게 되자 「조선총독부관제」는 총독이 내무대신을 거치지 아니하고 내각총리대신을 통해서 상주하도록 다시 개정되었다.

1917년 데라우치 내각 당시 고토 신페이(後藤新平) 내무대신은 조선총독에 대해서 감독권이 있다는 전제하에 재무관계에 대해서 훈령을 발

---

80 「朝鮮總督府官制(칙령 제354호, 1910.9.30.)」, 『外地法制誌(5)』, 185~186쪽.
81 「朝鮮總督府官制(칙령 제386호, 1919.8.20.)」, 『外地法制誌(5)』, 188쪽.
82 그 이전에는 "내각총리대신을 거쳐서 상주하고 재가를 받는다"였다.
83 「拓殖局官制(칙령 제73호, 1917.7.28.)」, 『御署名原本·大正六年·勅令第七十三號·拓殖局官制改正』.

포하였는데, 이에 대해서 조선총독이 해당 사무에 관해서 내무대신의 감독을 받지 않는다고 주장하면서 훈령을 내무성으로 되돌린 적도 있다.[84]

이처럼 1920년대 후반에 이르기까지 외지를 관할하는 전문적인 주무관청을 설치하지 아니하고 정치적 상황에 따라서 내무성, 외무성, 내각총리대신 직속 등으로 변화하는 등 부침이 심했다. 이 시기까지는 식민지를 관할하는 최고 부서장이 '국장'에 불과하였기 때문에 정계의 거물인 조선총독을 통제하기에는 역부족이었다. 이는 조선총독에 대한 내각의 통제력이 그다지 강하지 않았음을 반증하는 것이다. 다른 한편으로는 조선총독에게 폭넓은 자율권이 있었다는 점을 보여주는 것이기도 하다.[85] 또한, 내각총리대신이나 각성대신은 조선총독에게 업무상 지시 혹은 감독할 수 있는 권한이 없었고, 또 자신들의 의견을 강제할 수 있는 제도적 수단도 가지지 못하였다.

일본정부의 태도가 바뀌는 계기는 1920년대에 내지연장주의 혹은 동화주의가 더 강화되는 것과 관련이 있었다. 즉, 외지를 통합적으로 관리하는 주무관청을 설치할 목적으로 1929년 6월 10일에 「척무성관제」가 비로소 제정된 것이다.[86] 척무성은 내각총리대신이나 일개 대신 소속의 부서가 아니라 천황을 보필하는 국무대신의 일원이었다.

---

84 外務省條約局法規課 編, 1971, 『日本統治時代の朝鮮』, 161쪽(이형식, 2011, 앞의 글, 208쪽).

85 기유정, 2013, 「식민지 조선에 대한 척식성 지배논란과 그 함의」, 『정치사상연구』 19-1, 14~16쪽.

86 「拓務省官制(칙령 제152호, 1929.6.8.)」, 『御署名原本·昭和四年·勅令第一五二號·拓務省官制制定明治四十一年勅令第百七十九號(南滿洲鉄道株式會社ニ関スル事務主管ノ件)及大正九年勅令第百五十號(南滿洲鉄道株式會社ノ鉄道及航路ニ関スル業務ノ監督ニ関スル件)廃止』.

척무성관제

제1조 척무대신은 조선총독부, 대만총독부, 관동청, 화태청 및 남양청에 관한 사무를 총리하고 남만주철도주식회사 및 동양척식주식회사의 업무를 감독한다. 척무대신은 섭외사항에 관한 것을 제외한 이식민에 관한 사무 및 해외 척식사업의 지도 장려에 관한 사무를 관리한다. 척무대신은 전항의 사무에 부처 외무대신을 경유하여 영사관을 지휘 감독한다.

제2조 척무성은 다음의 1부 및 3국을 둔다. 조선부, 관리국, 식산국, 척무국

제3조 조선부는 조선총독부에 관한 사무를 담당한다.

제4조 생략

제5조 관리국은 다음 사무를 장리한다.
  1. 타국의 주관에 속하는 것을 제외한 대만총독부, 관동청, 화태청 및 남양청에 관한 사무

제6조 식산국은 다음의 사무를 장리한다.
  1. 대만총독부, 관동청, 화태청 및 남양청의 산업, 교통, 통신, 금융, 조세 및 전매에 관한 사무

제7조 척식국은 다음의 사무를 장리한다.
  1. 타 주관에 속하는 것을 제외한 이식민에 관한 사무
  2. 타국의 주관에 속하는 것을 제외한 해외척식사업의 지도 장려에 관한 사무

「척무성관제」에서는 조선총독부의 사무에 대해서는 조선부가, 대만총독부, 관동청, 화태청 및 남양청의 사무에 대해서는 관리국이 담당하

도록 규정하였다. 이렇게 교통정리가 되는 과정에서 조선총독과 척무대신 간에 정치적 갈등이 있었다. 당초에는 척무대신이 조선총독을 감독한다는 규정을 설치하고자 하였다. 그러나 야마나시 한조(山梨半造) 총독에서 사이토 마코토(齋藤實) 총독으로 바뀌자, 사이토 총독은 마쓰다(松田) 척무대신과 조선총독부와 척무성의 운영문제에 대해서 협의를 거듭한 후에 결론을 내려서 각서로 작성하였다. 아래는 당시 도쿄아사히신문(東京朝日新聞)에 보도된 양자의 각서이다.[87]

척무대신과 조선총독과의 권한에 관한 건

1. 척무대신은 조선총독을 감독할 권한이 없다.
1. 척무대신은 조선총독에 관한 사무에 대해 주무로서 보필한다.
1. 조선총독으로부터 상주 재가를 청하는 경우의 문서는 내각총리대신 외에 척무대신도 경유하는 것이 당연하다.

당시 「척무성관제(안)」을 심사하기 위하여 1929년 5월 25일에 개최된 추밀원심사위원회에서도 조선총독의 권한은 종래와 같이 내각총리대신을 거쳐서 상주하는 것으로 하고, 척무대신으로부터 감독을 받지 않는다는 점을 재확인하였다.[88] 대만은 과거와 마찬가지로 척무대신이 대만총독을 감독하고 제반 정무를 총리하는 것으로 결정되었다.

위 각서는 법적인 문서라기보다는 조선총독과 척무대신 간에 체결된 정치적인 문서였다. 따라서 조선총독의 권한을 둘러싼 일본정부, 조선

---

87   山崎丹照, 1943, 앞의 책, 38쪽.
88   「拓務省官制外11件審査報告」.

총독 간의 타협은 해결이었다기보다는 잠정적인 유보였다. 결과적으로 「척무성관제」의 제정 과정에서 나타난 협의는 일본정부가 식민지 총독부에 대한 간섭과 개입을 더 강화하고 싶어하는 정치적 의사표시였다.

그럼에도 불구하고 대만과 조선은 각 총독부가 수십 년간 이미 통치하여 온 관례가 있었기 때문에 그것을 법제로써 변경하거나 제한하는 것은 정치적 논란이 될 수 있었다. 따라서 척무성 설치에 즈음하여 조선총독과 일본정부는 애매하게 타협을 보았던 것이다. 이 같은 체제는 전시체제하에서 개편되었다. 연합국과 총력 전쟁을 하여야 할 상황에서 일본정부는 식민지를 모두 합동하여 대처할 필요가 있었기 때문이다. 그 방향은 일본내각이 일원적으로 각 식민지를 관할하는 것이었다.

2) 내외지행정일원화와 조선총독에 대한 행정감독

식민지 총독과 일본정부의 식민지 주무대신과의 관계는 중일전쟁과 1941년 12월 8일 진주만 공격으로 미국과의 전면전이 개시되면서 변화하였다. 즉, 1940년 7월의 '대동아 신질서 건설'의 국책화, 1941년 일본군의 프랑스령 인도차이나 진주라는 일본의 남방침략이 계속되던 중 1941년 해당 점령지의 행정 및 외교를 담당할 새로운 기관의 설립이 추진되었다. 특히, 1942년에 들어서 동남아시아의 여러 지역을 점령하면서 1942년 9월에 대동아성을 설치하였다.[89]

이 같은 일련의 행정개편은 1942년 9월 11일 각의결정으로 '내외지

---

89 안자코 유카, 2006, 「조선총독부의 '총동원체제'(1937~1945) 형성 정책」, 고려대학교 박사학위논문, 141~142쪽.

행정일원화(內外地行政一元化)'라고 칭해졌다.[90] 척무성이 폐지되었고 조선과 대만의 행정사무는 내무성이 관장하는 것으로 결정되었다.[91] 실제로 1942년 11월 1일에 칙령 제725호 및 제707호로 각각 「내무성관제」 개정 및 「대동아성관제」 제정이 이루어졌다. 이 관제들에 의해서 내무대신은 "조선총독부, 대만총독부 및 사할린에 관한 사무를 통리(統理)"하게 되었다. 또 신설된 대동아대신은 "관동국 및 남양청에 관한 사무를 통리"하였다.[92] 이에 따라서 당시까지 식민지나 점령지 행정을 담당하고 있었던 척무성, 외무성의 동아국 및 남양국을 모두 폐지하고 대동아성이 조선, 대만 이외의 모든 지역의 행정 및 외교를 담당하도록 하였다.[93]

「내무성관제」에 기초한 '통리'는 종래 척무대신이 조선총독부의 사무를 통리하는 것과 동일했지만, 내무대신이 조선총독에게 지시권을 행사할 수 있다는 점에서 종전과 차이가 있다. 내무대신의 지시란 조선총독이 해야 할 사항과 하지 말아야 하는 사항에 대해서 내무대신이 의견을 표하는 것을 의미한다.[94] 더 나아가 칙령 제729호를 제정하여, 내무

---

90 「內外地行政ノ一元化ニ關スル件(閣議決定, 1942.9.11)」, 『本邦內政關係雜件 植民地關係(2卷)』.

91 1942년 6월에는 「행정간소화 실시요령에 대한 건」이 각의결정되었고 모든 관청인원을 중앙관청은 30%, 지방관청은 20%, 작업청은 10%씩 감축한다는 대대적인 행정간소화가 실시되었다. 안자코 유카, 2006, 앞의 논문, 141~142쪽.

92 山崎丹照, 1943, 앞의 책, 75쪽.

93 종전 외지 관할기관이었던 척무성을 폐지하고 위 3개 외지관청의 통리사무를 위해 내무성에 관리국을 신설하였다. 그리고 일본·조선·대만 및 사할린에 관한 사무연락을 위해 연락위원회를 설치했다. 이에 따라서 내각은 조선총독에 대한 지시권과 감독권을 확보할 수 있었다. 「內務次官 → 朝鮮總督府政務總監 朝鮮總督府ニ於ケル重要施策ノ連絡ニ關スル件(1943.7.5.)」, 『本邦內政關係雜件 植民地關係(2卷)』.

94 山崎丹照, 1943, 앞의 책, 118~119쪽.

대신이 일부 사무에 대해서 조선총독을 감독할 수 있는 내용을 삽입하였다.[95] 내용은 다음과 같다.

> 제1조 내무대신은 조선총독에 대해서 조선총독부에 관한 사무의 통리상 필요한 지시를 할 수 있다.
>
> 내무대신은 대만총독에 대해서 대만총독부에 관한 사무의 통리를 위해 감독상 필요한 지시를 할 수 있다.
>
> 제2조 내각총리대신 및 각성대신은 아래의 구분에 따라서 각 해당 사무에 관해 조선총독 및 대만총독을 감독한다.
>
> ① 통계에 관해서는 내각총리대신
>
> ② 화폐, 은행 및 관세에 관한 사무에 대해서는 대장대신
>
> ③ 대학, 고등학교, 전문학교 및 실업전문학교 및 이러한 학교들에 준하는 각종 학교의 교육 및 기상(氣象)에 관해서는 문부대신
>
> ④ 미맥(米麥), 기타 주요 식량농산물 및 해양어업에 관한 사무에 대해서는 농림대신
>
> (이하 생략)

이 칙령에 의하여 일본 내각의 각 대신은 일부 사무에서 조선총독에게 '지시'하거나 '감독'할 수 있게 되었다. 단, 내무대신은 조선총독부에 관한 사무를 통리할 권한이 있지만 조선총독이 내무대신의 지시를 반드

---

95 「朝鮮總督及臺灣總督ノ監督等ニ關スル件(칙령 제729호, 1942.11.1)」, 『本邦內政關係雜件 植民地關係(2卷)』.

시 따라야 하는 것은 아니었다. 하지만 내무대신의 지시가 있는 이상은 충분히 고려하여 실제 시정에 구현하려고 노력해야 했다. 이러한 의미에서 조선총독에 대한 내무대신의 지시권은 중대한 의미를 갖는다.[96]

반면에 내무대신은 대만총독에 대하여 대만총독부의 사무에 관한 사무의 통리를 위해 감독상 필요한 지시를 할 수 있었다. 이 지시는 조선총독에 대한 지시와 크게 다르다. 왜냐하면, 내무대신이 발하는 지시는 감독권에 기초해 있는 것이기 때문에, 대만총독은 반드시 따라야 하는 법적 구속력이 있었다.

내무대신이 조선총독과 대만총독에게 하는 지시는 완전히 다른 의미를 함의하고 있는 것이다.[97] 대만총독은 이미 척무대신으로부터 일반적 행정감독을 받았고 대장대신 및 체신대신으로부터는 개별적 행정감독을 받았다. 1942년 일련의 칙령에 의해서 대만총독이 각 대신으로부터 개별적 행정감독을 받는 범위가 현저히 증대되었다.

이처럼 중앙관제가 개정됨에 따라서, 1942년에「조선총독부관제」및「대만총독부관제」도 개정되었다. 즉,「조선총독부관제」제3조 및「대만총독부관제」제3조에는 각각 "총독은 별도로 정한 바에 의해서 내각총리대신 및 각성대신의 감독을 받는다"는 규정이 삽입되었다.[98]

내외지행정일원화의 취지에 따라 조선총독부의 행정사무에 관해서 내무성의 간섭은 현실화되었다. 이때부터 조선총독부의 통치방침이 결

---

96 山崎丹照, 1943, 앞의 책, 78~79쪽.
97 山崎丹照, 1943, 앞의 책, 79쪽.
98 「朝鮮總督府官制中改正(칙령 제727호, 1942.11.1)」,『御署名原本·昭和十七年·勅令第七二七號·行政簡素化及内外地行政一元化ノ實施ノ爲ニスル朝鮮総督府官制中改正ノ件』.

정되면 외부에 발표하기 전에 반드시 내무성에 보고하도록 했다.[99] 예컨대 ① 법률의 제정을 필요로 하는 사항, ② 추밀원에서 자순(諮詢)을 필요로 하는 사항, ③ 일본에 중대한 영향을 미치는 사항, ④ 그 외 통치상 특히 중요한 사항 등에 관해서는 반드시 보고해야 했다.

이는 1919년 11월 28일 조선총독 및 대만총독에 대해서 보고례를 정한 것과도 달랐다.[100] 1919년에는 조선총독, 대만총독(관동장관) 및 화태청장관에게 각 소관 정무에 대해 별도로 정한 것을 제외하고는 내각총리대신 훈령에 의해 보고하도록 했는데, 그 종류는 즉보(卽報), 계보(季報), 연보(年報) 3종이었다. 즉보는 즉시, 계보는 보고사항 중에서 지정한 날, 연보는 회계년도 경과 후 3개월 이내에 보고하도록 한 것이다.[101] 제령의 경우에는 내각 법제국 심의를 거치기 때문에 일본정부가 미리 파악할 수 있었으나, 훈령이나 부령의 경우 조선총독의 위임명령이기 때문에 일본정부와 협의할 필요가 없었다.[102]

이처럼 1942년 내외지행정일원화 조치에 의해서 전방위적으로 식민지 총독에 대한 내무성의 간섭과 개입이 진행되었다. 비록 행정사무에 국한되는 것이었으나, 조선총독부는 각종 정책을 추진하는 데 일본정부

---

99 「內務次官 → 朝鮮總督府政務總監 朝鮮總督府ニ於ケル重要施策ノ連絡ニ關スル件(1943.7.5.)」, 『本邦內政關係雜件 植民地關係(2卷)』.

100 「拓秘第1625號 朝鮮總督, 臺灣總督(關東長官), 樺太廳長官ニ對シ內閣總理大臣訓令(1919.11.28)」, 『本邦內政關係雜件 植民地關係(2卷)』.

101 즉보(卽報)는 부령, 훈령, 유고 및 중요한 고시를 비롯한 총 12개 항목이었고, 계보(季報)는 무역 상황을 비롯한 5개 항목, 연보(年報)는 제반 정무시행의 상황과 관내 일반상황이었다.

102 「朝鮮總督府政務總監回答 重要施策ノ連絡ニ關スル件(1943.7.14.)」, 『本邦內政關係雜件 植民地關係(2卷)』.

를 의식하지 않을 수 없었다. 조선총독부가 추진하는 주요 정책 및 입법 사항은 사전에 중앙정부에 보고하도록 했기 때문에 조선총독의 자율적 권한이 약화될 가능성이 있었다.

조선총독을 역임하였던 미나미 지로(南次郎)는 조선총독에 대한 감독권과 지시권을 법제화하려는 시도에 강하게 반대했다. 태평양전쟁이 발발하자 미나미는 조선총독의 종합행정권 강화를 통해 전시 체제에 대응하려 했지만, 일본정부는 식민지와 본국을 일원적으로 통합·감독함으로써 전시 체제에 대응하려 했다. 결국 미나미의 반발은 쉽게 제압되었다.

이는 전시 총력전 체제하에서 일본정부는 각 식민지가 독자적으로 통치되기보다는 중앙집권형 단일한 통치시스템 구축을 선호하였기 때문이었다. 이 같은 방침에 의거하여 대만총독부 사무에 대해서는 내외지 행정일원화에 의해서 일본정부의 감독권을 더 강화하였고 조선총독부의 일부 사무에 관해서 일본정부의 감독권이 명기되었다. 특히 감독 및 지시 주체가 척무대신이 아니라 내무대신이라는 것은 장차 조선도 내지의 지방으로 취급할 수 있다는 점을 보여준 것이다.[103]

---

103 水野直樹, 1997, 「戰時期の植民地支配と'內外地行政一元化'」, 『人文學報』 79, 89~90쪽; 山崎丹照, 1943, 앞의 책.

제2장
식민지 통치 법령의
입법 절차

1. 일본 본국 법령의 입법

일본 관료제하에서 최고의 국가정책은 '법률'과 '칙령'의 형식으로 제정되고 집행된다. 법률과 칙령의 제정 주체와 절차 등은 메이지헌법과 관련 법률에 규정되어 있는데, 제2장에서는 국가정책을 시행하는 핵심 수단인 법률, 칙령, 제령 등이 어떻게 제정되는지를 중심으로 분석하려고 한다. 일본의 국법체계는 헌법을 최고 정점으로 하여 칙령, 법률, 제령, 율령, 각령(閣令),[1] 성령(省令)[2]의 순으로 구성되어 있다.

1) 칙령의 제정 절차

「대일본제국헌법(이하 메이지헌법)」에 따르면, 일본은 만세일계의 천황이 통치한다(제1조). 단, 천황은 국가의 원수로서 통치권을 총람하되, 임의로 행하는 것이 아니고 헌법의 각 조규에 따라서 행하여야 한다(제4조). 그리고 천황은 헌법이 보장하는 범위에서 첫째, 제국의회의 협찬을 거쳐서 입법권을 행사한다(제5조). 둘째, 공공의 안전을 유지하거나 그 위험을 피하기 위해 긴급한 필요에 따라서 제국의회 폐회의 경우에 법률을 대신할 칙령을 발할 수 있다. 이 칙령(긴급칙령)은 다음 회기에 제국의회에 제출해야 하고 만일 의회가 승낙하지 않을 때는 그 칙령

---

1 「공식령」제10조에 따르면, 각령(閣令)에는 내각총리대신이 연월일을 기입하고 서명한다.
2 성령(省令)에는 각성대신이 연월일을 기입하고 서명한다.

은 효력을 상실한다(제8조). 셋째, 천황은 친재(親裁)에 속하는 사항에 대해서는 직접 명령(칙령)을 발포할 수 있는 권한이 있다. 예컨대, 천황은 법률을 집행하기 위해 그리고 공공의 안녕질서를 유지하고 신민의 행복을 증진하기 위해서 필요한 명령을 발할 수 있었다. 이 경우에 명령(칙령)으로 법률을 변경할 수는 없다(제9조). 넷째, 천황은 행정 각부의 관제를 제정할 수 있고 다섯째, 문무관을 임면하는 등의 인사권도 행사한다(제10조).

이렇듯 메이지헌법 하에서 천황은 국정수행상 폭넓은 권한이 있었으나 칙령은 실질적으로는 천황을 보필하는 기관이 제정한다. 헌법상 천황의 보필기관으로는 내각과 추밀원이 있다. 내각은 국무대신들의 협의체이고 각성대신은 모든 법률과 칙령, 기타 국무에 관한 조칙에 대해서 국무대신으로서 부서하는 지위에 있다(제55조). 그리고 추밀고문은 「추밀원관제」가 정하는 바에 따라서 천황의 자문에 응하여 중요한 국무를 심의한다(제56조).

근대 일본의 헌법과 법률에 의해서 위임된 '명령'의 종류를 〈표 2-1〉에서 정리하였다. 일본의 명령은 첫째, 법적 실질에 따라서 크게 입법명령과 행정명령으로 나눌 수 있다. 입법명령은 개인의 권리, 의무사항을 규정하는 것으로 법률과 동일한 효과를 가진다. 행정명령은 행정기관의 직제(職制) 및 임용에 관한 것을 규정한다. 둘째 발포 주체에 따라서 칙령(천황), 제령(조선총독), 율령(대만총독), 각령(내각총리대신) 등이 있다. 셋째, 명령의 성질에 따라 대권명령, 긴급칙령, 집행명령, 위임명령 등으로 구분할 수 있다. 이 명령들의 입법 절차는 각각 다르지만 모두 국가의 법칙으로서 인민을 일정하게 구속한다는 점에서는 동일하다.[3]

칙령은 법률과 마찬가지로 일본의 통치권이 미치는 곳에서는 당연히

〈표 2-1〉 일본 제국의 명령의 구분

실질에 따른 구분	법률명령	개인의 권리 의무의 준거가 될 만한 법규. 법률과 동일한 성격을 갖는다.
	조직(행정)명령	행정 내부의 조직 및 임용에 관한 명령이다. 예컨대, 관제, 관청 내부의 서무규정, 훈령 등
발포 기관에 따른 구분	칙령	칙령은 천황의 칙재로 인하여 발포되는 명령
	제령	법률의 위임에 의해서 입법사항을 조선총독이 발하는 명령
	율령	법률의 위임에 의해서 입법사항을 대만총독이 발하는 명령
	각령	내각총리대신이 발하는 명령
명령 성질에 따른 구분	대권명령	대권사항을 규정하는 것(긴급칙령, 법률의 재가 및 공포를 명하는 것)
	긴급칙령	헌법 제8조에 따라서 발하는 명령
	독립명령	경찰 및 조장기관의 목적을 위하여 발하는 명령
	집행명령	법률을 집행하기 위해 발하는 명령, 예컨대 시행규칙
	위임명령	법률위임에 의해서 입법사항을 규정하는 명령. 예컨대 제령, 율령

출처: 梶康郎, 1926, 『帝國憲法要綱』, 帝國講學會, 210~211쪽.

효력을 갖기 때문에 원칙상 외지에서도 시행된다.[4] 물론, 일본에서 이미 공포된 칙령이 그대로 식민지에 효력을 발휘하는 것만은 아니지만, 칙령의 성질상 식민지에 직접 시행되는 범위가 매우 넓다. 예컨대 첫째, 「조선총독부관제」, 「조선총독부지방관관제」 등 조선총독부의 정책을 실행하기 위한 통치조직은 모두 칙령으로 제정된다. 이 점은 조선총독의 권한이 아무리 강대하고 또 정치적 위상이 높다고 하여도, 일본 본국의 도움 없이는 통치를 수행할 수 없다는 점을 보여준다. 둘째, 조선총독을 포함하여 식민지의 칙임관은 칙령으로 임명한다.[5] 일본정부는 직제 제정

---

3 梶康郎, 1926, 『帝國憲法要綱』, 帝國講學會, 209~210쪽.
4 山崎丹照, 1943, 『外地統治機構の硏究』, 高山書院, 323쪽.
5 조선총독부관제 제6조에 따르면, 조선총독부의 주임문관의 진퇴는 내각총리대신을 거쳐 상주하고 판임문관 이하의 진퇴는 專行한다.

권과 인사권을 장악하고 있기 때문에 식민통치에 큰 영향을 미칠 수 있었다.

한편, 천황이 발하는 칙령의 제정 절차는 1907년의 「공식령」에 구체적으로 규정되어 있다. 황실의 대사(大事)를 선고(宣誥)하거나 대권의 시행에 관한 칙지(勅旨)를 선고(宣誥)하려면 특별한 형식이 규정되어 있는 것을 제외하고는 조서(詔書)와 동일한 절차를 따르도록 규정하였다. 일반적으로 조서는 천황이 친서(親署)한 후에 어새를 날인하되, 황실의 대사에 관한 것은 궁내부대신이 연월일을 기입하고 내각총리대신과 함께 부서한다. 대권의 시행에 관한 것은 내각총리대신이 연월일을 기입하고 부서하거나 또는 국무 각 대신이 함께 부서한다.[6]

형식상 모든 칙령은 상유(上諭)[7]를 붙여서 공포하되, 상유에는 천황이 친서한 후에 어새를 날인하고 내각총리대신이 연월일을 기입하고 부서하거나 또는 타 국무대신 또는 주임의 국무대신이 함께 부서한다.[8] 이 같은 절차는 칙령이 제정되는 데 있어서 내각총리대신과 각성대신의 역할이 중요함을 뜻한다.

한편, 「내각관제」에는 국무대신이 부서해야 하는 사무를 구체적으로 규정하였다. 즉, "모든 법률 및 일반 행정에 관계되는 칙령은 내각총리대신 및 주임대신이 부서하고, 칙령의 각성 전임의 행정삼부에 속하는 것은 주임의 각성대신이 부서"할 것을 규정하였다. 그리고 아래의 사항에 대해서는 각의를 거쳐야 했다.[9]

---

6 「공식령(칙령 제6호, 1907.2.1.)」 제1조.
7 메이지헌법하에서 법률·칙령·조약·예산 등을 공포할 때, 그 글머리에 붙여 천황의 재가를 표시하는 공식적인 표현을 말한다.
8 「공식령」 제7조.

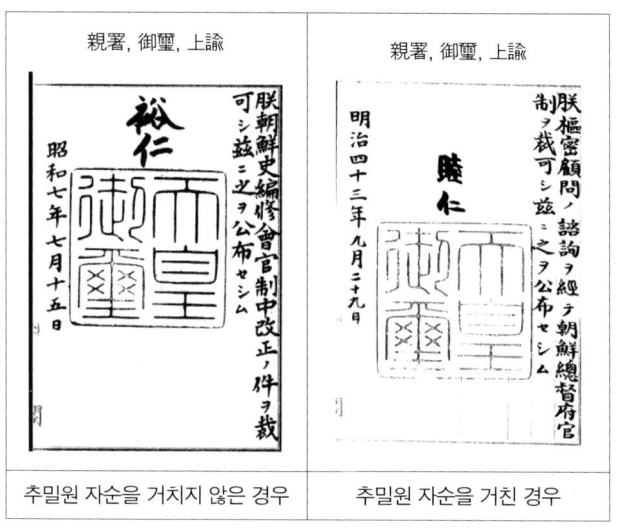

〈그림 2-1〉 친서, 어새, 상유의 사례

① 법률안 및 예산결산안

② 외국조약 및 중요한 국제조건

③ 관제 또는 규칙 및 법률시행에 관계된 칙령

④ 제성(諸省) 간 주관 권한의 쟁의

⑤ 천황으로부터 하부(下付)되었거나 또는 제국의회가 송치하는 인민의 청원

⑥ 예산 외의 지출

⑦ 칙임관 및 지방장관의 임명 및 진퇴

---

9 「內閣官制(칙령 제135호, 1889.12.24.)」, 『內閣制度100年史(下)』, 40쪽.

각의결정은 내각이 각 국무대신 전원의 일치로 국가의 행정상의 최고방침을 통일·결정하는 것이다. 따라서 각성대신은 각의결정에 구속되어서 그것에 따라서 행정사무를 행하게 된다.[10] 이 과정에서 내각 법제국이 강력한 영향력을 발휘한다. 내각 법제국은 법률 및 명령안의 초안 작성, 개정, 폐지에 대한 안건을 상신하는 기관이다. 특히, 각성대신이 제출하는 법률·명령안을 심사하고 의견을 내거나 수정할 수도 있다. 따라서 칙령뿐만 아니라 제령까지도 법제국은 수정할 권한이 있었다. 법제국은 다음의 사무를 관장하였다.[11]

제1조 법제국은 내각에 속하고 다음의 사무를 맡는다.
 1. 내각총리대신의 명에 따라 법률·명령안을 기초하고 이유를 갖추어 상신한다.
 2. 법률·명령의 신정(新定)·폐지·개정에 대해 의견이 있을 때는 안(案)을 갖추어 내각에 상신한다.
 3. 각성대신이 각의에 제출하는 바의 법률·명령안을 심사하고 의견을 갖추거나 수정을 가하여 내각에 상신한다.
 4. 전항 외에 내각총리대신으로부터 자순(諮詢)이 있을 때는 의견을 갖추어 상신한다.

한편, 천황을 보필하는 또 하나의 기관은 추밀원이다. 메이지헌법

---

10 山崎丹照, 1943, 앞의 책, 211쪽.
11 「御署名原本·明治二十三年·勅令第九十一號·法制局官制(御署名原本·明治二十三年·勅令)」.

제56조에 "추밀고문은 「추밀원관제」가 정하는 것에 따라서 천황의 자순에 응하는 중요한 국무를 심의한다"고 규정되어 있다.[12] 이것은 추밀원이 실질적인 국가 사무를 수행하는 중요한 헌법기관임을 보여준다. 원래, 추밀원은 1888년 헌법을 심의하기 위하여 설치된 천황의 직속기관이었다.[13] 추밀원은 의장 1인, 부의장 1인, 고문관 12인 이상, 서기관장 1인, 서기관 수인(數人)으로 조직되었으며[14] 모두 40세 이상이어야 하였다.[15]

추밀원의 직무는 ① 헌법 및 헌법에 부속하는 법률의 해석에 관한 것, 예산 기타 회계상의 의의에 관한 쟁의(爭議), ② 헌법의 개정 또는 헌법에 부속하는 법률의 개정에 관한 초안(草案), ③ 중요한 칙령, ④ 신법의 초안 또는 현행 법률의 폐지 개정에 관한 초안, 열국(列國) 교섭의 조약 및 행정조직의 계획 아래 사항 등에 대해서 회의를 열어 의견을 상주하고 칙재를 청할 수 있다.[16] 다만, 추밀원은 행정 및 입법의 사항에 관해 천황의 지고(至高) 고문(顧問)이 있더라도 시정에 간여할 수는 없었다.[17]

식민지 법령의 제정에서 추밀원의 역할을 가늠할 수 있는 것은 1922년에 개정된 제2차 「조선교육령」이다. 「조선교육령」은 칙령으로 제정되는 사항이었으나 법안의 초안은 조선총독부가 주도하여 만들

---

12 「메이지헌법(1889.2.11.)」 제56조.
13 헌법 제정 당시에는 어디까지나 천황을 자순(諮詢)하는 기관일 뿐 내각을 구속하는 법적 효과는 없었다.
14 「추밀원관제(칙령 제22호, 1888.4.30.)」 제2조.
15 위의 글 제4조.
16 위의 글 제6조.
17 위의 글 제8조.

었다. 1919년 3월 22일에 조선총독은 일본정부의 척식국장에게 종전의 교육방침을 변경하여 조선인들에게 새로운 교육제도를 시행할 것임을 밝힌 바가 있다. 그리고 조선총독부는 내무부 학무과를 학무국으로 승격 개편하고 학무국장에 시바타 젠자부로(柴田善三郎)를 임명하고 교육제도 개편 작업에 착수하였다. 조선총독부 학무국은 내부 회의를 거쳐서 「조선교육령」 초안을 입안하였다.

이후 조선총독부는 1920년 12월 23일에 '임시교육조사위원회'를 발족시켰고 1921년 1월 7일에는 학무국이 작성한 「조선교육령」 개정 초안을 심의하는 회의로 공식적인 활동을 시작하였다. 위원으로 조선총독부 관료뿐만 아니라 문부성, 법제국, 귀족원 의원, 척식국 차장 등이 임명되거나 위촉된 것을 미루어 볼 때, 초안 단계부터 일본정부가 적극적으로 개입하였음을 알 수 있다.[18] 임시교육조사위원회는 2회에 걸쳐서 회의를 열어서 조선총독부 학무국이 주도하여 작성한 법령 초안을 심의하여 조선총독부 최종안을 확정하였다.[19]

조선총독부가 제정한 초안은 일본정부로 이송되었다. 조선총독부가 마련한 법안은 법제국에서 법안 심의를 받았다. 이 과정에서 당시 식민지 관할부서였던 척식국도 적극적으로 의견을 제시하였다. 척식국은 조선총독부(안)을 수정하는 의견을 제시하여 조선총독부와 대립하였으나 척식국의 의견은 반영되지 못하였다. 결국, 조선총독부(안)이 법제국 심의를 거쳐서 1921년 11월 29일에 각의를 통과하였다. 이후 곧바로 천황

---

18 조선총독부, 1921, 『臨時敎育調査委員會 決議要項』, 8~9쪽(강명숙, 2009, 「일제시대 제2차 조선교육령 개정 과정 연구」, 『교육사상연구』 23-3 재인용).

19 강명숙, 2009, 위의 글, 32~33쪽.

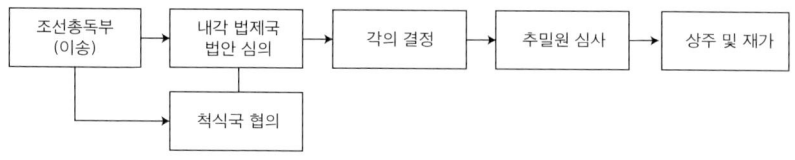

〈그림 2-2〉 제2차 「조선교육령」이 상주 및 재가를 받은 절차

에게 상주하지 아니하고 해당 안건을 추밀원에 자문하였다.

　추밀원도 적극적으로 수정안을 제시하였는데 일부는 수용되었고 일부는 수용되지 않았다. 수정된 「조선교육령」을 심의하기 위하여 1922년 1월 25일에 추밀원 본회의가 열렸는데 천황과 조선총독(사이토 마코토) 및 정무총감(미즈노 렌타로)이 모두 참석하였다. 본회의에서 추밀원이 수정한 법안이 전원일치로 통과되었다. 이후 1922년 2월 3일 천황의 재가를 받아 2월 4일 자로 32개 조항으로 구성된 「조선교육령」을 칙령 제19호로 공포하고 7일 관보에 게재함으로써 제2차 「조선교육령」 개정이 완료되었다.[20] 이를 통해서 척식국은 식민지 법령을 협의하는 데 참여하였으나 자신들의 의견을 관철시키지 못하였다는 점을 알 수 있다. 추밀원의 의견은 법령에 일부 반영되었다.

2) 법률의 입법 절차

　메이지헌법 제37조에 따르면, "모든 법률은 제국의회의 협찬을 필요"

20　제2차 조선교육령 개정 과정에 대해서는 다음의 논문을 참조하였다. 강명숙, 2009, 위의 글.

로 한다. 그리고 법률안이 제국의회의 의결을 거친 후에 천황이 재가하면 효력이 발생한다. 법률은 특별한 제한규정이 없는 한, 일본의 통치권이 행해지는 곳에서는 당연히 시행된다. 하지만 이미 언급했듯이 법률 제63호(율령권)와 법률 제30호(제령권)에 의해서 대만총독과 조선총독이 관할하는 구역에서는 법률이 그대로 시행되지는 못하였다. 식민지의 입법사항은 제령과 율령으로 제정하는 것이 원칙이었다. 만약, 일본에서 시행되는 법률을 식민지에도 시행하려면 칙령 혹은 제령(율령)으로 규정하였을 때에 비로소 가능하였다.

한편, 제국의회가 대만과 조선에 전혀 입법을 하지 못하는 것은 아니다. 제국의회는 '특별 입법'을 통해서 대만과 조선의 통치에 개입할 수 있다. 다만, 제국의회가 식민지 총독들에게 입법권을 위임하였기 때문에 식민지에 대한 입법권 행사를 자제하였을 뿐이다.[21] 또한 제국의회 의원들은 대만이나 조선의 실정을 잘 파악하지 못하였기 때문에 식민지에 심대한 영향을 미치는 입법사항을 직접 제정하는 것에 대한 정치적 부담도 있었다. 그럼에도 불구하고 제국의회는 특별한 사항에 대해서는 대만과 조선에 직접 식민지 통치법을 제정하였기 때문에 제국의회가 식민지 통치에서 차지하는 위상이 낮지는 않았다.

또한, 일본정부와 제국의회는 조선총독부의 예산에도 영향을 미칠 수 있었다. 식민지의 예산은 대장성의 사정, 내각의 각의결정, 제국의회의 협찬을 거쳐서 결정되는데,[22] 독립재정을 달성한 대만총독부(1905)나 남양청(1932)과는 달리 조선총독부 예산은 정부보조금과 공채(조선사업

21　이승일, 2008, 『조선총독부 법제정책』, 역사비평사.
22　조선총독부의 예산은 조선특별회계법에 따라서 제국의회의 협찬을 거쳐야 했다.

공채법)에 의해서 지탱되었기 때문에 일본 본국의 재정방침은 조선총독부 예산에 큰 영향을 미쳤다.[23]

일본 제국의회는 1890년에 개설되었는데 중의원과 귀족원 양원으로 구성되었다(제1조). 중의원은 「중의원선거법」에 의해서 선출되는 의원이고 귀족원은 「귀족원령」에 의해서 선임되는 의원이다.[24] 귀족원은 황족, 화족(華族) 및 칙임된 의원으로 조직되었다.[25] 중의원은 모두 300명이고 귀족원은 100명이었다. 단, 양원은 중의원이 예산안을 먼저 심의하는 권한을 제외하고는 대등한 권한을 가진다.

중의원과 귀족원은 각각 의원입법의 형식으로 직접 법률안을 제출할 수 있고, 다른 한편으로는 정부가 제출한 정부입법(안)을 의결할 수 있다.[26] 만약, 양 의원 중에서 어느 한쪽이 부결시킨 법률안은 같은 회기 중에는 다시 제출할 수 없었다.[27] 제국의회는 통상회(通常會)는 매년 1회 소집하고 회기는 3개월이었다. 다만, 필요한 경우에는 칙명으로 연장할 수 있었다. 그리고 임시긴급의 필요가 있는 경우에는 통상회 외에 임시회를 소집할 수 있다. 임시회의 회기는 칙령에 따르도록 하였다.[28] 이 경우 원칙상 제국의회의 개회, 폐회, 해산은 천황의 권한에 속했다.[29]

중의원 및 귀족원에는 의안(법률안, 동의안 등을 모두 포함)을 심사하기

---

23 이형식, 2011, 「조선총독의 권한과 지위에 관한 시론」, 『사총』 72, 210쪽.
24 「메이지헌법(1889.2.11.)」 제33조.
25 위의 글 제34조.
26 위의 글 제38조.
27 위의 글 제38조·제39조.
28 위의 글 제41조~제43조.
29 위의 글 제7조.

위하여 의원의 일부 또는 전부로 위원회를 조직한다. 위원회는 전원위원회, 상임위원회, 특별위원회 등 3곳이 있다. 전원위원회는 의원 전부로 조직하고 상임위원회와 특별위원회는 의원 중에서 소수의 일부로 조직하는 것이다. 다만, 다른 점은 상임위원회는 회기 초에 미리 선거하여 상임위원회의 소속을 결정하지만 특별위원회는 특정한 법안을 조사하기 위하여 수시로 선거하여 의원의 소속을 결정한다는 차이가 있다.[30]

법률(안)을 제출하기 위해서는 정부입법이든 의원입법이든 해당 법안을 중의원사무국과 귀족원사무국으로 이송해야 한다. 각 사무국이 이송받은 법률(안)은 상임위원회 혹은 특별위원회로 배당한다. 해당 위원회에서는 일반적으로 법률(안)을 3독회를 거친 후에 의결한다. 다만, 정부의 요구 또는 의원 10인 이상의 요구를 거쳐서 출석의원 2/3 이상의 다수가 가결했을 때는 3독회의 순서를 생략할 수 있다.[31] 그리고 중의원에서 먼저 의결이 되었을 때는 귀족원으로 이송해서 다시 한 번 의결해야 하였다. 또 귀족원에서 먼저 의결이 되었을 때는 중의원으로 이송해서 또 의결을 하였다.[32] 그리고 마지막에 의결한 의원(議院)의 의장이 천황에게 상주한다.[33] 입법 과정은 〈그림 2-3〉과 같다.

중의원 및 귀족원에서 모두 의결되었다고 해서 법률로 바로 공포되는 것은 아니다. 〈그림 2-3〉에서 볼 수 있듯이, 법률(안)이 제국의회에서 통과되면 곧바로 천황의 재가를 받기 위하여 내각으로 이송된다. 내각총

---

30 梶康郎, 1926, 앞의 책, 164~165쪽.
31 「의원법(법률 제2호, 1889.2.11.)」 제27조.
32 법률안은 중의원과 귀족원에서 모두 통과되어야 한다. 만약에 어느 한쪽의 의결을 얻지 못하면 그 회기 중에는 폐기된다.
33 「의원법(법률 제2호, 1889.2.11.)」 제31조.

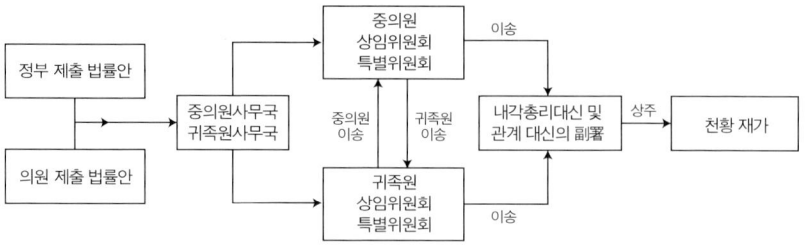

〈그림 2-3〉 제국의회에서의 입법 절차

리대신 및 관련 대신이 법률(안)에 부서한 후에 내각총리대신이 천황에게 상주한다. 그리고 천황이 법률(안)에 어새(御璽)와 서명(署名)을 한 후에 재가하면 비로소 효력이 발생한다.

2. 조선총독부 법령의 입법

조선에서 최고의 법령은 총독이 제정하는 제령이다. 식민지 조선 내에서는 제령 외에도 특별위임에 의해서 별도의 법령을 제정할 수 있다. 대표적인 것이 부령(府令), 도령(道令), 도령(島令) 등이다. 조선에서 시행되는 식민정책은 제령을 위시로 하여 부령, 도령, 도령(島令), 훈령 등의 형식으로 실행된다. 〈표 2-2〉는 조선총독부 내 통치법령들이다.

법률상 제령은 조선총독의 고유권한이지만 일본정부에 의해서 승인을 받아야 했다. 제령(안)을 천황에게 상주하기 위해서는 각의에 해당 제령(안)을 상정(청의)해야 하나, 조선총독은 국무대신이 아니기 때문에 각

〈표 2-2〉 조선총독부 내부 명령의 종류

법령의 유형								
명령				訓令	준법령문			
制令	府令	道令	島令		諭告	告示	達	府條例	邑面條例

출처: 大宅義一, 1938, 『公文起案の實際』, 朝鮮圖書株式會社, 230쪽.

의에 참석할 수 없었고 청의권(請議權)도 없었다. 따라서 총독 단독으로는 제령안을 각의에 상정조차 하지 못한다. 제령은 일본 내각으로 이송된 이후에는 척무대신→내각총리대신을 거쳐서 천황에게 상주하는 절차를 거칠 수밖에 없었다. 제령이야말로 조선총독에 의한 직접통치와 일본정부에 의한 간접적 통치 행태가 지속적으로 접촉, 갈등, 협의하는 지점으로, 일제 식민지 통치정책의 특징을 파악할 수 있는 핵심 통치수단이라고 말할 수 있다.

1) 제령의 입법 절차

(1) 조선총독부 단계의 입법 절차

제령은 본래, 그 법안을 주관하는 행정부서가 기안하고 최종적으로 조선총독의 결재를 받는다. 예컨대, 「조선민사령」의 개정을 추진한다고 가정하면, 해당 사무는 법무국 민사과가 담당하였기 때문에 민사과가 제령안을 기안하고 민사과장 결재→법무국장 결재를 거쳐서 총독에게 최종 결재를 받는 과정을 거친다. 단, '과' 및 '국' 단계에서는 해당 제령안과 관련이 있는 부서와 협의를 하도록 되어 있다.

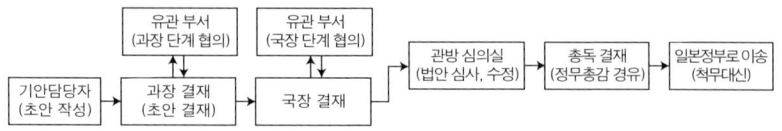

〈그림 2-4〉 제령안의 기안 과정(조선총독부 단계~일본정부 이송까지)

그리고 조선총독 결재를 받기 위해서는 사전에 반드시 총독관방 심의실에서 법안 심의를 받아야 하였다. 「조선총독부사무분장규정」에 따르면 심의실은 법령의 심의 입안, 법령의 해석·적용 등에 관한 업무를 맡았다.[34] 따라서 조선총독부에서 제정되는 모든 법령은 관방 심의실의 심의를 통과해야 했다. 실제로 1942년에 제령으로 공포된 「조선기류령」에 관한 공문서철에는, 법무국이 기안한 제령 원안을 심의실이 직접 수정하여 총독 결재를 받은 사실이 그대로 기록되어 있다.[35] 관방 심의실에서 최종적으로 심의한 후에는 별다른 수정 없이 조선총독의 결재를 받았다. 이상의 과정을 통해서, 제령안은 '관할 부서' 및 '유관 부서'와 조선총독부 '관방 심의실'이 주된 영향력을 발휘하였음을 알 수 있다.

(2) 일본정부 단계의 입법 절차

조선총독이 결재한 제령안은 일본정부로 이송된다. 1929년 척무성 설치 이래로 조선총독이 천황에게 상주하기 위해서는 척무대신과 내각 총리대신을 경유하여야 했다. 여기에서 주목할 바는 과연 조선총독이 상

---

34 「朝鮮總督府事務分掌規程(1940. 4)」 제2조.
35 『朝鮮寄留令ニ關スル書類(cja0004278)』.

주한 제령안을 척무대신이나 내각총리대신이 수정 및 변경할 수 있는가 하는 점이다. 이 점을 알기 위해서는 일본 내각제도에 대한 이해가 선행되어야 한다.

일본의 내각은 국무대신들로 조직되는데,[36] 국무대신은 천황을 보필하고, 법률 칙령 기타 국무에 관한 조칙에 부서(副署)하는 헌법상의 기관이다.[37] 제령의 제정절차에서, 국무대신들의 역할이 중요한 까닭은 이들에게는 '청의권(請議權)'과 '부서권(副署權)'이 있기 때문이다.

이와 같은 절차는 「공식령(公式令)」에서 구체적으로 규정하고 있다. 「공식령」에 따르면, 일반적으로 법률과 칙령은 상유(上諭)를 부(附)하고 공포하고 천황이 서명한 후에 어새(御璽)를 날인한 후에 내각총리대신 혹은 여타 국무대신이 연월일을 기입하고 부서하도록 하였다.[38] 특히, 척무대신은 조선을 관할하는 주무대신이기 때문에 조선총독이 상주한 제령안을 대신하여 내각에 청의(請議)하는 역할을 맡았다. 조선총독의 경우에는 일본 내각에 참열(參列)할 수 없기 때문에 조선총독 단독으로는 제령안을 각의에 상정하지도 못했다.

그리고 조선총독부가 이송한 제령안이 그대로 공포되느냐, 수정되느냐 혹은 폐안되느냐는 내각 법제국에 의해서 결정된다.[39] 이미 언급했듯이 법제국은 "일본내각으로 이송되는 각종 법률 및 명령안에 대한 심사권을 갖고 있고 특히 그 내용을 수정하여 내각에 상신"할 수 있었다. 따

---

36 「內閣官制(칙령 제135호, 1889.12.24.)」, 『內閣制度百年史(下)』, 40~41쪽.
37 「메이지헌법」 제55조.
38 「公式令(칙령 제6호, 1907.2.1.)」, 『內閣制度百年史(下)』, 72~74쪽.
39 「御署名原本·明治二十三年·勅令第九十一號·法制局官制(御署名原本·明治二十三年·勅令)」(www.jacar.go.jp).

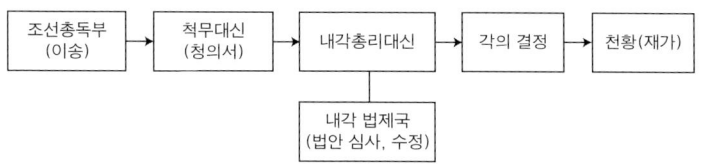

〈그림 2-5〉 제령안의 승인 과정(일본정부)

라서 조선총독의 제령안이 각의를 거쳐서 재가를 받기 위해서는 반드시 법제국의 심의를 거쳐야 했고, 법제국은 이 제령안에 대해서 의견을 갖추어 상신하거나 직접 수정할 수 있었다. 〈그림 2-5〉는 조선총독의 제령안이 일본 본국 정부에서 유통되는 절차를 표시한 것이다.

법제국의 심사 단계에서 조선총독부 제령(안)이 변경된 사례를 소개하면 다음과 같다. 1930년대 초반 조선총독부 산업정책의 핵심이었던 「조선농지령」은 척무성, 농림성, 법제국, 제국의회 등에서 검토하였으며 이 과정에서 원안이 일부 수정되었다. 주요 수정사항으로는 당초 조선총독부는 법령의 명칭을 '조선소작령'으로 정하였으나 협의 과정에서 '조선농지령'으로 변경하였다. 또 소작권 설정 기간을 원안의 5년에서 3년으로 단축하였다. 그리고 소작계약 해제 조항 중에서 소작인이 소작료나 채무를 체납하는 등의 '배신행위'를 하면 즉시 소작을 해제할 수 있도록 지주 측의 입장을 반영하였다.[40] 이 사례는 조선총독부가 제안한 소작입법의 입법정신은 살리면서도 일본정부의 입장도 반영하는 방향으로 제령이 수정되었음을 보여준다.

---

40 1930년대 초반 조선총독부의 핵심 정책이었던 「조선농지령」의 일본 본국 심의 과정에 대해서는 다음의 논문을 참조하였다. 최은진, 2020, 「1930년대 조선농지령의 제정과정과 시행결과」, 한양대학교 박사학위논문, 131~141쪽.

내각의 국무대신들은 자신의 사무와 관계가 있는 정책에 대해서 의견을 표명할 수 있었는데, 이 점에 대해서는 「조선은행법」의 제정을 둘러싼 조선총독부와 대장성 간의 갈등에서 확인할 수 있다. 「조선은행법」은 입법사항이었으나 정부입법의 형식으로 발의할 예정이었기 때문에 대장성이 법률안 초안을 담당하였다. 그러나 해당 법률이 조선총독부와 직접 관련이 있기 때문에 제국의회에 법안을 제출하기 전에 대장성과 조선총독부는 긴밀히 협의하였다.

협의 당시에 조선은행의 감독권의 주체를 조선총독부로 할 것인지 일본정부로 규정할 것인지를 두고 조선총독부와 대장성이 서로 대립하였다. 결국, 양자 간의 협상에서 조선총독부 측이 승리하여 조선총독부의 입장이 관철된 정부 원안이 제27회 제국의회에 상정되었다. 그러나 제국의회 의원들이 정부 원안에 반대하면서 일부 내용이 수정되었다. 즉, 제국의회가 "정부는 조선은행의 업무를 감독한다"고 수정하여, 일본정부가 감독권의 주체임을 분명히 하였다. 다만, 조선총독도 조선은행의 일부 사무에 대해서는 감독, 통제할 수 있도록 규정하였다. 그리고 이 법안과는 별도로 대장성과 조선총독부 간에 「조선은행 감독에 관한 타협안」이 작성되었다. 이 타협안에 따르면, 조선총독이 행사할 수 있는 권한 중에서 중대한 사항은 사전에 대장성과 협의하도록 규정되었기 때문에, 조선총독의 감독권은 매우 제한적이었다. 조선총독부는 정관 변경 및 이사 임명권의 경우에 사후 보고로 할 것을 요구하였으나 수용되지 못하고 대장성의 주장대로 관철되었다.[41]

---

41 1924년에 제정된 「조선은행법(법률 제21호, 1924.7.22.)」에서 조선은행 감독권 일체가 대장대신에게로 이관되었다. 조명근, 2022, 『일제 강점기 화폐제도와 금융』, 동북아역사재단, 77~79쪽.

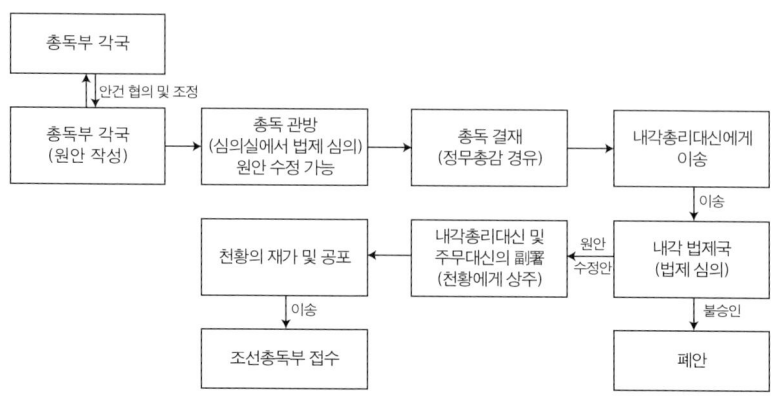

〈그림 2-6〉 일본 식민통치법의 형성 과정

이상의 논의를 요약하면 일본정부로 이송된 제령안은 형식상 척무대신을 거쳐서 내각총리대신을 거쳐 천황의 상주 및 재가를 받게 된다. 이 과정에서 제령(안)은 내각 법제국의 법안 심사를 거쳐야 했다. 당시 법제국은 일본 최고의 법률전문가가 배속되어 있었다. 법제국이 제령안을 심사할 때에 조선총독부 원안이 그대로 통과되기도 하고 또 수정되기도 하였다. 매우 적은 사례이지만 조선총독부의 원안이 폐기된 경우도 있었다.[42] 요컨대, 법제국은 모든 법률·명령의 게이트키퍼 역할을 하였다. 〈그림 2-6〉은 척무성 설치 이전에 조선총독부 단계에서 천황의 재가를 받기까지의 전체 과정을 도해화한 것이다.

그림 「조선무진업령개정령」 공문서를 통해서 실례를 살펴보자.[43] 이

---

42 1910년 9월에 폐안된 조선민사령(안)이 대표적이다.
43 「朝鮮無盡業令中ヲ改正ス(1936.4.24)」, 『公文類聚·第六十編·昭和十一年·第五十二巻·産業二·農事二·商事一』.

개정안은 조선총독이 1936년 4월 10일에 내각총리대신에게 송부하였는데 이 요청서를 척무성이 접수하였다. 척무성이 조선총독의 제령(안)을 접수한 후, 4월 15일에는 척무대신 명의로 내각총리대신에게 해당 제령안을 이송하였다. 내각에서는 이 문서를 다시 법제국으로 이송하여 법안의 심의를 받았다. 법제국은 해당 제령안을 검토한 후 4월 21일에 상주안을 직접 기안하고 각성 대신의 부서를 받은 후, 4월 24일에 내각총리대신이 천황에게 제령안을 상주하였다. 그리고 4월 25일에 천황이

〈그림 2-7〉「조선무진업령」이 내각에서 처리되는 절차를 보여주는 공문서

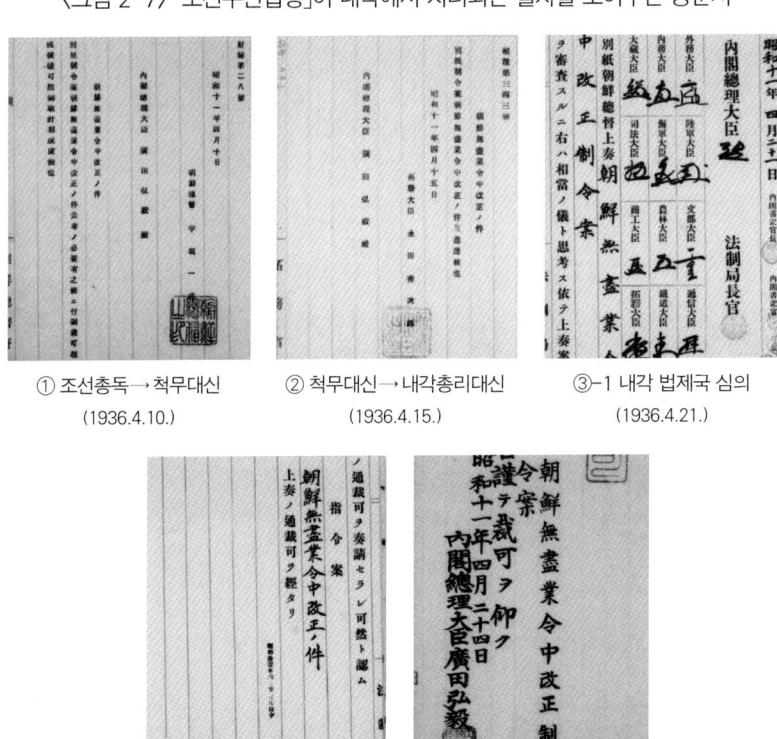

① 조선총독→척무대신
(1936.4.10.)

② 척무대신→내각총리대신
(1936.4.15.)

③-1 내각 법제국 심의
(1936.4.21.)

③-2 내각 법제국 심의44
(1936.4.21.)

④ 내각총리대신 상주문
(1936.4.24.)

이를 재가하는 제령안을 통보하였다.

조선총독부가 제령안을 일본정부로 이송한 지 15일 만에 재가가 이루어진 것이다. 이 제령안은 조선총독부와 일본 내각 사이에 별 다른 이견이 없는 경우에 해당하였다. 그럼에도 불구하고 법제국 심의 단계가 가장 많은 날을 소요하였다. 〈그림 2-7〉은 그 사실이 드러난 공문서들을 순서대로 나열한 것이다.

2) 부령(府令), 도령(道令), 도령(島令)의 입법 절차

(1) 조선총독부령

조선총독이 발하는 명령에는 제령 외에도 조선총독부령(이하 "부령")이 있다. 이 부령의 법적 근거는 「조선총독부관제」에 규정되어 있다. 즉, 「조선총독부관제」 제4조에는 "총독은 그 직권이나 또는 특별한 위임에 의하여 조선총독부령을 발하고 1년 이하의 징역이나 혹은 금고, 구류 혹은 200원 이하의 벌금 또는 과료의 벌칙을 부과"할 수 있도록 하였다. 부령은 내용상으로 일본 내지의 칙령, 각령, 성령에 상당하는 것으로, 총독의 직권 또는 특별 위임에 의해서 발하는 것이다. 부령을 그 성격에 따라서 집행명령, 행정명령 및 경찰명령 등으로 분류할 수 있다.

① **집행명령**: 제령을 집행하기 위하여 필요한 명령은 부령으로 제정

---

44   이 문서는 내각 법제국에서 심의를 거친 문서인데 각의를 거쳐서 천황의 재가를 얻은 후에는 재가를 허가한다는 지령일을 찍었다.

한다. 이와 같은 집행명령의 성격을 가지는 부령은 그 상위법령인 제령에 따라서 효력을 갖는다. 즉 제령이 효력을 잃게 되면 자동적으로 집행명령인 부령도 효력을 상실한다. 대표적으로 시행규칙이 이에 해당한다. 예컨대, 「조선무진업령(제령 제7호, 1922.4.22.)」이 1922년에 공포되었는데, 그 구체적인 사항은 「조선무진업령시행규칙(부령 제85호, 1922.5.11.)」이 부령으로 공포되었다.[45]

② **행정명령**: 공공의 복리를 증진하기 위하여 소위 보육행정 복리행정 또는 조장행정(助長行政)의 기준이 될 만한 규칙이 부령으로 다수 공포될 수 있다.

③ **경찰명령**: 공공의 안녕질서를 유지하기 위하여 인민에게 강제적으로 명령하고, 그 자유를 제한하는 경찰명령의 대부분이 부령 중에서 많은 부분을 점하고 있다. 경찰명령의 위반에 대해서도 중대한 것에 대해서는 처벌을 하고 의무이행을 해야 하지만, 형법과 마찬가지로 반드시 중과(重課)를 할 필요는 인정되지 않는다. 따라서 부령으로 1년 이하의 징역 또는 금고, 구류 200원 이하의 벌금 또는 과료의 벌칙을 부과할 수 있다. 부령은 경찰법규의 중요한 연원이고, 「경찰범처벌규칙」(메이지 45년 부령 제40호)[46]을 비롯하여 많은 취체규칙이 부령으로 규정된다.

45　현대 한국의 시행령에 해당한다.
46　大宅義一, 1938, 『公文起案の實際』, 朝鮮圖書株式會社, 243~244쪽.

(2) 조선총독부도령(朝鮮總督府道令)[47] 및 도령(島令)

도령은 「조선총독부지방관관제」에 법적 근거가 마련되어 있다. 즉, 동 관제 제6조에 "도장관(道長官)은 관내의 행정사무에 관하여 직권 또는 위임의 범위 내에서 도령을 발"할 수 있다고 규정하였다. 도령은 부령의 하위 법령으로서 부령에 저촉되지 않는 한도에서 도지사의 주관사무(일반행정, 지방경찰사무, 법령의 집행사무)에 관해서 직권으로 집행명령, 경찰명령, 행정명령(행정규칙)을 정할 수 있다. 또 법률·칙령·제령·부령의 특별위임에 의해서 위임된 사항도 정할 수 있다. 도령은 3개월 이하의 징역 또는 구류, 100원 이하의 벌금 또는 과료의 벌칙을 부과할 수 있다. 도령(島令)은 관내의 행정사무에 관해 법령 또는 지사로부터 위임받은 사항에 관해서 도사(島司)가 발하는 명령으로 도령(道令)과 특별히 다르지 않다.

(3) 훈령(訓令)[48]

일반적으로 훈령은 상급관청이 하급관청 또는 관리에 대해서 직무상의 감독권에 의하여 발하는 명령이다. 훈령, 통첩, 의명통첩 또는 훈시 등에 이르기까지 총괄적으로 포함한다. 더 좁은 의미로는 상급관청이 하급관청의 권한행사 방식을 지도하는 명령을 뜻하기도 한다.[49]

---

47 「朝鮮總督府地方官官制」 제6조.
48 大宅義一, 1938, 앞의 책, 256~258쪽.
49 大宅義一, 1941, 『公文起案の基礎知識』, 朝鮮圖書株式會社, 362쪽.

3. 제령의 입법 과정을 통해 본 조선총독부와 일본정부 간의 관계

1) 제령(안)의 제정 과정

여기서는 「조선기류령」과 「조선민사령」의 입법문서를 소재로 하여 조선총독의 제령안이 어떻게 작성되었고, 일본정부와의 협의 과정에서 얼마나 수정되었으며 또 어느 부서가 수정에 관여하였는지를 살펴보자.[50] 우선, 「조선기류령」은 1942년에 조선총독부가 조선인을 강제로 징병하기 위하여 공포한 법령으로, 호적과 더불어 중요한 주민 통제장치였다. 「조선기류령」은 현재의 주민등록제도와 유사한 것으로 조선인들이 실제 거주하는 주소지와 동거 인원을 파악함으로써, 징병 대상자들을 물색하여 징집하는 데 활용되었다. 조선인의 징병을 위해서는 호적부와 기류부(寄留簿)가 필수적이었으므로, 「조선기류령」은 1940년대 식민통치에서 조선총독부의 가장 중요한 정책사안 중 하나였다.

또한, 「조선민사령」은 조선에서 시행되는 민사 일반법이었기 때문에 민사법을 어떻게 제정하느냐에 따라서 조선인 법률생활에 지대한 영향을 미칠 수 있다. 식민지기 중에 「조선민사령」은 10여 차례 개정되었는데 그중에서 1939년 「조선민사령」 제11조 개정은 일제가 조선인을 강제로 창씨개명하고 일본의 서양자 및 이성양자 제도를 도입하는 등 민

---

50 조선총독부 공문서가 작성되는 절차, 과정에 대해서는 다음의 저서를 참고하였다. 박성진·이승일, 2007, 『조선총독부 공문서』, 역사비평사.

사법 영역에서는 매우 중요한 변화를 강제하는 것이다. 1939년 「조선민사령」 제11조 개정과 1942년 「조선기류령」은 전시통제기 조선총독부의 핵심 식민통치 정책이었으며, 이 법령의 제정 과정에서 조선총독부와 일본정부 간의 대립과 갈등이 잘 드러난다.

국가기록원이 소장하고 있는 '「조선기류령」에 관한 서류'[51]는 조선총독부가 「조선기류령」을 제정하는 과정에서 생산한 문서 전체를 편철한 것으로 조선총독부 내부의 입법과정을 상세히 파악할 수 있다.[52] 이 문서들을 통해서, 첫째, 「조선기류령」을 최초로 기안한 부서(법무국 민사과)가 어디이고 그 부서 내에서 어느 직위에 있는 자가 기안하였는지를 알 수 있다. 둘째, 「조선기류령」 업무와 직접 관련이 있는 타 부서와 어떻게 협의하였고 그 절차는 무엇이었는지를 알 수 있다. 셋째, 「조선기류령」이 총독의 결재를 받기 전에, 총독 관방의 법안 심의는 어떻게 진행되었는지를 알 수 있다. 마지막으로 제령안이 일본정부로 이송된 이후에, 조선총독부 관료와 척무성 및 법제국 관리들 간의 협의가 어떻게 이루어졌는지를 생생하게 알 수 있다.[53]

---

51 『朝鮮寄留令ニ關スル書類(cja0004278)』.

52 국가기록원 소장 조선총독부 공문서는 해방 이후 미군정이 조선총독부 문서과가 보관하고 있던 문서들을 인수하여 보관하고 있던 것을 한국정부가 다시 인계받은 것에서 유래한다. 지금까지 국가기록원은 중앙부서 및 지방관청에 산재해 있던 조선총독부 공문서를 지속적으로 수집하고 있다. 현재 국가기록원 홈페이지를 통하여 목록을 확인할 수 있으며, 한국국가기록연구원이 2005년에 목록집을 발행한 바가 있다. 한국국가기록연구원, 2005, 『조선총독부 공문서 종합목록집』, 한울; 한국국가기록연구원, 2005, 『조선총독부 공문서 다계층 상세목록집』, 한울.

53 국가기록원에 소장되어 있는 기록철들은 중요 정책 결정 문서들이 없거나 혹은 있다고 하여도 그 과정을 기록한 것들은 거의 남아 있지 않은 상황이다. 그러나 이 기록철은 조선총독부 공문서 중에서 제령이 공포되는 절차와 과정을 일목요연하게 보여주는 거의 유일한 기록철이라는 점에서 주목할 만하다.

〈표 2-3〉「조선기류령」 초안

날짜	문서명	생산자	부속서류
1942.5.4	① 조선기류령 초안	사무관→ 민사과장(공람)	조선기류령(제1안), 총 5개항 조선거주령(제2안), 총 4개항
1942.5.5	② 조선기류령안	호적계	조선기류령안(60일 이상 거주자), 총 7개항
1942.5.6	③ 조선기류령안	호적계	조선기류령안(90일 이상 거주자), 총 6개항
1942.5.14 (기안)	④ 조선기류령제정에 관한 건(상주안)	호적계	조선기류령(심의실 수정안), 총 6개항 이유, 설명, 참조(숙박및거주규칙초[55])
			조선기류령(법제국 송부안), 총 6개항 이유, 설명, 참조(숙박및거주규칙초)

한편, '「조선기류령」에 관한 서류'는 조선총독부 내부의 논의 과정을 알 수는 있으나, 제령안이 일본정부로 이송된 이후의 공문서 처리상황에 대해서는 파악할 수 없다는 한계가 있다. 왜냐하면 제령안이 일본정부에 의해 접수된 이후의 기록은 일본정부의 공문서로 편철, 보존되기 때문이다. 일본정부로 이송된 이후의 과정에 대해서는, 1939년 「조선민사령」 제11조 개정안을 소재로 하여 척무성 단계에서는 일본 외무성 외교사료관에 소장되어 있는 '묘가다니연수소구장기록(茗荷谷研修所舊藏記錄)',[54] 내각총리대신이 상주하여 재가를 받는 과정은 '공문유취(公文類聚)'를 이용하여 살펴보았다. 〈표 2-3〉은 「조선기류령」의 기안 과정과 절차에 관한 문서를 소개한 것이다.

이 외에 1942년 5월 1일 직인이 찍힌 '기류사무관계법규조사자료'

---

54 일본 외무성 외교사료관은 에도막부 말기부터 현대에 이르기까지 일본의 외교와 관련된 일차사료를 거의 완벽하게 보존하고 있다. 한국과 관련해서는 1910년 이전까지의 자료가 가장 풍부하게 보존되어 있다. 1929년 이후 척무성이 식민지를 관할하고 있었기 때문에 1945년 패전에 따라서 척무성의 대외 관계 기록들이 외무성으로 이관된 것이다.

55 「숙박급거주규칙」은 1911년에 조선총독부가 공포한 법령이다.

라는 공람문서가 편철되어 있다. 이 문서는 조선총독부 법무국이 「조선기류령」 초안 작성 과정에서 참고한 것으로, 사무관→민사과장→법무국장의 공람절차를 거친 것으로 표시되어 있으며 일본 본국 기류법의 개정 이유와 주요 내용을 정리한 내용이다.

〈표 2-3〉에서 볼 수 있듯이 「조선기류령」은 5월 4일에 법무국 민사과 직원에 의해서 초안이 작성된 이래로 주요 내용이 계속 변경되었다. 주요한 변경은 법령의 명칭과 법령의 적용 대상의 범위와 관련된 것이었다. 5월 4일 단계에는 「조선기류령」(제1안)과 「조선거주령」(제2안) 등 두 종류의 안이 있었다. 「조선기류령」(제1안)과 「조선거주령」(제2안)은 이름만 다를 뿐 적용 대상과 주요 내용에는 거의 차이가 없다. 단지, 「조선거주령」(제2안)은 4개항으로 구성되어 있고 「조선기류령」(제1안)은 총 5개항이었다.[56]

이 초안들은 모두 60일 이상 본적 외에 일정한 장소에 주소 또는 거소(居所)를 갖는 자를 기류자(거주자)로 규정하여 기류부(거주부)의 등록 대상이 된다는 사실을 분명히 하였다. 그리고 기류(거주)에 관한 사무는 부윤, 읍면장이 관장하도록 하였고 「조선민사령」 제11조의 6항을 기류 사무에도 준용하였다.[57] 이와 함께 기류에 관한 계출(屆出) 등에 관한 세부 사항은 조선총독이 따로 정하도록 위임하였다.

5월 5일에 조선총독부 법무국은 '조선기류령안'으로 단일안을 확정

---

56 「조선기류령」(제1안)의 제5조는 "조선민사령 제11조의 9 규정은 기류사무 관장자인 부윤 또는 읍면장에게 준용한다"의 내용이다.
57 「조선민사령」 제11조의 6항은 "호적사무는 부청 또는 읍면사무소 소재지를 관할하는 지방법원 원장이 감독한다. 호적사무의 감독에 대해서는 사법행정의 감독에 관한 규정을 준용한다"로 되어 있다.

하였다. 5월 5일안은 5월 4일안보다 조항수가 많고 5월 4일안의 「조선기류령」 제3조를 좀 더 세부적으로 규정한 점이 특징이다. 5월 4일 안에서는 "기류사무를 부윤, 읍면장이 관장하도록 하고, 기류사무 감독에 관한 사무는 「조선민사령」 제11조의 6항을 준용"한다고 규정하였으나, 5월 5일안에서는 「조선민사령」 제11조 6항의 준용 규정을 "기류에 관한 사무는 부청 또는 읍면사무소 소재지를 관할하는 지방법원 원장이 감독"하고 "기류에 관한 사무 감독에 대해서는 사법행정의 감독에 관한 규정을 준용한다"로 변경하였다. 이와 함께 제4조는 "지방법원 지청 1인 판사 또는 상석판사는 지방법원장의 명을 받아 사무취급구역내의 기류에 관한 사무를 감독"할 수 있도록 규정하였다.

5월 6일안은 "「조선기류령」의 적용 대상을 조선 내에서 90일 이상 거주하는 자"로 변경하였다. 일본 기류법의 90일 이상 본적 외에 거주하는 자를 기류법 적용 대상자로 한다는 규정과 일치시킨 것이다. 그리고 이와 같은 변경은 당시 이와시마(岩島) 민사과장실에서 주도하였다. 이상의 과정을 통하여 초안의 작성은 과장급 이하 실무자들이 중요한 역할을 했던 것을 알 수 있다.

5월 14일에는 법무국 차원의 입법 추진계획이 기안되었다. 이 공문서는 제령 상주 양식에 맞추어 작성되었다. 이 공문서에는 제령안 기안(민사과 담당자)→주임→법무국 민사과장(지방과, 경무과, 보안과 협의)→법무국장(사정국, 경무국과 협의)→심의실→문서과장→정무총감→조선총독의 결재를 받을 것을 계획했다는 사실이 드러나 있다. 「조선기류령」은 법무국이 주관 부서이지만, 법령의 성격상 사정국 및 경무국과도 관련되어 있어 이 부서들과도 협의하도록 계획되었다. 이와 같은 사실은 아래의 「조선기류령」에 관한 상주문과 첨부문서에 그대로 나타나 있다.

〈그림 2-8〉「조선기류령」제정에 관한 건

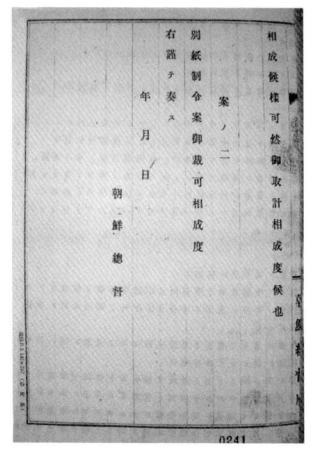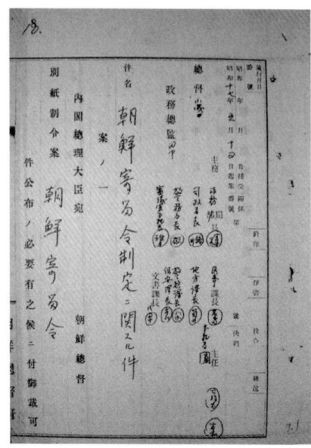

별지제령안 조선기류령

  제령   호   조선기류령(관방 심의실 수정안)
            이유
            설명
            참조(숙박급거주규칙초)

  제령   호   조선기류령(법제국 송부안)
            이유
            설명
            참조(숙박급거주규칙초)

 조선총독부 법무국 단계에서 제령안이 만들어지면 총독 관방 심의실은 법안 심의를 담당하였다. 관방 심의실은 관제상에도 나와 있듯이 법령의 해석 및 운용에 관해서 의견을 제시하고 수정할 수 있었다. 이와 같은 사실은 「조선기류령」 상주안의 첨부문서에도 잘 나와 있다. 위 문서는 천황에 대한 조선총독의 상주서와 「조선기류령」과 관련된 각종 첨부문서로 구성되어 있다. 첨부문서에는 「조선기류령」 초안과 이유, 설명, 참조(숙박및거주규칙초) 등으로 구성되어 있는데, 이유 부분에는 「조선기류령」을 제안하게 된 법률적 이유를 기술하였고, 설명에는 「조선기류령」의 법적 특징과 내용을 간략히 서술하였다. 참조는 조선인에 대한 거주법령이었던 숙박및거주규칙[58]의 주요 내용을 소개하였다. 이를 통하여 「조선기류령」과 숙박및거주규칙 간의 차이를 알 수 있도록 한 것이다.

주목할 것은 두 종류의 첨부문서가 편철되어 있다는 점이다. 즉, 법무국이 작성한 조선기류령안과 조선총독부 심의실에서 수정한 조선기류령안(일본 내각 법제국으로 송부한 조선기류령안)이 모두 편철되었다. 법무국에서 작성한 초안에는 심의실에서 필사로 직접 수정하여 결과가 그대로 드러나 있고, 일본 내각 법제국으로 송부한 안은 총독부 심의실에서 수정한 것을 다시 타이프라이터로 정서(淨書)하였다. 이후 조선총독부는 심의실 수정안을 일본정부로 송부하였다.

법무국 초안과 관방 심의실 수정안을 비교하면 큰 폭의 수정이 이루어졌음을 알 수 있다. 우선, 법무국이 심의실로 이송한 초안은 모두 6개 조였는데, 심의실에서는 그중에서 제6조를 삭제하였다. 나머지 4곳은 자구 수정이 이루어졌고 제5조의 과료 규정에서는 20원 이하를 10원 이하로 수정하였다. 그리고 이유 부분을 "징병제도 기타 인적 자원을 기조로 하는 각종 중요제도의 기획 및 실시상 본적 외에 있는 자의 소재

---

58 숙박및거주규칙은 1911년에 공포된 것으로, 본적지 외의 거주자를 등록하는 장치였다. 1942년 「조선기류령」은 숙박및거주규칙의 문제점을 보완하여 조선 내 거주자들을 철저히 조사 등록하고 징병자를 찾아내기 위한 법령이었다.

를 공부(公簿)에 등록하고 인구동태를 밝히기 위해 본령 제도가 필요함에 따른다"에서 "징병제도 기타 인적 자원을 기조로 하는 각종 중요제도의 기획 및 실시에 제공하기 위해 조선에서도 기류제도를 설치할 필요에 따른다"로 변경하였다. 결과적으로 조선총독부 심의실에서 최종적으로 법안을 수정 심사한 것이 조선총독의 상주안으로 채택되었음을 알 수 있다.

2) 일본정부로 이송된 제령(안)의 처리 과정

이와 같이 조선총독부 본부에서의 모든 입법 절차는 조선총독의 결재를 받으면 종료된다. 이후 제령안은 일본정부로 이송된다. 실제로 조선총독이 내각총리대신 명의로 공문을 보낸 것이 7월 27일이었다.[59] 조선총독이 이송한 제령안은 주무부서 담당자가 일본정부와 협상하는 것이 일반적이다. 그것은 1942년 8월 7일에 법무국장이 심의실 수석사무관에게 보낸 지급전보(至急電報)의 내용을 통해서 확인할 수 있다.[60] 이 전보안은 「조선기류령」의 공포를 위해서 민사과 소속의 다카바타케(高畑) 사무관을 도쿄로 파견하였으니 심의 촉진 방법을 시급히 모색하라는 내용이었다. 일본정부와의 본격적인 협상은 다카바타케 사무관이 협상에 참여하면서부터였다. 〈표 2-4〉는 일본정부와의 협상 내용과 그 절차를 알 수 있는 내용이다. 특히 일본정부에서의 각종 행위는 조선총독부

---

59 「朝鮮寄留令ヲ定ム(公文類聚・第六十六編・昭和十七年・第百六巻・司法二・民事二(民法二・人事訴訟手続法・登記・抵当〜財産)」.

60 「朝鮮寄留令審議促進ニ關スル件(法務局長→審議室首席事務官)」, 『朝鮮寄留令ニ關スル書類(CJA0004278)』.

〈표 2-4〉 조선총독부와 일본정부 간의 전보 내용

날짜	수(발)신자	주요 내용
1942.8.12	다카바타케 사무관→이와시마 민사과장	10일에 척무성 설명, 법제국 곧바로 송부 예정
1942.8.19	사무관→법무국장(민사과장)	척무성의 결재가 지연되고 있으나 법제국과 심사 방법 교섭 중
1942.9.1	법무국장→다카바타케 사무관	법제국 심의를 시급히 받도록 재촉
1942.9.2 (18시 15분)	다카바타케 사무관→법무국장	오늘 오전 법제국 심의를 받음. 법제국은 제도 자체에 반대 견해. 기류제도를 사법행정의 감독하에 두는 것에 대해 반대. 통과 난망하므로 상층부의 행정적 해결 요청
1942.9.2 (00시 32분)	다카바타케 사무관→법무국장	오늘 법제국 심의를 받을 예정임
1942.9.2	법무국장→다카바타케 사무관	법제국이 반대하는 이유를 구체적으로 보고할 것
1942.9.4	법무국장→다카바타케 사무관	
1942.9.4	다카바타케 사무관→법무국장	문제 해결, 다시 심의하기로 하였음
1942.9.8	다카바타케 사무관→법무국장	미리 기일을 잡기 어려움
1942.9.8	법무국장→다카바타케 사무관	법제국의 심의 기일을 속히 알려달라.
1942.9.9	법무국장→다카바타케 사무관	12일의 원장회의에서는 법제국이 확정한 안에 따라 설명할 예정임. 11일 심의 종료된 후 바로 전보로 확정안을 보고하라.
1942.9.10	법무국장→다카바타케 사무관	법제국 수정에 대해서는 일일이 당국 의견을 구하지 말고 법제국 의견으로 양보하고 차질없이 11일에 심의를 종료하도록 노력할 것
1942.9.12	다카바타케 사무관→법무국장	법제국에 제시한 「조선기류령」에 대한 수정 요구를 구체적으로 보고
1942.9.14	법무국장→다카바타케 사무관	이와시마 민사과장이 도쿄에 도착할 예정
1942.9.18	심의실수석사무관→법무국장	조선기류령에 대해 법제국의 수정이 있었음. 곧 각의 상정예정 1. 제1조의 수정은 다카바타케 사무관이 了知한 바와 같다 2. 제3조 제2항은 삭제 3. 제4조중 "기류에 관해 필요한 사항"을 "기류에 관한 사무"로 개정
1942.9.20	이와시마 민사과장→법무국장	1. 제3조 제2항을 삭제하는 이유를 각 방면과 접촉하여 청취하려 했으나 일요일이라서 연락 안 됨 2. 수정안은 확정적이지만 상주서를 발송하지는 않았음. 그러나 총독부 원안으로 부활시키는 것은 쉽지 않은 상태임 3. 기타 구체적인 수정 사항 설명

날짜	수(발)신자	주요 내용
1942.9.21	민사과장→법무국장	기류령 수정안은 이미 상주절차를 완료하였음. 원안으로 부활시킬 여지 없음
1942.9.22	민사과장→법무국장	기류령은 오늘 각의에 상정하기로 결정되었음
1942.9.22	민사과장→법무국장	기류령은 오늘 각의결정됨
1942.9.25	민사과장→법무국장	기류령은 23일 재가를 완료하였고 금일 지령서가 도착되었음. 지령서는 심의실로부터 별도 송부할 예정임

기록철에는 내용이 남아 있을 수가 없는 상태이다. 조선총독의 제령안이 일본정부에 의해 접수된 이후의 과정은 일본정부, 구체적으로는 척무성과 내각의 기록철에 편철된다. 조선총독부 기록철에는 일본정부와의 협상을 위해 파견한 총독부 관료와 총독부 간의 전보 내용만을 알 수 있고 이를 통해서 간접적으로 일본정부와의 협상 내용을 엿볼 수 있다.[61]

조선총독부 관료들은 일본정부와의 협상을 위하여 제령안을 직접 휴대하고 일본에 있는 조선총독부출장소에 숙박하면서 협상하였다. 〈표 2-4〉의 전보문들을 통해서 「조선기류령」 심의 과정에서 조선총독부와 접촉하고 협의하였던 일본정부 쪽의 기관들을 확인할 수 있다. 협상 초기에 조선총독부는 법무국의 사무관을 파견하여 일본정부와 협상을 시도하였고 척무성과 최초로 접촉하였음을 알 수 있다.

그러나 전보문에는 척무성 관료들과의 협상 내용은 거의 등장하지 않고 일본 내각 법제국과 집중적으로 협상을 벌인 것으로 나와 있다. 그것은 척무성이 비록 조선총독부를 관장하는 기관이었으나 제령안에 관해서는 개입할 수 있는 여지가 많지 않았던 것과 관련이 있다. 그리고 협상 초반에는 조선총독부 사무관이 협상을 시작하였으나, 일본정부와 갈

---

61 『朝鮮寄留令ニ關スル書類(CJA0004278)』

등이 확대되면서 조선총독부는 민사과장을 파견하여 협상을 진행하였고 협상에 대한 최종 결정은 법무국장이 전보를 통하여 지시하였다는 사실을 알 수 있다.

내각 법제국이 조선총독부 측에 수정을 요구한 주된 사항은 3가지였다. 제1조에서는 조선총독부안의 "조선 내에서 본적을 갖지 않는 자"를 "일본 국적을 갖지 않는 자"로 변경하여 일본의 기류법[62]의 규정에 가깝도록 한 것이었다. 제4조 "기류에 관해 필요한 사항"을 "기류에 관한 사무"로 변경한 것도 일본 기류법 제3조의 규정과 일치시킨 것이다. 사실 「조선기류령」 제1조와 제4조의 변경은 「조선기류령」의 입법 정신에 비추어 중대한 사안은 아니었다. 내각 법제국이 가장 강력히 삭제를 요구한 것은 「조선기류령」 제3조 제2항은 "지방법원지청의 1인 판사 또는 상석판사는 지방법원장의 명을 받아 그 사무취급 구역 내에서의 기류사무를 감독한다"는 내용이다. 명확한 이유가 기록철에는 드러나 있지 않으나 일본 기류법과 내용상의 조화 때문인 것으로 생각된다. 일본 기류법에는 조선총독이 상주한 「조선기류령」 제3조 제2항과 같은 규정이 없었다. 법제국이 법안 심사 과정에서 일관되게 일본 본국과 식민지 간의 법제일원화(法制一元化)를 고려하였다는 점을 생각한다면 일본법제와 식민지 법의 일원화(一元化)에서 벗어나려는 경향에 반대하였다고 생각할 수 있다.[63]

---

62 「御署名原本·大正三年·法律第二十七號·寄留法(御署名原本·大正三年·法律)」.

63 일본정부가 주장한 법제일원화는 동화주의의 일방적 관철을 의미하는 단순한 것이 아니다. 일본정부는 1920년대 「조선민사령」 제11조 개정 과정에서도 법제일원화를 주장하면서 조선총독부와 갈등을 일으켰는데, 이 때의 법제일원화도 모든 식민지 법과 일본 본국의 법을 일치시킨다는 적극적인 의미가 아니라, 일본 본국 정부와 조선총독부가 1912년에 합의하였던 「조선민사령」 체제를 벗어나지 않는 범위 내에서의

한편, 조선기류령안을 조선총독이 상주한 날짜가 7월 27일이었고 조선총독부 사무관이 척무성 쪽과 직접 교섭한 시기는 8월 12일, 척무대신 명의로 내각총리대신에게 '「조선기류령」 제정에 관한 건'을 전달한 날짜는 8월 27일이었다.[64] 그리고 내각총리대신이 일본천황에게 9월 22일에 상주하여 재가를 받았다는 것을 볼 때 내각총리대신이 천황에게 상주하기 전에 집중적인 교섭을 벌였음을 알 수 있다.[65]

또한 전보 내용을 통해 척무대신의 역할을 엿볼 수 있다. 우선 척무대신은 제령안을 수정할 수 있는 위치에 있지 않았던 것으로 보인다. 그리고 법제국의 수정 요구 사항에 대해서 9월 20일 무렵까지 협상하였고 9월 22일에 각의에서 통과한 것을 볼 때 내각총리대신 산하에 있는 법제국의 제령안 심사가 가장 중요한 단계였다는 것을 알 수 있다.

한편, 제령안이 척무성에 도착한 이후의 일련의 과정에 대해서는 1939년에 「조선민사령」 제11조 개정을 통하여 확인하려고 한다. 1939년 「조선민사령」 제11조 개정안의 경우 조선총독부 측의 문서에는 당연히 없으나 일본의 척무성 문서와 공문유취(公文類聚)가 있기 때문에

일원화를 뜻하는 소극적 차원의 것이다. 1912년 「조선민사령」은 친족 및 상속의 영역을 제외하고는 일반적으로 일본민법 의용을 천명하였다. 일본정부는 조선총독부의 각종 입법 활동에 대해 친족 및 상속 영역에서는 관습법 형식의 특수성만을 인정하였고, 그 나머지 영역에 관해서는 일본법 체제에서 벗어나거나 충돌하는 경향에 대해서는 부정적인 입장을 취하였다. 따라서 일본의 식민지 정책에서 동화의 의미는 식민지 특수성을 일부 인정하면서, 궁극적 원칙으로서 일본의 식민지 법 체제에 벗어나는 경향을 제어하는 것으로 해석해야 한다. 이에 대해서는 다음의 논문 참조. 이승일, 2004, 「1910·20년대 조선총독부의 법제정책」, 『동방학지』, 126.

64 「朝鮮寄留令ヲ定ム(公文類聚·第六十六編·昭和十七年·第百六巻·司法二·民事二(民法二·人事訴訟手続法·登記·抵当~財産」.

65 「朝鮮寄留令ヲ定ム(公文類聚·第六十六編·昭和十七年·第百六巻·司法二·民事二(民法二·人事訴訟手続法·登記·抵当~財産」.

제령안이 척무성과 내각총리대신에게 이르는 과정을 잘 파악할 수 있다. 이 문서들을 보면 제령안의 제정 과정에서 척무성의 역할이 어떠하였는가를 파악할 수 있다.

1939년 「조선민사령」 제11조 개정과 관련된 기록철의 구조를 소개하면 〈표 2-5〉와 같은 순서이다. 척무성이 관리하였던 1939년 「조선민사령」 제11조 개정과 관련된 기록철은 크게 두 종류로 구성되어 있다. 첫째는 기록철의 맨 앞쪽에 편철되어 있는 것으로 「조선민사령」 제11조 개정안이 최종적으로 천황의 재가를 받아 조선총독부로 보낸 지령서(B)이고 둘째는 조선총독이 천황에게 제령안의 재가를 받기 위해 상주한 「조선민사령」 제11조 개정안을 척무대신이 내각총리대신에게 진달하는 문서(A, A-1)가 편철되어 있다. 이 중에서 검토할 부분은 A와 A-1이다.

조선총독부는 '조선민사령 중 개정의 건(1939.8.31. 法秘第31號)(A-1)'

〈표 2-5〉 척무성 기록철에 있는 1939년 「조선민사령」 제11조 개정안의 공문서 구조

문서번호	수(발)신	주요 내용
(B) 內閣拓甲 第253號	내각총리대신 → 조선총독	지령서(조선민사령개정안을 재가한다는 내용) 1939.11.7
(A) 官行第689號	척무대신 → 내각총리대신	진달안(조선민사령개정안을 총리대신에게 진달하는 내용) 1939.9.5 기안, 10.3 결재, 10.18 진달
(A-1) 法秘第31號	조선총독 → 내각총리대신	상주안(조선민사령개정안의 재가를 상주하는 내용) 1939.8.31 상주, 9.5 접수 첨부문서: ① 제령 제19호 조선민사령중개정안(법제국 수정안) ② 제령 제 호 조선민사령중개정안(원안) ③ 비고 ④ 씨(氏)의 계서(屆書)취급방법에 관한 내훈안 ⑤ 호적사무협의회에 관한 건 (법무국장→ 각지방법원장, 각지방법원지청상석 또는 一人 판사) ⑥ 조선민사령중개정안(개정조문, 설명, 민법초, 조선민사령 신구대조조문, 중추원결의, 성과 본)

의 제목으로 내각총리대신에게 공문서를 보냈다.[66] 이 공문의 첨부문서로 조선민사령개정안(법제국수정안), 조선민사령개정안(원안), 비고, 씨(氏)의 계서(屆書)취급방법에 관한 내훈안(內訓案) 등이 첨부되어 있다. 이외에 창씨개명과 관련하여 일본민법 중의 관계조문, 조선민사령신구대조문, 조선총독부중추원결의(씨 설정에 관한 결의사항), 조선인의 성과 본 등 「조선민사령」 제11조 개정과 관련된 각종 사항을 정리한 방대한 양의 부속서류들로 구성되어 있다.

이 서류들을 통해서 파악할 수 있는 것은 다음과 같다. 첫째, 조선총독부가 일본정부로 제령안을 이송하면 우선 내각 법제국의 법안 심사를 받았다. 그것은 척무성 문서 중에서 조선민사령개정안(법제국 수정안), 조선민사령개정안(원안)이 동시에 실려 있는 것을 통해서 알 수 있다. 법제국이 수정한 제령안이 척무대신이 내각총리대신에게 조선민사령개정안을 진달하는 문서에 포함되어 있는 것을 볼 때 내각 법제국의 법안 심사를 거쳐서 척무성으로 이송된 것으로 볼 수 있다.

둘째, 조선총독부가 제령안을 발송할 때 갖추어야 할 기본적인 첨부문서의 종류를 파악할 수 있다. 조선총독의 제령은 조선 지역을 통치하는 가장 높은 수준의 공문서였고, 조선총독부 측이 직접 기안하였기 때문에 일본정부는 제령 공포의 필요성과 내용을 상세히 파악해야 할 필요가 있었다.

한편, 척무대신이 위 진달안과 함께 첨부서류를 내각총리대신에게 송부하면, 내각총리대신은 천황에게 상주하여 재가를 받게 된다. 내각총

---

66 「朝鮮人及ビ臺灣人ノ內地人式氏名變更關係雜件」, 『茗荷谷硏修所舊藏記錄(MF109)』, 국사편찬위원회 소장본.

〈표 2-6〉 공문유취의 1939년 「조선민사령」 제11조 개정안의 공문서 구조

문서번호	수(발)신	주요 내용
(C)	내각총리대신 상주	1) 조선민사령중개정제령안을 삼가 재가를 앙(仰)합니다. 2) 조선민사령중개정제령안에 대한 지령안
(C-1) 官行 第689號	척무대신→내각총리대신	조선민사령개정안 진달(10.18)
(C-2) 法秘 第31號	조선총독→내각총리대신	조선민사령중개정안(8.31) 제령 제 호 조선민사령중개정안 첨부문서: 이유, 설명, 민법초, 조선민사령신구대조조문, 중추원결의, 성과 본

리대신이 「조선민사령」 제11조 개정안과 관련하여 접수한 문서는 〈표 2-6〉과 같은 구조이다.

위의 문서 중에서 척무성에 있는 것과 차이가 있는 것은 조선총독이 상주한 문서 중에서 조선총독부 원안은 삭제되고 법제국에서 최종 수정한 안이 조선총독부안으로 제시되어 있다는 것이다. 이러한 사실은 척무대신이 내각총리대신에게 제령안을 진달하는 단계에서는 일본정부의 공식적 입장이 확정되어 제령안을 충분히 수정하였다는 것을 의미한다.

그리고 내각총리대신은 척무대신이 청의한 문서를 접수하여 천황에게 상주하여 승인을 받으면 공식적으로 효력을 발휘하게 된다. 이때는 내각총리대신 명의의 지령서가 작성된다. 내각총리대신의 지령서가 척무대신을 거쳐 조선총독에게로 다시 이송되면 다음과 같은 방식으로 제령이 공포되었다. C의 문서와 같이 지령서가 확정이 되면 척무성 기록철의 B의 문서 형식으로 척무성에 이송된다. 척무성에서는 이를 접수하여 다시 조선총독부에 발송하게 되면 일본정부 차원의 행위는 끝이 나게 된다.

조선총독부는 척무대신으로부터 지령서를 받으면 제령 공포식에 따

라 관보에 공포하였다. 그리고 제령은 제령 공포식에 의하여 관보 게재 후 7일 후에 법적 효력이 발생하였다.[67] 이상에서 알 수 있듯이, 조선에 대한 식민정책은 일방적으로 일본정부가 결정한 것도 아니고 조선총독부가 오로지 정한 것도 아니었다. 제령의 입법 절차의 분석을 통해서 식민정책은 식민지 통치기관의 주도적 추진과 일본 본국의 수정·개입의 결과였다는 점을 알 수 있다. 즉, 조선에 대한 지배는 조선총독부 혹은 일본 본국 정부가 단독으로 행하는 것이 아니라, 이 양자가 서로의 권한에 기반하여 행사하였고 이를 토대로 하여 밀고 당기기의 지루하고 자존심도 걸린 협상이 있었다.

---

[67] 「제령 제50호」(1910.8.).

제3장
조선총독부의
민사법 정책

1. 「조선민사령」의 제정과 법적 특징

1) 1910년 구관주의 조선민사령(안)의 폐안

일제 식민통치법에서 가장 중요한 것이 식민지인들의 일상생활을 규율하는 민법과 형법이다. 제3장에서는 식민지 민법이 어떠한 내용으로 구성되었고 특징은 무엇인지를 소개하려고 한다. 한국병합 직전인 1908년에 대만총독부와 일본정부는 식민지 민사 일반법인 「대만민사령」을 제정하였다.[1] 「대만민사령」은 첫째, 민사에 관한 사항은 민법, 상법, 민사소송법 및 그 부속법률에 의하되, 부속법률은 대만총독이 지정하도록 규정하였다(제1조). 둘째, 토지에 관한 권리에 대해서는 일본민법상 물권의 규정에 의하지 않고 구관에 의하도록 하였다(제2조). 셋째, 대만인 및 청국인 사이의 민사에 대해서는 일부 예외[2]를 제외하고는 일본의 민법에 의하지 않고 구관에 따르도록 규정하였다(제3조). 「대만민사령」은 일본인 및 외국인에게는 일본민법을 시행하고 대만인에게는 구관(관습법)으로 규율한다는 속인주의적 법 체계를 채택하였다.[3]

따라서 식민지 조선에서도 「대만민사령」과 유사한 민사법이 제정될

---

1 대만총독부는 1896년 4월 1일 민정 이양 이래로 민사 및 상사에 관한 법령이 여러 건의 율령으로 제정되자 1908년에 대만의 민사에 관한 법령을 통·폐합하여 「대만민사령」을 새롭게 제정했다. 「대만민사령(율령 제11호, 1908.8.28.)」, 『外地法制誌(4卷)』, 文生書院, 149~150쪽.

2 일부의 예외는 다음과 같다. 첫째, 민법 제240조(유실물의 습득-인용자) 및 제241조(매장물의 발견-인용자). 둘째, 민법 제494조 내지 제498조(채무의 변제-인용자).

3 岡松參太郎, 1903, 「臺灣現時の法律」, 『臺灣慣習記事』 3-1, 1~2쪽.

것임을 쉽게 예상할 수 있다. 일본 내각에 설치된 '병합준비위원회'에서는 통감부, 일본외무성 등 직원들이 참여하여 여러 건으로 이루어진 상세한 조선통치(안)을 작성하였다. 일본정부는 1910년 7월 8일에 열린 내각회의에서, 병합준비위원회가 제안한 조선통치안을 각의결정하였는데[4] 각의결정 제21호에서는 "조선총독부 설치에 즈음하여 그 효력을 잃을 제국법령 및 한국법령은 당분간 조선총독이 발하는 명령으로서 그 효력을 가진다"[5]고 결정하였다.

실제로 조선총독부는 1910년 8월 29일에 제령 제1호를 발하여 "조선총독부 설치에 즈음하여 효력을 잃을 일본 법령 및 한국 법령은 당분간 조선총독이 발한 명령으로 그 효력을 갖는다"[6]고 똑같이 규정함으로써 대한제국기에 시행된 일본법령과 한국법령의 효력을 모두 승인했다.[7] 이 칙령에 따라서 일본칙령 제238호가 효력을 유지하였다. "통감부 재판소는 본령 기타 법령에 특별한 규정이 있는 경우를 제외하고는 한국인에 대해서는 한국법규를 적용"하되 "한국인과 한국인이 아닌 자간의 민사사건에 대해서는 일본법규를 적용"한다는 것이 주요 내용이었다.

제령 제1호는 식민지 조선의 민사법제를 정하지 못한 상태에서 민·형사 사건을 임시로 처리하기 위한 조치에 불과했다. 조선의 민사법에 관한 조선총독부의 입장은 1910년 9월에 대략 결정되어 있었다. 아래의

---

4   小森德治, 1968, 『明石元二郞』, 372~373쪽.
5   小松綠, 1920, 『朝鮮倂合之裏面』, 98~106쪽.
6   「朝鮮ニ於ケル法令ノ效力ニ關スル件(1910. 8. 29)」, 『朝鮮總督府官報』.
7   「1910年 8月 29日 韓國倂合ニ付各理事廳理事官ニ對スル訓示」, 『朝鮮統治三年間成績附錄總督諭告及訓示』, 7쪽; 「韓國人이 係한 司法에 관한 件(칙령 제238호, 1909.10.16.)」, 『韓末近代法令資料集(9卷)』, 1972, 9~10쪽; 「朝鮮施政方針及施設經營」, 『寺內正毅文書』, 204~205쪽.

조선민사령(안)은 조선총독부가 기안한 후에 일본정부로 이송한 것이다.

조선민사령(안)(1910. 9)

제1조 　민사에 관한 사항은 민법, 상법 … 및 그 부속법률에 의한다. 부속법률은 조선총독이 지정한다.

제2조 　부동산에 대한 권리에 관하여는 민법 제2편 … 의 규정에 의하지 않고 종래의 예에 의한다.

제3조 　조선인 간의 민사에 관하여는 제1조의 규정에도 불구하고 종래의 예에 의한다.

부칙(附則)

본령(本令)은 　일(日)부터 시행한다.[8]

조선민사령(안)은 1910년 9월 30일과 10월 1일에 공포된 「조선총독부관제」 및 「조선총독부재판소령」과 함께 공포하기 위하여 조선총독부가 일본정부로 이송한 문서이다. 이 문서의 판심(版心)에 법제국이 찍혀 있는 것을 통해서 미루어 보건대, 조선민사령(안)이 법제국으로 넘어와서 검토를 거친 것임을 알 수 있다.

조선총독부가 기안한 조선민사령(안)은 민사에 관한 사항은 민법, 상법 및 부속법률에 따르되, '부동산에 관한 권리'와 조선인 상호 간의 민사사건에 관해서는 '종래의 예'를 따르도록 했다. 여기에서 '종래의 예'는 관습 및 구한국 법령을 의미한다. 조선민사령(안)의 이유서에서는

8 　「犯罪卽決例民事爭訟調停ニ關スル件及辯護士規則ヲ定ム」, 『公文類聚』(1-2A-011, 類1108).

〈그림 3-1〉 조선민사령(안) 공문서

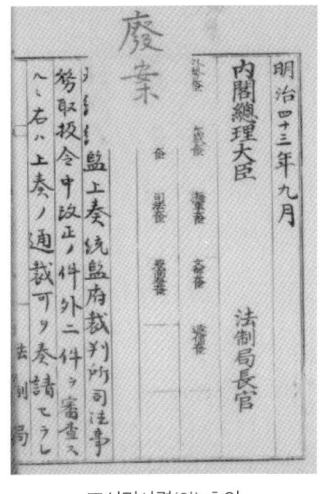
조선민사령(안) 초안

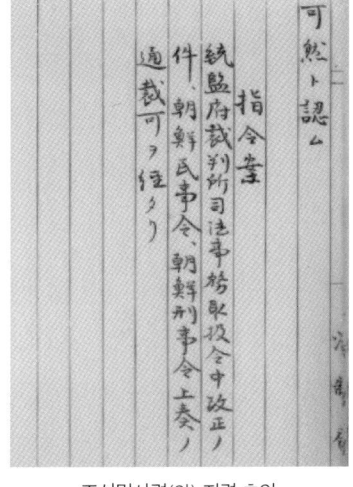
조선민사령(안) 지령 초안

"한국병합의 결과 조선에서는 민사에 관해 일반적으로 내지의 예에 의하도록 하는 것이 당연하지만, 다음의 사항은 예외로 한다"고 설명하면서, "① 토지에 관한 권리, ② 조선인의 친족 및 상속, ③ 조선인 사이의 문제는 당분간 내지의 예에 의하는 것보다는 차라리 종래 그대로 하는 것이 시의에 적절"하기 때문이라고 설명하였다.[9]

1910년 9월의 조선민사령(안)은 통감부 시기에 우메 겐지로(梅謙次郎)가 구상했던 한국법전 구상을 상당 부분 계승하고 있다. 우메가 구상했던 한국 법전은 ① 토지에 관해서는 한국법에 의하고, ② 신분법(친족 및 상속, 호적)에 관해서는 본국법에 의하며, ③ 한국인 사이의 분쟁에는

---

9 「犯罪卽決例民事爭訟調停ニ關スル件及辯護士規則ヲ定ム」, 『公文類聚』(1-2A-011, 類1108).

한국 법규를 적용한다는 것이 주된 내용이었다. 조선민사령(안)의 이유서에서 거론하는 것과 거의 일치한다. 비록 한국법전 편찬사업은 한국병합과 함께 폐기되었으나 핵심 내용은 일정하게 승계되고 있었다.

이러한 민사법 제도는 당시 일본 식민 민사법제의 기본원칙이었다. 1895년에 대만을 통치한 이래로 대만총독부는 일관되게 대만인에게는 구관을 적용할 것을 분명히 하였다. 예컨대, 대만총독부는 1898년 7월 16일에 율령 제8호「민사, 상사 및 형사에 관한 율령」을 제정하여 대만 최초로 민·형사에 관한 법령을 제정하였다. 이 율령에서는 민사, 상사 및 형사에 관한 사항은 일본의 민법·상법·형법·민사소송법·형사소송법 및 그 부속법률에 의하도록 규정하되, 대만인과 청국인 사이의 민사 및 상사에 관한 사항 및 대만인 및 청국인의 형사에 관한 사항은 구관 및 조리에 의하도록 했다.[10] 이후 민사 및 상사에 관한 법령이 여러 건의 율령으로 복잡하게 제정되자 대만총독부는 대만의 민사에 관한 법령을 통·폐합하여 1908년 7월 16일에 「대만민사령」[11]을 새롭게 제정했다.

1908년「대만민사령」과 1910년 9월의 조선민사령(안)은 부동산에

10　臨時臺灣舊慣調查會, 1917, 『臺灣舊慣調查事業報告』, 2~3쪽.

11　1908년「대만민사령」. 제1조 민사에 관한 사항은 민법, 상법, 민사소송법 및 그 부속법률에 의한다. 부속법률은 대만총독이 지정한다. 제2조 토지에 관한 권리에 대해서는 민법 제2편 물권의 규정에 의하지 않고 구관에 의한다. 단, 토지에 관해 특히 정한 규정의 효력을 방해하지 않는다. 제3조 본도인 및 청국인 사이의 민사에 대해서는 다음의 규정을 제외하고 민법, 상법 및 그 부속법률에 의하지 않고 구관에 의한다. ① 민법 제240조(유실물의 습득-인용자) 및 제241조(매장물의 발견-인용자), ② 민법 제494조 내지 제498조(채무의 변제-인용자). 제4조 제1조에 의해 의거할 법률 중 구재판소 직무는 지방법원, 주무대신의 직무는 대만총독이 행한다. 제5조 본령에서 정한 것 외 특별한 사항은 대만총독이 정한다. 제6조 이식제한규칙 및 민사소송특별수속은 그 효력을 갖는다.

대한 사항과 조선인 및 대만인의 민사사건에 대해서는 구관을 적용할 것을 규정한다는 점에서 동일한 법령이었다.[12] 불과 2년 전에 일본정부가 「대만민사령」을 승인하였기 때문에, 조선총독부는 조선민사령(안)이 당연히 통과될 것으로 믿었을 것이다. 그러나 예상과 달리 조선민사령(안)은 일본정부에 의해서 폐안되고 말았다. 조선민사령(안)의 폐안은 일제의 식민지 민사법 정책의 전환을 알리는 신호였다.

2) 1912년 일본민법주의 「조선민사령」의 제정

조선총독부가 입법을 추진하였던 1910년 조선민사령(안)이 일본정부의 반대로 폐안되자, 조선총독부는 1910년 10월에 '법률취조위원회'를 새롭게 조직했다.[13] 위원으로는 구라토미 유자부로(倉富勇三郎, 사법부 장관), 아리요시 주이치(有吉忠一, 총무부장관), 마쓰테라 다케오(松寺竹雄, 검사), 아즈미 도키타로(安住時太郎, 총독부 민사과장), 와타나베 도오루(渡邊暢, 고등법원장), 마쓰이 시게루(松井茂, 검사), 膳鉦次郎(검사), 고마쓰 미도리(小松綠, 총무부 외사국장), 고다마 히데오(兒玉秀雄, 총무부 회계국장) 등이 확인된다.[14] 위원들 중 사법부 쪽 인사들은 통감부 시절부터 통감부 사법청장관, 민사과장, 형사과장, 고등법원장, 판사 및 검사 등을 역임하면서 한국의 사법제도에 깊이 관여했으며, 한국의 사법 현실에 대해서도 상당히 이해가 깊었다.

---

12 「臺灣民事令(律令 제11호, 1908.8.28」, 『外地法制誌(4卷)』, 149~150쪽.
13 『每日申報』, 1910.10.20; 朝鮮總督府, 『朝鮮總督府所屬官署職員錄』.
14 『每日申報』, 1910.11.11; 朝鮮總督府, 『朝鮮總督府所屬官署職員錄』.

조선총독부는 1910년 10월부터 11월 사이에 긴급하게 요청되는 법제들의 대강을 작성하고 일본정부와 법안 협의에 나섰다. 법률취조위원회가 1910년 11월 10일에 개최되었는데, 구라토미는 조선의 입법사무에 관하여 법제국과 교섭하기 위해 12월 6일까지 도쿄에서 열린 사법관회의에 참석하고 있었다.[15] 이후 조선총독부와 일본정부는 1년간 추가 협상을 벌여서 일본정부의 입장이 강하게 반영된 민사법을 1912년에 제정하였다.

조선민사령(1912년 3월 18일 제령 제18호)

제1조 민사에 관한 사항은 본령 기타의 법령에 특별한 규정이 있는 경우를 제외하고는 다음의 법률에 의한다.(이하 생략)

제10조 조선인 상호 간의 법률행위에 대해서는 법령 중 공공의 질서에 관계없는 규정과 다른 관습이 있는 경우에는 그 관습에 의한다.

제11조 제1조의 법률 중 능력, 친족 및 상속에 관한 규정은 조선인에게 이를 적용하지 않는다. 조선인에 관한 전 항의 사항에 대해서는 관습에 의한다.

제12조 부동산에 관한 물권의 종류 및 효력에 관하여는 제1조의 법률에 정한 물권을 제외하고는 관습에 의한다.[16]

---

15 『每日申報』, 1910.12.6.
16 「조선민사령」 제정에 따라서 통감부재판소사법사무취급령, 수형조례, 민형소송규칙, 민사소송기한규칙, 민사소송비용규칙, 비송사건수속규칙 등이 폐지되었다.

1912년 「조선민사령」은 1910년 9월의 조선민사령(안) 및 「대만민사령」과는 근본적으로 다른 민사법 제도이다. 첫째, 조선민사령(안)은 3개 조항에 불과하였으나 1912년 「조선민사령」은 모두 76개 조항으로 대폭 늘었다. 둘째, 1908년 「대만민사령」은 대만인 간에는 구관으로 규율하고 일본인에게는 일본 법령을 시행한다는 것이 원칙이었다. 그러나 1912년 「조선민사령」은 원칙적으로 조선에 거주하는 조선인, 일본인, 외국인에게 모두 '민법, 상법, 민법시행법, 상법시행법, 민사소송법, 인사소송수속법, 비송사건수속법' 등 모두 23건의 일본의 현행법을 적용하도록 규정하였다.

다만, 조선의 실정에 비추어 일본 법령에 의할 수 없는 것, 또는 일본 법령에 의하는 것이 불편하다고 인정되는 것에 대해서는 적당한 제외례를 설치하거나 관습에 따르도록 하였다.[17] 1912년 「조선민사령」은 일본인, 조선인 및 외국인을 각각 구별 없이 일본법령으로 규율함으로써 식민지 민사법에 대해서는 구관주의에서 일본민법주의로 전환하였다.[18] 아래는 당시 사법부장관이었던 구라토미의 발언이다.

> 조선의 법규를 통일하는 것에도 원래 일정한 방법이 있는 것은 아니다. 예컨대 특히 조선에만 시행하기 위해 새롭게 법규를 제정하는 것도 하나의 방법이고, 조선을 위한 특별법규를 설치하지 않고 내지의 법규에 의준(依準)하는 것도 역시 하나의 방법이다. 만약 내지와

---

17 「司法官ニ對スル訓示(1912.3.22.)」, 『朝鮮統治三年間成績附錄總督諭告及訓示』, 62쪽.

18 「朝鮮民事令要旨」, 『倉富勇三郎文書』; 「朝鮮民事令ヲ定ム」, 『公文類聚』第三十六編 明治四十五年~大正元年第十六卷衛生・人類・獸畜,願訴,司法・裁判所~刑事).

조선 사이에 비상한 사정의 차이가 있어서 절대로 내지의 법규에 의하기 어렵다면 처음부터 조선을 위해 특별법규를 설치하지 않으면 안 되지만, 내지와 조선은 이와 같은 사정의 차이가 없다. 때문에 신령(新令)에서는 민사·형사도 대체로 내지의 법규에 의하고 그 법규 중에서 조선의 사정에 적합하지 않다고 인정하는 것에 한하여 특별규정을 설치했다.[19]

1912년의 「조선민사령」은 첫째, 조선과 일본은 근본적인 차이가 없으며, 둘째, 조선의 특수한 사정이 있을 때는 특별규정을 설치한다는 법인식을 기초로 제정되었다. 이런 원칙에 의해서 1910년 9월에 제정된 조선민사령(안)의 "조선인 상호 간에는 관습을 적용한다"는 방침은 완전히 부정되었다. 대신에 원칙상 조선인·일본인 관계없이 일본의 법령을 적용하되, 조선과 일본 사이에 특수한 차이가 있는 경우에만 특별규정을 설치하는 쪽으로 민사법이 확립되었다. 구체적으로는 능력, 친족, 상속 등에 관해서는 조선의 구관을 인정하였고 부동산물권에 대해서는 일본민법상의 물권뿐만 아니라 관습상의 물권도 동시에 인정하였다.

1912년 「조선민사령」은 내용상으로는 제1조에서 일본민법을 의용함으로써 일본민법상의 원리가 조선 사회에 깊이 침투하는 계기가 되었고, 「조선민사령」 제11~12조 영역에서 조선의 관습을 적용함으로써 구관주의도 일부 인정했다. 요컨대 「조선민사령」은 내용상으로는 일본민법 우선주의를 확실히 도입하되, 친족 및 상속 등 일부 영역에 대해서만 제한적으로 구관주의 원리를 인정하였다. 형식상으로도 일본민법이 의

---

19 「朝鮮司法事務ニ關スル新制度ノ梗槪」, 『倉富勇三郎文書』.

용되는 영역에서는 '성문법'을 채택하였고 조선 구관이 적용되는 영역에서는 '관습법'을 채택하는 방식이었다.

한편, 「조선민사령」 제10조는 "조선인 상호간의 법률행위에 대해서는 법령 중 공공의 질서에 관계없는 규정과 다른 관습이 있는 경우에는 그 관습"에 의거하도록 하였다. 제10조의 '관습'은 조선인 상호 간의 법률행위에 국한하여 적용되는 것이었다. 예컨대 일본인과 외국인의 법률행위 및 이들과 조선인 사이의 법률행위에는 관습이 적용되지 않는다. 또한 제10조의 규정은 공공의 질서에 관계되는 법규,[20] 즉 강행법규에 위배되지 않을 것을 전제로 한다. 이 규정에 따르면, 강행법규가 시행되는 부분에서는 관습법이 효력을 갖지 못하게 되는 것이다. 따라서 사회변화에 따라 민법·상법 등 강행법규에 속하는 규정이 조선에 적용되면, 그 법규가 적용되는 부분에서는 조선 관습이라고 해도 법적 효력을 상실하게 된다.[21] 「조선민사령」 제10조는 일본민법 제92조 규정[22]에 상당하는 것으로, 강행법규를 보완하는 의미를 갖고 있었다.

또한, 일본법례 제2조는 공공의 질서 또는 선량한 풍속에 반하지 않는 관습은 법령의 규정에 의해 인정되는 사항 및 법령의 규정이 없는 사항에 관해서 법률과 동일한 효력을 갖도록 했다. 따라서 조선인 상호 간

---

20 공공의 질서에 관한 법규는 당사자 의사 유무를 불문하고 준수되기 때문에 강행법규이다. 관습법은 원칙적으로 공공의 질서와 관련되지 않는 법규이지만, 조선의 친족 및 상속에 관한 관습법은 강행법에 속한다. 임의법규는 各人이 그것을 따르고 따르지 않는 것이 본인 자유에 달려 있다. 近見繁造, 1924, 『朝鮮戶籍法規詳解』, 87~88쪽.

21 近見繁造, 1924, 위의 책, 88쪽.

22 일본민법 제92조는 당사자가 관습에 의한다는 의사를 갖는 경우에 한하여 관습에 의할 수 있다는 취지를 정한 것이다.

의 법률행위에 관한 관습 가운데 법령 중 공공의 질서와 관련되지 않는 규정, 즉 임의규정과 다른 관습 및 선량한 풍속에 반하지 않는 관습은 법원(法源)으로 인정되었다.[23]

「조선민사령」 제10조와 제11조의 관습은 일정한 범위 내에서 제령과 동일한 효력을 부여받았다.[24] 제10조는 강행법규를 보완하는 성격이었지만 제11조는 공공의 질서에 관한 강행법규에 속했기 때문에, 당사자의 의사와는 무관하게 조선 관습이 법적 효력을 지니게 되었다. 그러나 「조선민사령」 제11조는 친족 및 상속에 관한 실체적 내용을 구체적으로 규정한 것이 아니라 포괄적으로 조선 관습을 법원으로 인정한 것이었다. 따라서 법적 효력을 갖는 관습이 과연 무엇인가를 확정하는 것은 또 다른 문제였다.

이와 같은 「조선민사령」의 특례조항은 조선총독부로 하여금 당시 조선 관습의 실체를 명확히 규정하도록 요구하는 것이었다. 원래 관습은 성문이 아닌 불문(不文)의 형식을 띠고 있고, 사회적 감정을 반영하고는 있지만 구체적 내용이 대단히 불명확하기 때문이다.[25] 그런데 「조선민사령」 제11조는 조선인의 친족·상속에 관해서 관습에 의한다는 것만을 명시하고 있을 뿐, 관습법이 형성되는 방식과 확정의 주체에 대해서는 언급하지 않았다.

식민지 조선의 관습법 정립에서는 1910년에 편찬된 『한국관습조사보고서』(이하 『관습조사보고서』)가 중요하였다. 실제로 재판소 판례, 관통

---

23 吉田平治郎, 1923, 「朝鮮に於ける慣習と民事法規との關係」, 『司法協會雜誌』 2-4, 4~5쪽.
24 吉田平治郎, 1923, 위의 글, 4~5쪽.
25 南雲幸吉, 1935, 『現行朝鮮親族相續法類集: 喜頭兵一 序』, 大阪屋號書店, 1~2쪽.

첩 및 각종 회답 등을 살펴보면 상당 부분 『관습조사보고서』를 인용하여 정하고 있다. 그렇다고 『관습조사보고서』에 수록된 관습이 구체적인 사건에 적용될 법원(法源)으로서의 관습은 아니었다. 이를 위해서는 다시 관습의 법적 승인 과정, 즉 법인(法認)의 절차가 필요했다.[26]

여러 관습들 중에서 무엇이 관습법인가에 대한 판단은 식민지 재판소의 몫이었다. 조선고등법원은 최종심재판소로서 법 해석의 통일, 민·형사재판의 조화, 법과 사회규범의 조화 등에 관한 의견을 표시했는데, 고등법원의 의사표시는 사실상 하급심을 구속하는 힘을 갖고 있었다. 따라서 사회의 법규범, 특히 조선인 친족·상속법규 역시 고등법원 판결에 의해 그 실체가 최종적으로 확인·결정되었다.[27] 다만, 친족 및 상속에 관해서 조선총독부 판사들이 임의로 관습을 선언한 것은 아니었다.

첫째, 그들은 일본민법의 법리(法理), 이성에 기초한 합리적 추론과 더불어 일반적으로 『관습조사보고서』에 기록된 것을 참고하여 관습법을 선언하였다.

둘째, 정무총감·법무국장이 발하는 통첩 및 회답을 참고하였다. 민적사무를 처리하는 과정에서 관습법의 내용을 둘러싸고 분쟁이 일어났을 경우, 혹은 재판소가 조회를 하였을 때 정무총감 및 사법부장관의 명의로 관습법의 존재를 확인해주었다. 사법부장관(법무국장)은 조선총독의 입법권을 대행하고 법원 등을 감독했으며,[28] 정무총감은 조선총독을 보좌하여 조선총독부 전반에 걸쳐 책임을 졌기 때문에 이들에 의한 회

---

26 정긍식, 2002, 『韓國近代法史攷』, 박영사, 234쪽.
27 朝鮮總督府法務局, 1936, 『朝鮮の司法制度』, 29쪽.
28 정광현, 1967, 『韓國家族法硏究』, 서울대학교출판부, 24쪽.

답과 통첩은 관습에 관한 조선총독부의 공식 입장이 될 수 있었다. 또한 조선 관습에 관해 포괄적인 입장 표명이 필요할 때는 「관통첩」의 형식으로 발하는 경우도 있었다.

셋째, 취조국, 중추원 등 조사국 기관장의 회답이다. 조사국 기관장의 회답이 직접 법적 성격을 부여한다고는 할 수 없지만, 『관습조사보고서』와 유사하게 관습법 해석에서도 이들의 의견을 1차적으로 고려할 수밖에 없었다. 재판소 및 민적 담당자가 각종 조사기관장에게 조회하는 경우, 그 회답은 재판소 판결과 민적처리에 직접 영향을 미쳤다.

넷째는 구관심사위원회 등의 심의 및 결의에 의한 것이었다. 1910년대에는 일반적으로 조선총독부가 직접 관습법을 선언하는 방식이었다면, 1920년대에 접어들면서는 구관심의회 등 각종 심사회 결의가 나타나고 있다. 구관심사위원회, 구관급제도조사위원회(舊慣及制度調査委員會), 사법협회, 호적협회 등의 결의도 관습법을 선명하는 기능을 했다. 각종 심의 및 결의는 1920년대 새로 관습법을 정립하거나 특정한 목적으로 조선 관습을 재정립할 필요가 있을 경우에 사용되었다.

이러한 관습 법인의 방식은 서로 영향을 미쳤다. 정무총감의 회답 및 「관통첩」이 관습조사기관의 영향을 받거나, 회답 및 「관통첩」이 재판소 판결에 영향을 주었다. 다른 한편으로 『관습조사보고서』의 내용과 다르게 관습법이 선언되는 경우가 있었고 1910년대 초반 재판소가 선언한 판결을 뒤집고 새롭게 관습법을 선언하는 경우도 있었다. 예컨대, 『관습조사보고서』에서는 협의 이혼 및 재판상 이혼을 부정했으나, 1910년대 사법부장관 회답에서는 이를 인정하는 경향이 나타났고 재판소의 판사들도 이혼을 인정하는 판결을 내리기 시작하였다. 또 양호주(養戶主) 파양을 둘러싸고 정무총감과 재판소가 서로 입장을 내기도 하였다. 관제상으로 보면 정무총감의 회답이 우월한 것으로 생각되지만, 1910년대 정무총감과 재판소는 서로 다른 내용의 관습법을 발했고, 결국 조선고등법원의 판결에 의해 양호주 파양 금지가 관습법으로 채택되었다.[29]

이처럼 관습법의 확인을 둘러싸고 각 기관 간에 차이가 나타나고 있었고 재판소 판사들 간에도 서로 다른 판결이 내려지면서, 친족 및 상속에 관해서도 성문법으로 제정해야 한다는 주장이 재판소 판사들 사이에서는 점차 강해지기 시작하였다.

2. 조선총독부의 관습 성문법화 정책과 일본정부의 법제일원화 원칙

1) 「공통법」의 시행과 1921·1922년 「조선민사령」 제11조 개정

(1) 이법역 간의 섭외사건과 「공통법」의 제정

1912년 「조선민사령」에 의해서 민법을 비롯한 총 23종의 일본의 각종 법률이 조선인에게도 시행되었다. 이렇듯 민사법 영역에서는 사실상 조선과 일본은 동일한 법률로 규율되었으나, 그렇다고 조선에서 행한 법률행위가 일본에서도 효력을 인정받는 것은 아니었다. 왜냐하면, 법률

---

29 「政務總監回答(1912.12.11.)」, 『民事慣習回答彙集』, 114쪽; 「舊慣及制度調査委員會決議(1923.1.25.)」, 『民事慣習回答彙集』 附, 50쪽; 「朝鮮高等法院判決(1933.5.9.)」, 『司法協會雜誌』 12-6, 82쪽.

제30호에 의해서 조선과 일본은 서로 법령의 내용과 형식을 달리하는 이법지역(異法地域)이었기 때문이다. 따라서 어느 한 지역에 행한 법률행위가 다른 지역에서도 법률 효과를 내기 위해서는 별도의 법적 조치가 필요하였다.

예컨대, 일본민법과 형법은 「조선민사령」과 「조선형사령」에 의해 조선에서도 시행되었으나 '법률'이 아니라 '제령'의 형식이었다.[30] 이로 인하여 조선에서의 법률행위가 법 형식이 다른 일본에서 그대로 효력이 연장된 것은 아니었다. 또, 「조선민사령」은 국적이나 민족에 상관없이 조선에 거주하는 조선인, 일본인, 외국인은 모두 적용되었으나 예외적으로 제11조 영역(능력, 친족, 상속)은 조선인은 관습, 일본인 및 외국인은 일본의 친족법과 상속법이 적용되었다. 「조선민사령」 제11조 영역은 법령의 형식뿐만 아니라 내용도 달랐다.

이렇듯, 일본, 조선, 대만은 각각 법령의 형식과 내용을 달리하는 이법역(異法域)으로 구성되어 있었다. 법률, 제령, 율령은 각각 시행구역을 달리하였기 때문에 어느 한 법역(法域)에서 행해진 법률행위가 다른 법역으로까지 효력을 발휘하기 위해서는 반드시 별도의 규정이 필요하였다.[31] 그러나 1917년까지는 각 지역 상호 간의 공통연락을 규율하는 법규가 없었기 때문에 일본법이 일반적으로 식민지에 미칠 수 없었고, 식민지 법도 일본에 미치지 못했다. 요컨대 대만, 조선, 관동주에는 내용상 일본 형법이 통용되었으나, 법령의 형식이 달랐기 때문에 다른 지역에서 일어난 범죄를 처벌할 수 없었다. 대만, 조선, 관동주는 형법 적용

30　實方正雄, 1938, 『共通法』, 日本評論社, 14~15쪽.
31　山田三郎, 1918, 「共通法案ニ就テ」, 『法學協會雜誌』 36-4, 68쪽.

상 일본국으로 간주하기 어려웠고 외국도 아니었기 때문이다. 외국에서의 범죄는 일본에서 처벌할 수 있지만 오히려 식민지에서의 범죄는 처벌할 수 없는 상황이었다.[32]

민사의 경우에도 비슷한 상황이 발생했다. 예를 들면 외국회사는 일본회사와 똑같이 사권(私權)을 향유할 수 있지만, 식민지에 설립한 회사는 일본 상법상의 회사가 아니고 외국회사도 아니었기 때문에 설립을 인정하거나 사권을 향유할 법률상의 근거가 없었다. 따라서 다른 지역으로 본점을 이전하거나 다른 지역의 회사와 합병하는 것도 불가능했다.[33] 또 조선의 관습법 적용을 받는 부동산물권에 관한 문제가 일본 재판소에서 분쟁하는 경우 어느 지역의 법률을 적용할 것인지, 그리고 대만에서 체결된 조선인 사이의 이자계약의 이행지를 일본으로 정했을 경우 일본, 조선, 대만 중에서 어느 곳의 이식제한법(利息制限法)에 따를 것인지, 계약당사자인 조선인의 법률행위 능력의 유무는 어떻게 판단할 것인지 등의 문제가 발생할 수 있었다.

특히, 조선인과 일본인 사이의 친족 문제는 복잡하게 전개되었다. 예를 들어 첫째 조선인 남자가 일본인 여자와 결혼하는 경우 결혼 성립의 요건과 효력은 어떤 법률에 의하여 판단하고, 또 이혼은 가능한가, 둘째

---

32 1911년에 법률 제52호로 「사법사무공조법(司法事務共助法)」이 제정되어 사법행정에 관해서 식민지 상호간의 연락관계가 형성되었다. 이 법률은 ① 소송서류의 송달, 증거조(證據調), 영장의 발부 및 집행, 범죄의 수사 위촉, ② 민사판결의 집행력이 있는 정본(正本)에 기초한 강제집행, 가압류 또는 가처분 명령의 집행, ③ 사형, 태형을 제외한 형의 집행 위촉을 주요 내용으로 하고 있다. 이 법률은 법역 간 공통연락관계를 형성하기 위한 것이 아니라, 사법행정의 공조를 수행하기 위한 것이기 때문에 이 법역의 소통 문제의 해결을 목적으로 하지 않고 있었다. 이 문제에 관해서는 다음의 논문 참조. 田中隆一, 2000, 「帝國日本の司法連鎖」, 『朝鮮史研究會論文集』, 38.

33 山田三郎, 1918, 앞의 글, 68~70쪽.

조선인 부(父)가 일본인 사생자를 인지(認知)하는 경우 혹은 조선인이 일본인의 양자가 되는 경우에, 이와 같은 행위가 법적으로 가능하며 그 요건에 대하여 준거할 법률이 있는가, 셋째 호적에 관해서는 일본, 조선, 대만 등이 그 형식과 내용을 완전히 달리하고 서로 호적상 이동에 관한 규정도 없었는데, 이러한 상황에서 결혼, 이혼, 입양, 사생자 인지 등을 원인으로 하는 송적(送籍), 입적(入籍), 제적(除籍)이 가능한가 등의 문제가 발생할 수 있었다.[34]

1910년 한국병합 이후 조선과 일본 간에 사회·경제적 교류가 증가하면서 조선인과 일본인 간의 법률행위를 규율할 법령의 필요성이 자연스레 제기되었다. 외국도 이법지역이라고 할 수 있으나 일본은 '법례(法例)'를 제정하여 외국과 일본 간의 법률적 소통에 관한 규정을 마련했다. 그러나 조선과 일본은 법률적 소통이 외국보다 더 어려운 관계였다. 식민지인이나 식민지 법인(法人)은 외국인 혹은 외국 법인보다도 열등한 지위에 놓여 있었다. 또한 외국인은 일정한 절차에 의해 일본인으로 귀화할 수 있었으나, 조선인은 일본 국적자이기 때문에 귀화할 수 없었고, 전적(轉籍) 금지 정책에 따라서 일본호적을 취득하여 일본인이 될 수도 없었다.[35]

---

34 實方正雄, 1938, 앞의 책, 2~3쪽. 당시 일제의 식민정책에서는 조선인의 일본으로의 전적, 취적(就籍), 분가, 친족입적 등은 불가능했다.

35 조선인, 일본인, 대만인들은 모두 일본 국적자이면서 각각의 호적(地域籍)을 갖고 있었기 때문에 법적으로 서로 구별되는 존재들이었다. 이와 같이 본적을 기준으로 법제적으로 민족이 결정되면 서로 전적을 금지하여 다른 지역으로의 법률적 이동을 엄격히 금지했다. 金英達, 1994,「創氏改名の制度」,『創氏改名』, 학민사; 金英達, 1997,『創氏改名の研究』, 未來社; 坂元眞一, 1996,「敗戰前日本國における朝鮮戶籍の硏究」,『靑邱學術論集』, 10.

일본정부는 조선인이 일본으로 이적(移籍)하거나 일본인이 조선으로 이적하는 것을 공식적으로 금지했기 때문에 이적에 관한 절차 규정을 마련할 필요는 없었으나, 조선인과 일본인 사이의 결혼과 입양까지 법으로 규제할 수는 없었고, 1910년 이후부터 소수지만 결혼과 입양이 행해졌다.

조선총독부는 1911년에 「공통법」을 제정할 것을 일본정부에 제안했다. 일본정부는 조선총독부의 제안을 수용하여 척식국 주도로 1912년 3월에 15개 조항으로 구성된 제1안과 16개 조항으로 구성된 제2안을 제정했다. 그러나 초안을 심의한 결과 내용이 불완전하다고 판단한 사이온지(西園寺) 내각은 1912년 4월에 오카노(岡野) 법제국 장관의 상신(上申)에 기초해 내각에 '공통법규조사위원회'를 설치하고 위원장 및 6명의 위원을 임명하여 법률안 제정에 들어갔다.

공통법규조사위원회의 위원장은 법제국장관, 위원은 법제국 참사관 2명, 척식국 고등관 1명, 사법성 고등관 2명, 대학교수 1명으로 구성되었다. 이후 1917년 1월에 전문 19개로 구성된 법안을 완성했고[36] 1918년 1월 19일에 제국의회에 제출했다.[37]

「공통법」은 1918년 4월 17일 법률 제39호로 공포되었고, 5월 17일 칙령 제145호에 의해 제3조를 제외하고는 1918년 6월 1일부터 시행되었다. 「공통법」 제3조는 1921년 칙령 제283호에 의해 1921년 7월 1일부터 시행되었다.[38] 주요 내용은 다음과 같다.

---

36 『倉富勇三郎文書』에 제19조 전문이 실려 있다.
37 이상의 「공통법」 제정 과정에 대해서는 다음의 논문 참조. 山田三郎, 1918, 앞의 글, 82~84쪽.
38 實方正雄, 1938, 앞의 책, 12쪽.

공통법

제1조 본법에서 지역이라 함은 내지, 조선, 대만 또는 관동주를 말한다. 전항의 내지에는 사할린을 포함한다.

제2조 민사에 관해 일지역(一地域)에서 다른 지역의 법령에 의할 것을 정한 경우에는 각 지역에서 그 지역의 법령을 적용한다. 2개 이상의 지역에서 동일한 다른 지역의 법령에 의할 것을 정한 경우에 그 상호 간 역시 동일하다. 민사에 관해서는 전항의 경우를 제외하고 법례를 준용한다. 이 경우에는 각 당사자가 속한 지역의 법령을 그 본국법으로 한다.

제3조 일지역의 법령에 의해 그 지역의 가(家)에 들어가는 자는 다른 지역의 가를 떠난다. 일지역의 법령에 의해 가를 떠날 수 없는 자는 다른 지역의 가에 들어갈 수 없다. 육해군 병적(兵籍)에 있지 않은 자 및 병역에 복무할 의무가 없게 된 자가 아니면 다른 지역의 가에 들어갈 수 없다. 단 징병종결처분을 거쳐 제2국민역에 있는 자는 이러한 제한에 있지 않다.(이하 생략)

「공통법」은 일본, 조선, 대만, 관동주 상호 간의 민사 및 형사의 교섭사항에 관한 법률로[39] 네 종류의 조항으로 구성되었다. 첫째는 「공통법」 제1조로 지역에 관한 규정이다. 「공통법」에서의 지역은 이법지역, 즉 법령을 달리하는 지역을 뜻한다. 따라서 「공통법」은 위 지역 상호 간의 공통연락에 관한 규정이라고도 할 수 있다. 둘째는 민사에 관한 규정인데, 「공통법」 제2조부터 제12조까지가 해당한다. 셋째는 형사에 관한 규정

---

[39] 松村眞一郎,「共通法案ニ付テ」,『法學志林』20-2, 1쪽.

으로, 「공통법」 제13조부터 제19조까지이다. 넷째는 시행에 관한 규정이다.[40]

「공통법」은 내용상으로는 민·형사법의 적용 원칙을 규정하는 부분과 민·형사법의 공통연락을 목적으로 하는 부분으로 구분할 수 있다. 전자는 이법역 간 법률충돌(저촉)의 사안에 대하여 그 사이의 적용범위를 확정하는 적용규범의 성질을 갖는다. 따라서 그 법적 효과는 "조선법에 의한다" 또는 "일본법에 의한다"라는 식으로 소위 준거법을 확정하는 데 있고, 사안의 실체법적 해결에 있지 않다. 실체법적 해결을 위해서는 다시 조선법 혹은 일본법의 적용이라는 제2단계 과정이 필요하다. 이와 같은 성질을 갖는 조항은 「공통법」 제1조와 제2조이다. 예컨대 내선인 간의 결혼·입양사건 등은 조선과 일본이 모두 관련이 있기 때문에 사건의 해결을 위해서는 일단 각 당사자에게 어느 지역의 법률을 적용할지 결정해야 한다. 이 문제를 해결하는 원칙으로 "민사에 관해서 일지역에서 다른 지역의 법령에 의할 것을 정한 경우에는 각 지역에서 그 지역의 법령을 적용"하고, 이 조항 외에는 모두 '법례'를 준용하도록 했다. 법례에서는 결혼, 입양, 친족입적 등에 관해서는 각 당사자가 속한 지역의 법령에 의거하도록 했으므로 이 사항에 관련해서 일본인은 일본민법, 조선인은 관습법에 따르게 되었다.

이에 반해서 후자는 역외 교섭성을 갖는 법률사건에 대해서 실체법적 효과를 직접 확정하는 것을 목적으로 하고 있다.[41] 이와 관련된 조항

---

40 이하 「공통법」에 관한 내용은 다음의 논문들을 요약·정리한 것이다. 實方正雄, 1938, 앞의 책; 山田三郎, 1918, 앞의 글; 國分三亥, 1918, 「共通法に就て」, 『朝鮮彙報』; 松村眞一郎, 앞의 글.

41 實方正雄, 1938, 위의 책.

은 연락규칙으로, 섭외적 성질을 갖는 법률관계를 확정하는 실질법적인 성질을 갖는다. 연락규칙에 속하는 조항은 제3조, 제4조, 제5조, 제6조, 제7조 1항, 제9조, 제10조, 제11조, 제12조 등을 들 수 있다. 민사공통법의 대부분은 연락규칙이라고 할 수 있고, 대표적으로는 형식과 내용을 달리하는 호적 문제를 들 수 있다.

이미 언급했듯이, 호적에 관해서 조선에는 「민적법」, 대만에는 「호구규칙」 등의 법규가 있었으나 해당 법규들은 다양한 호적사건을 규율하기에는 관련 규정이 소략했고, 특히 일본 호적법과의 소통 규정이 없다는 문제가 있었다. 예컨대 대만에는 일본인 또는 조선인과의 결혼이나 입양을 금지하는 법령은 없었지만 절차법규가 따로 없었기 때문에 사실상 그것을 금지하는 것과 다를 바가 없었다. 만약 그들 사이에서 출생한 자식이 있으면 사생자로서 대만적(臺灣籍) 또는 내지적(內地籍)을 취득하는 것에 불과했다.

조선총독부는 일찍부터 일본인과 조선인 사이의 결혼 또는 입양의 성립을 인정했다. 1915년 7월부터 조선인이 일본인을 처로 맞아 결혼신고를 했을 때는 조선인 간의 결혼과 똑같이 입적을 인정했고, 자식도 적출자로 인정했다. 또 조선인 여자가 결혼으로 인해 일본인의 '가(家)'에 들어갔을 때는 그 취지를 기재하고 민적에서 제외했다. 그러나 조선인 남자가 입양으로 인해 일본인 '가'에 들어간 경우에는 그 취지를 민적부에 기재했을 뿐 민적에서 제외하지는 않았다.

「공통법」 제3조는 "일지역의 법령에 의해 그 지역의 '가'에 들어간 자는 다른 지역의 가를 떠난다"라고 규정하여, 한쪽의 입적은 다른 쪽의 제적(除籍)의 원인이 된다는 취지를 밝혔다. 따라서 조선인과 일본인이 결혼, 입양 등으로 인해 다른 지역의 '가'에 입적하게 되면 기존의 호적

에서는 제적되어 이중적 문제가 해소될 수 있는 계기가 마련되었다.[42]

(2) 1921·1922년 「조선민사령」 제11조 개정

조선총독부는 이법역 상태로 인한 법적인 문제를 해결하기 위하여 적극적으로 나섰다. 그 이유는 크게 세 가지였다. 첫째, 한국병합 후에 내선결혼이 조금씩 행해지면서 민적 실무상의 후속조치가 필요하였기 때문이다. 1910년대 식민지 조선인과 일본인이 결혼하고 자식을 낳은 경우에, 민적상 그들은 법적인 부부가 아니라 동거인 관계로 취급받았다. 뿐만 아니라 그들 사이의 자식은 혼외 출생아로 적출자가 아닌 서자로 취급받는 등 사회적 문제가 되고 있었다.[43]

둘째, 당시 조선총독부 사법관들도 성문법화를 강력히 요구하고 있었다. 각종 민사분쟁에서 직접 재판을 수행해야 했던 조선총독부 사법관들은 불문(不文)의 관습법으로 다양한 분쟁에 대응하는 것이 곤란하다고 주장하였다. 그들은 재판의 안정성을 위해 관습법 영역을 축소하고 성문법령을 설치할 것을 요구하였다.

---

42 한편 일지역에서 공익상 필요에 의해 그 '가'를 떠나는 것이 허락되지 않는 자는 가령 다른 지역의 법령에서 그 지역의 '가'에 들어갈 수 있는 경우에도 입적을 허용하지 않기 때문에 제3조 제2항은 제1항을 제한하고 이러한 당사자는 다른 지역의 '가'에 들어갈 수 없었다. 예를 들면 일본민법 제744조에서 규정된 법정추정가독상속인(法定推定家督相續人)은 일본에서도 다른 '가'에 들어갈 수 없기 때문에 다른 이법지역의 '가'에도 당연히 들어갈 수 없다. 또 「공통법」 제3조 제3항에 "육해군의 병적에 있지 않은 자 및 병역에 복무할 의무가 없게 된 자가 아니면 다른 지역의 '가'에 들어갈 수 없다"라고 규정한 것은 일본인에게만 적용되는 조항이다.

43 이 같은 문제는 1909년에 제정된 민적법을 전부 개정하면 되었으나 여기에서 더 나아가서 민적의 실체법인 친족·상속에 관한 관습을 성문법으로 변경하고자 하였다.

셋째, 1918년에 「공통법」의 제정이라는 법률환경의 변화가 있었다.⁴⁵ 「공통법」은 일본, 대만, 조선 등 각각의 지역이 이법지역(異法地域)으로서 법률행위의 효과가 다른 지역으로까지 연장되지 않는 문제를 해결하기 위하여 제정된 것이다. 그 중에서 제3조는 조선인과 일본인 간의 이적(移籍) 문제를 규정하고 있었기 때문에 당연히 조선총독부도 이에 관한 후속조치를 취하지 않으면 안 되었다.⁴⁶

1918년 1월에 제국의회에 공통법(안)이 상정되자 조선총독부는 곧바로 대응작업에 들어가 조선민사령급민적법개정조사위원회(朝鮮民事令及民籍法改正調査委員會, 이하 조사위원회)를 설치하였다.⁴⁷ 1918년 1월 23일에 총 10명의 조사위원을 선정하였는데 아래와 같다.⁴⁸

위원장

사법부장관 國分⁴⁹三亥

44　朝鮮總督府, 1917,『司法官會議諮問事項答申書』, 31·84쪽.
45　「共通法規調査委員会ヲ設ク」,『公文類聚·第三十六編·明治四十五年～大正元年·第二卷·官職一·官制一·官制一(內閣～農商務省)』.
46　「공통법」은 제3조를 제외하고 1918년 6월에 시행되었다. 제3조의 시행일을 연기한 이유는 조선인과 일본인의 이적 문제를 해결하는 데 필요한 조선총독부 측의 호적 법규의 개정이 마무리되지 않았기 때문이다.
47　朝鮮總督府, 1918,『朝鮮總督府施政年報』.
48　『朝鮮總督府官報(敍任及辭令)』, 1918.1.25.
49　고쿠부는 총독부 제2대 사법부장관으로서 「공통법」 제정 과정에서 일본정부와 협의하고, 1918년 조선민사령급민적법개정조사위원회를 실질적으로 주도하고 초기 방침을 정한 인물이다. 또 1910년대 조선 관습법이 정립되는 데 중요한 사법방침을 확립한 인물이기도 하다.

위원

조선총독부 판사 楠常藏, 前澤成美

조선총독부 참사관 大塚常三郎

조선총독부 사무관 山口貞昌, 小田幹治郎, 澤田豊丈, 工藤壯平, 立石
　惟一

조선총독부 경무관 國府小平

부속서기 조선총독부속 黑岩覺一, 橫山富之助, 鈴木義衛

'조사위원회'는 제령안을 기안·심의·결정하는 업무를 수행하기 위하여 산하에 여러 개의 주사위원회(主査委員會)를 설치했다.[50] 주사위원회에서는 각각 할당된 안건을 결의(決議)하고 조사위원회에 제안할 심의 초안을 작성·제출하는 업무를 맡았다. '조사위원회'는 약 5개월간의 활동을 거쳐서 1918년 7월 초에 초안을 작성하여 내부 검토과정을 거쳤다. 조선총독부는 몇 차례의 내부 논의를 거쳐서 1921년에 조선민사령개정안을 대체로 정하였다.[51]

한편, 「조선민사령」 제11조에 관한 조선총독부의 법제화 방침이 상당히 구체화된 1919년 3월 말에 일본 사법성은 시모야마(霜山) 참사관을 조선총독부로 파견했다.[52] 일반적으로 제령은 조선총독부가 독자적으

50　위원장 고쿠부를 뺀 3명씩 모두 3개 주사위원회(主査委員會)가 설치되었을 것으로 추측된다.

51　『每日申報』, 1921.5.29; 『每日申報』, 1918.7.14. 조선민사령급민적법개정조사위원회 최종안은 다음과 같은 단계를 거쳐서 공포될 예정이었다. 주사위원 기초안 → 주사위원회 심의·결의 후 주사위원회 초안 → 민사령급민적법개정조사위원회 심의·결의 후 최종성안 작성 → 척식국 경유 → 법제국 심의 → 각의결정 → 내각총리대신 → 천황의 재가 후 공포.

로 기안하고 일본 본국으로 제령안을 이송하면 그때부터 일본정부의 개입이 이루어진다. 그런데 「조선민사령」 제11조 개정에 관한 조선총독부의 최종 제령(안)이 결정되지 않은 시점에 일본정부가 갑작스럽게 참사관을 파견한 것이다. 시모야마 참사관은 조사위원회가 기안하고 있던 조선민사령개정안을 파악하고 그 내용을 사법성에 보고했던 것 같다.

조선민사령개정안에 관해 보고를 받은 사법성은 1919년 4월경 오다 미키지로(小田幹治郞)에게 조선총독부가 추진하는 친족법 및 상속법안에 대해 공식 조회했다. 그의 인터뷰를 통해 사법성이 조회한 내용과 취지 등을 일부 확인할 수 있다.

> 사법성(司法省)에셔 조선친족법병상속법(朝鮮親族法並相續法) 기안(起案)에 착수훈 사(事)에 취(就)ᄒ야 小田 중추원 서기관에게 질문훈 바, 씨는 왈 … 원래 조선의 법령은 총독부가 입안하고 총독의 명령으로 공포하는 것이니 사법성이 관계하는 바가 아니라. 특히 조선인의 친족·상속과 같은 것은 종래의 관습도 유(有)하여 현재 민사령에도 민법의 규정에 의하지 않고 이를 관습에 일임한 터인즉 내지에서 이 성문법의 기안을 하는 것은 실제 불가능의 일이라. 요컨대 이 문제는 민사령의 개정과 리(離)치 못훌 일이니 민사령 개정 시에 어떤 정도로 민법의 통일을 견(見)할가는 별문제이며 … 그 기안은 사법부에서 할 것이라.[53]

---

52 『每日申報』, 1919.3.26.
53 『每日申報』, 1919.4.20.

일본 사법성의 조회에 대하여 조선총독부는 첫째, 조선의 법령은 조선총독부가 입안하고 조선총독의 명의로 공포하는 것이므로 사법성이 관여할 바가 아니라는 점, 둘째, 조선인의 친족·상속에 관해서는 관습법으로 규율하고 있으므로 일본의 성문법을 적용하는 것은 불가능하다는 점을 들어 부정적으로 반응했다. 특히,「조선민사령」개정 시에 일본민법과의 통일을 어느 정도로 할 것인가에 대한 판단도 조선총독부가 결정할 사안임을 분명히 했다. 조선총독부가 사법성의 요구를 거부하고 당초의 계획대로「조선민사령」개정사업을 추진했음을 알 수 있다.

사법성의 요청으로 이루어진 초기 협상은 조선총독부의 거부로 더이상 진전되지 못하고 조선민사령개정안이 일본정부로 이송되었다. 제령안은 일본내각으로 이송된 후에는 일본정부와 조선총독부 파견 직원이 협의하는 절차를 거친다. 조선총독부는 일본의 사법성 및 법제국과 협의할 인물로 당시 조선총독부 법무국 민사과장 하라 세이테(原正鼎)를 지정했다.[54] 하라 민사과장은 1921년 1월 31일의 조사위원회 조선민사령개정안을 휴대하여 1921년 2월 4일 오전 시모노세키에 도착했다.[55] 하라는 법제국과 약 한 달간 협의할 예정으로 도쿄 출장을 갔지만, 4월이 되어도 법제국과 조선민사령개정안에 대해 합의하지 못하였다. 그 이유는 조선민사령개정안에 관해서 법제국이 이견을 제시하였기 때문이다.

조선 내에서는 경(更)히 제령으로써 그 수속법(手續法)을 제정할 필

---

54 『每日申報』, 1921.2.3.
55 『每日申報』, 1921.2.7.

요가 유(有)ᄒᆞ야, 과반래(過般來) 총독부에서는 상당한 성안(成案)을 구ᄒᆞ야 법제국과 심의중이더니, 조선인의 결혼에 관ᄒᆞᆫ 관습의 인정 정도로 법제국에 종종 이론이 유(有)ᄒᆞ니, 즉 결혼연령에도 내지법에 의ᄒᆞ면 남자 만 17세 여자 만 15세이고, 남자 만 30세 여자 만 25세에 지(至)ᄒᆞ면 친권자의 승낙이 무(無)히 자유결혼을 인(認)ᄒᆞ나, 조선의 구관으로는 자유결혼과 여(如)ᄒᆞᆷ은 무(無)ᄒᆞ며 선량ᄒᆞᆫ 풍속을 문란ᄒᆞᄂᆞᆫ 것이라 ᄒᆞ야, … 시등(是等)의 점에 관ᄒᆞ야 경(更)히 수정안을 작제키로 위ᄒᆞ야 상경 중인 법무국 민사과장은 급거 귀선(歸鮮)ᄒᆞ얏ᄂᆞᆫ대….[56]

위 인용문을 보면 법제국이 조선총독부 측의 예상과 달리 조선총독이 상주한 제령안에 반대했음을 알 수 있다. 법제국이 반대한 이유를 기록한 문서가 남아 있지 않기 때문에 정확히 알 수는 없으나, 위 기사를 통해서 법제국이 반대한 이유가 조선 관습의 인정 범위와 관련되어 있음을 추정할 수 있다. 혼인 관습 중에서 결혼연령을 남자 17세, 여자 15세로 제한하는 문제에 관해서는 조선총독부가 반대했다고 볼 수 없다. 조선총독부는 이미 1915년에 「관통첩」 제240호를 발하여 남자 17세, 여자 15세 미만의 결혼신고는 접수를 거부하도록 결정한 바 있기 때문이다.[57]

그러나 결혼 요건 가운데 결혼연령을 제외한 나머지 부분에 대해서 조선총독부는 일본민법 의용을 고려하지 않았던 것으로 보인다. 예컨대

---

56 『每日申報』, 1921.4.7.
57 朝鮮總督府內務局, 1917, 「1915年 8月 7日 官通牒 第240官通牒」, 『民籍例規集』.

남자 30세, 여자 25세가 되어도 친권자의 승낙 없이 결혼하는 것에 관해서 일본민법을 의용하는 데 부정적이었다. 조선총독부는 당시 상황에서 일본민법을 그대로 도입하는 것은 "선량한 풍속을 문란케 하는 것"이라 주장하면서 일본정부의 입장에 반대했다. 결국 법제국과 직접 협상했던 하라는 「조선민사령」 제11조 개정안에 합의하지 못하고 조선으로 돌아갔다.

이후 조선총독부는 5월 15일부터 협상 파트너를 민사과장에서 법무국장으로 교체·격상시키고 재협상에 돌입하였다. 조선총독부는 조선민사령개정안을 관철시키기 위하여 법무국장까지 파견하였으나 끝내 내각 법제국을 설득하지 못하였다. 당시 제령이 제정되기 위해서는 반드시 내각총리대신을 거쳐서 천황에게 상주해야 하였는데, 내각 산하의 법제국이 제령안에 끝까지 반대하면서, 조선총독이 제출한 제령안은 천황에게 상주하기 직전인 법안 심사단계에서 가로막힌 것이다. 법제국이 반대한 이유에 대해 당시 교섭을 담당하였던 조선총독부 법무국 민사과장 하라는 다음과 같이 회고하였다.

> 당시 법제국은 민사법규, 특히 친족·상속 등에 관해서는 국내통일주의를 이상적으로 견지하고 있었고, 민법과 특이한 관습을 고정하여 성문화하는 데 극력 반대하여 관습은 관습으로 그대로 존치하고 오히려 그 추이성을 유도하여 내지법으로 융합 귀일케 해야 한다고 했다.[58]

---

58 原正鼎, 1943, 「戶籍令制定當時の回顧」, 『戶籍』 3-7, 5쪽.

즉 법제국이 민사법에 대해 '국내통일주의'를 지향했다는 것은 일본민법 외에, 식민지에서만 시행되는 별도의 성문법을 용인하지 않겠다는 의미였다. 또한, 법무국장인 요코타 고로(橫田五郞)의 인터뷰에 따르면 당시 "내각 법제국은 내지와 조선의 법률관계를 통일하는 것을 최대 중요 문제"로 보고 노력하고 있었다.[59] 내각 법제국은 조선총독부가 기안한 조선민사령개정안이 1912년 「조선민사령」의 일본민법―조선 관습법 체제를 부정하고 일본민법―조선성문법 체제로 식민지 민사법 체제를 바꾸려고 했기 때문에 반대한 것이었다.

요코타의 인터뷰를 계기로 「조선민사령」 개정에 관한 조선총독부 법무관련 인사들의 발언에서 "민법(民法)과의 통일"이 등장하기 시작했다.[60] 그 이전까지는 주로 '내선통혼' 혹은 '내선연락(內鮮連絡)'이 주된 키워드였으나 이때부터 "민법과의 통일"이 전면에 등장했던 것이다. 일본정부의 강경한 입장을 확인한 조선총독부는 어쩔 수 없이 1912년 「조선민사령」의 구조를 벗어나지 않는 범위에서 「조선민사령」 제11조를 개정할 수밖에 없었다.

이에 따라서 1921년 11월 14일 제령 제14호로 개정된 「조선민사령」 제11조[61]는 친권, 후견, 보좌인 및 무능력자를 위해 설치하는 친족회 등에 관해서 일본민법을 의용하는 것으로 정해졌다.[62] 「조선민사령」

---

59 『每日申報』, 1921.5.22.

60 『每日申報(原正鼎法務局民事課長談)』, 1921.5.28.

61 「조선민사령」 제11조는 다음과 같이 개정되었다. "조선인의 친족 및 상속에 관해서는 제1조의 법률에 의하지 아니하고 관습에 의한다. 단 친권, 후견, 보좌인 및 무능력자를 위하여 설치하는 친족회에 관한 규정은 이러한 제한에 있지 않다."

62 「原民事課長談大正十年制令第十四號朝鮮人ノ能力及無能力者ノ保護機關制定ニ就テ」, 『朝鮮新聞』1921.11.14.(南雲幸吉, 1935, 앞의 책에서 재인용).

제73조도 개정되었는데[63] 제11조 개정에 따른 당연한 결과였다. 그리고 1922년 12월 7일 제령 제3호로「조선민사령」제11조를 다시 개정했다. 이 개정은 "결혼연령(민법 제765조), 재판상 이혼(제813조 내지 제836조), 사생자 인지(제827조 내지 제836조), 친족회(제944조 내지 제953조), 상속의 승인(제1023조 내지 제1037조) 및 재산의 분리(제1041조 내지 1050조)에 관한 규정"을「조선민사령」제11조에서 제외하고 일본민법으로 규율하도록 하였다. 또 "분가, 절가 재흥(絶家再興), 결혼, 협의상 이혼, 연조 및 협의상 파양 등 신분상의 법률행위는 부윤 또는 면장에게 신고"함으로써 효력을 발생하도록 규정하여 신고주의를 확립했다.

조선총독부가 야심차게 준비하였던「조선민사령」제11조 개정이 1921년 11월과 1922년 12월 두 번에 걸쳐서 이루어진 것은 그만큼 제령 제정을 둘러싼 일본정부과 조선총독부 간의 갈등이 심각했음을 보여주는 것이다. 1921년과 1922년 조선민사령개정안은 1910년대 조선총독부 재판소가 이미 법적으로 인정한 것(협의이혼, 재판상이혼)들이었다. 즉, 1921년의 개정은 친족회 등 일부 항목, 1922년의 개정은 분가, 절가 재흥, 결혼, 이혼, 입양 등 매우 소수의 항목만을 의용한 것이었다.

이는 조선총독부가 일본정부의 반대에 직면하여「조선민사령」개정의 범위를 최소한으로 축소하는 방향으로 대응하였기 때문이다. 따라서「조선민사령」제11조 개정은 '내선법제의 통일'이라는 방침이 관철되기는 했으나,[64] 사실은 조선총독부의 반발로 인하여 극히 일부만이 개정된

---

63   제73조 "'실종(失踪)'을 친권의 상실, 재산관리권의 상실, 실권(失權)의 취소, 금치산·준금치산자 및 실종"으로 고침.

64   朝鮮總督府, 1922,『朝鮮總督府施政年報』, 398쪽.

것이었다.

특히, 1921·1922년 개정조선민사령은 이미 조선총독부가 일본민법 적용을 계획했던 사항들로, 조선의 관습이 분명하지 않거나, 조선총독부 재판소가 관습의 변화를 인정하여 판례법으로 확정하였거나 혹은 제도적으로 보완할 부분이 있던 것이었다.[65] 예컨대, 조선에서 이혼은 협의이혼이든 재판상이혼이든 허락되지 않은 것으로 조사되었으나 1915년을 전후하여 재판소에서는 이미 재판상이혼까지 허가하여 판례법이 형성되는 상황이었다. 한편으로는 1915년 민적사무에 관한 「관통첩」 제240호에서 제도화를 이미 추진하고 있었던 것들 중에서 일부만 선별한 것이었다.

이처럼 1921·22년 「조선민사령」 제11조 개정이 외적으로는 법제일원화가 일방적으로 관철된 것으로 보이지만 실제로는 법제일원화가 매우 자제된 것이었다. 1921·22년 「조선민사령」 제11조가 외형상 일본민법 의용 형태로 개정되었다는 것을 근거로 동화정책의 일방적 승리로만 분석하는 종전의 연구는 재고할 필요가 있다.[66] 1921·22년 「조선민사령」 제11조 개정안을 동화주의 논리에 입각해 있는 것으로만 설명하면, 개정 과정에서 나타난 조선총독부 측의 적극적인 대응의 모습은 드러나지 않기 때문이다. 특히, 그 이후에 20여 년에 걸쳐서 전개된 조선총독부의 법 정책의 핵심인 관습 성문화 정책을 파악할 수 없으며, 조선인 차별 정책의 확고한 유지라는 내용도 잘 드러나지 않는다.

---

65 朝鮮總督府, 1917, 앞의 책, 31·84쪽.
66 이상욱, 1986, 「韓國相續法의 成文化過程」, 경북대학교 박사학위논문; 鄭鍾休, 1989, 『韓國民法典の比較法的研究』, 創文社; 정긍식, 2002, 앞의 책.

내각 법제국도 구관주의 자체를 부정한 것은 결코 아니었다. 1912년 「조선민사령」에서 이미 친족·상속·부동산물권 등에 관해 관습법주의를 채택했고, 1908년에 제정된 「대만민사령」도 대만인의 민사를 관습법으로 규율한다고 규정하고 있었다. 내각 법제국이 반발한 이유는 조선총독부가 조선인의 친족·상속제도를 관습법이 아닌 성문법으로 전환하려 했기 때문이다. 조선총독부와 내각 법제국 간 갈등의 핵심은 조선 관습의 인정 여부가 아니라 관습의 입법 형식과 방향에 대한 견해 차이였다.

조선총독부는 외형상으로 내각 법제국의 입장에 동조하면서도, 「조선민사령」 제11조 개정의 범위를 가급적 축소하고 오히려 관습법을 광범위하게 유지하는 쪽을 선택함으로써 내용상 일본민법의 확대 적용을 제한하는 절충적 입장을 취했다. 1921·22년 「조선민사령」 제11조 개정안은 외견상 내선 법제 일원화 관철이었지만, 식민 법제를 둘러싼 조선총독부와 내각 법제국의 타협의 산물이라고 이해하는 편이 오히려 사실적이다.

내각 법제국도 조선 법제 전 영역에서 법제일원화를 실현할 의사는 없었다. 당시 상황에서 전면적 법제일원화 주장은 일제의 조선통치 방식이었던 '조선총독에 의한 대리통치'를 법적으로 부정하는 것이었기 때문이다. 법제국이 주장했던 일원화의 의미는 일본민법 이외의 다른 성문법은 허용하지 않겠다는 소극적인 자세로 이해해야 한다. 따라서 법제국이 선호했던 것은 조선 관습을 성문법화하는 것이 아니라 구래의 관습을 법인하거나 일본민법의 조항을 그대로 의용하는 것이었다. 따라서 1921년과 1922년의 「조선민사령」 제11조 개정이 기술적 규정인 능력·결혼연령·이혼 등에 한해 매우 소규모로 일본민법을 의용한 것에 대해 내각이 반대할 이유가 전혀 없었던 것이다. 내각 법제국은 1912년 「조선민사령」의 구조와 같이 성문법(일본 법령)-관습법(조선 구관) 체제를 유지하고 싶었을 뿐이다.

1921·22년 「조선민사령」 제11조 개정 협상을 계기로, 향후 조선총독부의 법제정책은 일본정부의 법제정책에 의해서 크게 영향을 받게 되었다. 하라 수상의 내지연장주의가 강화되면서 법제국의 법제정책도 '내외지법제일원화'가 한층 엄격히 시행되었다. 이 때문인지 하기와라 히코죠(萩原彦三)는 법령도 "본국법령을 모방하는 데 지나지 않았고", "대개 본국법령을 그대로 베끼는 정도"였다고 술회한 적이 있다.[67]

2) 1920~1930년대 관습 성문법화 정책의 전개

'조선민사령급민적법개정조사위원회'는 1922년 12월 7일에 「조선민사령」 제11조가 개정되고 1922년 12월에 「조선호적령」이 제정되면서 1922년 12월 22일에 공식 해소되었다. 조사위원회의 폐지에 관한 훈령은 없었지만, 그 대신에 위원장을 비롯한 전 위원의 직위를 면하는 조치를 취했다. 이로써 「공통법」 실시를 계기로 추진된 조선총독부의 「조선민사령」과 민적법 개정작업은 일단 마무리되었다.[68]

1921·22년 「조선민사령」 개정으로 인하여 시급히 입법사업을 일으킬 사유가 소멸되었으나, 조선총독부는 친족 및 상속법의 개정을 다시

---

67 萩原彦三, 1960, 『私の朝鮮記錄』, 26쪽.
68 1922년 12월 22일 직위 해소 당시의 위원들을 소개하면 다음과 같다(『朝鮮』, 1923. 1). 위원장: 橫田五郎 법무국장, 위원: 조선총독부 사무관 小田省吾, 石黑英彦, 諸留勇助, 宮本元, 조선총독부 참사관 矢鍋永三郎, 萩原彦三, 조선총독부 감독관 時實秋穗, 조선총독부 재무국장 和田一郎, 중추원 서기관장 小田幹治郎 등이다.

추진했다. 조선총독부의 입법방향은 1924년 9월 18일에 개최된 제5회 중추원 자문사항을 통해서 확인할 수 있다. 당시 중추원 회의에 상정된 사항은 ① 서양자 제도 및 이성양자제도의 인정 여부, ② 처의 성은 부(夫)의 성을 따르는 것의 여부, ③ 내지 또는 조선에 본적을 옮기는 것의 여부 등이었다.[69]

1921·22년 「조선민사령」 제11조로 개정된 것들은 1910년대에 조선총독부 재판소가 이미 승인하였거나 민적 절차상 필요한 것들이 다수였다. 그러나 1924년 중추원 자문사항으로 상정된 안건들은 조선 관습에서는 전혀 인정하지 않던 것들이다. 예컨대, 일본에서는 남녀가 결혼하면 처(妻)가 부(夫)의 씨(氏)로 바꾸는 것이 일반적이었으나 조선의 관습에서는 처의 성(姓)은 결혼한 이후에도 절대로 바꿀 수 없었다. 또한, 일본민법상의 서양자(壻養子) 및 이성양자 제도도 조선인의 관습에서는 인정되지 않는 것이었다. 그래서 일제 식민지기 내내 조선총독부 재판소에서도 서양자 혹은 이성양자 제도를 관습법으로 인정하지 않았다.

한편, 일본인이나 조선인이 내지 또는 조선으로 본적지를 옮기는 것(移籍)에 대해서는 식민정책상 허용하지 않고 있었다.[70] 만약, 조선인이 일본 내지로 본적지를 이전하는 것을 허용할 경우에는 일본인과 조선인의 법적인 구별이 없어지기 때문이다. 반대로 일본인이 조선으로 본적지를 이전하는 경우, 그 일본인은 조선인으로 취급을 받았다. 이렇듯, 이적(移籍)은 조선인의 법적 지위를 변화시킬 수 있었기 때문에 식민정책상의 근본적인 변화가 없다면 실현될 수 없었다.

---

69 『每日申報』, 1925.4.4.
70 특정한 조건없이 이적을 허용하면 조선인과 일본인의 법적 구분이 사실상 없어진다.

그럼에도 불구하고 1927년에 접어들면서 조선총독부는 종전까지 검토했던 4개 핵심사항을 법제화하기로 결정하였다. 즉 "① 양자제도에서 서양자와 이성양자제도 인정, ② 처의 성은 부(夫)의 성을 따르게 할 것, ③ 내지 또는 조선에 본적을 옮길 수 있을 것"[71] 등을 중심으로「조선민사령」제11조를 개정하려 했다. 이를 위해서 조선총독부는 1927년 5월 4일에 조선총독부 훈령 제13호를 발포하여 '사법법규개정조사위원회'를 설치했다.[72] 위원은 다음과 같다.

위원장
정무총감

위원
법무국장 松寺竹雄
조선총독부 판사 橫田五郎, 眞鍋十藏, 岡本正夫, 原正鼎, 野村調太郎, 增永正一
조선총독부 사무관 山本犀藏, 水野重功, 渡邊純, 兒島高信
간사 조선총독부 사무관 水野重功, 渡邊純

1918년 조선민사령급민적법개정조사위원회가 법무국장을 위원장으로 한 것에 비하여, 사법법규개정조사위원회는 정무총감을 위원장으로 하고 법무국장은 위원으로 참석하는 등 기존보다 관제의 수준을 높였다.

---

71 『每日申報』, 1927.4.12.
72 「1927.5.4. 總督府訓令 第13號」, 『司法協會雜誌』6-5, 1927.

제1회 사법법규개정조사위원회는 1927년 7월 14일 조선총독부에서 개최되었다. 위원장 이하 각 위원이 참석하여 위원장의 고사(告辭)를 들은 뒤 의사 방법, 조사의 범위, 조사의 방침을 확정했다. 이 자리에서 행한 위원장의 고사는 사법법규개정조사위원회의 성격과 당시의 관습법 정책을 잘 설명하고 있다.

> 무릇 법규의 통일은 조선 내에서 필요할 뿐만 아니라 내지와 조선과의 사이에 있어서도 역시 사정이 허락하는 한 통일할 필요가 있기 때문에, 내지의 민사법규이면서 조선에 시행하기에 적당한 것은 가능한 한 그것에 의하기로 하고, 조선의 풍속, 습관, 교통, 민도 등 내지와 다른 결과 동일하게 규율할 수 없는 사항에 대해서는 실체상 및 수속상 「조선민사령」 기타의 법령에 대해서 특별 법령을 설치하여 조선의 실정에 조화하도록 힘쓴다.[73]

1927년에 사법법규개정조사위원회가 설치되기는 했으나 조직과 인원이 적절치 못하고 예산도 확보되지 못하였기 때문에 본격적으로 활동하지는 못했다. 그러나 1929년에 후카자와 신이치로(深澤新一郞)가 법무국장으로 취임하면서 기존의 법규를 근본적으로 개폐·정리할 목적으로 1930년 예산에 1만 원을 청구·계상하여 본격적으로 개정에 착수하였다.[74]

그리고 제1회 사법법규개정조사위원회가 1930년 12월 12일에 비로

---

73 『司法協會雜誌』 6-7, 1927, 58쪽.
74 『每日申報』, 1930.3.14.

소 개최되었다. 여기에 상정된 안건은 「조선민사령」 개정(친족법, 상속법 개정)을 비롯하여 신탁법 실시 등이었다.[75] 1930년 12월 13일경에는 이미 조선민사령개정안이 작성되어, 개정조사위원회의 의견을 듣고 총독부 심의실 심의를 거친 뒤 내각 법제국으로 회부하여 1931년에 제령으로 공포할 예정이었다.[76] 1931년 1월에 개정조사위원회를 열어 심의했고, 1931년 2월경에 다시 한 번 개정조사위원회를 개최하여 성안을 얻었다.

그러나 실제로 공포된 조선민사령개정안에는 친족·상속편이 모두 생략되었고 신탁법과 등기령의 개정으로 국한되었다. 즉, 개정안에서는 ① 신탁법 실시, ② 석방자 보호사업에 관한 것만이 보고되고 있다.[77] 그리고 1932년 3월 31일 행정정리의 일환으로 사법법규개정조사위원회가 폐지됨으로써 공식적인 활동은 중지되었다.

그러나 조선총독부는 관습법의 항목들을 성문화하기 위하여 1937년 무렵부터 본격적으로 입법 절차에 들어갔다. 이 해에 일본정부가 민법 개정을 추진하자 이에 발맞추어 조선총독부는 2개년 계속사업으로 친족·상속법 입법에 착수한 것이다.[78] 이에 따라서 1937년 4월 17일에 사법법규개정조사위원회가 설치되었다.[79] 조선총독부에 따르면, 조선민사령개정안은 '법무국 시안→사법법규개정조사위원회 초안 결정→조선총독부 심의실→조선총독 상주→척무성 경유→법제국 심의→각의결정

---

75 『每日申報』, 1930.12.12.
76 『每日申報』, 1930.12.13.
77 『第11回中樞院會議ニ於ケル訓示·挨拶·演述及答申要項』, 34~46쪽.
78 『每日申報』, 1937.2.2; 『每日申報』, 1937.6.11.
79 「朝鮮總督府訓令(1937.4.17)」, 『朝鮮總督府官報』.

→내각총리대신 상주→천황의 재가'를 거쳐 1939년 1월 1일부터 실시될 예정이었다.[80] 1937년 6월 10일에는 사법법규개정조사위원회 위원이 다음과 같이 임명되었다.[81]

위원장
정무총감 大野綠一郎

위원
법무국장 增永正一
조선총독부 사무관 山澤和三郎, 大原龍三, 水田直昌, 西岡芳次郎, 小野勝太郎, 姜根五郎
조선총독부 판사 小川悌, 野村調太郎, 喜頭兵一, 宮本元, 渡邊純
조선총독부 검사 福田甚二郎
경성제대 교수 安田幹太
간사 大原龍三, 小野勝太郎
서기 조선총독부촉 中村儀一, 友村一夫

1937년 7월 7일에 개최된 제1회 조사위원회에서는 조사의 범위·순서·방법 등을 협의·결정했는데, 우선 4명의 위원으로 구성된 소위원회를 설치하여[82] 조선인의 친족법 및 상속법 개정에 관한 대강의 조사 및

---

80 『每日申報』, 1937.2.2.
81 朝鮮司法協會, 1937, 『司法協會雜誌』 16-7, 121~122쪽.
82 총 19명 중에서 위원장과 서기 2명을 제외한 16명이 각각 4명씩 4개 소위원회를 구성했다. 朝鮮總督府, 1938, 『朝鮮總督府時局對策調査會會議錄』, 92~93쪽.

입안을 하도록 했다. 소위원회는 매주 1회 각 위원을 소집하여 부탁사항을 연구·조사하도록 했다.[83] 1937년부터 1941년까지 소위원회가 모두 130여 회가 열렸고 위원회는 모두 6회 개최되었다.[84]

사법법규개정조사위원회는 조선인의 친족·상속에 관한 관습 중에서 골자가 될 수 있는 중요항목 43개를 선정하여 우선 심사하되, 일본민법에 의할 수 있는 사항과 특례사항(존치할 관습)으로 나누어 심의하기로 했다.[85] 이를 위해서 1937년에 조선총독부가 각 지방법원장들에게 자문을 구하였다. 조선총독부는 "조선인의 친족·상속에 관한 관습을 성문화하는 경우에, 민법에 의하게 한다면 어떤 정도로 특례를 설치할 것인가"라는 내용으로 자문하였다.[86]

자문에 응했던 법원장들의 다수는 법제일원화보다는 관습 성문화 입장을 지지했다. 관습 성문화를 주장했던 법원장들이 모두 같은 견해를 갖고 있지는 않았다. 예컨대 경성복심법원장은 일본민법 의용을 원칙으로 하면서 특례사항을 크게 제한하여 2~3개 정도로 주장하였던 반면, 경성지방법원장은 일본민법 의용을 수용하면서도 특례사항을 폭넓게 인정할 것을 주장했다. 법무국의 고민은, 조선인의 친족 및 상속에 관하여 일본민법 의용의 원칙을 세웠음에도 불구하고 특례조항을 어느 정도로 설치할 것인가 하는 점이었다.

당시 자문에 응했던 재판소장 가운데 일부는 조선총독부의 법제화 방침에 반대했다. 대표적인 인물이 대구복심법원장, 대구지방법원장과

---

83 朝鮮總督府中樞院, 1938, 『第19回中樞院會議各局部長演述』, 68~69쪽.
84 朝鮮總督府, 1941, 『第79回 帝國議會說明資料』.
85 朝鮮司法協會, 1937, 앞의 책, 86쪽.
86 「裁判所及檢事局監督官會議諮問事項答申要項」, 『諸會議關係書類(1937)』.

신의주지방법원장 등이었다. 특히 대구복심법원장 하라 마사카네는 조선인의 친족·상속에 관한 관습을 일부 인정하여 특별법규를 설치하려는 조선총독부의 방침에 강하게 반대했다. 그 이유로서 첫째, 1921년에 조선총독부가 조선인의 결혼성립요건을 성문화하려 했을 때, 법제국이 일본(내지)과 조선(외지)의 기본적 법제에 대해서는 통일주의를 근본방침으로 하여 일본민법과 상용(相容)하지 않는 관습을 고정하여 성문화하는 것은 통일을 저해하는 것이라며 반대한 적이 있었다는 점을 들었다. 또한 대만에서도 친족·상속에 관한 특별법 제정을 시도했으나 똑같은 이유로 관습 성문화가 좌절되었다는 연혁적 근거가 있다는 점도 거론했다. 요컨대 친족·상속에 관해서 법제국이 국내법통일주의를 고수하고 있는 상황에서 조선 관습의 성문화가 쉽지 않다는 현실론을 제기했던 것이다.

둘째, 일본민법 의용 원칙을 세우고 특례사항을 설치하려면 현행 민법을 기초로 특례조항을 설치해야 하는데, 당시 일본민법이 개정 중인 상황이라 민법의 개정에 따라 다시 조정해야 한다는 것 등을 근거로 조선총독부의 자문안 자체에 대해서 반대했다. 그리고 하라는 "내선 법제의 통일주의를 관철하고 특수 관습은 모두 폐기"할 것을 제안했다.[87] 이와 같은 관점에서 하라는 조선의 친족제도를 구성하는 관습인 친족의 범위, 동성동본혼 금지, 이성불양(異姓不養), 소목서열(昭穆序列) 및 성 불역(不易)의 제도, 적장자손상속(嫡長子孫相續) 등에 관한 관습은 유지·존속시킬 필요가 없고, 일본민법 개정안이 확정되기를 기다려 일본민법으로 통일할 것을 제안했다.

반면 관습 성문화에 가장 적극적이었던 경성지방법원장은 "관습법

---

87 「裁判所及檢事局監督官會議諮問事項答申書」, 『諸會議關係書類(1937)』.

은 그 존부가 명확하지 않고 내용이 막연하고 철저하지 않다는 점, 국민의 법적 확신의 유무가 명료하지 않고 시대의 추이에 따라 변천하여, 과연 무엇이 현재의 관습법인지를 확인하기 어렵다는 점, 재판소에서 관습법 해석 적용이 곤란하다는 점" 등의 이유를 제시하며 "종래의 관습을 명확히 하는 동시에 국민생활의 지도적 정신도 가미하여 관습을 보족 수정하는 취지로 전반에 걸쳐 성문법을 제정할 필요가 절실"하다고 주장하면서 적극적으로 관습 성문화에 동의했다. 경성지방법원장의 답신서에는 법제일원화라는 용어도 등장하지 않고, 관습 성문화에 초점이 맞춰져 있다.

한편 오카모토 경성복심법원장은 "조선인의 친족 및 상속에 관해서는 별단의 규정을 제외하고는 민법에 의하기로 하고, 두세 개의 특례를 정할 것"을 제안했다. 즉 친족·상속에 관해서 일본민법 의용을 원칙으로 하고, 조선인 간의 전통적 의식에 급격한 변화를 주는 것이 문제가 되는 2~3가지 점에 대해서 특례로서 관습에 의거할 것을 제안한 것이다. 요시다(경성지방법원장)와 오카모토(경성복심법원장)의 차이는 특례조항의 범위에 관한 것이었고, 조선총독부 법무국의 방침은 요시다와 오카모토의 중간쯤에서 결정되었다고 판단된다.

이상에서 확인할 수 있는 것은 법무국과 각 재판소장들이 관습법을 부정하고 성문법을 제정할 것을 계획하고 있었다는 점이다. 단지 성문법화를 '의용'의 방식으로 할지 아니면 '조선 관습의 성문법화' 방식으로 할지의 차이였다. 1930년대 후반에는 일부 재판소장들이 일본민법과의 통일을 적극적으로 요구하기 시작했고, 더 나아가 내각 법제국과 동일한 입장에서 조선총독부의 관습 성문법화를 반대하는 인물도 있었다. 이런 변화는 1921년 법제국과 조선총독부의 갈등을 통해 민법주의적 견해가 강화된 것이기도 했고, 또 제한된 범위에서 실현된 것이었지만 재판소 쪽에서도 판례를 통해 일본민법적 관념을 확산시키고 있었던 것과 관련이 있었다.[88]

또한 사회적으로 1930년대 후반에 사법상의 내선일체와 황민화 정책이 각 부문에서 강력히 추진되고 있었던 것과도 관련이 있었다. 하지만 조선총독부는 일부 재판소장이 제기했던 전면적 법제일원화 요구는 거부하고, 일본민법주의를 원칙으로 하되 조선 관습의 특례사항을 선별하여 성문법화하는 쪽으로 입법의 방향을 정했다. 이후 조선총독부의 관습 성문화 논의는 조선 관습의 특례범위를 어디까지 설정할 것인가 하는 점을 중심으로 이루어졌다. 조선총독부가 구상하고 있던 조선 관습의 성문화 방향은 사법법규개정조사위원회의 심의안에 잘 드러난다. 소위원회에서는 1937년 가을 무렵 조사를 일부 완료했다. 1937년 10월 28일과 29일에는 제2회 사법법규개정조사위원회가 개최되어, 소위원회가 보고한 조사결과를 심의·검토하고 대부분을 가결·채택했다.[89]

한편, 조선인의 친족·상속에 관해서는 조선총독부가 이미 1918년부터 조사를 진행했기 때문에, 1938년 무렵에는 이미 80~90%의 안건에 대해 법제화 방침이 확정된 상태였다.[90] 조선총독부는 1939년 1월 8일과 9일에 다시 한 번 조사위원회를 개최하여 최종적으로 검토하려 했다. 1939년 「조선민사령」 제11조 개정안이 확정되었을 무렵, 7월 24일부터 26일 사이에 재판소부장급합의지청상석판사회의(裁判所部長及合議支廳上

---

88 대표적인 사례가 1933년 3월 3일 조선고등법원이 조선 재래의 제사상속을 부정한 것이다.
89 朝鮮總督府中樞院, 1938, 앞의 책, 68~69쪽.
90 『每日申報』, 1938.12.1.

席判事會議)가 열렸다. 이 자리에서 미야모토 하지메 법무국장의 발언을 통해 1939년 당시 법무국의 입장을 확인할 수 있다.

> 내지에서는 우리나라의 독특한 순풍미속(淳風美俗)을 기조로 국정(國情)과 시대에 적합하게 하기 위해 민법 친족편 및 상속편에 관한 개정이 행해지고, 반도에서도 동일 지표 아래에서 반도인의 친족급상속(親族及相續)에 관한 전반적 성문입법의 사업이 진행되어 순수 일본법학의 건설을 보고 있다.[91]

여기에서 주목할 것은 "내지에서는 우리나라(일본)의 독특한 순풍미속을 기조로" 민법의 친족편 및 상속편에 관한 개정이 진행되고 있고, 조선총독부도 이와 같은 지표 아래에서 성문화를 시도하고 있다는 언급이다. 이것은 일본의 친족·상속법이 순풍미속을 기조로 개정되고 있듯이, 조선에서도 관습을 고려하면서 친족법 및 상속법 개정이 진행되어야 함을 강조하는 것이다. 이와 같은 인식에서 조선총독부는 전시하 "친족·상속에 관한 반도인의 법적 생활의 안전을 확보하기 위해서"[92] 1939년에「조선민사령」제11조가 개정되었다.

---

91   朝鮮司法協會, 1939,「宮本元法務局長演述要旨(裁判所部長及合議支廳上席判事會議)」,『司法協會雜誌』18-8, 103쪽.

92   朝鮮司法協會, 1939,「年頭所感」,『司法協會雜誌』18-1, 69쪽.

3) 1939년 「조선민사령」 제11조 개정과 창씨개명

「조선민사령」 제11조 개정안은 1939년 8월 31일에 조선총독이 상주하여, 10월 18일에 척무대신이 내각총리대신에게 진달하고, 1939년 11월 7일에 각의결정을 거쳐[93] 1939년 11월 10일에 제령 제19호로 공포되었다. 1939년 「조선민사령」 제11조 개정안도 1920년대에 조선총독부가 계획하였던 방식과는 다르게 이루어졌다. 1939년 「조선민사령」 제11조 개정이 기존 「조선민사령」 체제를 준수하는 방식으로 진행되었고, 또 일본 친족법상의 '씨(氏)'와 '서양자'제도를 도입하였다. 「조선민사령」 제11조는 1939년 개정에 의해 다음과 같이 변경되었다.

> 제11조 조선인의 친족 및 상속에 관해서는 별단의 규정을 제외하고 제1조의 법률에 의하지 않고 관습에 의한다. 단 씨, 혼인 연령, 재판상 이혼, 인지, 재판상 이연, 서양자 연조의 경우에 혼인 또는 연조가 무효일 때 또는 취소할 때에서의 연조 또는 혼인의 취소, 친권, 후견, 보좌인, 친족회, 상속의 승인 및 재산의 분리에 관한 규정은 이러한 제한에 있지 않다. 분가·절가 재흥·혼인·협의상 이혼·연조 및 협의상 이연은 부윤 또는 면장에게 계출함으로써 효력을 발생한다. 단 유언에 의한 연조에 대해서는 그 계출은 양친의 사망 시로 소급하여 그 효력을 발생한다. 씨는 호주(법정대리인이 있을 때는 법정

---

93 「朝鮮民事令中ヲ改正ス(壻養子制度創設及之ト關係スル氏ニ關スル規定(制令 第19號, 1939.11.10.)」, 『公文類聚』; 『每日申報』, 1939.11.9.

대리인)가 정한다.

제11조의 2 조선인 양자 연조에 있어서 양자는 양친과 '성'을 같이 할 것을 요하지 않는다. 단 사후양자의 경우에는 이러한 제한에 있지 않다. 서양자 연조는 양자 연조의 계출과 동시에 혼인계출을 함으로써 효력을 발생한다. 서양자는 처의 가에 들어간다. 서양자 연조 또는 연조의 취소로 인하여 그 가를 떠나도 가녀의 직계비속은 그 가를 떠나지 않고, 태아가 생겼을 때는 그 가에 들어간다.[94]

1938년까지 가의 칭호로서의 씨에 대한 조선총독부의 입장은 조선인 호주의 '성(姓)'을 그대로 '가(家)'의 칭호로 사용한다는 것이었다.[95] 그러나 1939년 「조선민사령」 제11조 개정안은 조선인의 '성'을 이용한 '가' 칭호 설치 방식을 부정하고 호주가 임의로 씨('가'의 칭호)를 창설하는 방식으로 변경했다. 또 제령 제20호 「조선인의 씨명에 관한 건」이 공포됨에 따라 몇 가지 사항을 제외하고는 일본식 '씨명'을 사용할 수 있게 되었다.

「조선민사령」 개정에 따라서 당연히 「조선호적령」도 개정되었다.[96] 1939년 조선호적령개정안에서는 호적의 기재사항이 "호주 및 가족의 씨명, 성급본관(姓及本貫) 및 전 호주의 씨명"으로 변경되었다. 1922년

---

94 「朝鮮民事令中ヲ改正ス(壻養子制度創設及之ト關係スル氏ニ關スル規定(制令 第19號, 1939.11.10.)」, 『公文類聚』.

95 『每日申報』, 1938.12.1; 司法法規改正調査委員會, 1937, 『司法法規改正調査委員會審議案(一)』.

96 「朝鮮總督府令 第220號(1939.12.26.)」, 『朝鮮總督府官報』.

조선호적령의 '성명'을 모두 '씨명'으로 변경했고, 기존의 호적에는 없는 '성급본관(姓及本貫)'란을 새로 창설한 것이다. 1939년 「조선민사령」 제11조 개정안에서 조선총독부는 일본식 씨명을 허용하는 방향으로 입장을 전환했다.

1939년 「조선민사령」 제11조 개정은 한국병합 30년 만의 획기적 개정이다. 과거 조선인들이 일본식 씨명으로 변경하는 것을 조선총독부가 엄격히 금지하다가 허용하는 쪽으로 정책을 변경했기 때문이다. 1937년에 내선일체의 구현을 위해 조선 관습에 위배되지 않는 범위 내에서 조선인의 이름을 일본인식으로 명명하는 것을 일부 허용하긴 했으나, 1939년에는 일본식 '씨'를 도입하여 내선일체를 더욱 강화한 것이었다.[97]

조선총독부는 조선인들의 희망에 따라 일본식 씨명을 허용한 것처럼 선전하였으나, 사실은 조선총독부가 정치적 측면을 고려하여 강제적으로 추진한 것이었다. 「조선민사령」 제11조 개정에 따르면 모든 조선인은 '씨'를 창설하는 것이 법적 의무였다. 다만, 조선총독부가 일본식 씨명을 조선인에게 허용한 이유는 ① 역사적으로 조선인은 제국 신민화할 수 있는 소질을 갖고 있다는 점, ② 전쟁과 내선일체의 필요성, ③ 법률상의 이유 등 세 가지였다.[98] 그중에서 전쟁과 내선일체의 필요에 의해 일본식 씨명을 허용한 측면이 중요하다. 당시에는 조선총독부가 조선인의 징병을 계획하고 있었기 때문에, 외형상으로 조선인과 일본인을 구분

---

[97] 1937년 법무국장 통첩에서 '명(名)'의 경우에는 일본식으로 명명하는 것을 허용했다. 이에 관해서는 다음의 논문 참조. 미즈노 나오키, 2001, 「조선 식민지 지배와 이름의 '차이화'」, 『사회와 역사』 59.

[98] 朝鮮總督府法務局, 「昭和14年 制令第19號 朝鮮民事令 中 改正ノ件 及 昭和14年制令第20號 朝鮮人ノ氏名ニ關スル件ニ關スル 第75議會 擬問擬答」(이하 "擬問擬答"), 『大野綠一郎文書』(이하 "大野문서").

할 필요성이 별로 없었다. 오히려 적을 상대로 하는 전장에서 조선인과 일본인을 구별하는 것은 실익이 전혀 없기 때문이다.

창씨 방식에서는, 대만총독부가 허가제도 형식[99]을 취한 데 비해 조선총독부는 정책적으로 강제하는 방식을 취했다. 조선총독부가 허가제도를 선택하지 않았던 것은 다음과 같은 법률상의 이유를 고려했기 때문이었다. ① 선행법령의 존재: 조선총독부는 「조선민사령」 개정 과정에서 일본의 사례를 살펴본 결과 일본에서도 허가제도를 취하지 않았다는 점을 고려했다. 즉 조선총독부는 "모두 내지의 법령에 따를 필요는 없지만 조선의 특수한 사정이 없는 경우에는 가급적 내지의 법령에 따라 법령의 통일을 기하는 것이 타당"하다는 입장이었다. ② 허가제도의 결함: 허가제도를 선택했을 경우, 허가조건을 설정하는 것이 매우 곤란했다는 점이 고려되었다. 허가표준을 잘못 설정한다면 민심에 미치는 영향이 적지 않을 것이기 때문에 차라리 일괄적으로 창씨를 강제한 것이었다. ③ '씨' 설정의 의무화: 1939년 「조선민사령」 제11조 개정안 중에서 '씨' 창설은 의무조항이었다. '씨'제도를 시행하는 이상은 반드시 '씨'를 설정하지 않으면 안 되기 때문에 허가제도를 설정하는 것은 법리상 맞지 않는 것으로 보았다.[100]

이상과 같은 이유에서 대만총독부와 달리 조선총독부는 일본식 씨명을 조선인에게 일괄적으로 강제했다. 대만과 조선에서 차이가 나타난 데는 위의 이유도 있었지만, 당시 친족관습의 차이에서 비롯된 측면도 있

---

99 대만의 경우에는 창씨 신청에 대해서 대만총독부가 심사한 후에 자격을 갖춘 자에게만 허가하였다.

100 朝鮮總督府法務局, 「擬問擬答」, 『大野文書』.

었다. 즉 대만에서는 법원의 판결을 통해서 일본식 '씨'제도가 1930년대에 관습법으로 확립되어 있었다.[101] 그러나 조선에서는 1939년 「조선민사령」 개정 당시까지도 일본식 '씨'제도가 극소수 관행으로도 확립되지 못한 상태였으며, 오히려 조선 재래의 성본주의(姓本主義)가 강하게 유지되고 있었다. 따라서 조선총독부가 조선 재래의 성본주의를 부정하고 일본식 '씨'제도를 도입하기 위해서는 성문법으로 강제할 수밖에 없었다. 1939년 「조선민사령」에서 호주가 '씨'를 정하도록 했기 때문에, 법규상으로 일본식 혹은 조선식 창씨를 하는 것을 제도적으로 막을 필요가 없다고 판단한 것으로 보인다. 또 당시에는 조선인의 전시동원을 위해 내선일체가 추진되고 있었기 때문에, 사법의 영역에서도 내선일체의 실현을 선전할 필요가 있었다.

3. 1940년대 관습 성문법화 정책의 중단과 조선인 차별 완화

1) 조선친족령·상속령 정책의 중단

1939년 조선총독부가 추진했던 사법상의 내선일체는 창씨개명과 내선연조를 통해 조선인의 일본인화를 한걸음 진전시키고 조선인 일부를

---

101 이에 대해서는 다음의 저서 참조. 姉齒松平, 1938, 『本島人ノミニ關スル親族法竝相續法大要』, 臺法月報.

일본에 이적(移籍)하는 방안을 모색하는 것이었다. 1930년대에 조선총독부가 검토하고 있었던 이적 문제는 조선인의 법적 지위에 변동을 주는 민감한 사안이기 때문에 당시에는 법제화되지 않았다. 다만, 조선총독부와 일본정부는 조선인에 대한 법적 평등은 배제하면서도 조선에 일본의 제도를 연장 시행하는 것을 확대하는 데는 의견이 같았다.

1939년 「조선민사령」 제11조 개정안이 확정되었을 무렵, 조선총독은 8월 16일에 「조선총독부 부내 임시직원 설치제중개정(朝鮮總督府部內臨時職員設置制中改正)의 건」을 상주하여 8월 25일에 천황의 재가를 받았다. 이 칙령은 "친족, 상속 기타 사항에 대한 법령 제정에 관한 사무에 종사하는 자"를 증원하는 내용이었다. 증원을 요청한 인원은 사무관 1명과 속(屬) 1명이었다. 이들은 ① 조선인의 친족·상속의 관습조사에 관한 사항, ② 위에 관한 법령 제정 수속 기타 사무정리에 관한 사항, ③ 위 법령에 부수하는 「조선호적령」 및 관계 제법령의 개정에 관한 연구, 조사, 법령의 제정수속 기타 사무처리에 관한 사항, ④ 사법법규개정조사위원회 및 소위원회에 관한 사항, ⑤ 기류법(寄留法) 시행에 관한 사항 등을 처리하고, 친족 및 상속에 관한 입법을 전임하는 업무를 맡도록 했다. 조선총독부가 법무국에 임시직원을 증원한 것은 친족 및 상속제도에 관한 포괄적인 입법, 「조선기류령」을 비롯한 특수입법의 업무 등을 처리하기 위해서였다.[102]

사법법규개정조사위원회의 소위원회에서 이미 현행 관습의 태반에

---

102 1938년에는 관습조사사업이 마무리되어 관습조사사업을 총괄하는 보고서가 출간되었다. 朝鮮總督府, 1938, 『朝鮮舊慣制度調査事業槪要』.

대해 정사섭렵(精査涉獵)을 완료하여 성문화를 위한 기초요강을 작성하고, 목하 친족법 및 상속법의 중핵을 조성할 상속제도에 대해 잘 살펴보고 있다. 그 제도는 친족법 및 상속법과 전면적 연관관계를 갖는 극히 중대한 사항이지만 이 점에 관한 관습은 반드시 명확하다고는 말하지 못하기 때문에 재래의 관습조사에 주력함과 더불어 어떤 제도가 반도인의 법률신념에 합치하는가의 점에 심의의 중심을 두고 있는 次第이다. … 상속제도에 관한 기초요강도 각 방면의 협력과 소위원의 부단한 진지한 노력에 의해 멀지 않아 그 성안을 본다고 믿지만, 그 즈음에 있어서는 친족법 및 상속법에 관한 전반적인 기초요강의 작성을 종료하고 이에 성문법의 제정은 일단락을 지을 次第이다.[103]

1940년 6월에는 성문법화되지 않은 친족법안(조선친족령안)의 성안은 거의 마무리되었고 상속법 분야로 심의가 옮겨가고 있었다. 조선총독부가 초기에 계획했던 중요항목 43개 중에서 1938년 제2차 심의 전에 완료된 것은 13번까지였다.[104]

조선총독부는 조선인들의 여론을 떠보기 위해 1940년에 상속관습에 관해 중추원에 자문했다. 이 자문안은 장자상속 원칙의 관습을 수정하고[105] 호주상속할 남자가 없을 경우 여자의 상속권을 인정한다는 내용이었다.[106] 특히 호주상속할 남자가 없는 경우의 여자의 상속권 문제에 대해서, 사법법규개정조사위원인 기리무라 세우(梧村升雨)는 "상속할 아들

---

103 朝鮮總督府中樞院, 1940, 『第21回中樞院會議各局部長演述』, 60쪽.
104 43개 항목은 다음의 저서 참조. 이승일, 2008, 『조선총독부 법제정책』, 역사비평사.
105 『每日申報』, 1940.10.30.
106 『每日申報』, 1941.6.12.

이 없고 딸만 있는 경우"에도 여자의 상속권(호주상속을 의미)을 인정해야 한다고 주장했다. 당시 조선의 관습법에서 여자도 호주상속을 할 수는 있었지만, 여자의 호주상속권은 장차 호주상속권을 가질 수 있는 남자가 출현하기 전까지의 임시적인 것이었다.

이와 같이 조선총독부가 추진한 관습의 성문법화는 조선의 관습에 변경을 하는 방향으로 나아가고 있었지만, 순수하게 일본 친족법이나 상속법의 내용으로만 구성되지도 않았다. 조선총독부의 고민은 상이한 두 내용을 어떻게 조화시키는가 하는 점에 있었다. 조선총독부 법무국장은 성문법 제정에 대하여 중추원회의에서 다음과 같이 발언했다.

> 조선에서의 친족 및 상속에 관한 성문법 제정에 즈음해서는 관습 중 순미(醇美)한 풍(風), 돈후(敦厚)한 속(俗)은 그것을 존중하여 조장 발전시키고, 사회 정세 시대의 추세에 추이조응하지 않는 누습(陋習)은 타파하여 바람직한 쪽으로 유도하고, 민도민정(民度民情)에 따라 신제도의 확립을 필요로 하는 것은 그것을 수립한다고 하는 근본방침을 견지하고 있다. 세태 민심의 귀추를 성찰하지 않고 망령되이 내선에서의 법제의 일원화를 도모하는 것과 같은 의도는 조금도 품을 수 없는 바이다. 특히 근년 내선일체의 심화투철에 따라 내선의 문물풍습은 점차 융합합류하고 재래의 관습으로서 민법의 규정으로 추이하는 것 또는 근이(近邇)하는 경향이 농후한 것도 있기 때문에 그 범위에서는 내선의 신분에 관한 법제가 일원화할 운명에 있다고 말할 수 있다.[107]

---

[107] 朝鮮總督府中樞院, 1940, 앞의 책, 59~60쪽.

조선총독부는 관습을 고정불변의 것으로 인식하지 않았으며, 일본민법적 제도로 변화하도록 유도하는 방침을 갖고 있었다. 즉 존중할 만한 관습은 존중하겠으나 시대에 뒤떨어진 관습은 과감히 타파하고 바람직한 쪽으로 유도할 계획이었다. 그렇다고 해서 조선 관습의 특수성을 고려하지 않는 전면적 법제일원화에 동의한 것은 아니었다.[108] 조선총독부가 추진했던 입법계획은 미나미 지로가 퇴임하는 1942년까지 유지되고 있었다. 미나미 총독의 오른팔이었던 정무총감의 1942년 사무인계서 중에 법무국 소관사항은 모두 6개였는데, 조선인의 친족 및 상속의 법제화와 관련된 5, 6번 항목만이 실현되지 못했고 나머지는 모두 1942년 5월에 취임한 고이소 구니아키(小磯國昭) 총독 시기에 실현되었다는 점에 주목할 필요가 있다. 다음은 법무국의 인계사항을 정리한 것이다.[109]

1. 호적 정비에 관한 건
2. 기류(寄留)제도의 실시에 관한 건[110]
3. 조선전시민사특별령(朝鮮戰時民事特別令) 제정의 건
4. 조선총독부재판소령전시특례 및 조선전시형사특별령 제정의 건
5. 조선친족령·상속령 제정의 건
6. 조선가사심판소령 제정의 건

---

108 「壻養子, 異姓養子及氏制度に關する朝鮮民事令の改正(1940.3)」, 『朝鮮』 298.
109 「政務總監事務引繼書」, 『大野文書』.
110 「조선기류령」을 통해 조선 내 거주자에 대한 행정적 파악이 비로소 가능해졌다. 기존에는 거주자를 파악하는 거주등록부 체제가 대단히 불완전했기 때문에 경찰의 조사에 의한 호구조사부에 의존할 수밖에 없었다. 그러나 「조선기류령」 설치를 계기로 조선인을 비롯한 조선 내 거주자들을 행정적 문서로 편입시킬 수 있는 근거를 마련한 것이라 할 수 있다.

5번 항목의 경우, 조선인의 친족·상속 분야는 「조선민사령」 제11조에서 떼어내서 제령형식의 단행법령으로 공포하려 했음을 보여준다. 그리고 6번 항목은 일본에서 가사심판소제도가 실시되면서 조선에서도 실시하려고 계획했던 것이었다. 이와 같은 일련의 입법계획은 조선인의 친족·상속제도가 일본민법과 다르다는 인식을 전제로 친족 및 상속과 관련한 소송을 조선가사심판소에서 전담할 목적으로 추진되었다. 이처럼 1940년대 초까지도 조선총독부가 조선인의 친족 및 상속법 제정을 추진했던 이유는, 관습법이 "법적 생활의 안전성을 결여하고 시국하 총후생활의 안녕질서를 유지·확보하기 어려운 감이 있다는 것과, 한편으로 관습 중에는 조선인의 황국신민으로의 연성상 도저히 유지하기 어려운 인자"가 있었기 때문이었다.[111]

> 조선인의 친족 및 상속에 관해 민법의 친족법 및 상속법을 적용하게 된다면 동시에 호적법도 적용할 수 있지만, 아직 내선(內鮮)의 풍습의 차이는 친족법 및 상속법을 일원적으로 적용하는 데 도달해 있지 않기 때문에 ….[112]

위 인용문에서 보듯이, 일본 친족법·상속법의 도입에 소극적이었던 것은 법무국뿐만 아니라 조선군도 마찬가지였다. 조선군이 조선인의 친족 및 상속법에 관심을 갖게 된 것은 징병 문제와 관련이 있기 때문이었다. 조선인의 친족·상속에 관한 문제가 조선인 징병과 밀접한 관련을

---

111 「政務總監事務引繼書」, 『大野文書』.
112 「戶籍整備ノ概要(1942.4.27)」, 『大野文書』.

맺을 수밖에 없었던 것은, 일본 「병역법」에서 규정하고 있는 징병 대상 때문이다. 1927년 법률 제47호로 공포된 「병역법」의 적용 대상은 "호적법 적용을 받는 자"였다.[113] 따라서 호적법 적용을 받지 않는 조선인·대만인 등은 징병 대상이 아니었던 것이다.

「병역법」과 「호적법」은 일본인에게만 적용되는 법률이었지만, 전쟁 상황이 급속히 악화되면서 조선인과 대만인을 강제 징병하기 위해서는 개정되지 않으면 안 되었다. 이와 관련하여 조선군사령부에서는 1942년 4월 24일에 갑위원회 제1회 타합회(打合會)를 개최하여 조선인 징병에 관한 사항을 논의했다. 여기에서는 조선인 징병을 위한 방침으로 "① 현재 호적령에 의해서 호적의 완비를 기하고 본령의 개정에 의해서 실시한다. ② 민법을 적용하고(또는 제정하고) 호적법을 시행한다. ③ 완전히 반도를 주체로 하는 병역법을 시행한다"[114] 등 세 가지 방안이 검토되었다.

①은 「조선민사령」 제11조의 구관주의에 기초하여 「조선호적령」을 개정하고 병역법을 일부 개정하여 징병하려는 방안이고, ②는 일본민법의 친족편 및 상속편, 호적법 등을 조선 지역에도 시행하는 방안이다. 그 경우 병역법을 개정할 필요가 없었다. ③은 조선 지역에만 적용되는 병역법을 따로 제정하는 방식이었다. 갑위원회는 ②와 ③을 기각하고 ①을 채택했다. 일본민법의 친족편 및 상속편을 조선에 시행하고 호적법을 시행하게 되면, 조선인들의 법률적 지위의 변동이 초래되기 때문에 식민정책적 견지에서는 선택할 수 없었다. 또 ③은 조선인들에게만 적용하는

---

113 「極秘朝鮮人徵集ニ關スル具體的硏究」, 『大野文書』.
114 「甲委員會第1回打合事項(1942.4.24)」, 『大野文書』.

병역법을 제정한다는 것인데, 이는 일본정부 입장에서도 조선의 특수입법에 매우 민감했기 때문에 수용하기 힘든 것이었다.

결국 조선총독부는 "조선의 특수사정에 비추어 호적법의 시행은 시기상조이고, 특별한 병역법의 시행 역시 온당하지 않기 때문에 현행「조선호적령」에 의해서 호적의 완비에 노력하고 병역법의 개정에 의해 징병제도를 실시"하는 쪽으로 결정했다.[115] 그에 따라 병역법 제9조 2항과 제23조 1항 중 "호적법의 적용을 받는 자"를 "내지, 조선 또는 대만에 본적을 갖는 자"로 고치기로 결정했다.[116] 일본에서는 호적법과 병역법이 결합하여 국민의 승인을 위한 중요한 법적 기제로 활용되었지만, 조선인에게는 호적법과 병역법을 분리하여 대응했다. 조선총독부와 일본정부는 조선인들에게 국방의무를 강제했지만, 법률적 평등을 초래할 수 있는 법제화에는 부정적이었다.

한편, 조선친족령·상속령 구상은 총독정치와도 밀접한 관련이 있었다. 조선총독부는 조선통치의 근간을 총독정치로 규정하고, 조선총독이 입법권·행정권·사법권(종합행정권)을 모두 행사하는 통치형태를 가장 이상적인 것으로 보았다. 따라서 조선총독의 종합행정권이 일부라도 손상되는 것을 극도로 경계했던 것으로 보인다. 이러한 인식은 중일전쟁이 격화되면서 내선일체 이념이 전반적으로 확산되었음에도 불구하고 사라지지 않았다. 미나미 지로 총독의 내선일체는 조선총독의 전제권을 유지하는 것이었다. 이러한 조선총독부의 입장은 1941년 12월에 제국의회에 제출했던 문서에서도 확인할 수 있다.

---

115 「極秘甲委員會打合決定事項(1942.4.24, 4.26)」, 『大野文書』.

116 「極秘朝鮮人徵集ニ關スル具體的研究」, 『大野文書』.

1. 총독의 통치책임 완수상 조선에서의 총독의 종합행정권을 변개(變改)하기 어렵다.
2. 총독부 소관사항은 상호 유기적 관련이 있어서 일부를 분리하기 어렵고 또 분리하는 경우에는 정책의 분열을 초래한다.
3. 반도 민심에 영향이 있다.
4. 행정권의 일부 이전은 오히려 사무의 착종 혼효를 초래하고 소기하는 바의 역의 결과를 초래할 수 있다.[117]

    1942년에 일본정부는 내외지행정일원화를 추진하면서 조선총독에 대한 일본정부의 감독 및 지시권을 명기하였다. 사실 그 이전까지는 조선총독의 전제적 통치 방식에 대해 일본정부가 공식적인 이의를 제기하기가 어려웠다. 1929년 척무성 설치를 계기로 조선총독에 대한 감독권 혹은 지시권을 둘러싸고 조선총독과 일본 내각 사이에 갈등이 있었으나 결국은 조선총독의 감독권 혹은 지시권은 명기되지 못하였다.
    그러나 전쟁 격화에 따른 자원의 효율적 동원을 위해, 일본정부는 본국 행정과 식민지 행정을 일원화할 필요성이 높아졌다. 따라서 1942년에 일본내각의 각성대신들은 일부 사무에 관하여 조선총독에게 감독권과 지시권을 행사할 수 있게 되었으나, 조선총독의 종합행정권을 부정하는 것으로 확대되는 것에 대해서는 조선총독부가 반발하였다. 조선총독부는 "조선총독은 천황에 직예하고 조선통치의 전 책임을 일신(一身)에 짊어지고 있기 때문에 종합행정권의 중요부분을 상실해서는 통치의 책임을 완수할 수 없다. 즉 통치의 모든 책임과 종합행정권은 불가분으로

117　朝鮮總督府, 1941, 앞의 책.

서 소위 전부가 아니면 전무"라고 주장하면서[118] 매우 강력한 의지를 표명했다. 아마도 당시 내각에서 조선총독의 종합행정권 중 일부를 제한하거나 폐지하려는 움직임이 있었기 때문이라고 생각된다.[119] 조선총독부는 제국의회 설명자료를 통해 내각이 주도하는 식민지 지배기구의 재편에 대해서 반대 의견을 전달한 것이다.

그리고 조선총독부는 종합행정권의 토대가 되는 조선의 구관·풍습에 대한 법제화를 포기하지 않고 있었다. 이 같은 측면에서 조선친족령·상속령 구상은 1940년대 조선총독부 법제 정책의 핵심이면서 골자였다. 하지만, 이것은 내각 법제국의 기본방침이었던 1국 1성문법전주의(혹은 1국 1민법주의)에 대한 도전이었다. 1942년까지 유지된 조선친족령·상속령 구상은 1912년 「조선민사령」 체제를 벗어나는 것을 넘어서 궁극적으로 「조선민사령」 제11조의 소멸을 의도하는 것이었다. 바로 그러하였기 때문에 조선총독부의 성문법화 정책은 일본의 반대에 직면하지 않을 수 없었다. 그리고 1942~1943년 사이에 미나미 지로, 오노 로쿠이치로(大野綠一郎), 미야모토 하지메[120] 등이 퇴임하면서 사실상 추진력을 상실했다.

---

118 朝鮮總督府, 1941, 위의 책.
119 조선총독부는 1941년에 재판소구성법의 조선 시행에 대해서도 공식적으로 거부했다. 朝鮮總督府, 1941, 위의 책.
120 미야모토 하지메는 조선고등법원 판사 및 조선총독부 법무국장을 역임했으며, 조선민사령급민적법개정조사위원회 단계부터 참여하는 등 조선 관습의 성문법화에 매우 깊이 관여했다.

2) 1942년 고이소 총독의 취임과 차별완화책

태평양전쟁이 발발하자 일본정부가 거국일치(擧國一致)의 일원적 통치를 추진하면서, 총독의 종합행정권은 위협받았다. 1942년 내외지행정 일원화 조치는 행정에 국한되는 것이었으나, 조선총독부는 각종 정책을 추진하는 데 일본정부를 의식하지 않을 수 없었다. 조선총독부가 추진하는 주요 정책 및 입법사항은 사전에 중앙정부에 보고하도록 했기 때문에 조선총독의 자율적 권한이 약화될 가능성이 있었다.

무엇보다도 1942년에 미나미 지로의 후임으로 조선총독에 임명된 고이소는 조선에 관해서 역대 총독과는 다른 통치방침을 갖고 있었다. 고이소는 과거 조선군사령관과 척무대신 등을 역임하였고 정무총감인 다나카 다케오(田中武雄)는 척무차관으로 일한 적이 있었던 만큼, 그들은 조선과 매우 깊은 관계를 지니고 있었다. 1942년 6월 15일 조선총독에 부임한 고이소는 "조선통치의 대본(大本)은 조선 2,600만 대중을 근본적으로 일본인화하는 것, 시국공헌을 위해 극력 생산증강에 노력"할 것을 역설하였다.[121] 고이소 역시 미나미 지로와 동일하게 내선일체, 황국신민화를 주요한 통치이념으로 설정했으나, 미나미 지로의 내선일체론과는 내용상 차이가 있었다.

고이소는 조선통치의 근간을 1919년 8월 19일 「조선총독부관제」의 조서(詔書)에 언급된 일시동인(一視同仁)에 두어야 하며, 일시동인에 도달하기 위한 전제로 황국일본정신, 국체본의의 투철을 강화해야 한다고 주장했다.[122] 조선총독부는 사회적으로도 일시동인, 국체본의 투철, 도의조

---

121   小磯國昭, 1968, 『葛山鴻爪』, 丸ノ内出版, 751쪽.

선(道義朝鮮) 건설이라는 슬로건 아래에서[123] ① 수양연성(修養鍊成)의 강화철저, ② 생산력 증강, ③ 서정집무(庶政執務)의 획기적 쇄신[124] 등을 당면 과제로 내세웠다.

고이소가 일시동인을 적극적으로 해석했던 것은, 전시 체제 아래에서 조선인의 협조와 참여가 절대적으로 필요하였기 때문이다. 1937년 중일전쟁이 예상외로 길어지고 1941년에 태평양전쟁이 발발하면서, 조선 내에서 각종 전쟁 동원이 시작됐다. 고이소는 조선인과 조선사회를 효율적으로 전쟁에 동원하기 위해서는, 과거와 같이 조선인의 의무를 강조하고 정신적·교화적 태도를 강조하는 것만으로는 한계가 있다고 보았다.

따라서 일본인화의 강조와 더불어 일본 법률과 제도의 연장 시행, 조선인들의 처우 개선을 통해 조선인의 협력을 이끌어내는 것에 관심을 기울였다. 당시 정무총감이었던 다나카 다케오가 "미나미 총독 시대는 내지연장주의(內地延長主義)라기보다 황국신민화 정책이 기조였고, 그것이 상당히 강렬하게 행해졌던 시대였다"고 회고한 것을 통해 알 수 있다.[125]

고이소 총독기 조선총독부의 고민은 "조선이라는 이민족지역을 저 가열(苛烈)한 전국(戰局)에서 어떻게 동요시키지 않고 시국에 협력시켜나

---

122 朝鮮總督府, 1943,『朝鮮統理と皇民化の進展』.
123 「民衆の指導者自ら錬成せよ」,『小磯統理の展望(2集)』, 260쪽.
124 「決戰第二年の三大方策(1942년 12월 29일 국장회의 석상 총독훈시)」,『小磯統理の展望(2集)』, 176~177쪽.
125 田中武雄, 1960,「小磯總督時代の統治概觀」,『朝鮮近代史料研究集成』, 朝鮮史料研究會, 218쪽.

갈 것인가 하는 것"[126]에 있었고, 조선인을 동원하기 위해는 "이민족이라는 복잡한 민심, 민정이라는 것에 대처할 필요"가 있었다.[127] 그런 상황에서 고이소가 조선총독 부임 직후 생각했던 것은 "조선인 관리의 활발한 등용, 조선인 기업의 지도추진, 현존 차별취급 제규정의 철폐, 조선인 정치관여의 실현" 등이었다.[128]

> 현하 결전 단계에서 조선이 보유하는 인적, 물적의 총력을 유감없이 발휘하고, 일로 전력증강에 매진하기 위해서는 다양한 시책이 있지만, 조선인의 처우에 심심한 고려를 베풀고 조선인 관민을 들어 명랑하고 또 마음으로부터 협력적 자세를 취하게 하는 것이 가장 긴요하다.[129]

고이소가 조선인 처우 개선에 관심을 기울였던 이유는, 인용문에도 잘 나타나 있듯이 조선이 보유하고 있던 인적·물적 자원을 전쟁에 극력 동원하고 또 조선인들이 자발적으로 전쟁 수행에 협력하도록 만들기 위해서였다. 고이소는 "조선인 처우에 관해서 가급적 지도적 계층의 유능한 인재를 등용하고 먼저 지도층에게 명광과 희망을 부여"하여 전시동원에 효과적으로 대응하려 했다. 이처럼 고이소는 조선의 전쟁동원을 위해 조선인 처우 개선을 고려하고 있었으나, 우선은 처우 개선의 대상이 조선 인민 전체가 아니라 조선총독부가 활용할 수 있는 소수의 친일적

---

126 田中武雄, 1960, 위의 글, 219쪽.
127 田中武雄, 1960, 위의 글, 219쪽.
128 小磯國昭, 1968, 앞의 책, 757쪽.
129 朝鮮總督府, 1943, 『第84回帝國議會說明資料』.

인사들이 중심이었다.[130]

이에 따라서, 부임 직후 고이소는 지사급의 조선인 관리 중 1명을 국장으로 채용할 의향으로 다나카 다케오에게 의견을 개진했으나, 급격한 변경은 좋지 않다고 하여 후일로 연기했다.[131] 또 매주 2회 정도 개최되는 국장회의에는 총독, 총감, 국장 외에 총독 관방의 과장이 출석하도록 되어 있었다. 관방과장은 당시까지 일본인 관리만 임용하였으나 고이소는 "조선인으로부터 귀중한 참고의견을 구할 수 있다"는 견지에서 관방과장에 조선인을 임명했다. 또한 경성부 내의 종로경찰서장을 조선인으로 채용했고, 조선인 경찰부장 채용을 시도하기도 했다.[132] 1944년 4월경 주요 지위에 충원된 조선인 관리의 상황을 보면 다음과 같다.[133]

① 총독부 학무국장 1인, 총독부 관방과장 1인, 총독부 각국 과장 3인
② 도지사 5인, 도 내무부장 1인, 도 광공부장 7인, 도 농상부장 6인, 도 재무부장 5인
③ 도 경찰부장 1인, 도 경찰부 과장 8인, 경찰서장 6인
④ 판사 61인, 검사 26인
⑤ 군수 대다수

---

130 朝鮮總督府, 1943, 위의 책.
131 小磯國昭, 1968, 앞의 책. 조선총독부 학무국장에는 1925년에 이진호(李軫鎬)가, 1944년에 엄창섭(嚴昌燮)이 임용된 바 있다. 박은경, 1999, 『일제하 조선인관료연구』, 학민, 49쪽.
132 小磯國昭, 1968, 위의 책, 1757~756쪽.
133 大藏省管理局, 『日本人の海外活動に關する歷史的調査(2분책)』, 106~107쪽.

이처럼 고이소는 과거 관행상 여러 사정 때문에 배치가 곤란하다고 생각되었던 직책에도 조선인들을 기용하였다. 그리고 내선인 관공리(官公吏) 간의 대우 차이를 일부나마 개선할 방침을 갖고 있었다. 또한 조선인 학교졸업자의 취직을 알선하고, 남방군정요원(南方軍政要員)에 조선인을 기용했으며, 귀족원 칙선의원도 1943년 10월 8일에 실현시켰다.

조선총독부는 "내선일체 구현의 실정에 따라서 점차로 내선 관리의 대우상 차별철폐를 충분히 고려해갈 용의가 있다"[134]고 선언하면서, 당시까지 조선인 관리들의 불만사항이었던 가봉(加俸) 문제도 일정한 범위 내에서 완화하는 정책을 추진했다. 즉, 1944년 4월 1일부터 조선인 관리 중 고등관 및 동 대우자, 판임관 및 동 대우자인 제1차 소속관서의 과장 이상 및 과장에 준하는 직에 있는 자, 판임관 및 판임관 대우자로서 조선총독이 정한 소속관서의 장, 국장, 학교장, 읍면장 등에게는 재근가봉(在勤加俸)을 지급하기로 결정했다. 그리고 패전 직전인 1945년에는 조선총독부령 제75호(1945.4.12.)에서 부령 제168호를 개정하여 가봉 지급의 대상을 단순히 '관리', '대우관리'로 하고, 훈령 제31호도 폐지하여 규정상 일본인과 조선인의 제약을 철폐했다.[135]

아베 노부유키(阿部信行) 총독 시기에도 고이소가 추진했던 정책이 그대로 유지되었다. 아베 총독은 조선인 처우 개선을 위해 조선인의 조선총독부 고위직 등용, 관공리 대우 개선, 연말상여 증급, 특수회사 역원

134　朝鮮總督府, 1943, 앞의 책.
135　朝鮮總督府, 1944, 『帝國議會說明資料』. 조선에서는 조선총독부령 제168호 (1944.4.11.) 및 조선총독부 훈령(1944.4.11.)에 의해서, 가봉 지급의 대상을 내지인 외에 조선인 '고등관 및 고등관 대우자'로 확대했다. 學習院大學東洋文化研究所, 2001, 『未公開資料 朝鮮總督府關係者 錄音記錄(2)』.(정재정 역, 2002, 『식민통치의 허상과 실상』, 혜안, 209쪽).

등용, 조선인 학교졸업자의 취직 알선, 조선인의 남방군정요원 기용, 귀족원 칙선의원 등 고이소의 정책 방침을 그대로 답습했다.

고이소 이후의 통치 정책은 1941년의 내선일체·황민화정책과 달리 차별 철폐를 일부나마 법제도로 실현했다는 데 특징이 있다. 조선총독부가 행정개혁의 일환으로 추진했던 ① 취업 알선, ② 내지도항 철폐, ③ 관리 가봉, ④ 조선인의 고위직 등용 등은 조선인들을 적극적으로 전쟁에 동원하기 위해 충분히 채택할 수 있었던 회유책이었다. 그러나 이러한 조선인 처우 개선 방안과 내외지행정일원화 추진은 조선총독에 의한 특수통치를 부정하고 조선을 일본법역으로 통합하려는 움직임과 밀접한 관계를 맺게 되었다. 특히 조선인에 대한 참정권 부여 논의가 본격화되면서 조선에 대한 특수입법화 기도는 점차 위축될 수밖에 없었다.[136]

4. 조선인 참정 문제와 이법역(異法域) 폐지론

1) 조선인 처우개선과 이적(移籍) 문제

무엇보다도 조선인 처우개선의 핵심은 참정권과 이적(移籍) 문제

---

136 조선 민사법 정책의 방향을 이해할 수 있는 사법법규개정조사위원회는 고이소가 총독으로 재임하는 동안에는 계속 활동하고 있었던 것으로 보인다. 필자가 확인한 가장 후대의 활동은 1944년 4월 5일에 위원으로 大久保淸和(서기관), 川鍋昴, 山內敏彦(사무관)이 임명되었고, 高畑二郞가 간사로 임명된 것이다. 朝鮮司法協會, 1944, 「會員異動」, 『司法協會雜誌』 23-5.

였다. 고이소는 1944년 9월 7일 제85회 제국의회에서 "조선인과 대만인의 처우에 대해서 충분히 고려하지 않으면 안 된다고 생각한다"라고 진술하고[137] '일반처우'와 '정치처우' 두 가지 방향의 개선방침을 입안하려 한다고 밝혔다. 일본 내무성은 고이소의 발언 취지에 입각하여 일반처우 개선을 위한 구체안을 작성했다. 조선인의 일반처우 개선 방안에 관해서는, 1944년 10월 25일에 내무성이 작성한 문서가 기본방침과 구체안을 제시하고 있다.[138] 여기에서는 ① 도항 제한의 완화, ② 경찰 단속의 개선, ③ 진학 및 취학의 편의공여, ④ 노동 관리의 개선, ⑤ 협화사업의 쇄신, ⑥ 내지 일반대중의 계발, ⑦ 전적(轉籍)의 승인, ⑧ 조선 내의 처우 개선[139] 등 조선인과 대만인의 일반처우 개선 항목이 제시되었다.

이상의 처우 개선은 조선총독부가 개선을 요구했던 사항이기도 했다. 그러나 처우 개선 항목 중 이적의 허용은 당시까지 일본정부나 조선총독부가 식민 정책적 견지에서 허용하지 않던 것이었는데, 일반처우 개선의 일환으로 이적이 검토되기 시작했다는 점이 주목할 만하다. 이적에 관한 초기 문서로는 1944년 10월 10일 내무성에서 작성한 것과 10월 11일 조선총독부에서 작성한 것이 있다. 아마도 고이소가 내무성과 조선총독부에 똑같은 방침을 제시하고 가안을 작성하도록 했음을 추정할 수 있다.

---

137 東京大學出版會, 『第85回帝國議會衆議院議事速記錄』.
138 「朝鮮及臺灣同胞ニ對スル處遇改善要綱(1944.10.25.)」, 『本邦內政關係雜件 植民地關係』.
139 조선 내에서의 처우 개선은 종래 문제가 되었던 재근가봉제도, 국민학교 및 중등학교 교육제도, 대학·전문학교로의 입학, 일용물자의 배급, 회사 등에서의 채용 및 대우 등에 관해서 가급적 차별의 축소 철폐를 도모하고, 차별을 요하는 것에 대해서도 민족의식을 자극하는 것을 피하도록 권고하고 있다.

1944년 10월 10일에 작성된 내무성 문서는, 내선전적(內鮮轉籍)의 목적을 황민화의 정도가 높은 조선인들에게 일본으로 전적하는 것을 허용함으로써 내선일체의 이념을 구현하는 것으로 설정했다.140 그러면서도 호적상 존재하는 내선 구별의 표준을 전면 철폐한다면 통치상 큰 혼란이 초래되므로 가능한 한 적은 범위로 한정했으며, 입법형식은 호적법을 조선에 시행하는 방식과 「공통법」을 개정하는 방식이 타당하지 않으므로 법률의 형식을 빌어 새로운 법안을 제정할 것을 제안했다. 이와 같은 인식은 일본민법 중 친족편·상속편을 조선에 그대로 적용하지 않겠다고 했던 구상과도 연결되어 있다.

또한 이적에 관해서는 가능한 한 일본인 및 조선인을 포괄하여 제정할 것을 제안하였다. 조선인에 국한하여 여러 가지 엄격한 조건을 붙이면 오히려 내선 구별이 법문(法文)에 그대로 드러나기 때문에, 법문상 그 차이를 판단하기 힘들도록 규정하려 했던 것이다. 10월 10일 내무성 문서는, 일본 거주 조선인과 조선 거주 조선인을 구별하여 전적요건도 각각 달리 규정했다.141 당시 내무성에서 고려했던 전적 조건은 다음과 같았다.

내지 거주 조선인에 대해 호적의 이동을 허용하는 경우의 조건
① 내지에 (　)년간 계속해 주소를 가질 것

---

140 「內地朝鮮間戸籍ノ移動ニ關スル法律立案要領(1944.10.10.)」,『本邦内政關係雜件 植民地關係』.

141 일반 조선인들에 대한 전적요건은 일본이 인종적, 민족적, 혈통적 관점에 기반하고 있다는 것을 잘 보여주고 있다. 즉 일본 국가를 위해 피와 땀을 흘리지 않는 조선인들에 대해서는 일본인과 동일한 대우를 하지 않겠다는 것을 보여준다.

② 호주가 독립생계를 영위할 것

③ 호주가 만 ( )년에 이를 것

④ 호주 및 가족이 국어를 상용할 것

⑤ 죄를 범해 금고 이상의 형에 처해진 자는 일정기간 호적 이동을 허용하지 말 것

⑥ 악질 유전병을 가진 자를 제외할 것

⑦ 내지에서 의무교육의 전 과정을 수료한 자에 대해서는 조건을 완화할 것

　　　일반 조선인에 대해 호적 이동을 허용하는 경우의 조건

① 군무에 복무한 자 및 그 가족

② 국민징용에 복무한 자

③ 국가에 특별한 공로가 있는 자 및 그 가족

④ 국경경비 기타 공무수행에서 순국한 자의 가족

⑤ 죄를 범해 금고 이상의 형에 처해진 자는 일정기간 호적 이동을 허용하지 말 것

⑥ 악질 유전병을 가진 자를 제외할 것[142]

한편, 1944년 10월 11일 조선총독부 법무국이 작성한「내지와 조선 간의 전적 등에 관한 법률가안(內地朝鮮間ノ轉籍等ニ關スル法律假案)」은 내무성 안과는 큰 차이가 있다. 문서 제목이 '법률가안'이라고 되어 있는

---

142 「內地朝鮮間戶籍ノ移籍ニ關スル法律立案要領案(1944.10.10.)」,『本邦內政關係雜件 植民地關係』.

데서 짐작할 수 있듯이, 조선총독부도 입법의 형식으로 이적(移籍) 문제를 해결하려고 하였다. 아래는 전적의 조건들이다.

① 호주 및 호주를 따라 전적할 가족이 계속해서 전적할 지역에 주소를 가질 것
② 호주 또는 호주에 따라 전적할 동거 가족이 현재 일호(一戶)를 구성하여 독립생계를 영위하는 자일 것
③ 호주가 성년자일 것
④ 호주 및 그 가족이 국어를 상용할 것

내무성 안은 조선인의 전적만을 설정한 데 비해, 조선총독부 법무국의 안은 일본인이 조선으로 전적하는 것까지 염두에 두고 전적요건을 정했다.[143] 그리고 조선총독부가 전적의 대상으로 정한 조선인은 ① 2년 이상 군무에 복무한 자, ② 3년 이상 성실히 국가총동원업무 또는 그것에 준하는 업무에 복무한 자, ③ 3년 이상 성실히 관공리의 직에 있었던 자, ④ 국가에 특별한 공로가 있는 자[144] 등이었다. 즉 일본국가에 충실하게 업적을 쌓은 자 혹은 완전히 일본인화된 자를 대상으로 했다.

법무국에서는 "3년 이상 거주하고, 일호를 구성하여 독립생계를 영위하고, 호주가 성년이면서 국어(일본어)를 상용하는 자"가 전적할 수 있다고 보았다. 다만, 조선총독부는 이적에 관한 법규에서는 조선 재래

---

143 朝鮮總督府法務局, 「內地朝鮮間ノ轉籍等ニ關スル法律假案(1944.10.11.)」, 『本邦內政關係雜件 植民地關係』.
144 朝鮮總督府法務局, 위의 글.

의 관습이 반영된 형태를 취했다. 즉 "호주의 직계존속, 그 배우자, 호주의 배우자, 호주의 직계비속 및 그 배우자, 이상의 자의 친권에 복종하는 자"는 당연히 전적하도록 했다. 이것은 일본민법과 달리 조선의 친족입적(親族入籍)에서 호주의 '가(家)'에 속하는 자는 당연히 친족입적 형식을 띠는 것과 마찬가지였다.

1944년 11월 12일 내무성은 비로소 이적 조건과 함께 조선인과 대만인 이적에 관한 기본방침을 확정했다. 여기에서 내무성은 이적을 단순한 호적상의 절차 문제로 보지 말고 황민화가 철저한 조선인 및 대만인에 대한 호적상의 처우라는 관점에서 접근할 것을 제안했다. 따라서 이적은 "언어, 풍습, 사상, 감정 등 내지인화된 특정의 조선인 및 대만인에 대해서만 호적법상에서도 내지인화를 인정하는 것이다. 이러한 사고방식은 그 근저에서 내지인과 조선인 및 대만인을 구별하고 양자(일본인과 조선인·대만인)의 혼효(混淆)를 준거하는 것"이었다.[145]

요컨대, 내무성은 "이적은 호적에 관한 단순한 절차상의 문제라고 생각하기 어렵고, 민족의 혼효, 동화 내지 순수보지(純粹保持) 등에 관한 근본 문제를 포함하고, 조선인 및 대만인에 대한 민족 정책 및 일본민족의 장래에 관한 장구한 방책의 근본에 관한 것"이라고 하면서,[146] 이적을 절차적·편의적 조치로 경솔하게 처리해서는 안 되고, 조선인 및 대만인의 종류, 자질, 인구, 증식력, 순응력, 동화력 등을 일본인과 대비하여 신중히 검토하고 민족통합의 근본을 고려할 것을 제안했다. 일본정부의 입장

---

145 內務省, 「朝鮮人及臺灣人ノ移籍ニ關スル諸問題(1944.11.12.)」, 『本邦內政關係雜件 植民地關係』.

146 內務省, 위의 글.

에서 이적 문제는 단순한 법률문제가 아니라 식민정책의 견지에서 접근해야 할 성질의 것이었다.

> 조선 및 대만에서는 민법의 친족 및 상속에 관한 규정이 아직 적용되지 않고 관습에 의하게 되어 있다. 따라서 그 형식적 표현인 호적의 이전을 실체관계로부터 분리하여 단순히 생각하여 경솔하게 조치하는 것은 엄히 신중함을 요한다.[147]

이 방침에 입각하여 11월 14일에 이적에 관한 새로운 안이 나왔는데, 이전의 내무성 안보다 구체적인 형태를 띠고 있었다. 여기에서는 이적이 "본인의 계출에 의해 지방장관이 허가"하는 절차를 따르도록 했고, 이적 조건으로 "5년 이상 내지에 주소를 갖고, 만 20세 이상의 능력자, 독립생계를 영위할 수 있는 자산 또는 기능을 가질 것" 등을 요구했다. 조선총독부가 3년 거주를 주장했던 것과 비교하면 제한이 더욱 엄격해진 것이었다. 특히 10월 10일 내무성 안이 조선 거주 조선인들의 이적까지 허용했던 것에 비해, 위 안은 일본 거주 조선인들만 대상으로 하고 있다. 적용 범위도 크게 축소된 것이다.[148]

조선총독부와 내무성 간에 협의가 진행되던 도중에 사법성도 의견을 제시했다. 사법성안은 내무성이나 조선총독부 안과 거의 유사했지만, 허가권자를 지방장관이 아닌 재판소로 정했다는 점에 차이가 있었다.[149] 그

---

147 內務省, 위의 글.

148 그러나 이 안은 협의 과정에서 다시 3년으로 단축되었다. 「朝鮮及臺灣ニ本籍ヲ有スル者ノ內地移籍ニ關スル件(1944.11.20.)」,『本邦內政關係雜件 植民地關係』.

149 司法省, 「朝鮮人又ハ臺灣人ノ移籍ニ關スル法律案要綱案」,『本邦內政關係雜件 植民

러면서도 사법성은 이적을 호적법의 외지 시행과 관련해서 이해하고 있었다는 점이 특징적이다. 사법성은 "① 본건은 호적법의 외지 시행의 문제도 이미 포함하고 있는 바이고, 그때까지의 과도적 조치에 불과하기 때문에 재판소에서 소관하는 것이 당연하다. ② 이적에 따른 다양한 사법관계에 영향이 있기 때문에 재판소에서 처리하는 것이 상당하다"라는 의견을 제출했다.

이적에 대한 조선총독부 및 내각의 입장은, 일본의 호적법을 조선에서 시행하지 않는다는 것이었다. 즉 일제는 당시 호적법의 외지 시행이 가능하지 않은 상태에서 엄격한 허가를 조건으로 이적을 인정하기로 했던 것이다. 이것은 당시의「조선호적령」및 호적법의 이원 체제를 유지하면서도 양 제도 간의 이동(移動)을 원활히 하기 위한 조치였다는 점에서, 내선통혼 및 내선입양 법령과도 일맥상통한다고 할 수 있다.

> 만일 국적법에 준하여 형식적 요건을 법으로 정해두고 그것을 구비하면 대개 허락하는 것으로 하면 … 수십만의 조선인 및 대만인의 이적(移籍)이 행해질 수 있고, 내선인 및 내대인(內臺人) 간에 중대한 혼효(混淆)·분란이 일어나 지도 단속상 여러 가지 곤란한 문제가 생길 수 있다.[150]

이적에 대한 이와 같은 관점은 오히려 외국인이 일본인으로 국적을 변경할 때보다 더 까다로운 것이었다. 또 조선총독부와 내무성이 제시한

地關係』.
150 「朝鮮人及臺灣人ノ移籍ニ關スル諸問題(1944.11.13)」,『本邦內政關係雜件 植民地關係』.

요건을 만족시키는 조선인이 이적 신청을 한다 해도 언제나 일본으로 전적이 가능했던 것은 아니었음을 알 수 있다.

이적에 대한 내무성의 기본방침은, 황민화가 달성된 조선인 개인을 단위로 지방장관의 허가에 의해 이적을 허용한다는 것이었다. 이적에 관한 내각의 이와 같은 검토는 당시 조선인과 일본인을 서로 차별·구별하는 입장에서 벗어난 것은 아니었다.

2) 중의원선거법의 개정과 법역 통일론

역대 조선총독들은 조선인의 정치 참여와 조선에서 중의원선거법을 시행하는 것에 대해 소극적이었다. 그들은 조선의회 설치를 계획하거나 소수의 귀족원 칙선의원을 제국의회에 진출시키는 것을 고려하는 정도였다.[151] 그러나 고이소 총독은 귀족원 칙선의원 선임뿐만 아니라 중의원선거법의 조선 시행을 추진했다. 당시 조선총독부가 조선인 참정을 일본정부에게 적극적으로 주장할 수 있었던 것은, 조선인도 징병의무를 부담하게 되었기 때문이었다.

조선에 참정권이 부여되지 않았던 것은 혈세의 의무를 부담하고 있지 않았기 때문이다. 그것이 이번에 징병제를 실시하고 그 의무를 부

---

151 朝鮮總督府, 1941, 앞의 책. 종전까지 조선총독부가 중의원선거법 시행에 적극적이지 않았다는 사실은 1941년 조선총독부가 제국의회에 제출했던「제국의회 설명자료」에 잘 드러나 있다.「제국의회 설명자료」에는 조선총독 종합행정권의 향배가 서술되어 있는데, 여기서 조선총독부는 조선총독의 제령권뿐만 아니라 조선총독이 장악하고 있던 일부 행정권 및 사법권을 내각으로 이양하는 것도 단호히 거부하고 있다. 특히 재판소구성법의 조선 시행도 공식적으로 거부했다.

과하게 되었다. 이와 같은 상태 와중에서 참정권 부여에 대해서 소극적이었다거나 인색했다거나 하는 것은 심히 일한병합의 본지에 어긋나는 것이라고 말하지 않으면 안 된다.[152]

고이소는 1943년 말에 중의원선거법 등에 대한 조사 연구를 진행시켰다.[153] 고이소 총독기(1943년 말)에 작성된 것을 보이는 「조선에서의 참정제도 방책안(朝鮮ニ於ケル參政制度方策案)」(이하 「방책안」)에서 조선총독부는 중의원선거법을 통해서 조선인들에게 참정권을 부여할 것을 제안하였다.[154] 「방책안」은 중의원에 10명 내외의 공선의원, 귀족원에 10명 내외의 칙선의원 등 모두 20여 명을 보낼 것을 계획했다.[155]

다만, 「방책안」은 조선 전 지역에서 선거를 시행하도록 하지 않고, 경성·인천·대구·평양 및 청진 6개 부(府)만을 선거구로 정하였다. 선거권의 자격은 제국 신민으로서 독립생계를 영위하고 6개월 정도 부에 거주한 만 25세 이상의 남자로 했고, 조선총독이 지정하는 직접국세 연 5원(圓) 이상을 납부한 자를 대상으로 했다.[156] 「방책안」의 특징은 미나미 지로 시기까지 조선총독부가 선호했던 '조선지방의회 방식'을 부정하고 제국의회에 직접 의원을 파견하려고 하였다는 점이다.

물론 중의원선거법을 원안 그대로 시행하는 것은 아니었고, 식민 정책적 견지에서 소수의 조선인들을 공선하는 방식을 취했다. 정치 참여를

152　田中武雄, 1960, 앞의 글, 224쪽.
153　정재정 역, 2002, 앞의 책, 215~216쪽.
154　朝鮮總督府法務局, 「朝鮮ニ於ケル參政制度方策案」, 『大野文書』.
155　御手洗辰雄 編, 1957, 『南次郎』, 473쪽.
156　朝鮮總督府法務局, 「朝鮮ニ於ケル參政制度方策案」, 『大野文書』.

위해 중의원의원을 선출하는 경우에도 일본의 선거법을 그대로 채용하지 않고 선출 정원의 반수 또는 2/3 정도는 관선으로 하는 것이 고려되었다.[157]

고이소는 조선인 참정에 관한 문서를 가지고 1944년에 도쿄로 가서 내각총리대신 도조 히데키(東條英機)를 비롯한 여러 경로로 조선총독부의 참정방안을 타진했으나, 일본정부는 승인하지 않았던 것으로 알려지고 있다. 내각이 조선인의 제국의회 참여에 대해 부정적인 입장을 보였기 때문에[158] 고이소는 당시의 현실 속에서 실현방법을 찾아서 추진했다. 그것은 귀족원 칙선의원에 결원이 발생하는 경우 조선인 유력자를 추천하는 방법이었다. 이를 위해 당시 중추원 고문이었던 이진호·박중양·한상용·이범익 등 4명을 후보로 천거하여, 1943년 말에 이진호의 칙선이 실현되었다.[159]

그런데 1944년 7월 20일에 고이소가 차기 수상으로 결정되면서, 조선인의 참정이 현실화되기 시작했다. 특히, 조선총독부가 1943년 무렵에 작성했던 참정 방안은 일본정부의 유력한 검토안이 될 수 있었다. 아래는 정치처우 개선 작업을 조선총독부가 먼저 시작했음을 보여주는 자료이다.

> 고이소 총독이 총리가 되어, 시정연설 때 외지동포의 처우 개선을 이야기했어요. 그게 최초의 제1성이었고, 곧 이를 본격화시키라는 지시

---

157 小磯國昭, 1968, 앞의 책, 765쪽.
158 정재정 역, 2002, 앞의 책, 217쪽.
159 小磯國昭, 1968, 앞의 책, 765쪽.

가 내려와서 총독부에서 일을 급격히 진행시켰습니다.¹⁶⁰

당시 외지동포의 처우 개선이라는 명목으로 식민 체제를 전환하고자 하는 시도는, 조선총독 시절부터 계속 준비해왔던 고이소와 조선총독부 관료들을 중심으로 이루어졌다. 조선총독부의 원안이 그대로 선거법 개정안에 반영되었다는 다나카 다케오의 회고를 볼 때,¹⁶¹ 내무성의 문서 작성 과정에 조선총독부 안이 비중있게 반영되었음을 짐작할 수 있다.

1944년 9월 7일 제85회 제국의회에서 고이소가 발언한 것을 계기로, 일반처우 개선과 더불어 식민지인들의 정치처우 개선에 관한 논의가 본격화되었다. 고이소는 1944년 12월 26일에 '정치처우조사회'를 구성하여 귀족원령 개정안과 중의원선거법 개정안의 제정에 착수했고,¹⁶² 1945년 4월 1일에는 「중의원의원선거법중개정법률(법률 제34호)」과 「귀족원령중개정(칙령 제193호)」을 공포하여 조선인 및 대만인의 제국의회 참가를 공식화했다.

고이소는 일본정부 내 일부의 반대를 무릅쓰고 조선인과 대만인을 귀족원에 임명할 수 있는 제도적 기초를 확립했고, 중의원선거법을 제한선거로 하여 조선인들이 중의원에 참여할 수 있도록 했다. 우선 귀족원령을 개정하여 조선 또는 대만에 재주하는 자로서 명망 있는 자 가운데

---

160 정재정 역, 2002, 앞의 책, 218쪽.
161 田中武雄, 1960, 앞의 글, 237~238쪽.
162 1944~1945년간의 참정권 논의는 다음의 논문 참조. 岡本眞希子, 1996, 「アジア・太平洋戰爭末期における朝鮮人・臺灣人參政權問題」, 『日本史研究』 401; 최유리, 1997, 『일제말기 식민지 지배정책 연구』, 국학자료원.

10명 이내로 한정하여 7개년 임기로 칙임하도록 했다.[163] 10명의 귀족원 의원 중에서 7명이 조선에, 3명이 대만에 할당되었다.

또 중의원선거법을 개정하여 조선인과 대만인이 중의원에 참석할 수 있도록 하였다. 그러나 여기서 중요한 것은, 중의원선거법을 그대로 조선에 연장·시행한 것이 아니라 조선과 대만에 관한 특례조항을 설치하였다는 점이다.[164] 당시 일본정부와 조선총독부는 보통선거를 피해야 한다는 입장이었기 때문에[165] 조선에서의 중의원선거는 제한선거로 결정되었다. 일본정부는 선거권자를 직접국세 15원 이상 납부자로 지정했다. 당시 조선의 도회, 부회, 읍회, 면협의회 등의 선거권 자격기준이 직접국세 5원 이상이었던 것과 비교하면 훨씬 더 까다로운 조건이었음을 알 수 있다.[166] 1945년을 기준으로 선거권자를 선정할 때, 국세 15원 이상의 납세자는 조선 인구의 약 2.3%였고, 그 가운데 약 29%는 일본인이었다.

또 선거구와 의원 수에도 제한되었다. 중의원의 의원은 조선과 대만을 합해 28명을 선출하도록 했고, 그 가운데 조선에는 23명이 배정되었다. 이것은 선거구 조정 과정에서 산출된 숫자였는데, 조선의 13개도를 각각 13개 선거구로 설정하고 각 선거구에 1명의 의원을 배정하는 것을 원칙으로 했다. 그리고 각도의 인구 100만 명을 기준 삼아, 100만

163　東京大學出版會,『帝國議會速記錄』.
164　東京大學出版會, 위의 책.
165　田中武雄, 1960, 앞의 글.(최유리, 1997, 앞의 책, 241쪽에서 재인용).
166　일본은 1919년에 중의원선거법을 개정하여 국세 3엔 이상을 납부한 25세 이상의 남자에게 참정권을 부여하였다. 1925년에는 보통선거법을 시행하였다.

명이 증가할 때마다 1명을 더하는 방법으로 의원수를 정했다.[167]

이와 같이 일본정부는 귀족원과 중의원에 조선인과 대만인을 직접 참여시키는 방법으로 참정권 문제를 해결하려 했다. 그러나 이는 중의원 선거법 및 귀족원령을 그대로 연장 시행하는 것이 아니라, 조선과 대만에 관한 특례사항을 설치하는 방식으로 관철되었다. 이것은 조선이 일본 법역으로 통합되더라도 조선인에 관해서는 차별적 통치를 유지하겠다는 것을 보여주는 것이다.

중의원선거법과 귀족원령의 조선 시행은 식민통치 방식의 변화를 동반할 수밖에 없다. 정치 처우 개선에 관한 대강안을 작성하는 과정에서 일본정부는 이자와 슈지(伊澤修二) 추밀원 고문관을 초빙하여 견해를 들었다. 그 자리에서 이자와는 "조선인 및 대만인의 처우에 관해서는 근본적으로 고이소 총리와 같은 의견"이라고 하면서, 조선인과 대만인이 제국의회에 참여하는 이상 과거의 총독정치를 폐지하고 조선총독은 행정장관으로 축소해야 한다고 주장했다. 또한 이법지역(異法地域)의 차이도 철폐하여 일본과 법률적 동역(同域)을 구성해야 한다고 제안했다.[168]

이자와의 제안은 내무성을 비롯해 법제국 등에서도 일정하게 수용되었다. 내무성 일부는 조선인의 정치처우 개선에 대해 소극적인 입장을 취했지만, 제령권과 총독정치의 폐지를 통한 직접통치에 대해서는 적극적이었다. 1945년 3월 6일 '조선 및 대만재주민의 정치 처우에 관한 질의응답'에 이런 상황이 잘 나타나 있다.

---

167 최유리, 1997, 앞의 책.
168 「朝鮮人及臺灣人ノ政治的處遇ニ關スル伊澤樞密顧問官口述要旨(1944.11.28.)」, 『戰時期植民地統治資料』

외지 재주민 대표자를 제국의회에 참여시키는 이상 내외지 법역의 구별을 철폐하고 외지에 대해서도 법률 시행을 원칙으로 하는 것은 이론상 당연하다. 단 외지의 현상에 비추어 법률 시행에 즈음하여 특례를 설치할 필요가 있는 면도 적지 않다. 정부로서는 이러한 점을 아울러 고려하여 현행 제령 및 율령제도의 기초법 개정을 고구할 심산이다.[169]

당시 내무성은 외지인들의 제국의회 참여에 따라 내외지 이법역 철폐를 근본 정책으로 삼아야 한다고 주장하기는 했지만, 다른 한편 외지의 특수한 상황에 근거한 특례를 설치할 필요도 있다고 판단하고 있었다. 따라서 내무성은 "법역 철폐에 즈음해서도 현행 법제의 원칙을 일거에 개변하는 것은 불가능하고 또 부적당하다"고 보고, "제령, 율령 기타 외지의 현행법령은 우선은 유효한 것으로 하고 점차 고쳐서 내지의 법제로 통일하는 방책"을 고려했다.[170]

당시 추밀원에 참석했던 고이소는 "이론상 본안으로 인하여 종합행정에 영향을 받고 법권의 통일, 제율(制律: 제령과 율령)의 철폐 문제가 될 수 있지만, 아직 내외지를 동일하게 취급할 정도에 도달하지 않았다면 적어도 당분간 현실의 실정에 즉하여 총독정치를 존치할 수 있고, 따라서 제령·율령의 제정권도 그대로 존속시킨다"[171]고 말했다. 고이소의 발

---

169 「朝鮮及臺灣在住民政治處遇ニ關スル質疑應答(1945.3.6)」, 『本邦內政關係雜件 植民地關係』.

170 「朝鮮及臺灣在住民政治處遇ニ關スル質疑應答(1945.3.6)」, 『本邦內政關係雜件 植民地關係』.

171 東京大學出版會, 『樞密院會議錄』.

언은 당시 식민 체제를 이끌어왔던 조선총독과 대만총독에 대한 정치적 배려였다고 생각된다. 당시 조선총독은 관제상 천황에 직예하고 천황에게만 책임을 지는 존재였기 때문에, 제령권 부정을 내각총리대신이 직접 언급하는 것은 신중히 해야 했다. 그러나 당시 법제 정책을 담당했던 법제국과 사법성의 입장은 이와 달랐다.

> 이 선거법이 시행되어 조선·대만에서 입법부로 의원이 나와 법률을 협찬하게 된다면 입법부의 협찬을 거치는 법률은 조선·대만에도 당연 시행되는 것으로 보지 않으면 안 된다. 또 행해질 수 있다.[172]

> 제령 및 율령의 제정권은 다음 총선거를 기점으로 실현될 양원 참가 시기에 제한할 수 있다. 즉 이 시기에 법률을 조선·대만 양지에 그대로 시행하고 당시 존재하는 제령 및 율령은 특히 중요한 것에 한정하여 입법 형식으로 개정하는 것 외에 수차 필요에 응하여 조정한다.[173]

법제국장관 미우라(三浦)와 사법대신 마쓰자카 히로마사(松阪廣政)는 1945년으로 예정된 총선거 실시를 계기로 제령과 율령을 폐지할 것을 주장했다. 이들은 일본에서 제정한 법률을 조선과 대만에 그대로 시행하고, 당시까지 존재했던 제령과 율령은 중요한 것에 한정하여 제국의회에서 입법화하는 방식을 취하려 했다. 이 언급은 조선인 및 대만인의 제국의회 참여가 곧바로 총독정치의 부정으로 이어진다는 것을 단적으로 보

172　東京大學出版會, 위의 책.
173　東京大學出版會, 위의 책.

여준다. 조선과 대만에서의 입법을 제국의회가 행하고 조선총독과 대만 총독에게 위임했던 위임입법권을 회수할 것을 분명히 밝히고 있기 때문이다. 그러면서도 미우라와 마쓰자카는 제령과 율령이 필요한 특수사항에 관해서는 제국의회가 입법 형식으로 개정하는 방식을 제안했다.[174]

그러나 조선과 일본을 동역으로 설정한다는 것이 조선인과 일본인의 평등화를 의미하지는 않았다. 내무성을 비롯한 행정관료들은 조선총독의 권한 축소와 내각의 직접통치를 지향했다는 점에서 내지연장 의식을 갖고 있었다. 그러나 내무성 관료들의 내지연장론은 조선인을 일본인으로 평등하게 취급하겠다는 것을 의미하지 않았다. 조선인과 일본인의 차별을 유지하면서 총독부라는 식민지 통치기구의 폐지를 시도한 것에 불과했다.

일본정부는 1945년까지도 일본국 내부의 여러 식민지인들에 대한 민족적 차별 정책을 그대로 유지했다. 당시 일본정부에 의해 추진된 동역화는 조선총독의 입법권을 부정하고 제국의회와 내각이 입법권을 갖는 방향으로 추진되었다. 그 과정에서 조선인에 대한 민족 정책의 기초, 즉 조선구관주의는 축소 내지는 폐지될 가능성이 높아졌다.

> 문) 조선 및 대만의 친족·상속제도를 내지의 그것과 일치시킬 의향이 있는가. 또 그 실행은 용이한가.
>
> 답) 대만에서는 판례 등에서 현재까지 이미 내지의 친족·상속제도로 합치시키는 방침을 취해오고 있기 때문에 그것을 일치시키는 것은 용이하다. 조선에서는 아직 그 정도에 도달하지 않았지만

---

174 「朝鮮及臺灣在住民政治處遇改善案に關する想定問答」, 『戰時期植民地統治資料』.

방침으로서는 속히 내지와 일치시킬 방침이다. 또 그 실현은 곤란한 것으로 인정하지 않는다.[175]

이 질의·응답에서 조선과 대만의 친족 및 상속제도에 관한 내각의 최종 입장을 확인할 수 있다. 대만총독부는 위와 같은 일본정부의 방침을 확인하고 1945년에 대만과 일본 간의 차별적 법령을 폐지하기로 내부적으로 정리했다. 이를 위해 대만총독부는 ① 비도형벌령(匪徒刑罰令) 폐지, ② 보갑(保甲)제도를 대체할 새로운 행정 하부기구 정비 등을 추진하기로 하고, 황민연성을 강화 촉진할 방책으로 ① (일본)친족·상속법의 적용, ② 관공리·회사은행 등에 본도인(대만인)의 등용, ③ 국민학교 공학촉진의 기초가 되는 유치원의 보급, ④ 국어상용가정제도의 강화, ⑤ 제사공업(祭祀公業)의 정리에 의한 육영재단 설치 등을 설정했다.[176] 특히 대만총독부는 1945년 1월 7일에 내무성 관리국장에게 보낸 문서에서 일본민법의 친족편·상속편을 대만인에게도 적용하는 것을 수용했다.[177] 대만총독부가 일본민법의 친족편 및 상속편의 도입에 긍정적이었던 이유는 대만에서는 이미 판례 변경을 통해서 관습법을 일본민법으로 변경하고 있었기 때문이다.

조선 관습을 부정하고 일본민법으로의 일치를 추진한 일본정부의 계

---

175 「朝鮮及臺灣在住民政治處遇ニ關スル質疑應答(1945.3.6.)」, 『本邦內政關係雜件 植民地關係』.

176 「本島人ノ處遇改善ニ付總督府ニ於テ考慮シツツアル事項」, 『本邦內政關係雜件 植民地關係』.

177 「島民ノ處遇ニ關スル措置槪要ニ關スル件(臺總出第10號 1945.1.7.)」, 『本邦內政關係雜件 植民地關係』.

획에 대해서 조선총독부가 어떤 입장을 취했는가를 명시적으로 확인할 수 있는 문서는 현재 발견되지 않았다. 대만총독부가 1945년 1월에 이미 일본 친족법 및 상속법의 연장 시행에 동의한 것으로 미루어볼 때, 조선총독부도 일본정부의 계획에 찬성하지 않았을까 생각된다.

그러나 친족·상속에 관한 법제일원화가 조선인과 일본인의 완전한 통합이나 전적의 자유 등으로 이어질 가능성은 당시의 상황에서는 높지 않았다. 당시의 법역 통합화는 통치기구의 통합을 의미했을 뿐 조선인과 일본인의 완전한 통합으로는 발전되지 못하고 있었기 때문이다. 법역 통합에 적극적이었던 사법성과 법제국 역시 여전히 조선과 대만의 특수관습의 존재와 민도의 차이, 황민화되지 못한 조선인들의 존재라는 구도를 벗어나지 못하고 있었다. 이를 보여주는 대표적인 사례가 이적에 관한 방침이다.

> 이적(移籍)은 내지에 정주하는 다수 조선인이 희망하는 바이지만, 현재 바로 무제한으로 인정하는 것은 폐해를 동반할 우려가 있기 때문에 외국인 귀화의 예에 준하여 허가제도를 채용하는 것이 적당하다고 생각한다. 이 경우의 조건으로는 상당 연수 내지 정주의 사실, 일정한 연령 내에 도달할 것, 생활의 안정 등을 고려하는 것이 적당하다고 인정하지만, 구체 방책에 관해서는 깊이 생각 중이다.[178]

1944년 말부터 1945년까지 추진된 일제의 조선인 참정권 부여 계획

---

[178] 「朝鮮及臺灣在住民政治處遇ニ關スル質疑應答(1945.3.6)」,『本邦內政關係雜件 植民地關係』.

은, 조선인과 일본인이라는 민족적·인종적 구도에서 벗어났다기보다는 그러한 차별구도 속에서 조선에 대한 법률적 연장을 강화한 것으로 볼 수 있다. 이는 중의원선거법을 조선 지역에 그대로 연장 시행하지 않고 조선과 대만에 대한 특례조항을 설치하여 시행한 데서 알 수 있다. 이와 같은 중의원선거법 개정안은, 조선총독의 제령권에 기초한 통치에서 제국의회에 의한 일국일법역주의(一國一法域主義)로 변화하도록 했다. 따라서 법률적 측면에서는 '조선—제령', '일본—법률'의 구도에서 벗어나 조선과 일본이 모두 제국의회의 법률적 지배로 귀속되고 또한, 제국의회가 조선 지역에 대한 특수입법을 계획했다는 점에서 차이가 있다.

이와 같이 1945년 이후 일본정부는 조선을 내지의 한 지방으로 취급하는 정책을 추진했다. 그러나 조선인의 법적 평등에 대해서는 여전히 소극적 태도로 일관하고 있었다. 그 대표적인 것이 전적 문제와 더불어 조선인에 대한 국적법 시행 여부였다. 일본정부는 1910년 한국병합 과정에서도 조선인에 대한 국적법 시행을 인정하지 않았지만, 이 시기에도 조선인에 대해 국적법을 적용할 의사가 없었다.

> 종래 조선에 국적법을 시행하지 않은 이유는 주로 국외의 불령조선인이 외국으로 귀화 등 국적법에서 정한 이유에 기초하여 일본 국적을 상실하고, 그로 인하여 그들에 대한 단속의 곤란을 초래할 것을 방지하는 것에 있었고, 금일에서도 일부 조선인에 관해서는 그 사정이 소멸되었다고는 인정할 수 없기 때문에 그에 관한 규정인 동법 제20조는 시행하지 않는 것이 적당하다. 그러나 기타 규정은 시행할 수 있다고 생각한다.[179]

국적법 제20조를 제외한다는 것은 역시 특례조항을 설치하여 조선인을 지배하겠다는 구상이다. 여전히 조선인들이 외국 국적을 취득하여 반일독립운동에 참가하는 것을 법적으로 막으려는 의도였음을 알 수 있다. 일본정부는 총독정치를 부정하고 조선과 대만을 일본법역으로 통합하려 했지만, 국적법과 이적에 관한 태도에서 알 수 있듯이 조선인과 일본인의 법적 일치화가 아닌 통치기구의 일치화를 추구했다.

따라서 1944년 이후 일련의 정치적 처우에 대한 내각 방침은, 1942년 내외지행정일원화의 관점을 법적 차원으로 확대한 것으로 볼 수 있다. 그리고 그 결과는 조선인─일본인 차별의 완전한 철폐가 아니라 제국의회와 내각에 의한 조선 지역의 직접 지배였다. 조선인은 조선총독부의 지배에서 벗어났지만, 그 내용은 제2등 국민의 정체성을 갖는 계기를 마련했을 뿐이었다. 이와 같은 일련의 정책 방향은 총독에게 위임했던 입법·사법권을 거두어 제국의회와 사법성이 장악하고, 지방행정에 관해서는 내무성이 직접 관할하겠다는 것이었다.

조선총독부가 추진했던 조선 관습의 성문법화는 일본 식민지 법제 체제 속에서 추진되었고, 특히 「조선민사령」의 관습법주의는 일본정부의 '소극적 법제일원화' 정책에 의해 유지될 수 있었다. 그러나 전시상황하에서 일본정부가 적극적인 법역 통합화 정책으로 전환하면서, 조선총독부가 강력히 추진했던 조선친족령·상속령 구상은 실현될 수 없었다. 특히 제령권이 부정될 가능성이 높아지면서 제령에 기초하여 성립한 특수입법도 역시 존립의 근거를 상실하게 되었다.

---

179 「朝鮮及臺灣在住民政治處遇ニ關スル質疑應答(1945.3.6)」, 『本邦內政關係雜件 植民地關係』.

1921·1922년 「조선민사령」 제11조 개정이 일본정부의 법제일원화 논리에 의해 좌절되었다면, 1940년대 조선총독부의 조선친족령·상속령 정책은 일본정부의 법역 통합화 정책에 의해 좌절되었다. 일본정부에 의해 추진된 이법역 통합화 정책은, 기존의 소극적 법제일원화 정책과 달리 조선 지역을 일본정부와 제국의회가 직접 통치하겠다는 적극적인 의지의 산물이었으며, 이러한 식민정책은 조선인들이 식민지 시기 내내 요구했던 독립과 차별의 철폐와는 거리가 멀었다.

제4장
조선총독부의
형사법 정책

1. 일제강점기 형사재판제도의 운영 실태

1) 총독 중심의 형사법체제 운영

1909년 7월 24일 기유각서를 체결하여 "한국 사법 및 감옥사무를 개선하고 한국 신민과 아울러 외국 신민과 인민의 생명, 재산 보호를 확실하게 할 목적과 한국 재정의 기초를 공고히 하기 위해" 한국의 사법 및 감옥 사무를 일본에 '위탁'하게 되었다.[1] 이에 따라 사법권은 일본에게 위임되고, 일본은 사법제도를 이용하여 한국의 식민지화를 본격화하였다.

한국 사법권이 일본정부에 위임됨에 따라, 일본정부는 '법적 정당성'을 확보하면서 1909년 10월 칙령을 공포하여 통감부 사법청을 설립하였다. 나아가 통감 관리 아래 한국의 사법 및 감옥에 관한 행정사무를 담당하게 함과 동시에 「통감부재판소령」 등 제법규에 기초해 통감부 사법기관을 설치하고, 1909년 11월 1일부터 한국의 사법 및 감옥사무를 개시하여 식민지 사법 체제를 제도적으로 완성해나갔다. 그 결과 1909년 11월 한국의 각종 사법제도 대신 '사법, 감옥사무에 관한 일본국 칙령'이 공포되면서 법부는 1909년 10월 31일부로 폐지되고 11월 1일 통감부 사법청과 「통감부재판소령」이 시행되어 재판, 감옥을 비롯한 모든 사법관련 업무가 통감부에 속하게 되었다.[2] 그 결과 일제는 한국의 사법권

---

1 『구한국관보』, 1909.7.24.
2 「사법, 감옥사무에 관한 일본국 칙령」, 『한말근대법령자료집』 9, 1쪽.

을 완벽하게 장악하고 행사할 수 있게 되었다.

일제는 한국의 재판소를 장악하는 과정에서 각급 재판소의 판·검사 등 사법관을 관찰사·군수·한성판윤·감리 등 행정관이 겸임하던 것을 완전히 폐지하고 전임 사법관들로 임명하게 하였다. 이를 위해 일본에서 고등고시 사법과에 합격하고 현직 판·검사로 재직하고 있던 일본인들을 불러들여 한국 판검사로 임명하였다. 다만 한국인 중 종전 재판소에서 비교적 오랫동안 재판 경험을 쌓은 자, 일본에 유학하여 법학을 전공하고 귀국한 자, 변호사 시험에 합격한 자, 법관양성소 졸업생 중 재판 사무 경력이 있는 자는 특별히 판·검사로 임명하였다. 여기서 특히 재판관의 신분이 문제가 되었다. 원래 일본헌법에서 재판관의 신분은 헌법상 보장되는데 한국에서 근무하는 재판관은 한국 특별재판소의 재판관이므로 헌법상 보장해 줄 수 없고 따라서 그 명칭은 판관, 검찰관이라 하거나, 또는 통감부판사, 통감부검사라고 한다고 규정하였다.[3] 그러면서 1910년 10월 1일 「조선인 조선총독부재판소 직원 임용에 관한 건」을 통해 제국대학, 관립전문학교 또는 조선총독이 지정한 학교에서 3학년 이상 법률학과를 마치고 졸업한 조선인은 문관고등시험위원의 전형을 거쳐 특별히 조선총독부 판사 또는 검사에 임용할 수 있도록 하였다.[4] 제한적으로 한국인이 법관이 될 수 있도록 조치한 것이다.

일제는 한국을 강점하면서 1909년 10월 18일 「통감부재판소령(統監府裁判所令)」(칙령 제236호)의 시행을 통해 1910년 병합 이후 조선총독부는 통감부 재판소의 명칭을 조선총독부재판소로 변경하였다. 강점 후

---

3 「司法權委託ニ關スル事務施行ニ付テノ協定事項」(1909.7.27.), 『統監府文書』 9.

4 「조선인 조선총독부재판소 직원 임용에 관한 건」(1910.10.1.), 『조선총독부관보』 29.

에는 통감부가 총독부로 확대 개편되면서 「통감부재판소령」은 「조선총독부재판소령」으로 바뀌었으며, 재판소를 총독부의 직속으로 하고 고등법원장이 조선총독의 지휘감독을 받도록 함으로써(「조선총독부재판소령」제12조 제2항) 사법의 독립성을 부정하였다. 1910년 11월 28일 「조선총독부재판소령」 제6조에 조선총독은 특별한 필요가 있다고 인정할 때 하나의 구(區)재판소 또는 지방재판소에 속하는 소송사건을 그 재판소와 동등한 다른 재판소가 취급할 수 있도록 개정하였다.[5] 1911년 5월 9일 「조선총독부재판소령」 제26조의 2를 개정하여 판사는 재직 중 ① 공연히 정사에 관계하는 것, ② 정당, 정파에 가입하는 것, ③ 봉급이 있는 또는 금전의 이익을 목적으로 하는 공무를 취하는 것, ④ 상업을 운영하는 것을 금지시켰다. 또한 판사가 금고 이상의 형에 처했을 때나, 판사가 신체 또는 정신의 쇠약으로 인해 직무를 집행할 수 없게 되었을 때 조선총독은 고등법원의 총회 의결을 거쳐 이에 퇴직을 명할 수 있고, 조선총독은 필요하다고 인정할 때 판사에게 휴직을 명할 수 있도록 하였다.[6] 이같은 조치를 통해 식민지에서는 사법관의 권한이 제한되고 총독이 사법권에 영향력을 행사하는 권한이 강화되었다.

이후 1912년 3월 18일 「조선총독부재판소령」을 개정하여 조선총독부재판소를 나누어 지방법원, 복심법원 및 고등법원으로 하고(제2조 제1항), 지방법원은 민사 및 형사에 부쳐 제1심 재판을 행하는 한편 비송사건에 관한 사무를 취급하며, 복심법원은 지방법원의 재판에 대한 공소 및 항고, 고등법원은 복심법원의 재판에 대한 상고 및 항고에 부쳐 재

---

5 「조선총독부재판소령 중 개정」(1910.11.28.), 『조선총독부관보』 제75호.
6 「조선총독부재판소령 중 개정」(1911.5.9.), 『조선총독부관보』 제205호.

판을, 고등법원은 전항 외, 재판소구성법에서 정한 대심원의 특별권한에 속하는 직무를 행하도록 하였다(제3조).

지방법원은 판사가 단독으로 재판을 하지만, 형법 제74조 및 제76조의 범죄사건, 사형, 무기 또는 단기 1년 이상의 징역 혹은 금고에 해당하는 범죄사건의 경우 3명의 판사로 조직한 부(部)에서 합의하여 재판을 하도록 하였다(제4조). 조선총독은 지방법원의 사무 중 일부를 취급하도록 지방법원의 지청을 설치할 수 있었다(제5조).

특히 조선총독은 지방법원의 판사 중 1명 또는 몇 명에게 형사의 예심을 할 것을 명할 수 있었고(제6조), 제7조에서는 고등법원장은 각별의 사건에 부쳐 그 원(院)의 판사 또는 하급재판소의 판사에게 예심을 할 것을 명하고, 조선총독은 특별한 필요가 있다고 인정할 때는 지방법원에 속하는 형사소송사건을 다른 지방법원이 취급하게 할 수 있도록 하였다. 이와 함께 조선총독부재판소에 검사국을 병치하고 지방법원 지청을 설치했을 때는 그 지청에 검사분국을 병치하였다(제9조). 따라서 총독의 권한이 강화되었다.

조선총독은 조선의 식민지 지배체제를 강화하기 위해 한국에서 입법·사법·행정 등 전권을 위임받아 행사하였다. 조선총독부는 「조선총독부관제(朝鮮總督府官制)」를 통해 조직을 강화시키고, 「조선총독부사무분장규정(朝鮮總督府事務分掌規程)」에 의해 조선총독부 내에 사법부를 두고 장관으로 하여금 총독과 정무총감의 명에 따라 부의 업무인 사법·행정의 지휘·감독사무를 관리하고 부하관리를 지휘감독하며(「조선총독부관제」)(제9조·제12조), 예하에 서무과·민사과·형사과를 설치하였다. 서무과는 사법부에 관한 문서의 접수·발송·정서(淨書)에 관한 사항, 통계, 보고재료 수집에 관한 사항, 변호사에 관한 사항, 감옥의 설치와 폐지에 관한 사항, 재판소의 설치·폐지·관할구역에 관한 사항, 부내(部內) 다른 과의 주관에 속하지 않는 사항을 담당하고, 민사과는 민사·비송사건에 관한 사무를, 형사과는 형사·검찰·감옥·은사·출옥인 보고에 관한 사무를 각각 담당하도록 하였다.

또한 1911년 제령 제5호 「조선총독부판사징계령」을 공포하여 면관 및 칙임관의 정직 또는 감봉은 징계위원회의 의결을 갖추고 내각총리대신을 거쳐 조선총독이 이를 주청하며, 견책 및 주임관의 정직 또는 감봉은 조선총독이 이를 행하도록 하였고, 조선총독은 매년 사전에 조선총독부 판사 중에서 위원 및 예비위원을 임명함은 물론 징계위원회의 회의는 조선총독의 청구에 따라 개시하도록 하였다.[7]

2) 총독부재판소의 조직과 기능

정미조약을 체결한 이후 일본인 고위관료들이 대한제국의 주요 요직을 차지하고 외교권에 이어 한국의 내정 문제까지 통감부가 관여하게 되었다. 일제는 정미조약에서 법령제정 및 행정상 처분에 대한 사전 승인권, 사법과 행정의 구별, 고등관 임명에 대한 동의권, 일본인 한국관리에 대한 추천권 등을 명시했다. 그리고 부속 각서에 한일 양국인으로 구성된 대심원, 공소원, 지방재판소, 구재판소(區裁判所)의 설치 지역과 판사 검사 및 서기 등으로 채용될 일본인 수를 구체적으로 규정하였다.[8] 이는 1907년 12월 23일 제정된 법률 8호 「재판소구성법」(1908.1.1. 시행)

---

7 「조선총독부판사징계령」(1911.5.), 『조선총독부관보』 205.
8 문준영, 2010, 『법원과 경찰의 역사』, 역사비평사, 385쪽.

을 통해 구체화되었다.[9] 재판소의 명칭은 일본을 따라 대심원, 공소원, 지방재판소, 구재판소 4종으로 했으며 3심제를 채택했다.

특히 정미조약의 부속각서에서 주목할 점은 3심제 도입을 명분으로 일본인 판검사의 법관 임용이 포함된 점이다. 감독권을 통해 간접적으로 재판권에 개입하던 단계에서 일본인 판검사를 직접 임명하여 일제가 재판권을 장악하고 행사하는 단계로 나아갔던 것이다. 그 결과 1908년 1월경에는 대심원장과 검사총장이 내정되고 이후 감독관 및 판검사들의 선발에 들어가 4월경이 되면 인선은 마무리되었다. 이때 임용된 일본인은 대심원장 및 대심원 검사총장 이하 감독관 34명, 판사 74명, 검사 32명에 이르렀다. 반면 한국인은 판사 36명, 검사 9명에 불과했다. 명목상 한국재판소였지만 실질적으로는 일본인이 재판소를 완전 장악하고 있는 상태였다.[10]

재판소와 관련하여서는 복심법원을 설치하고 복심법원장은 조선총독의 지휘감독을 받아 그 원(院)의 행정사무를 장리(掌理)하며, 관할구역 내 지방법원의 행정사무를 지휘감독하도록 하였다. 지방법원의 경우 지방법원장은 그 원(院)의 행정사무를 장리하고, 지방법원 지청의 판사는 지방법원장의 명을 받아 그 지청의 행정사무를 관장하도록 하였다. 공소원 및 지방재판소는 복심법원 및 지방법원으로 고치고 복심법원 검사국에 복심법원 검사장을 두었고, 복심법원 검사장은 그 국(局)의 사무를 장리하고, 관할구역 내 지방법원 검사국을 지휘·감독하였다. 지방법원 지

---

9 『한말근대법령자료집』7, 160쪽.
10 문준영, 2010, 앞의 책, 389~390쪽.

청의 검사는 지방법원 검사正의 명을 받아 그 지청 검사분국의 사무를 관장하도록 하여 검사의 권한을 강화시켰다.[11]

이처럼 「조선총독부재판소령」 개정 결과 '재판소'는 '법원'으로 개칭되고, 구재판소, 지방재판소, 공소원은 폐지, 지방법원, 복심법원, 고등법원의 3심급 3계급제로 변화하였다. 고등법원은 서울에만, 복심법원은 서울·대구·평양 3개 지역, 지방 법원은 11개 지역에 설치되어 재판이 운영되었다.

〈그림 4-1〉 강점 이후 재판 체계의 변화

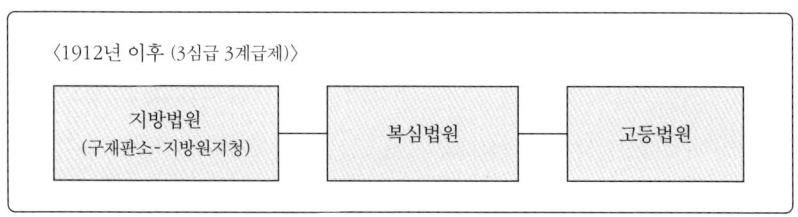

이는 명목상 절차 간소화를 통하여 신속한 재판을 도모하기 위한 조치였으나 이후 조선에서 형사 절차가 식민지적 특수성을 갖게 되는 주된 원인이 되었다. 심급제도의 축소로 검사로 대표되는 수사기관에 예심 권한을 부여하였고 이는 사법기능의 약화로 이어졌기 때문이다. 1912년 「조선형사령」에 의해서 일본의 형사소송법이 적용되기 시작하였다. 따라서 이전과는 다른 형사소송 절차가 진행되었다.[12]

조선인에 대한 재판 기관의 심급은 구재판소―지방재판소―공소

---

11 「조선총독부재판소령 중 개정」(1912.3.18.), 『조선총독부관보』 호외.
12 성경숙, 2012, 「일제강점초기 조선의 형사법구조」, 『성균관법학』 24, 363쪽.

원—고등법원의 4급 3심제를 취하고 있었다. 지방재판소는 3인의 판사가 합의부를 구성하여 ① 구재판소의 권한 및 고등법원의 특별권한에 속하지 않는 형사소송의 제1심을 맡으면서도 ② 구재판소 판결에 대한 공소(控訴)와 구재판소의 결정·명령에 대한 항고(抗告) 등 제2심을 관장하였다. 공소원은 3인의 합의부로 ① 지방재판소가 내린 제1심 판결에 대한 공소 ② 지방재판소가 제1심으로 내린 결정·명령에 대한 항고를 담당하였고, 경성·대구·평양 등 3개소에 설치되었다.

재판소 조직은 1912년에 대폭 개정되었다. 4급 3심제의 재판제도가 복잡하므로 조선의 사정에 적합하게 간소화할 필요가 있다는 지적에 따라 1912년 3월 18일 「조선총독부재판소령」을 대폭 개정하였다. '재판소'라는 명칭을 '법원'으로 개칭하고 지방법원·복심법원·고등법원의 3급3심제로 고쳤으며, 지방법원 사무의 일부를 처리하기 위하여 지방법원지청을 설치함과 동시에 지방법원지청에는 검사분국을 병치(倂置)하게 하였다.

그 후 재판기구는 1912년 3월 30일 훈령 제27호로 「조선총독부사무분장규정」 개정으로 민사과, 형사과, 감리과로 개편하였고, 1915년 5월 1일 훈령 제26호를 통해 「조선총독부사무분장규정」을 개정하여 법무과와 감옥과로 구분하고 1919년 8월 20일 훈령 제30호 개정을 통해 사법부에서 법무국으로 명칭을 변경하였다. 1920년 8월 14일 훈령 제31호로 동 규정을 개정하여 법무과를 민사과와 형사과로 분류하고 감옥과는 유지하였으며, 1939년 12월 27일 훈령 제80호로의 개정에는 민사과, 형사과, 행형과의 3과로 조직을 운영하였다.[13]

---

13 김용주, 2012, 「사법경찰과 검찰의 관계에 대한 역사적 고찰」, 고려대학교 법학과 박

지방법원은 민사 및 형사에 대한 제1심 재판과 비송 사건에 관한 사무를 취급하였고, 복심법원은 지방법원의 재판에 대한 공소 및 항고, 고등법원은 복심법원의 재판에 대한 상고 및 항고에 대한 재판을 담당하였다. 종전의 지방재판소가 3인의 판사로 구성된 합의부에서 재판을 하였던 데 비하여, 개정 이후에는 지방법원은 판사 단독으로 재판함을 원칙으로 하되 중요한 사건에 한해서만 3인의 판사로 구성된 합의부에서 재판하게 하였다. 복심법원은 3인의 판사, 고등법원은 5인의 판사로 구성되는 합의부가 재판을 하도록 하였다.

이와 아울러 각급 재판소에는 검사국을 병치하여 복심법원 검사국에는 복심법원검사장, 지방법원 검사국에는 지방법원검사정, 지방법원지청에는 검사를 두되 지방법원검사정의 명령에 따라 지청검사분국을 관장하도록 하였다. 1920년 12월 20일 「조선총독부재판소령」 개정을 통해 고등법원장, 고등법원검사장, 복심법원장 및 복심법원검사장은 조선총독이 상주하여 이를 임명하고 기타 각 직은 조선총독이 이를 임명하도록 하였다.[14] 1921년 개정에서는 조선총독은 필요하다고 인정할 때 판사에게 휴직을 명할 수 있다고 규정한 부분을 고등법원장이 연령 63세, 기타 판사직에 있는 자가 연령 60세에 이르렀을 때는 퇴직으로 한다고 규정하면서도 조선총독은 고등법원의 총회 결의에 따라 5년 이내의 기간을 정해 계속 재직하게 할 수 있다는 단서를 붙혀 사법권에 대한 총독의 권한을 유지하였다.

1922년 12월 7일 제령 제12호 「조선총독부재판소령」 개정은 제3조

사학위논문, 160쪽.
[14] 「조선총독부재판소령 중 개정」(1920.12.20.), 『조선총독부관보』 호외.

제2항에서 복심법원은 지방법원의 재판에 대한 공소 및 항고, 고등법원은 지방법원 및 복심법원의 재판에 대한 상고와 복심법원의 재판 및 지방법원이 한 상고기각의 결정에 대한 항고에 부쳐 재판을 한다고 개정하였다. 제4조에서는 형법 제74조 및 제76조의 범죄사건, 사형, 무기 또는 단기 1년 이상의 징역 혹은 금고에 해당하는 범죄사건을 처리하되 단, 형법 제236조, 제238조 및 제239조의 죄와 그 미수죄로서 예심을 거치지 않은 것을 제외하였고, 단기 1년에 모자란 유기징역 또는 금고에 해당하는 범죄로서 예심을 거친 것, 판사에 대한 기피사건은 지방법원은 판사가 단독으로 재판하지 않고 3명의 판사로 조직한 부(部)에서 합의하여 재판을 하도록 하였다. 또한 제12조 제2항에서 고등법원장은 조선총독의 지휘, 감독을 받아 그 원(院)의 행정사무를 장리하며 하급재판소의 행정사무를 지휘, 감독하도록 하였다.

정리하자면 1922년 「조선총독부재판소령」 개정을 통해 고등법원의 권한을 확장하여 지방법원의 재판에 대한 상고 및 상고 기각의 결정에 대한 항고도 동 법원의 판단에 속하게 하였고 고등법원장에게 법원의 지휘감독권을 부여하였다. 이후 검사국의 서기장 변화 등 소략적인 재판제도의 변천이 있었으나 대체로 일제강점기 말기까지 지속되다 전시체제가 가속화 되어가던 1944년 「조선총독부재판소령 전시특례(朝鮮總督府裁判所令 戰時特例)」 법률 제30호 제1조 및 제2조에 따라 「조선전시형사특별령」에서 정한 전시형사특별법 제5조 제1항의 죄에 관한 사건으로서 예심을 거치지 않았다. 단, 판사가 사형에 처할 것을 의심하기에 충분한 정상이 있다고 인정하는 것을 제외하고 부(部)에서 합의하여 재판을 하도록 하였다. 그러면서 제1심의 판결에 대해서는 공소를 할 수 없고, 판결에 대해서는 직접 상고를 할 수 있지만 궐석 판결은 이 범위에 속하지 않는다고 개정하였다. 또한 제1심 판결로서 판사가 단독으로 시행한 것에 대한 상고는 복심법원이 그 재판을 행하도록 하면서 제1심 판결로서 합의부에서 시행한 것에 대해 지방법원이 행한 상고장 각하 및 상고 각하 결정에 대한 항고는 고등법원이 재판을 진행하도록 하였다. 복심법원의 상고심으로 행한 재판에 대해서는 항고를 할 수 없고 복심법원에서 상고심으로 재판을 함에 있어 법률에 부쳐 드러난 의견은 그 소송 일체에 대해 하급재판소를 기속하도록 하였다.

이후 전시체제기인 1944년 3월 15일부터 3심제가 아닌 2심제가 채택되어 운영되었고 1심사건에 대해서는 공소를 불허하고 직접상고만 허용하였으며 단독판사의 재판인 경우에는 직접 복심법원에서 상고심으로 재판하도록 하였다. 나아가 1944년 2월 14일의 '조선에 있어서의 재판수속 간소화를 위한 국방보안법 및 치안유지법의 전시특례에 관한 건'(법률 제20호), 1944년 2월 15일의 「조선전시형사특별령」(제령 제4호) 및 기타 일본의 전시형사특별법 등에 행정적 절차가 간소화되면서 재판에 의거한 형사상 권리구제의 방법이 제한되어 갔다.

2.「조선형사령」의 제정과 시행

1)「조선형사령」의 구성과 내용

근대국가에서는 죄형법정주의에 의해서 범죄행위의 성립과 처벌을 반드시 법률로써 규정하고 있다. 따라서 형법의 실현과 구체적인 적용도 형사소송법의 법적 절차에 따라야 한다. 형사소송법에 의한 국가형벌권의 행사는 필연적으로 사인(私人)의 기본적인 권리를 제한하게 된다. 그러므로 근대국가의 형사소송법은 기본적으로 피고인의 인권을 보장하고 형벌권행사는 제한적으로 사용하는 방향으로 발전하였다. 하지만 식민지 조선에서는 통치의 효율성을 위해서 변질적인 형태로 형사재판이 진행된 측면이 있다. 따라서 일제강점기 형사소송법은 총독부 권력이 행사한 형법의 구체적인 적용과 실현을 위한 법적 절차라는 점에서 일제의 식민지배 성격을 반영한다고 할 수 있다.

1911년 3월 25일 법률 제30호로 공포된 「조선에 시행할 법령에 관한 법률」은 조선에서 법률을 요하는 사항은 '제령'이라는 조선총독의 명령으로 규정할 수 있게 하였고, 법률의 전부 또는 일부를 조선에 시행하는 것이 필요하면 '칙령'으로써 이를 정하도록 하였다. 그러면서 "제령은 조선에 시행하여 온 법률과 특히 조선에 시행할 목적으로 제정한 법률 및 칙령에 위배해서는 안 된다"고 규정하였다. 조선총독은 제령을 통하여 조선의 행정·입법·사법의 3권을 장악하고 행사할 수 있었다.[15]

또한 1912년에는 「조선형사령」 공포를 통해 식민지 조선에서 시행할 형사법 체계를 구체화하였다. 「조선형사령」은 "형사에 관한 사항은 본령 기타의 법령에 특별히 규정되어 있는 경우를 제외하고는 다음의 법률에 의한다"고 규정하면서 일본의 형법, 형법시행법, 형사소송법을 비롯한 12개의 형사법을 적용하도록 하였다. 그리고 부칙에서 형법대전 등 대한제국기 법률을 폐지하였고, 이후 1918년 「조선형사령」을 개정하

---

15 제령과 관련된 자세한 사항은 전영욱, 2022, 「일제시기 제령의 위상과 정치적 역할」, 서울시립대학교 박사학위논문.

여 일본 형법을 완전히 의용하였다. 이후에도 「정치에 관한 범죄처벌의 건」, 「치안유지법」, 「폭력행위 등 처벌에 관한 건」, 「범죄즉결례」 등 다양한 통제적 형사법제의 정비를 통한 압제를 강화하였다.

일제가 한국을 강점하면서 「조선형사령」을 공포한 명목상의 이유는 조선의 기존의 형사법규가 복잡해서 통일이 더욱 절실했다는 점이었다. 그러면서 한국법의 형벌은 내지 실체법의 규정에 비해 지나치게 준엄하고, 형의 양정에 신축력이 결핍되어 있는 등 결점이 있었음을 지적하였다. 따라서 사정이 허락하는 한 내지의 법률을 조선인에게 적용하는 방침을 채택했지만, 조선의 범죄 등에는 특수한 것이 있다는 이유로 특례를 두었고 그 결과 「조선형사령」의 제정은 조선의 형사에 관해서는 형법, 형법시행법, 폭발물취체벌칙, 형사소송법 등 12건을 따르는 것으로 하였다.[16] 따라서 「조선형사령」의 제정과 공포는 식민지 차별의 성격을 가지고 있을 수밖에 없는 실정이었다.

「조선형사령」은 모두 47개의 조문과 부속 조항으로 구성되어 있었다.[17] 일제는 한국을 병합하면서 일본의 형법을 한국에 행사하는 것이 당연하다고 인식하였다. 하지만 식민지의 '특수한 사정'으로 인해 본 형법이 식민지 조선에서 행사되는 것을 제한하면서 조선총독의 명령에 위임하는 형식으로 형법을 시행하게 되었다. 그 내용을 자세히 살펴보자.

---

16 박찬승 외 역, 2018, 『국역 조선총독부 30년사』 상, 민속원, 84~85쪽.
17 「조선에 시행할 법령에 관한 법률」(1912.3.18.), 『조선총독부관보』 호외.

(1) 「조선형사령」 의용 법률

제1조 형사에 관한 사항은 본령, 기타 법령에 특별한 규정이 있는 경우를 제외하고 다음 법률에 따른다. 1. 형법 2. 형법시행법 3. 폭발물취체벌칙 4. 메이지(明治) 23년 법률 제34호 5. 통화 및 증권 모조(模造)취체법 6. 메이지 38년 법률 제66호 7. 인지범죄순벌법(印紙犯罪巡罰法) 8. 메이지 23년 법률 제101호 9. 해저전신선보호만국련합조약벌칙(海底電信線保護萬國聯合條約罰則) 10. 형사소송법 11. 보통치죄법, 육군치죄법, 해군치죄법 교섭의 건 처분법 12. 외국재판소의 촉탁으로 인한 공조법

1912년 공포된 「조선형사령」 제1조에서는 형사에 관한 사항은 형사령과 기타 법령에 특별한 규정이 있는 경우를 제외하고 형태적으로는 일본에서 시행되는 법률인 형법, 형법시행법, 폭발물취체벌칙, 형사소송법, 보통치죄법, 육군치죄법, 해군치죄법 교섭의 건 처분법, 외국재판소의 촉탁으로 인한 공조법에 의하여 처리하도록 정하였다.[18] 하지만 특칙규정을 통해 효율적 식민통치를 위한 특수성을 반영하였다. 특히 인권과 관련 있는 강제수사 관련 소송 절차에 식민지적 차별이 이루어졌다.

그 대표적인 것으로 법관에 의한 강제수사의 통제가 배제되어 총독부 경무총장이 사법경찰관으로서 범죄를 수사할 때에는 검사와 같은 직권이 부여되고, 검사에게 비현행범에 대한 영장발부권을 인정하고, 검사

---

18 「조선형사령」(1912.3.18.), 『조선총독부관보』 호외.

의 피고인 구류기간이 3일인 일본에 비해「조선형사령」에서는 20일이며, 일본에서는 변호인이 피고인을 대리하여 상소할 수 있는 데 반해 식민지에서는 상소할 수 없게 하였고, 사형, 무기 상당자 이외는 관선변호인을 붙이지 못하게 하고, 1년 이하의 징역 금고 또는 300원 이하의 벌금을 언도한 제1심의 판결에 대하여 증거에 관한 이유를 생략할 수 있게 하고, 일본 형법보다 형이 중한 형법대전 중 모살인, 고살인, 친속살인, 강절도상해, 강절도강간, 강간 등 피고에게 불리한 규정은 계속 적용하는 것 등이었다.[19]

(2)「조선형사령」에서 규정한 법관의 직무

> 제2조   전조의 법률 중 대심원의 직무는 고등법원, 대심원장의 직무는 고등법원장, 검사총장의 직무는 고등법원검사장, 검사장의 직무는 복심법원검사장, 지방재판소검사 및 구재판소검사의 직무는 지방법원검사가 이를 행한다.

「조선형사령」제2조는 제1조의 법률 중 대심원의 직무는 고등법원, 대심원장의 직무는 고등법원장, 검사총장의 직무는 고등법원검사장, 검사장의 직무는 복심법원검사장, 지방재판소검사 및 구(區)재판소검사의 직무는 지방법원검사가 이를 행한다고 규정하였다.

앞에서 살펴본 바와 마찬가지로 1912년 3월 18일 제령 제4호「조선총독부재판소령」개정으로 재판소 조직을 지방법원에서 복심법원, 고등

---

19   법원도서관, 2005,『조선형사령석의』, 4쪽.

법원으로 이어지는 3급 3심제로 변화하였다. 지방법원의 사무의 일부를 취급하기 위하여 종전의 구재판소를 폐지하고 지방법원 지청을 설치하며 지청에 검사분국을 병치하였다. 또한 통감부기부터 이미 확립된 '검사동일체의 원칙'이 적용되어 고등법원검사국에 고등법원검사장을 두고 검사장은 조선총독의 지휘·감독을 받고 그 국의 사무를 장리하고 하급 검사국을 지휘·감독하며, 복심법원검사국에도 검사장을 두고 검사장은 그 국의 사무를 장리하고 관할구역 내 지방법원검사국을 지휘·감독하며, 지방법원 검사국에는 검사정을 두고 검사정은 그 국(局)의 사무를 장리하며, 지방법원지청검사분국의 검사는 지방법원검사정의 명을 받아 지청검사분국의 사무를 장리하는데, 지청에 2명 이상의 검사가 있을 때에는 상석검사가 직무를 행하도록 하였다.[20]

(3) 왕족 관련 규정

제3조 형법 제75조 및 76조 그리고 형사소송법 제28조 제3항 및 제130조 제1항의 규정은 이를 왕족에게 준용한다.

제3조는 왕족에 대한 것으로 형법 제75조 및 76조 그리고 형사소송법 제28조 제3항 및 제130조 제1항의 규정은 이를 왕족에게 준용하도록 하고 있다. 형법 제75조는 황족에 대하여 위해를 가한 자는 사형에 처하고 위해를 가하고자 한 자는 무기징역에 처한다는 내용이고, 제76조는 황족에 대하여 불경행위가 있는 자는 2월 이상 4년 이하의 징

---

20 김용주, 2012, 앞의 논문, 169쪽.

역에 처한다는 황실에 대한 죄와 관련된 사항이다.[21] 일제는 한국을 강점하면서 대한제국 황족들의 지위를 병합 이전과 동일하게 유지하도록 하여 식민지 조선인들이 식민지 체제에 순응하도록 유도한 것으로 일제의 통치 기간 동안 정치적으로 이용된 존재였다. 일본 제국에는 천황을 중심으로 황족, 화족(華族), 일반 신민의 신분층이 존재했는데, 고종과 순종의 황족에게 왕공족이라는 새로운 신분을 부여한 것이다. 왕공족의 법적 지위는 일본 황족의 예우에 준하는 것으로 천황의 병합 조서에 왕공족을 일본 황족에 준하여 대우한다는 조항에 따라 이왕가는 왕공족의 지위가 보장되었다.[22] 일제는 한국을 강점하면서 대한제국 황족들의 지위를 병합 이전과 동일하게 유지하도록 하여 식민지 조선인들이 식민지 체제에 순응하도록 유도한 것으로 일제의 통치 기간 동안 정치적으로 이용된 존재였다 따라서 왕족과 관련된 특수한 형법 규정이 필요했고 이를 「조선형사령」 제3조에 반영하였다.

(4) 사법경찰과 검사의 권한 강화

> 제4조 조선총독부 경무총장은 사법경찰관으로 치죄를 수사함에 있어 지방법원검사와 동일한 직권을 가진다.

일제의 한국통치에 있어 사법경찰의 권한과 기능은 중요한 문제

---

21 조선총독부, 1912, 『조선형사령 조선민사령』, 606~607쪽.
22 이왕무, 2021, 「일제 강점기 李王職 연구-조직 구성의 배경과 운영을 중심으로」, 『동양고전연구』 82, 158쪽.

었다. 사법경찰관은 범죄수사와 관련 지방법원의 검사와 동일한 직권을 가지는 자이다. 그 대표적인 사례가 조선총독부 경무총장이다. 「조선형사령」 제4조에 의해 조선총독부 경무총장은 사법경찰관으로 치죄를 수사함에 있어 지방법원검사와 동일한 직권을 가진다. 「조선형사령」에서는 일본과 달리 특별규정을 통해 도지사의 경우 담당 행정관할지에서 사법경찰관으로 기능하며 범죄수사와 관련하여 지방법원 검사와 동일한 직권을 가지고 있었다. 그렇기 때문에 지방법원 검사의 지휘 및 명령은 받지 않았지만 지방법원 검사의 상관인 고등법원 및 복심법원 검사장 및 지휘명령을 받았다. 또한 수사에 대해서는 권한이 있지만 기소 등 재판관련 권한은 없었다.[23] 하지만 행정관료에게 수사권이 부여되었다는 점에서 통치의 용이성이 그 원인이었다.

조선총독부 경무부장, 조선총독부 경시, 경부, 헌병장교, 준사관, 하사는 사법경찰로서 검사가 직권상 명령하는 것에 따라야 하며 검사를 보좌하여 수사하였다(제5조).[24] 헌병 등에게 사법경찰관의 직무를 부여하는 법적 근거는 1912년 7월 11일 제령 제26호 「사법경찰사무와 영장집행에 관한 건」이었다.[25] 이 같은 규정들을 통해 지방관 및 헌병 등도 사법경찰로서 권한을 행사하며 검사와 같은 기능을 할 수 있었고 이는 곧 사회를 통제하는 역할로 이어졌다.

1919년 8월 9일 「조선형사령」 제5조가 개정되면서 사법경찰의 범위에 조선총독부 도(道)삼림주사를 추가하였다.[26] 1920년 「조선형사령」

---

23 법원도서관, 2005, 앞의 책, 7쪽.
24 「조선형사령」(1912.3.18.), 『조선총독부관보』 호외.
25 전영욱, 2022, 앞의 논문, 237쪽.
26 「조선형사령 중 개정」(1919.8.9.), 『조선총독부관보』 2099.

이 개정되면서 제4조 중 '조선총독부 경무총장은'을 '조선총독부 도지사는 각기 관할지 내에서'로 고치고, 제5조 중 '조선총독부 경무부장'을 '제3부장인 조선총독부 사무관'으로, '조선총독부 경시, 경부'를 '조선총독부 도경시, 도경부, 도경부보'로 고쳤다.[27] 이 같은 조치에 대해 일제는 일본의 사법경찰규범 제20조에 의거하여 도지사에게 사법경찰관의 권한을 부여하여 국사범이나 지방의 치안유지에 관련되는 중대한 범죄를 예방하기 위한 조치로 비정상적인 경우에만 수사권을 행사하고 그 처분은 검사가 맡아야 한다고 인식하고 있었다.[28] 이 같은 조치는 3·1운동 이후 헌병경찰이 보통경찰로 대처되는 과정에서 나타난 조치로 보인다. 이후 총독부 직제 변화에 따라 1921년 3월 24일 제5조 중 '제3부장'을 '경찰부장'으로, '조선총독부 도삼림주사'를 '조선총독부 영림창 삼림주사, 도삼림주사'로 고치는 개정이 실시되었다.[29]

(5) 법원의 관할과 공문서

> 제5조 다음에 기재한 관리는 검사의 보좌로서 그 지휘를 받아 사법경찰관으로 치죄를 수사해야 한다. 1. 조선총독부 경무부장 2. 조선총독부 경시, 경부 3. 헌병장교, 준사관, 하사[30]

헌병 등에게 사법경찰관의 직무를 부여하는 법적 근거는 1912년

---

27 「조선형사령 중 개정」(1920.3.19.), 『조선총독부관보』 2279.
28 법원도서관, 2005, 앞의 책, 6쪽.
29 「조선형사령 중 개정」(1921.3.24.), 『조선총독부관보』 2582.
30 「조선형사령」(1912.3.18.), 『조선총독부관보』 호외.

7월 11일 제령 제26호 「사법경찰사무와 영장집행에 관한 건」이었다.[31] 이 같은 규정들을 통해 지방관 및 헌병 등도 사법경찰로서 권한을 행사하며 검사와 같은 기능을 할 수 있었고 이는 곧 사회를 통제하는 역할로 이어졌다.

> 제6조 재판소는 피고인이 그 재판소의 관할구역 내에 있지 않을 때 결정에 따라 사건을 피고인의 소재지를 관할하는 동등한 재판소에 이송할 수 있다.
> 제7조 관리, 공리가 만든 서류이자 형식에 하자가 있는 것은 당해 관리, 공리가 이를 보정할 수 있다. 전항의 보정을 했을 때는 그 연월일, 장소 및 보정 사항을 부기하여 서명·날인해야 한다.
> 제8조 서류의 송달에 대해서는 본령에 규정하는 것 외에 「조선민사령」을 준용한다.
> 제9조 소송관계인에게 기일에 출원할 수서(受書)를 제출하게 하거나 또는 구두로 차회(次回)의 출원을 명했을 때는 소환장 또는 호출장을 송달한 것과 동일한 효력을 낳는다. 단, 구두로 출원을 명한 경우에는 그 내용을 조서 또는 공판시말서에 기재해야 한다.
> 제10조 형사소송법에 따라 시정촌장(市町村長)의 입회를 요하는 경우에는 2인 이상의 상당한 입회인이 있으면 된다.

---

31 전영욱, 2022, 앞의 논문, 237쪽.

「조선형사령」 제6조에서 재판소는 피고인이 그 재판소의 관할구역 내에 있지 않을 때 결정에 따라 사건을 피고인의 소재지를 관할하는 동등한 재판소에 이송할 수 있도록 규정하였다. 제6조는 속지주의에 의해 일본 제국 내 형사소송에 관한 적용을 할 경우 각 식민지들은 다른 지역에서 발생한 범죄를 소추할 필요가 있었기 때문이다. 소추시 법원의 토지관할 범위로 경합하는 것과 유사한 형식으로 진행되었다.[32] 또한 관리, 공리가 만든 서류이자 형식에 하자가 있는 것은 당해 관리, 공리가 이를 보정할 수 있으며 보정시 그 연월일, 장소 및 보정 사항을 부기하여 서명·날인하도록 하였다. 서류의 송달에 대해서는 본령에 규정하는 것 외에 「조선민사령」을 준용하도록 하였으며, 소송관계인에게 기일에 출원할 수서를 제출하게 하거나 또는 구두로 차회의 출원을 명했을 때는 소환장 또는 호출장을 송달한 것과 동일한 효력이 있지만, 구두로 출원을 명한 경우에는 그 내용을 조서 또는 공판시말서에 기재해야 했다.[33] 형사소송법에 따라 시정촌장의 입회를 요하는 경우에는 2인 이상의 상당한 입회인이 있어야 했다.

(6) 예심제도 관련 조문

제11조 검사 또는 사법경찰관이 형사소송법 제144조, 제146조 또는 제147조의 경우에 범소(犯所)에 임검(臨檢)할 필요가 없다고 인정할 때는 임검을 하지 않고 예심판사에게 속하는 처분을

---

32 법원도서관, 2005, 앞의 책, 17쪽.
33 「조선형사령」(1912.3.18.), 『조선총독부관보』 호외.

할 수 있다.

제12조 검사는 현행범이 아닌 사건이라도 수사 결과 급속한 처분을 요하는 것이라고 사료할 때는 공소제기 전에 한해 영장을 발하고 검증·수색·물건차압을 하며, 피고인·증인을 신문하거나 또는 감정을 명할 수 있다. 단, 벌금·과료 혹은 비용배상 언도를 하거나 또는 선서를 하게 할 수 없다. 전항의 규정에 따라 검사에 허가한 직무는 사법경찰관 역시 임시로 이를 행할 수 있다. 단, 구류장을 발할 수 없다.

제13조 사법경찰관은 전조 제2항의 규정에 따라 피고인을 신문한 후 금고 이상의 형에 해당하는 자라고 사료할 때는 14일을 넘지 않는 기간 동안 이를 유치할 수 있다. 사법경찰관은 전항의 유치기간 내에 증빙서류 및 의견서와 함께 피고인을 관할재판소의 검사에 송치해야 한다. 앞의 두 항의 규정은 사법경찰관이 형사소송법 제147조 제1항의 직무를 행하는 경우에 이를 준용한다.

제14조 앞의 두 조의 경우에 있어서 제1조의 법률 중 예심에 관한 규정을 준용한다.

제15조 검사가 피고인을 구류한 경우에 20일 내에 기소 절차를 하지 않을 때는 이를 석방해야 한다. 형사소송법 제146조 제2항의 규정은 이를 적용하지 않는다.

제16조 검사가 범죄의 수사를 끝내고 유죄라고 사료했을 때는 공판을 요구해야 한다. 단, 구류 또는 과료에 해당하는 사건을 제외하고 사건이 번잡할 때는 예심을 요구할 수 있다.

제17조 재판소 또는 예심판사는 필요하다고 인정할 때 사법경찰관

으로 하여금 검증·수색·물건차압을 하게 하거나 또는 감정을 명하게 할 수 있다. 이 경우에는 제12조 제1항 단서의 규정을 준용한다.

제18조 재판소는 그 소재지 외의 지방법원 판사에게 검증·수색·물건차압을 하거나 또는 감정을 명하는 것을 촉탁할 수 있다. 예심판사는 그 재판소 소재지 외의 지방법원 판사에게 감정을 명하는 것을 촉탁할 수 있다.

제19조 수명판사(受命判事) 또는 수탁판사(受託判事)는 검증의 경우에 필요하다고 인정할 때 예심판사에 속하는 처분을 할 수 있다.

「조선형사령」에는 조선에서는 없었던 예심제도 관련 규정들이 있었다. 따라서 검사 또는 사법경찰관이 형사소송법 제144조, 제146조 또는 제147조의 경우에 범소에 임검할 필요가 없다고 인정할 때는 임검을 하지 않고 예심판사에게 속하는 처분을 할 수 있었다.[34] 검사는 현행범이 아닌 사건이라도 수사 결과 급속한 처분을 요하는 것이라고 사료할 때는 공소제기 전에 한해 영장을 발하고 검증·수색·물건차압을 하며, 피고인·증인을 신문하거나 또는 감정을 명할 수 있다. 단, 벌금·과료 혹은 비용배상 언도를 하거나 또는 선서를 하게 할 수 없다. 사법경찰관은 피고인을 신문한 후 금고 이상의 형에 해당하는 자라고 사료할 때는 14일을 넘지 않는 기간 동안 이를 유치할 수 있고, 사법경찰관은 전항의 유치기간 내에 증빙서류 및 의견서와 함께 피고인을 관할재판소의

---

34 「조선형사령」(1912.3.18.), 『조선총독부관보』 호외, 1922년 개정에서 이 조항은 삭제되었다.

검사에 송치해야 했다. 검사가 범죄의 수사를 끝내고 유죄라고 사료했을 때는 공판을 요구해야 한다. 단, 구류 또는 과료에 해당하는 사건을 제외하고 사건이 번잡할 때는 예심을 요구할 수 있었다. 재판소 또는 예심판사는 필요하다고 인정할 때 사법경찰관으로 하여금 검증·수색·물건차압을 하게 하거나 또는 감정을 명하게 할 수 있다. 이 경우에는 제12조 제1항 단서의 규정을 준용하였다. 재판소는 그 소재지 외의 지방법원 판사에게 검증·수색·물건 차압을 하거나 또는 감정을 명하는 것을 촉탁할 수 있고 예심판사는 그 재판소 소재지 외의 지방법원 판사에게 감정을 명하는 것을 촉탁할 수 있었다. 수명판사 또는 수탁판사는 검증의 경우에 필요하다고 인정할 때 예심판사에 속하는 처분을 할 수 있었다.

(7) 피고인의 권리제한 관련 조항

재판소는 급속을 요한다고 인정할 때 공판 개정 전이라도 검사에게 통지하여 수색·물건차압을 하거나 또는 증인을 신문하거나 혹은 감정을 명할 수 있다. 이 경우에는 소송관계인의 입회를 필요로 하지 않는다(제20조). 1년 내 아래의 징역, 금고 또는 300원 이하의 벌금을 언도한 제1심의 판결에 대해 증거에 관한 이유를 생략할 수 있다(제26조). 변호인은 상소를 할 수 없다(제28조). 상고를 하려면 그 신립서(申立書)를 원(原)재판소에 제출하는 한편 그 신립을 한 날부터 5일 내에 취의서를 제출해야 하고 원재판소는 신립서 및 취의서를 수취했을 때 속히 상대방에게 상고의 신립이 있었음을 통지하는 한편 동시에 취의서의 등본을 송달해야 한다(제31조). 상고신립인은 취의서를 제출해야 하는 기간을 경과한 후 14일 내에 추가취의서를 상고재판소에 제출할 수 있다

(제34조).[35]

2) 「조선형사령」의 시행과 「형법대전」의 적용

　조선총독부는 1910년 8월부터 1912년 3월까지 민족간 적용 법규를 달리하여 조선인에게는 대한제국기에 제정된 「형법대전」을, 일본인에게는 일본 형법을 적용하였다.

　일제는 식민지 조선의 문명 수준이 일본 본토에 비해 낙후할 뿐 아니라 여러 관습 등도 다르기 때문에 당분간 일본 본토와는 달리 차별적으로 통치하는 방식으로 정책을 수립하였다. 이에 따라 식민지 조선에는 본국의 제국 헌법이나 칙령, 법률들을 그대로 실시하지 않고 일본과 체계를 달리 하는 제령을 중심으로 통치를 실시하였다. 이로 인하여 조선에는 식민통치의 필요성에 따라 계통을 달리 하는 여러 종류의 법령이 실시되었다.

　1910년대 형사 재판 절차는 조선인과 일본인 사이에 차이가 있었다. 「조선총독부재판소령」 제25조 '한국인으로서 판사 및 검사된 자는 민사에 재하여는 원고 피고가 공히 한국인인 경우 형사에 재하여는 피고인이 한국인된 경우에 한하여 기 직무를 행함'이라는 규정에 의하여 조선인 판사·검사는 원고·피고 모두 조선인인 민사 사건, 피고인이 조선인인 형사 사건만 취급하고, 조선인 판사·검사가 일본인 관련 사건은 취급하지 못하도록 하였다.[36](「조선총독부재판소령」 제25조) 이러한 조선인 판사·검사

35　제32조부터 제36조는 이후 개정에서 삭제되었다.
36　『조선총독부관보』 29, 1910.10.1.(『관보』 호외, 융희 3년(1909) 11월 1일; 『한말근대

에 대한 차별은 1910년대 내내 유지되다가 3·1운동 이후인 1920년 3월 24일 「조선총독부재판소령중개정」(제령 제3호)에서 삭제되었다.

「조선형사령」에 의하면 형법, 형사소송법 등 일본의 12개 법률을 식민지 조선에 적용하기 위한 세부사항을 규정하고 있다. 이 중 주목할 부분은 「형법대전」, 「철도사항범죄인처단례」, 「형사재판비용규칙」을 폐지한다는 점이다. 총독부는 한국의 형벌이 일본의 실체법에 비해 과도하게 엄격하고 형량의 신축력이 결핍되었다며 이러한 결점을 개선할 필요가 있다는 명분을 내세워 폐지하였다. 또한 종래의 종신역형은 무기징역, 종신유형은 무기금고, 15년 이하 역형은 유기징역, 15년 이하의 유형 또는 금옥은 유기금고 등 유배형을 폐지하고 금고형을 신설하였다. 하지만 부칙에서 「형법대전」 일부 조항을 잔존시켰다.[37] 그 내용은 아래와 같다.[38]

제41조 다음 법령은 이를 폐지한다.
> 1. 형법대전 2. 철도사항범죄인처단례 3. 형사재판비용규칙
> 형법대전 제473조, 제477조, 제478조, 제498조 제1호, 제516조, 제536조 및 제593조의 죄 그리고 그 미수범에 관한 규정은 당분간 본령시행 전과 동일한 효력을 가진다. 단, 감등(減等)에 대해서는 형법 제68조의 예에 따른다.

법령자료집』 IX, 1972, 2~6쪽).
37 小田省吾, 1935, 『施政25年史』, 46~47쪽(박찬승 외 역, 2018, 앞의 책, 민속원, 50~51쪽).
38 국사편찬위원회, 2012, 『일제강점기 사법』(제령 제11호 1912.3.18, 『총독부관보』 호외, 1912.3.18).

일제는 조선범죄의 특수성을 이유로 특례조항으로 「형법대전」 일부 조항을 존치시켰다. 그 표면적 이유는 조선의 살인 및 강도는 범죄의 정상이 흉악하므로 치안유지 목적상 필요하다는 것이었다. 나아가 이를 통해 조선인은 기뻐하고 사법에 대한 신뢰가 깊어졌다고 평가하였다.[39]

특례조항으로 존치된 「형법대전」 제593조는 강도죄이고, 그 내용은 "재산을 겁취할 계획으로 좌개소위(左開所爲)를 범한 자는 수종(首從)을 불분하고 교(絞)에 처하되 이행(已行)하고 미득재(未得財)한 자는 징역종신에 처함"이라고 규정하고 있다.[40]

같은 강도죄라도 재물의 득실여부에 따라 양형 기준이 달라졌다. 〈표 4-1〉는 일본 형법과 「형법대전」의 강도 관련 범죄 양형기준을 비교한 것이다.

일제는 "한국의 형벌이 일본의 실체법에 비해 과도하게 엄격"하다고 판단하면서도 식민지에서는 엄격한 강도죄를 존치시키는 이중성을 보여주고 있다. 일본 형법의 경우 강도가 사람을 상해한 경우 7년 이상 징역이나 무기징역인 반면 「형법대전」은 사람을 상해하면 주범과 종범을 불문하고 교형에 처하는 등 그 강도가 훨씬 강했던 것이다. 결국 「조선형사령」을 반포하면서 「형법대전」 '강도죄'를 존치시키는 것은 식민지

---

39 小田省吾, 앞의 책, 46~47쪽(박찬승 외 역, 2018, 앞의 책, 51쪽).
40 『韓末近代法令資料集』 4, 214~215쪽(좌개소위에 해당하는 내용은 모두 9가지이다. ① 1인 혹은 2인 이상이 주야를 불분하고 으슥하고 외진 곳 혹은 큰길 위나 인가에 돌입하여 몽둥이로 구타하거나 병기를 이용한 자 ② 인가에 잠입하여 칼을 휘둘러 상처를 입히고 협박한 자 ③ 도당을 소취하여 병장을 가지고 여항(閭巷) 혹은 시정에 난입한 자 ④ 약으로 사람의 정신을 혼미케 한 자 ⑤ 인가에 신주를 장익한 자 ⑥ 분봉을 발굴하거나 山殯을 열어 시구를 장익한 자 ⑦ 유아를 유인 혹은 겁취하여 장닉한 자 ⑧ 발봉(發塚)하거나 파빈(破殯)하겠다 성언하고 방을 붙이거나 투서하여 협박한 자 ⑨ 산빈을 훼파(毁破)하고 의금(衣衾)을 박취(剝取)한 자

〈표 4-1〉 형법대전과 일본 형법의 강도죄 양형 기준 비교

형법대전	일본 형법
제593조 재산을 겁취할 계획으로 좌개소위(左開所爲)를 범한 자는 수종(首從)을 불분하고 교(絞)에 처하되 이행(已行)하고 미득재(未得財)한 자는 징역종신에 처함	제236조 ① 폭행 또는 협박으로 타인의 재물을 강취한 자는 강도의 죄로 5년 이상의 유기징역에 처함 ② 전항의 방법에 의하여 재산상 불법의 이익을 얻거나 타인에게 이를 얻게 한 자도 같음
제478조 강도나 절도를 행할시 사람을 죽인 자는 수종을 불분하고 교형에 처함	제240조 강도가 사람을 상해에 이르게 한 때에는 무기 또는 7년 이상의 징역에 처하고, 죽음에 이르게 한 때에는 사형 또는 무기징역에 처함
제516조 강도나 절도를 행할시 사람을 상해한 자는 수종을 불분하고 교형에 처함	

를 효율적으로 통치하고자 하는 의도가 있었던 것이라 할 수 있다.

이에 대해 총독부는 "조선민·형사령의 실시는 위에 서술한 것처럼 복잡해서 어떻게 따라야 할지를 모르던 인민들에게 의거할 바를 알게 하였고, 재판 수속에 특별 규정을 두어 간편함을 도모하였으며, 조선의 특수한 사정에 적절하게 하였다. 게다가 내지인과 조선인, 외국인의 구별 없이 동일한 법규 아래 지배되어, 이른바 '일시동인(一視同仁)'의 내실을 거둘 수 있었다. 이로 인해 조선인이 기뻐했던 것은 말할 것도 없고, 거류 외국인도 대체로 이를 환영하여 우리의 사법에 대한 신뢰가 더욱 깊어졌고, 그 보호 아래에서 안심하게 되어 조선 통치에서 상당한 유·무형의 좋은 결과를 가져왔다"고 판단하였다.[41] 이처럼 총독부 당국은 통치의 '법적 정당성'이라는 문제에 관심을 가지고 있었다.

이는 강점 이전부터 중점적으로 다루던 부분으로 일본이 한국을 강점하는 과정에서 저항세력인을 탄압하는 도구로 사법제도를 활용하기

---

41 박찬승 외 역, 2018, 앞의 책, 민속원, 85쪽.

도 하였다. 1909년 9월 17일 경찰부장 회동 석상에서의 검사총장 고쿠부 산카이(國分三亥)는 다음과 같은 연설을 했다.

> 다음으로 한 마디 할 것은 폭도 처분의 일입니다. 소위 폭도라는 것은 이름을 의거에 빌리지만, 혹 한둘의 예외를 제외하고는 재산 겹취를 목적으로 하는 것 같습니다. 그러므로 재산 겹탈을 목적으로 하는 자에 대해서는 그 성언하는 바의 여하에 상관없이 또 재물을 얻든지 그렇지 못하든지에 불구하고 강도죄로 하여 기소할 예정으로서 그 취지를 각 검사장에게도 훈시해 두었습니다. 그러므로 강도의 피해가 있는 자는 구체적으로 이것을 조사하도록 하고, 그 피해가 없는 자도 그 목적이 재산 겹탈에 있는 것은 그 취지를 명백히 하여 사건을 송치하시기 바랍니다.[42]

당시 검사총장 고쿠부는 재산 겹탈을 목적으로 하는 자는 강도죄로 기소한다면서 심지어 피해가 없어도 재산 겹탈의 목적이 있다고 몰아가려고 의도했던 것이다. 의거라는 이름을 빌리지만 이들은 재산 겹탈을 목적으로 하기 때문에 강도죄로 기소하도록 각 지역 검사장들에게 훈시하였음을 밝히고 있다.

특히 고쿠부는 검사총장으로 통감부의 사법정책을 지휘한 사람 중 하나이다.[43] 그의 이력을 살펴보면, 1863년 12월 오카야마(岡山)현 다카

---

42 「警察部長 회동 석상에서의 國分 檢事總長의 訓示 연설 요지」(1909.9.17.), 『統監府文書』9권.
43 『순종실록』, 1월 24일(경술, 양력 2월 25일 화요일) 원산귀삼랑 등에 대한 인사를 행하였다.

하시시에서 출생하였다. 마쓰야마 번사(松山藩士)인 고쿠부 다네유키(國分胤之)의 장남이었다. 1885년 사법성 법학교를 졸업하고 1887년 검사가 되고 이후 요코하마(橫濱)·오카야마(岡山) 각 재판소의 검사, 고후(甲府)·고치(高知) 등 각 지방재판소 검사정을 거쳐 오사카공소원 검사, 오사카지방재판소 검사정을 역임하였다. 1908년 한국정부에 의해 검사총장에 임명되고 한일병합 후인 1909년 조선총독부 고등법원 검사장과 총독부 사법부장관을 겸임하였다. 1920년 퇴관 후 궁중고문관 등을 역임하고 1927년에는 니쇼학사(二松學舍) 이사장 및 명예교수가 되었다. 1931년 주시카이세이(逗子開成)중학교 이사장이 된 고쿠부는[44] 후일 자신이 조선에 있었을 때 이토 통감은 사법사무의 혁신에 중점을 두었으며, 종래의 조선의 사법관은 그 직무를 집행함에 있어서 뇌물의 고저, 권세의 유무에 의해서 곡직을 판단하는 이부(理否)를 정당한 것으로 삼고 심지어 무고한 양민을 포박하여 그 재산을 강탈하거나 유죄의 죄수를 방면하여 뇌물을 탐하는 일이 적지 않았다고 술회하였다. 또한 '일한병합'이 매우 원만하고 평온하게 행해진 것은 통감부 사법사무가 엄정 공평하여 조선인의 신뢰를 얻었기 때문이라며 본인의 '공적'을 자랑하고 있다.[45] 따라서 고쿠부는 한국인 사법관을 신뢰하지 않은 상황에서 일본인 위주의 판검사를 통해 한국사회를 통제하는 데 중요한 역할을 하였음을 확인할 수 있었고 이는 명백한 의도성이 있었던 것이다.

  이토는 이와 함께 통감부가 완전히 장악한 재판소를 활용하여 한국인의 환심을 사고자 했다. 당시 한국 민중은 일본에게 상당한 반감을 가

---

44 『日本人名大事典』, 平凡社, 308쪽.
45 김효전, 2011, 「大韓帝國時代의 日本人 法律家들」, 『학술원논문집』 50, 208쪽.

지고 있었다. 러일전쟁 중 일본군은 군용지의 강제수용이나 식량 징발 등 각종 부담을 한국민들에게 강요하고 이를 따르지 않을 경우 군율에 의해 사형을 포함한 엄벌을 가했으므로 일본의 군사적 지배에 불복하거나 기피하는 경향이 확산되었다.[46]

따라서 민중의 환심을 살 필요성도 있었다. 그 결과 1908년 6월 13일 각급 재판소로 부임하는 일본인 사법관에게 다음과 같이 훈시했다.[47]

> 한인이 새로운 정치에 심복하느냐 않느냐는 사법권의 운영 여하에 달렸다. 본인이 보는 바로는 한국국민은 아직 함부로 소송을 일으키는 폐단은 없다 하더라도 장래에 그 폐단이 생기지 않는다고 단언할 수는 없다. 오늘날 재판관이 된 자는 소송이 많을 것을 바라지 말고 소송해 오는 자에게 가장 공평하고 친절하게 판결해줌으로써 한인을 유도하여 사법권을 시행하는 것부터 시작해서 한인을 점차 정의와 도리에 복종하도록 노력하지 않으면 안 된다. … 한국의 지방관은 종래 보통 행정권과 사법권을 함께 가지고 있었던 것을 이번에 새로 구별하는 단서를 열어 놓았기 때문에 지금은 재판관의 책임이 특히 중대함을 생각하여 깊이 자기임무에 주의하지 않으면 안 된다. 잘못하여 재판이 불충분하고 불공평하게 되면 한인을 복종시킬 수단과 방법은 거의 없어진다고 말할 수 있다. … 어쨌든 새로 재판소를 설치

---

46 오가와라 히로유키 저, 최덕수·박한민 역, 2012, 『이토 히로부미의 한국병합구상과 조선사회』, 열린책들, 279쪽.

47 남기정 역, 1978, 『일본의 사법부 침략 실화』, 육법사, 89~94쪽(友邦協會, 『朝鮮における司法制度近代の足跡』, 1966, 47~51쪽).

하여 종래의 학정을 일소하려고 함에 있어서 일본 재판관이 여하한 일을 하여야 하는가는 보통 양반 및 유생 등이 가장 주목하는 점이므로 제군은 처음부터 다대한 주의를 하지 않으면 안 된다. <u>요는 한인의 정당한 권리를 공평한 재판에 의하여 보호하는 데 있다.</u> (밑줄 강조 필자)

사법관에게 한 훈시에서 이토는 한국인이 복종하도록 하기 위해서 재판의 중요함을 강조하고 있다. 공평하고 친절한 판결을 통해 도리에 복종하도록 하여 민중의 신뢰를 받아야 한다는 주장이다. '공평하고 친절한 판결'의 의도를 의심하지 않을 수 없지만, 만약 이토의 구상대로 일본인 사법관들이 장악한 재판소가 민중의 신뢰를 받게 된다면 더욱 효율적인 통치와 저항세력에 대한 탄압이 가능하게 된다.[48] 만일 민중에게 공평하고 친절한 판결을 하는 재판소에서 판결을 통해 저항세력을 '강도'나 '폭도'로 규정할 경우 민중은 자신이 신뢰하는 재판소의 판단에 의해 일제에 저항하는 세력은 강도나 폭도로 인식할 수 있고 일제의 한국통치는 정당성을 갖게 됨과 함께 저항세력을 억압하는 일석이조의 효과를 노린 것으로 보인다.[49] 따라서 「조선형사령」을 통한 사법신뢰는 총

---

48 이토는 자신의 훈시 내용이 어느 정도 효과를 보았다고 생각한 듯하다. 통감을 사임하기 직전인 1909년 4월 11일 일본 사법성 주최 만찬회의장에서 "각 사법관은 각각 임지에 나가 앞서 내가 내렸던 훈시를 충분히 받아 들였기 때문에 경찰관, 재무관 혹은 다른 지방관에 비해 인민들이 사법을 신뢰하는 의향이 나타났다. 그리하여 제도는 가장 새로운 것인데도 불구하고 그 성적이 양호하다며 자화자찬했다(도면회, 「일제식민통치기구의 초기 형성과정」,『일제식민통치기관연구』1, 1999, 51쪽). 사법성 주최의 만찬이었고 이토 본인 스스로의 이야기라는 점에서 민중의 실상은 달랐을 가능성이 높다.
49 김항기, 2020,「의병항쟁기 의병판결과 그 성격(1895~2915)」, 동국대학교 사학과

독부가 의도한 바가 있다고 할 수 있다.

이후 총독부는 "(형사령 공포 후) 6년이 지나, 경무기관의 보급과 여러 제도의 개혁이 서로 맞물리면서 민심이 점차 안정되었다"[50]는 평가에 의해 「조선형사령」을 개정하였다.[51] 총독부 당국의 「조선형사령」 개정의 요점은 "첫째로 조선인의 특수 범죄에 한해 여전히 효력을 가지게 한 구한국 형법대전의 규정을 폐지하여 완전히 내지 형법에 따르기로 하였다. 둘째로 사법경찰관이 형사소송상 가예심처분 또는 급속처분 등을 할 경우의 수속을 간략하게 하였다. 셋째로 상고 재판소 검사가 행하는 부대상고(附帶上告)의 제기 방법에서 종래의 불편을 없앤 점"[52]을 들고 있다.

이러한 이원적 구조는 1912년 3월 18일 「조선형사령」·「경찰범처벌규칙」(조선총독부령 제40호, 1910년 3월 25일)이 공포된 이후 사라지고, 그 해 4월 1일부터 일본 형사법을 의용한 일원적 형사법 체계로 바뀌었다.

「경찰범처벌규칙」은 조선을 식민지로 통치하기 위한 추가 조항을 담고 있기도 하지만, 조선 사회를 일본 근대 사회와 유사한 일상적 감시망 안에 가두어 놓고 있었다. 즉, 구걸에 대한 규제(7호), 소위 '미신' 및 '유사종교'에 대한 규제(22호·23호), 출판물·광고 규제(13호·14호·15호·16호), 노동자나 동물 학대에 대한 규제(34호·54호) 등이 있을 뿐 아니라, 부랑자(혹은 위험인물)(1호·2호)나 밀매음(3호), 각종 단체 행위 등으로 문제를 일으키는 자(4호)에 대한 단속 등 식민지 사회 통제 기능까지 있었음을 확인할 수 있다.

   박사학위논문, 168~169쪽.
50 박찬승 외 역, 2018a, 『국역 조선총독부 30년사』 상, 312쪽.
51 「조선형사령 중 개정」(1917.12.8.), 『조선총독부관보』 1603.
52 박찬승 외 역, 2018a, 앞의 책, 312쪽.

3.「조선형사령」의 개정과 그 성격

1)「조선형사령」개정의 내용

일제는「조선형사령」을 실시한 결과 재판 수속에 특별 규정을 두어 간편함을 도모하였고, 조선의 특수한 사정에 적절하게 하였음은 물론 나아가 일본인과 조선인, 외국인의 구별 없이 동일한 법규 아래 지배되어, 이른바 '일시동인(一視同仁)'의 내실을 거둘 수 있었고 이로 인해 조선인이 기뻐했던 것은 말할 것도 없고, 거류 외국인도 대체로 이를 환영하여 우리의 사법에 대한 신뢰가 더욱 깊어졌고, 그 보호 아래에서 안심하게 되어 조선 통치에서 상당한 유·무형의 좋은 결과를 가져왔다고 평가하고 있었다. 하지만 이러한 자체적인 평가에도 불구하고 명백한 문제점이 있었다. 식민지민에 대한 차별적 요소가 존재했다는 점이다.

총독부는「조선형사령」을 공포하면서 특례조항을 두었다. 특례조항을 둔 이유는 ① 조선인의 살인죄 및 강도죄는 범죄의 정상(情狀)이 매우 흉악한 것이 있기 때문에 치안 유지상 어쩔 수 없이 이들 두 종류의 범죄에 한해 당분간 예외적으로「형법대전」의 규정을 적용한 점, ② 검사 및 사법경찰관의 범죄 수사권을 확장하여 현행범이 아닌 경우에도 일정한 제한을 마련하여 강제 처분을 허용한 점, ③ 재판소 또는 예심판사는 사법경찰관에게 명령하여 검증·수색 등을 시킬 수 있도록 한 점, ④ 변호인의 상소 신청을 허용하지 않은 점, ⑤ 가벼운 죄의 제1심 판결에 한해, 판결의 이유를 생략할 수 있는 점이었다.[53]

하지만 의병으로 대표되는 저항세력을 사법적으로 처리하고 본격적인 식민지배가 시작되자 통치의 안정성 등을 이유로 「조선형사령」은 개정되었다. 일제는 「조선형사령」 공포의 취지는 종래 내지인과 조선인 사이에 존재했던 2종의 법계를 폐지하여 이를 통일하고, 구 「형법대전」에서 정한 형에서 준엄하고 가혹한 것을 완화하는 것에 있었다고 주장하였다. 따라서 이후 6년이 지나, 경무기관의 보급과 여러 제도의 개혁이 서로 맞물리면서 민심이 점차 안정되었다는 점을 들어 「조선형사령」 개정을 추진하였다. 그러면서 강도죄의 경우 1911년 범인 수는 1,129명으로, 그중 사형에 처해진 자가 62명이었는데, 1916년에는 총 554명 중 사형수가 겨우 7명에 지나지 않았고 또 예전과 같이 집단적인 강도 또는 잔학한 수단에 의한 살인 또한 완전히 없어져, 이제는 내지 형법을 적용하더라도 조선의 치안 유지에 어떠한 지장도 없다고 판단되었다. 그래서 종래의 예외 규정을 삭제하여 형벌의 완화를 꾀함과 동시에 내지인과 조선인 사이에 있던 유일한 형사실체법상의 구별을 철폐하여 법규를 통일하기 위해, 1917년 12월 8일 제령 제3호로 「조선형사령」의 일부를 개정하였다고 밝히고 있다.

개정의 요점은 첫째로 조선인의 특수 범죄에 한해 여전히 효력을 가지게 한 구한국 「형법대전」의 규정을 폐지하여 완전히 내지 형법을 적용하기로 한 점이었다(41조). 그 자세한 내용은 다음과 같다.

「조선형사령」 중 개정의 건을 메이지(明治) 44년 법률 제30호 제1조 및 제2조에 따라 칙재를 얻어 이에 이를 공포한다.
조선형사령 중 다음과 같이 개정한다.

---

53 박찬승 외 역, 2018a, 앞의 책, 85쪽.

제21조 중 '제12조'를 '제12조, 제17조'로 고친다.

제21조의 2 제11조, 제12조 제2항, 제17조 또는 형사소송법 제147조의 규정에 따라 사법경찰관이 하는 처분에는 입회인이 필요하지 않다.

제35조 제2항에 다음 단서를 넣는다.

    단, 상고재판소의 검사가 행한 부대상고(附帶上告)는 그 취의서를 상고재판소에 제출함으로써 이를 행한다.

제41조 제2항 및 제3항을 지운다.

부칙

본령은 다이쇼(大正) 6년 12월 10일에 이를 시행한다.

본령 시행 전에 「조선형사령」 제41조 제2항의 죄를 범하여 아직 확정 판결을 거치지 않은 자에 대해서는 「조선형사령」에 따라 이를 처단한다.[54]

이 같은 개정을 통해 대한제국기 제정되고 시행되었던 「형법대전」은 완전 폐지되었다. 이후 1919년 「조선형사령」 개정에서는 '제5조 다음에 기재한 관리는 검사의 보좌로서 그 지휘를 받아 사법경찰관으로서 범죄를 수사해야 한다'에 대하여 '제3부장'을 '경찰부장'으로, '조선총독부 도(道)삼림주사'를 '조선총독부 영림창 삼림주사, 도삼림주사'로 변경하는 조치를 하였다.[55] 1920년 3월에는 제4조 중 '조선총독부 경무총장은'을 '조선총독부 도지사는 각기 관할지 내에서'로 고친다. 제5조 중

---

54 「조선형사령 중 개정」(1917.12.8.), 『조선총독부관보』 1603.
55 「조선형사령 중 개정」(1919.8.9.), 『조선총독부관보』 2099.

'조선총독부 경무부장'을 '제3부장인 조선총독부 사무관'으로, '조선총독부 경시, 경부'를 '조선총독부 도경시, 도경부, 도경부보'로 고쳤다. 또한 제4조 조선총독부 경무총장은 사법경찰관으로서 범죄를 수사하는 데 있어 지방법원검사와 동일한 직권을 가진다. 제5조 다음에 기재한 관리는 검사의 보좌로서 그 지휘를 받아 사법경찰관으로서 범죄를 수사해야 한다. ① 조선총독부 경무부장 ② 조선총독부 경시, 경부 ③ 헌병장교, 준사관, 하사 ④ 조선총독부 도(道)삼림주사 전항의 사법경찰관은 검사의 직무상 발한 명령에 따른다고 개정하였다.[56]

1920년 개정에서는 추가되는 부분이 있었다. 제1조 '형사에 관한 사항은 본령, 기타 법령에 특별한 규정이 있는 경우를 제외하고 다음 법률에 따른다'는 해당사항에 형사소송비용법을 추가하도록 하였다.[57]

1922년 「조선형사령」 개정을 통해 제12조는 검사가 형사소송법이 규정하는 경우 외에 사건이 금고 이상의 형에 해당하고 급속한 처분을 요하는 것이라고 사료할 때는 공소 제기 전에 한하여 압수·수색·검증 및 피의자 구인(勾引), 피의자 혹은 증인의 신문(訊問)·감정·통역 또는 번역 처분을 할 수 있고 전항의 규정에 따라 검사에게 허가한 처분은 사법경찰관 역시 이를 할 수 있고, 형사소송법 제87조 제1항, 제88조 및 제131조의 규정은 앞의 두 항의 피의자 구인에, 형사소송법 제1편 제13장에서 제15장 중 검사 또는 사법경찰관이 하는 처분에 관한 규정은 앞의 두 항의 증인 신문·감정·통역 또는 번역 처분에 부쳐 이를 준용한다는 내용으로 변화하였다. 제13조의 경우도 사법경찰관이 피의자

---

56 「조선형사령 중 개정」(1921.3.19.), 『조선총독부관보』 2279.
57 「조선형사령 중 개정」(1921.4.30.), 『조선총독부관보』 2614.

를 신문한 후 형사소송법 제87조 제1항 각 호에 규정하는 사유가 있다고 사료할 때는 10일을 기하지 않은 기간 동안 이를 유치할 수 있도록 하였다.[58]

개정의 주요 내용을 정리하자면 ① 검사의 기소에서 임의주의를 채용하고(종래는 합법주의), ② 탄핵식 소송주의로 일관해서 검사의 기소가 없으면 판사는 사건의 취조에 착수할 수 없도록 하고, ③ 소송 능력에 관련 규정을 만들고 기타 여러 제도를 개정하였다. 특히 ④ 피고인 당사자의 지위를 확보하고, 피고인과 소송 관계인의 권리와 이익을 옹호하기 위한 여러 규정을 만들고, ⑤ 공판을 형사소송 수속에서 중추가 되도록 여러 규정을 만들고, ⑥ 아울러 동양의 도의(道義)·미풍을 유지하기 위해 존속(尊屬)에 대한 비속(卑屬)의 고소를 금지했다. 기타 범죄 수사 수속·상고·사소(私訴) 등에 걸쳐 근본적인 대개정이 있었다. 개정「조선형사령」은 이들 규정을 모두 채용하고, 또한 조선 사회 사정의 특이점을 고려하여 여러 특별한 규정을 두었다.「조선형사령」의 개정에 따라, 그 부속 법령인 '사법경찰관리 집무규정', '조선총독부재판소 서기과 처무규정', '형(刑)의 집행·지휘에 관한 취급규정', '조선총독부재판소 및 검사국 영장취급규정'과 '조선총독부재판소 및 검사국 서류보존규정' 등에도 약간의 개정을 가해, 개정「조선형사령」과 함께 1924년(大正 13) 1월 1일부터 시행했다.

「조선형사령」은 제정 후 시세의 추이에 따라 수차례 부분적인 개정을 거쳐 항시 사회통제의 기능을 강화하였다. 그 결과 1922년 5월「형사소송법」개정이 있었고, 그 내용을 빌려온「조선형사령」또한 여러 가

---

58 「조선형사령 중 개정」(1922.12.7.),『조선총독부관보』3097.

지로 개정·보완할 필요가 있었다. 이에 그해 12월 제령으로 이 법령을 개정·공포하고, 개정 형사소송법의 실시기한인 1924년 1월 1일부터 이를 실시하게 되었다.[59]

1930년 「조선형사령」 개정에서는 제1조 제1호에 쇼와(昭和) 5년 법률 제9호를 포함시키도록 하였다. 쇼와 법률 제9호의 내용은 다음 각 호의 경우에 자기 또는 타인의 생명, 신체 또는 정조에 대한 현재의 위험을 배제하기 위해 범인을 살상했을 때는 형법 제36조 제1항의 방어행위가 있었던 것으로 한다(제1조). ① 도범(盜犯)을 방지하거나 또는 도둑맞은 물건을 되찾고자 할 때 ② 흉기를 휴대하고 또는 문호, 장벽(牆壁) 등을 넘거나 손괴(損壞)하며, 혹은 쇄유(鎖鑰)를 열어 사람이 거주 또는 간수하는 저택, 건조물 혹은 선박에 침입하는 자를 방지하고자 할 때 ③ 이유 없이 사람이 거주 또는 간수하는 저택, 건조물 혹은 선박에 침입한 자 또는 요구를 받고 이 장소에서 퇴거하지 않은 자를 배척하고자 할 때, 전항 각 호의 경우에 자기 또는 타인의 생명, 신체 또는 정조에 대한 현재의 위험이 아니라도 행위자가 공포, 경악, 흥분 또는 낭패로 인해 현장에서 범인을 살상하게 되었을 때는 이를 벌하지 않는다.

제2조 상습적으로 다음 각 호의 방법으로 형법 제235조, 제236조, 제238조 혹은 제239조의 죄 또는 그 미수죄를 범한 자에 대해 절도를 논할 때는 3년 이상, 강도를 논할 때는 7년 이상의 유기징역에 처한다. ① 흉기를 휴대하여 범했을 때 ② 2인 이상 현장에서 공동하여 범했을 때 ③ 문호, 장벽 등을 넘거나 손괴하며, 또는 쇄유를 열어 사람이 거주 또는 간수하는 저택, 건조물 혹은 선박에 침입하여 범했을 때 ④ 야간에

---

59 박찬승 외 역, 2018a, 앞의 책, 312쪽.

사람이 거주 또는 간수하는 저택, 건조물 혹은 함선에 침입하여 범했을 때이다.

제3조 상습적으로 전조에 해당하는 형법 각 조의 죄 또는 그 미수죄를 범한 자로서 그 행위 전 10년 내에 이 죄 또는 이 죄와 다른 죄의 병합죄로 인해 3회 이상 6개월 징역 이상의 형 집행을 받거나 또는 그 집행의 면제를 받은 자에 대해 형을 부과할 때는 전조의 예에 따른다.

제4조 상습적으로 형법 제240조 전단(前段)의 죄 혹은 제241조 전단의 죄 또는 그 미수죄를 범한 자는 무기 또는 10년 이상의 징역에 처한다[60]는 내용의 법률이 들어가도록 개정하였다. 1933년에는 형사보상법 관련 내용을 추가하였고,[61] 1938년에는 일만사법사무공조법 내용이 추가되고, 관련 법규 개정에 따라 법률 중 구(區)재판소검사국이라고 되어 있는 것은 지방법원검사국, 시정촌장이라고 되어 있는 것은 부윤 또는 읍면장으로 하도록 개정하였다.[62]

이후 전시체제가 공고해지면서 마지막 「조선형사령」 개정이 실시되었다. 1944년 2월 개정된 제1조 전시의 형사에 관한 특례는 「조선형사령」에서 규정하는 것 외에 전시형사특별법에 따르도록 하면서도 단, 동법 제19조, 제24조, 제25조 및 제31조의 규정은 여기에 속하지 않는다고 규정하였다. 전시형사특별법 중 형법이라고 되어 있는 것은 「조선형사령」에서 따를 것을 정한 형법, 형사소송법이라고 되어 있는 것은 동령(同令)에서 따를 것을 정한 형사소송법, 지방재판소의 사건이라고 되

---

60 「조선형사령 중 개정」(1930.9.8.), 『조선총독부관보』 1106.
61 「조선형사령 중 개정」(1933.1.17.), 『조선총독부관보』 1805.
62 「조선형사령 중 개정」(1938.4.28.), 『조선총독부관보』 3382.

어 있는 것은 사건, 재판소구성법전시특례 제4조 제2항이라고 되어 있는 것은 조선총독부재판소령전시특례 제3조 제2항, 30일 이내라고 되어 있는 것은 20일 이내, 구재판소라고 되어 있는 것은 지방법원, 쇼와 5년 법률 제9호라고 되어 있는 것은 「조선형사령」에서 따를 것을 정한 쇼와 5년 법률 제9호로 한다는 내용이었고, 제2조는 「조선형사령」에서 따를 것을 정한 형사소송법 제334조의 규정은 전조 제1항에서 따를 것을 정한 전시형사특별법(이하 전시형사특별법) 제5조 제1항의 절도죄에 관한 사건에 대해서는 이를 적용하지 않는다. 동항(同項)의 강도죄에 관한 사건에 대해 지방법원판사가 단독으로 재판을 하는 경우도 역시 같다고 개정하였다.

제3조 검사가 사안의 내용에 비추어 상당하다고 인정할 때는 「조선총독부재판소령」 제4조 제1항 단서의 규정을 적용하지 않는 사건에 대해 공판의 청구와 동시에 서면으로 지방법원합의부에서 재판을 청구할 수 있었다.[63]

2) 「조선형사령」의 식민지 차별 요소

(1) 형사소송법의 차별적 적용

조선총독부는 1910년 8월부터 1912년 3월까지 식민지 피지배민에게 적용 법규를 달리 하여 조선인에게는 대한제국기에 제정된 「형법대전」을 적용하고, 일본인에게는 일본의 형법을 적용하였다. 1910년 8월

---

63 「조선형사령 중 개정」(1944.2.15.), 『조선총독부관보』 5107.

29일 일제는 한국을 병합하면서 칙령 제318호를 통해 대한제국을 조선으로 개칭하고, 같은 날 제령 제1호 「조선에 있어서의 법령의 효력에 관한 건」으로 조선총독부를 설치하여 한국을 식민지로 만들었다. 일제강점기 형사재판은 검거→취조→기소→예심→공판을 거쳐 형이 확정되었다. 재판은 3급 3심제로, 제1심은 지방법원, 제2심은 복심법원, 제3심은 고등법원에서 관장했다. 일제하 재판제도는 1910년 「조선총독부재판소령」과 1912년 시기에 형성된 식민지 형사사법은 절대적 형사소추권의 확보, 소송경제추구 등으로 대변될 수 있다. 당시 일제강점 초기 조선은 일본 형사소송법이 의용됨과 동시에 조선에만 적용되었던 「조선형사령」에 의해 식민통치되고 있었던 것이다. 「조선총독부재판소령」과 「조선형사령」은 일본 본토의 형사 절차법규에 없는 특수한 것이었다. 식민지 조선에서 진행된 형사재판에는 일본 형법과 형사소송법이 그대로 적용되지 않고, '의용'되어 일본과 차별적으로 운용되었다.[64]

1909년 11월 11일 내각고시 제33호에 의한 일본 칙령 제237호 「통감부재판소사법사무취급령」에 의하여 1890년 제정된 일본의 「메이지 형사소송법」이 시행되기 시작하였다.[65] 하지만 「한국인에 대한 사법에 관한 건」에 의하여 기타 법령에 특별한 규정이 있는 경우를 제외하고는 조선의 법규를 적용하도록 하였으므로 대한제국의 「민형소송규칙(民刑訴訟規則)」도 효력을 유지하고 있는 상황이었다.[66] 따라서 일제는 1912년 「조선형사령」을 통해 형사 절차를 일원화하고자 하였다. 그러나

64　김국화, 2020, 「101인 사건 예심과 치안유지법」, 『사림』 78, 276쪽.
65　김용주, 2012, 앞의 논문, 163쪽.
66　『한말근대법령자료집』 IX, 8쪽.

「조선형사령」은 기본적으로 인권과 관련 있는 강제수사 및 사실심법원의 절차면에서 여러 가지 독소조항을 가지고 있었다.

「조선형사령」에 의하면 조선총독부 경무총장은 사법경찰관으로 범죄를 수사할 때 검사와 동일한 직권을 가지고 있었고, 도경무부장, 경시, 경부 등은 검사를 보좌하여 그 지휘를 받아 사법경찰관으로서 범죄를 수사하는 역할을 맡았다. 또 검사 혹은 사법경찰관은 사건의 수사에서 권한을 부여받아 형사소송법 제144조, 제146조, 제147조 등의 경우 범소(犯所)를 임검할 필요가 없다고 인정할 때에는 임검을 하지 않고 예심판사에 속하는 처분을 할 수 있었다.[67] 또 검사는 현행범이 아닌 사건이라도 수사 결과 급속한 처분을 요한다고 판단할 때에는 소송 제기 전에 한하여 영장을 발부하거나 검증, 수색, 물건 차압을 하고, 피고인과 증인을 신문하거나 감정을 명할 수 있었다. 사법경찰관도 이러한 권한을 가지고 있었다. 또한 사법경찰관은 피고인을 신문한 후 금고 이상의 형에 해당하는 자라고 생각될 때에는 14일 기간을 넘지 않는 범위 내에서 유치할 수 있었다.[68] 사법경찰관은 유치기간 내에 증빙서류와 의견서를 갖추어 피고인을 관할재판소 검사에게 송치해야 하며, 검사는 피고인을 구류한 경우에는 20일 이내에 기소 절차를 하지 않았을 때는 석방해야 했다. 검사가 범죄의 수사를 마치고 유죄라고 판단했을 때에는 공판을 요구할 수 있는데, 구류 또는 과료에 해당하는 사건을 제외하고 사건

---

[67] 일본의 형사소송법에 의하면 제144조·제146조·제147조의 내용은 현행범의 경우에는 사법경찰관에게 현행범에 대한 특별조치로 범죄현에의 임검, 피고인신문, 검증, 압수수색, 증인 구인신문, 감정의 권한이 부여되었으며, 검사에게는 특별조치뿐만 아니라 구속영장을 발부할 수 있는 권한도 부여되었다(김용주, 2012, 앞의 논문, 70쪽).

[68] 이후 개정을 통해 10일로 변경하였다.

이 번난하면 예심을 요구할 수 있었다.[69]

또한 소송 절차를 간소화를 명분으로 근대 형사소송법의 기본원칙인 공판중심주의를 형식주의적으로 실시하였다. 재판소 또는 예심판사는 필요하다고 인정한 때에는 사법경찰관으로 하여금 검증·수색·물건차압을 하게 하거나 또는 감정을 명할 수 있었음은 물론 재판소는 급속을 요한다고 인정한 때에는 공판개정 전이라도 검사에게 통지하여 수색·물건차압을 하거나 또는 증인을 신문하거나 감정을 명할 수 있었다. 또한 1년 이하의 징역·금고 또는 300원 이하의 벌금을 언도한 제1심의 판결에 대해서는 증거에 관한 이유를 생략할 수 있었다.

이상의 내용을 사례를 통해 살펴보면, 일본 오카야마(岡山) 출신으로 경남 진해에서 미곡상을 하는 나카야마가 그 동네에 사는 고물상에게서 정규 양기를 사서 이를 변조하여 미곡을 팔 때 사용하다가 투서를 받고 출동한 경찰이 변조한 양기를 찾아낸 도량형법 위반사건이 있었다.[70] 이 판결에서의 쟁점은 상고의 성립 여부였다. 재판부는 피고가 제출한 1912년 12월 9일 자 상고신청서는 원판결 전부에 대해 불복하여 상고를 신청한다고만 되어 있을 뿐 따로 취의서를 제출하지 않았는데, 「조선형사령」 제31조 제1항 규정에 의해 상고하기 위해서는 그 신청서를 원 재판소에 내고 또 그것을 신청한 날로부터 5일 이내에 취의서를 제출하도록 되어 있으며 이를 제출하지 않은 상고는 부적법을 면하기 어려우므로 원 법원이 「조선형사령」 제33조 및 형사소송법 제274조에 의해 상고를 기각한 결정은 상당한 이유가 있고 항고는 이유 없으므로 형사소

---

69 「조선형사령」(1912.3.18.), 『조선총독부관보』 호외.
70 『형사판결원본』(CJA0000468-0004).

송법 제297조 및 제300조 말단의 규정에 따라 이를 기각하였다. 정리하자면 피고가 상고한 이유에 대한 적합성 검토가 아니라 정해진 기한 내에 상고취의서를 내지 않았기 때문에 대구복심법원이 상고를 기각한 것이 법리적으로 적합하게 되는 것이다.

1912년 4월 29일의 경성복심법원에서의 진행된 간통 및 살인사건 2심 판결을 살펴보면 데라다(寺田恒太郎) 검사 간여하에 스즈키(鈴木伍三郞), 마루야마(丸山柯太郞), 다다(多田吉鍾) 등 3명의 판사가 심리하여 원심을 취소하고 피고 2명에게 사형을 선고하고 압수한 물건은 몰수한다는 판결을 내렸다.

1심에 대해서는 피고 2명의 간통죄에 대해 이를 형법 제183조를 적용하여야 하는데「형법대전」을 적용한 것이 법률 변경의 결과, 부당하다는 이유로 이를 취소하였다. 또 1912년 6월 10일 고등법원에서의 3심은, 상기 피고 2명의 상고 신청과 고등법원 검사장 고쿠부의 부대상고에 의해 니시우치(西內德) 검사의 의견을 들어 이와노(岩野新平), 아사미(浅見倫太郞), 마키야마(牧山榮樹), 이시카와(石川正), 김낙헌(金洛憲) 등 5명의 판사가 피고의 상고와 상기 부대상고에 대해 이를 모두 기각하는 판결을 내렸다. 그 이유는 변호사가 1912년 5월 22일에 제출한 상고추가이유서 때문이었다.「조선형사령」제34조 제1항에 의하면 추가이유서는 이유서 제출 기간 경과 후 14일 내에 제출하여야 하고 이유서는 통령 제31조 제1항에 의해 상고를 신청한 날로부터 5일 내에 제출하여야 하는데, 1912년 5월 1일로 이유서 제출 기간인 5일에 초일을 산입하지 않고 계산할 때에는 동월 6일로 그 기간이 만료하고 위 기간 경과 후에 다시 추가이유서 제출 기간인 14일을 초일을 산입하지 않고 계산할 때에는 동월 21일로 그 기간이 만료하기 때문에 동월 22일에 제출한 본 추가이

유서는 법정 기간의 경과 후에 제출한 것이 되어 부적법하다고 하였다.[71]

1922년 공포된 다이쇼형사소송법의 1924년 실시에 맞추어 일제는 같은 해 「조선형사령」 개정을 하였다. 1924년의 「조선형사령」은 공판절차에 관해서 기본적으로 1912년의 「조선형사령」의 구도를 계승하면서 필요적 변호사건은 사형 또는 무기징역이나 무기금고의 사건에 한정되었으며, 다이쇼형사소송법상 인정되었던 단기 1년 이상의 사건은 변호에서 배제되었다.

(2) 예심제도 기능의 차이

형사소송법에 의하면, 공소는 기소, 예심, 공판 등 세 단계로 진행되었다. 검사와 사법경찰관의 독립적인 수사상 강제처분권한은 통감부시대에 확립된 이후 일제강점기에도 그대로 적용되었다. 식민지 조선에서는 예심제도와 관련하여 강제처분을 원칙적으로 판사의 권한으로 인정하는 메이지형사소송법상 예심판사가 행하던 강제수사권한을 「조선형사령」에서 검사 및 사법경찰관에게 예심판사에 준하는 강제수사권한을 인정하였다. 형사소송법은 공판 이전에 행해지는 판사의 예심이라는 조사단계가 있었고 예심판사의 조사행위는 현행법의 상황으로 보면 실질적으로 검사가 행하는 수사에 해당하였다. 그렇지만 당시 강제처분은 예심판사의 권한으로 검사나 사법경찰관 등 수사기관은 임의수사만 할 수 있었을 뿐 원칙적으로 강제수사를 할 수 없었다. 검사는 긴급한 사유가 없는 한 강제처분을 할 필요가 있는 때에는 예심판사나 재판소 판사에

---

[71] 이홍락, 2020, 『일반형사사건으로 본 1910년대 사회상』, 선인, 276~278쪽.

게 청구하여 판사로 하여금 강제처분을 하도록 하고 그 처분의 결과를 송부받아 사건을 처리하였다. 따라서 복잡한 사건이나 비현행범사건은 검사나 사법경찰관이 충분히 진상을 조사할 수 없었으므로 이러한 경우에 강력한 강제처분권을 가진 예심판사에 의한 조사는 절대적으로 필요하였다.[72]

기소는 중죄의 경우, 지방법원 검사가 조사를 하고, 검사가 조사를 마치면 「예심청구서」를 작성하여 예심판사에게 예심을 청구했다. 따라서 형사재판의 절차적 수단인 예심제도는 일제강점기 형사소송법에서 가장 중요한 부분이라 할 수 있다. 예심제도는 일제시대 형사소송법상의 인신구속제도의 하나이면서 고판(故判)제도의 하나이다. 형사소송법상 인신구속제도는 체포, 긴급체포, 현행범 체포를 비롯하여 구금과 구인 등 피의자 또는 피고인의 신병확보를 목적으로 하는 일체의 제도를 뜻한다.[73]

인신구속제도는 유무죄의 판단 이전에 헌법상 신체의 자유를 구속하는 중요한 제한이므로 근대적인 형사소송법에서는 기본적으로 행사주체와 기간의 제한, 체포와 구속의 분리, 영장제도의 엄격한 실행 등 제도적 남용의 방지를 위한 장치가 갖춰져야 함이 원칙이다.

한편 예심은 예심판사에 의해 진행되는 재판제도이기도 했다. 즉 현재의 소송제도가 검사의 수사를 거쳐 면소(免訴)되거나 기소처리되어 법원의 공판 절차로 진행되는 것과 달리 일제시대에는 이 두 단계 사이에

---

[72] 성경숙, 2012, 앞의 글, 364쪽.
[73] 안유림, 2009, 「일제 치안유지법체제하 조선의 豫審제도」, 『이화사학연구』 38, 137쪽.

예심제도가 존재하고 있다. 즉 검사는 수사를 진행하다가 바로 공판을 청구할 수도 있고 예심으로 사건을 보낼 수도 있었다. 검사가 예심을 청구하면 예심판사는 사건을 인계받아 수사를 하고 신문조서를 작성하여 ① 결심(決心)으로 면소(免訴)의 언도를 하거나 ② 공소를 기각하거나 ③ 결범(決范)으로서 공판에 회부한다. 요컨대 예심은 수사기관과 재판기관의 역할을 모두 담당하고 있어 그 운용에 따라 좋게도 나쁘게도, 극과 극의 어느 쪽으로도 기능할 수 있는 제도이다. 인신구속에 대한 제한규정 없이 예심판사에게 강제적인 권한을 부여하여 수사기관으로서의 역할을 강조한다면 인권유린적인 절차가 될 수 있다. 반대로 인신구속절차를 최소화하고 피의자를 위한 공소제기여부의 신중한 판단을 위해 사용된다면 인권보장을 위해서도 사용될 수 있는 제도인 것이다.[74]

검사와 사법경찰관의 독립적인 수사상 강제처분권한은 통감부시대에 확립된 이후 일제강점기에도 그대로 적용되었다.[75] 식민지 조선에서는 예심제도와 관련하여 강제처분을 원칙적으로 판사의 권한으로 인정하는 명치 형사소송법상 예심판사가 행하던 강제수사권한을 「조선형사령」에서 검사 및 사법경찰관에게 예심판사에 준하는 강제수사권한을 인정하였다.

「조선형사령」에 의하면 수사 절차에 있어서 현행범의 경우는 검사

---

74 안유림, 2009, 위의 글, 135쪽.
75 1909년 10월 16일 일본칙령 제237호 「통감부재판소사법사무취급령」에서는 현행범사건보다 약간 넓은 범위에서 요급사건이라는 범주를 만들어 요급사건의 경우 검사와 사법경찰관에게 구류를 제외한 강제처분권을 부여하였다. 제25조에 의하면 검찰과 사법경찰관의 수사기관에게 급속을 요하는 경우 공소제기 전에 한하여 예심판사에 준하는 권한을 부여하는 방식으로 강제수사권을 부여하여 검사와 사법경찰관에게 예심판사의 처분을 허용하였다.

뿐만 아니라 사법경찰관에게 예심판사에 준하는 강제처분권을 인정하였다. 「조선형사령」 제11조에 의하면 수사 절차에 있어서 현행범의 경우에 검사뿐만 아니라 사법경찰관도 예심판사에 속하는 처분을 할 수 있을 뿐만 아니라 강제처분시 임검도 생략할 수 있었다.[76]

형사소송법 제62조는 검사의 공소제기 및 예심청구의 의무에 대하여 "직접 소를 제기하거나 예심을 구하여야 한다"고 규정하여 메이지형사소송법상 예심청구의 의무를 엄격하게 하고 있다. 일본 형사소송법은 공판회부 여부를 범죄에 따라 검사의 의무로 하고 있어 반드시 예심을 거쳐 검사의 부당한 기소에 대한 통제와 함께 수사 절차에 대한 규제를 하고 있다. 하지만 「조선형사령」 제16조는 "검사는 범죄의 수사를 종료하여 유죄로 사료하는 때에는 공판을 구하여야 한다"고 기소법정주의를 규정하면서, 동조 단서에 "구류 또는 과료에 처할 사건을 제외한 사건이 번잡한 때에는 예심을 구할 수 있다"고 규정함으로써 예심청구에 있어서는 검사에게 예심청구의 재량권을 부여하고 있다. 「조선형사령」에서는 예심청구의 의무가 예심청구의 재량권으로 변하여 검사가 재량으로 예심을 청구할 수 있게 되었다. 이와 더불어 검찰과 경찰의 강제처분권 행사의 요건으로는 "수사의 결과 급속한 처분을 요하는 것으로 인정되는 때"라는 추상적 기준이며 이와 같은 추상적 요건은 검사의 재량적 예심청구권과 결합하여 오히려 수사기관의 강제수사권의 발동에 대한 명분을 주어, 검찰 및 사법경찰관의 강제처분권 행사에 실질적으로 아무런 통제장치를 두지 않았다. 오히려 이 추상적 요건은 검사의 부당한 기소권 행사에 대한 통제로써 법관에 의한 수사기관의 권한남용을 견제한다

---

76 이완규, 2011, 『형사소송법연구』 II, 법문사, 121~122쪽.

는 본래의 취지와는 다르게 도리어 피고인에게 불리한 결과를 초래하게 되었다.[77]

「조선형사령」 제12조에서 "수사결과 급속한 처분을 요하는 것"이라고 인정되는 경우 검사와 사법경찰관이 예심판사의 권한에 속하는 피고인신문, 증인신문 등의 처분을 할 수 있도록 규정하였다. 따라서 판사가 아닌 검사와 사법경찰관에 의한 피고인신문과 증인신문이 광범위하게 행해질수 있는 적법성이 부여되었고, 「조선형사령」 제14조에 의해 이와 같은 검사나 사법경찰관의 처분결과는 예심에 관한 규정에 따라 법조인이 아닌 사법경찰관이 작성한 조서에 증거능력이 부여되었다. 이는 식민지 조선에서만 행해지게 되는 특수한 경우로 본국과의 차이라 할 수 있다.

(3) 즉결심판

이 시기에 주목해야 할 또 하나의 형사재판 절차가 즉결심판이었다. 즉결심판은 통감부 시기인 1909년 10월 16일 「한국에 재한 범죄즉결령」(칙령 제240호)으로 도입되었다가 1910년 12월 15일 「범죄즉결례」(제령 제10호)에 의해 처벌 대상이 확대되었다. 즉, 1909년에는 처벌 대상이 ① 구류 또는 과료 형에 처해야 할 죄 ② 한국 법규에 의해 태형·구류 또는 30원 이하 벌금에 처해야 할 죄였다. 1910년의 제령 제10호에서는 ① 구류 또는 과료 형에 해당하는 죄 ② 3개월 이하 징역 또는 100원 이하 벌금 또는 과료에 처해야 할 도박죄, 구류 또는 과료 형에 처해야 할 형법 제208조의 죄 ③ 구재판소 관할 사건으로 3개월 이하 징역형에 처

---

77 성경숙, 2012, 앞의 글, 367쪽.

해야 할 「형법대전」 제5편 제9장 제17절 및 제20절의 죄 ④ 구재판소 관할 사건으로 3개월 이하 징역·금고·금옥 또는 구류·태형 또는 100원 이하 벌금 또는 과료에 처해야 할 행정 법규 위반죄로 확대되었다.

여기서 주목할 점은 처벌 대상 범죄가 일본 형법상 도박죄·상해죄, 대한제국기에 빈번했던 타인이나 친속에 대한 폭행죄 등이 추가되었을 뿐만 아니라, 식민 통치를 위해 제정 공포된 수많은 행정 법규 위반에 이르기까지 처벌 대상을 확대한 점이다.

즉결심판의 주체는 헌병경찰이었다. 법규상으로 즉결심판 주체는 "경찰서장 또는 그 직무를 취급하는 자"(제1조)가 할 수 있다고 되어 있는데 조선총독부는 1910년 6월 29일 공포한 「통감부경찰관서관제」를 그대로 계승하여 조선에 헌병경찰제를 시행하였다. 즉, 경찰관서를 중앙에 경무총감부, 지방에 경무부(각도) 및 경찰서(각군)로 구성하고 경무총감부의 장인 경무총장은 한국주차헌병대장인 육군장관으로 임명하였다. 경무부장은 각도 헌병대장인 헌병 좌관(佐官)으로 임명하며, 그 산하의 경시 또는 경부는 헌병장교 또는 헌병준사관 하사관으로 특별 임용할 수 있다고 하여 헌병대장이 모든 경찰업무를 지휘 총괄하는 체제로 구성하였다.

4. 식민지 조선에서 실시된 특례적 형사법

1) 「경찰범처벌규칙」의 실시와 일상 통제의 효율성

일제는 한국을 강점하는 과정에서 통감부시기인 1907년 7월의 '보안법', 1910년 8월 25일의 '집회취체에 관한 건'(경무총감부령 제3호)을 공포하여 정치결사·집회를 금지시키고, 1909년 11월 '한국에 재(在)한 범죄즉결령'을 공포하여 한국의 경찰서장, 분서장 등이 피고인의 진술을 듣고 증거를 조사하여 정식으로 재판하지 않고 즉시 형을 선고할 수 있도록 하였다.

강점 이후에는 1912년 3월 「경찰범처벌규칙」을 반포하여 이를 공고히 하였다. 모두 87가지의 행위에 대해 구류나 과료에 처하도록 하는 규정으로 총독부는 식민지 조선에서 즉결 심판으로 처벌할 수 있는 행위를 일본보다 훨씬 다양하게 규정하고 있었다.[78] 「경찰범처벌규칙」은 일본의 「경찰범처벌령」을 모방하여 만든 1908년 「경찰범처벌령」(통감부령 제44호) 규정을 확대 강화한 것이다. 「경찰범처벌규칙」은 '불온한 행동'과 집단행동을 막기 위한 항목, 일본인과 조선인 사이 이해관계의 충돌이나 언어 소통 문제 및 식민 통치에 필요한 치안의 강화와 조선·일본인 사이의 경제·문화적 갈등에 대처하는 여러 항목이 포함된 방대한 구조를 지니고 있었다.

「경찰범처벌규칙」은 모두 87개의 항목으로 구성되어 있었다. 주로 언론집회에 대한 규제 및 사회질서, 위생, 관공서의 권한에 대한 부분이 중점을 이루고 있었다. 이를 분류하면 〈표 4-2〉와 같다.

〈표 4-2〉에서 구분한 것과 같이 「경찰범처벌규칙」은 조선을 식민지로 통치하기 위해 언론 및 집회를 통제하고 관공서의 권위를 강화시킴은 물론 사회질서 유지를 명문으로 일상을 통제하는 기능을 하고 있었다. 또한 구걸에 대한 규제(7호), 소위 '미신' 및 '유사종교'에 대한 규

---

78 「경찰범처벌규칙」(1912. 3. 25.), 『조선총독부관보』 470.

〈표 4-2〉「경찰범처벌규칙」의 내용과 분류

구분	「경찰범처벌규칙」의 처벌 행위
언론 및 집회	8. 단체 가입을 강청하는 자 19. 함부로 대중을 모아 관공서에 청원 또는 진정을 하는 자 20. 불온한 연설을 하거나 불온한 문서, 도서, 시가의 게시 · 반포 · 낭독 또는 방음(放吟)을 하는 자 21. 사람을 광혹하게 하는 유언 · 부설 또는 허위의 보도를 하는 자
관공서의 권한	26. 자기 또는 타인의 업무에 관하여 관허가 있다고 사칭하는 자 27. 관공직, 위기(位記), 훈작(勳爵), 학위, 칭호를 속이거나 법령이 정한 복식, 휘장을 참용(僭用)하거나 이와 유사한 것을 사용하는 자 28. 관공서에 대하여 부실한 진술을 하거나 그 의무가 있는 자가 이유 없이 진술에 응하지 아니하거나 부실한 대서를 하는 자 29. 본적, 주소, 성명, 연령, 신분, 직업 등을 사칭하여 투숙 또는 승선하는 자 30. 이유 없이 관공서의 소환에 응하지 아니하는 자 31. 관공서의 방시(榜示) 또는 관공서의 지휘에 의하여 방시한 금지 조항을 범하거나 그 설치에 관계된 방표를 오독 또는 철거하는 자 32. 경찰관서에서 특별히 지시 또는 명령한 사항에 위반하는 자 33. 부정한 목적으로 사람을 은닉하는 자 42. 관서의 독촉을 받고도 붕괴의 우려가 있는 건조물의 수선 또는 전도의 우려가 있는 물건의 적환(積換) 등을 게을리 하는 자 45. 수 · 화재 기타 사변이 있을 때 제지에 응하지 아니하고 그 현장에 출입하거나 그 장소에서 퇴거하지 아니하거나 관리가 원조를 구함에도 불구하고 고의로 이에 응하지 아니하는 자 62. 구거, 하수로를 훼손하거나 관서의 독촉을 받고도 수선 또는 준설을 소홀히 하는 자 63. 관서의 독촉을 받고도 도로의 소제 또는 살수를 하지 아니하거나 제지에 응하지 아니하고 결빙기에 도로에 살수를 하는 자 64. 관서의 독촉을 받고도 굴뚝의 개조, 수선 또는 소제를 소홀히 하는 자
위생 관련	57. 노상방뇨를 하거나 하게 하는 자 59. 지상에 금수의 사체 또는 오예물을 기척(棄擲)하거나 제거를 소홀히 하는 자 60. 사람이 음용하는 정수를 오예하거나 사용을 방해하거나 수로에 장애를 하는 자 61. 하천, 구거 또는 하수로의 소통을 방해하는 행위를 하는 자 75. 사람의 사시(死屍) 또는 사태(死胎)를 은닉하거나 다른 물건으로 혼동하도록 의장하는 자 76. 허가를 받지 아니하고 사람의 사시 또는 사태를 해부하거나 보존하는 자 77. 일정의 음식물에 다른 물질을 혼합하여 부정한 이득을 꾀하는 자 78. 병폐한 금수의 육류 또는 설익은 과일, 부패한 음식물 기타 건강에 해로운 물건을 식 · 음료로서 영리용으로 이용하는 자 79. 매기한 소, 말, 양, 돼지, 개 등의 사체를 발굴하는 자 80. 포자(炮煮), 세척, 박피 등을 요하지 아니하고 그대로 식용하는 것에 덮개를 하지 아니하고 점두에 진열하거나 행상을 하는 자 81. 자기 또는 타인의 신체에 자문을 하는 자

구분	「경찰범처벌규칙」의 처벌 행위
사회 질서	1. 이유 없이 사람이 거주 또는 간수(看守)하지 아니하는 저택, 건조물 및 선박 안에 잠복하는 자 2. 일정한 주거 또는 생업 없이 사방을 배회하는 자 3. 밀매음을 하거나 그 매합(媒合) 또는 용지(容止)하는 자 4. 이유 없이 면회를 강청 또는 강담(强談), 협박의 행위를 하는 자 5. 합력·기부를 강청하여 강제로 물품의 구매를 요구하거나 기예의 공연 또는 노동력을 공급하여 보수를 요구하는 자 6. 수리(收利)를 목적으로 강제로 물품, 입장권 등을 배부하는 자 7. 구걸을 하거나 하게 하는 자 22. 무분별하게 길흉화복을 말하거나 기도, 주문 등을 하거나 부적류를 수여하여 사람을 미혹시키는 행위를 하는 자 23. 병자에게 금염, 기도, 주문 또는 정신요법 등을 행하거나 부적, 신수(神水) 등을 주어 의료를 방해하는 자 24. 함부로 최면술을 행하는 자 25. 고의로 허위 통역을 하는 자 34. 도제, 직공, 비복 기타 노역자 또는 피고용자에 대하여 이유 없이 자유를 방해하거나 가혹한 취급을 하는 자 35. 함부로 타인의 신변에 막아서거나 추수하는 자 36. 제사, 장의, 축의 또는 그 행렬에 대하여 악희(惡戱) 또는 방해를 하는 자 37. 밤 1시 후, 일출 전에 가무음곡 기타 훤조(喧噪) 행위를 하여 타인의 안면을 방해하는 자 38. 극장, 기석(寄席), 기타 공중이 회동하는 장소에서 회중을 방해하는 자 39. 공중이 자유롭게 교통할 수 있는 장소에서 훤조(喧噪), 횡와(橫臥) 또는 만취하여 배회하는 자 40. 공중이 자유롭게 교통할 수 있는 장소에 차마(車馬), 주벌(舟筏) 기타 물건을 두거나 교통에 방해가 되는 행위를 하는 자 41. 공중이 자유롭게 교통할 수 있는 장소에서 위험의 우려가 있을 때 점등 기타 예방 장치를 소홀히 하는 자 43. 잡답(雜沓)한 장소에서 제지에 응하지 아니하고 혼잡을 더하는 행위를 하는 자 44. 출입을 금지한 장소에 함부로 출입하는 자 46. 가로에서 야간등화 없이 차량 또는 우마를 사용하는 자 47. 허가를 받지 아니하고 노방 또는 하안에 노점 등을 연 자 48. 제지에 응하지 아니하고 노방에 음식물 기타 상품을 진열하는 자 49. 전선에 근접하여 연을 날리거나 기타 전선에 장해가 되는 행위를 하거나 하게 하는 자 50. 석전(石戰), 기타 위험한 놀이를 하거나 하게하는 자 또는 가로에서 공기총, 취시(吹矢)류를 가지고 놀거나 놀게 하는 자 51. 무분별하게 개, 기타 짐승류를 교사하거나 놀라 도망가게 하는 자 52. 맹수, 광견 또는 사람을 교상(咬傷)하는 버릇이 있는 짐승·가축 등의 계쇄(繫鎖)를 소홀히 하는 자 53. 투견 또는 투계를 하게 하는 자 54. 공중에게 보이는 장소에서 우마, 기타 동물을 학대하는 자

구분	「경찰범처벌규칙」의 처벌 행위
사회 질서	55. 위험의 우려가 있는 정신병자의 감호에 소홀하여 옥외에서 배회하게 하는 자 56. 공중에게 보이는 장소에서 단석(袒裼), 나정(裸裎), 또는 둔부(臀部)·고부(股部)를 노출하거나 기타 추태를 부린 자 58. 타인의 신체·물건 또는 이에 해가 되는 장소에 물건을 포요(抛澆)하거나 방사하는 자 65. 함부로 타인의 표등(標燈) 또는 사사(社寺), 도로, 공원 기타 공중용 상등(常燈)을 소등하는 자 66. 신사, 불당, 예배당, 묘소, 비표, 형상 기타 이와 유사한 것을 오독(汚瀆)하는 자 67. 함부로 타인의 가옥 기타 공작물을 오독하거나 첩지, 벽보 등을 붙이거나 타인의 표찰, 초비(招碑), 매대가찰(賣貸家札) 기타 방표(榜標)류를 오독 또는 철거하는 자 68. 함부로 타인의 전야, 원유에서 과일을 따거나 화훼를 꺾은 자 69. 타인이 소유 또는 점유한 토지를 침범하여 공작물을 설치하고 처마, 기둥을 내어 목축을 하거나 경작 기타 현상에 변경을 초래하는 행위를 하는 자 70. 전주, 교량, 게시장 기타 건조물에 함부로 우마를 매어둔 자 71. 교량 또는 제방을 손상할 우려가 있는 장소에 주벌(舟筏)을 매어둔 자 72. 함부로 타인이 매어둔 우마, 기타 짐승류 또는 주벌을 풀어준 자 73. 함부로 타인의 전포를 통행하거나 우마, 차량을 침입하게 하는 자 74. 자기가 점유한 장소 안에 노유, 불구 또는 질병으로 구조를 요하는 자 또는 사람의 사시, 사태가 있음을 알고도 신속하게 경찰관리 또는 그 직무를 행하는 자에게 신고하지 아니하는 자 전항의 사시·사태에 대하여 경찰관리 또는 그 직무를 행하는 자의 지휘 없이 그 현장을 변경하는 자 82. 가옥 기타 건조물 또는 인화하기 쉬운 물건의 근방 또는 산야에서 함부로 불을 피우는 자 83. 석탄 기타 자연 발화의 우려가 있는 물건의 취급을 소홀히 하는 자 84. 함부로 총포를 발사하거나 화약 기타 격발하는 물건을 가지고 노는 자 85. 허가를 받지 아니하고 연화를 제조 또는 판매하는 자 86. 허가를 받지 아니하고 극장 기타 흥행장을 개설하는 자
경제 관련	9. 함부로 시장 기타 유사한 장소에 당업자(當業者)의 출품 또는 입장을 강청하거나 물품매매의 위탁을 강청하는 자 10. 부입찰을 방해하는 자, 공동입찰을 강청하는 자, 낙찰인에게 그 사업, 이익의 분배 또는 금품을 강청하거나 낙찰인으로부터 이유 없이 이를 받은 자 11. 입찰자와 통모하여 경쟁 입찰의 취지에 반하는 행위를 하는 자 12. 재물을 매매하거나 노동력을 수급함에 있어 부당한 대상을 청구하거나 상당한 대상을 지불하지 아니하고 부정한 이득을 꾀하는 자 13. 타인의 사업 또는 사사(私事)에 관하여 신문지, 잡지 기타 출판물에 게재하지 아니할 것을 약속하거나 신문지·잡지 기타 출판물에 허위의 사실을 게재하거나 게재할 것을 약속하고 금품을 받아 기타 부정한 이득을 꾀하는 자 14. 신청하지 아니한 신문지·잡지 기타 출판물을 배부하고 그 대료를 청구하거나 강제로 구독신청을 요구하는 자

구분	「경찰범처벌규칙」의 처벌 행위
경제 관련	15. 신청하지 아니한 광고를 하고 그 대료를 청구하거나 강제로 광고의 신청을 요구하는 자 16. 과대 또는 허위의 광고를 하여 부정한 이득을 꾀하는 자 17. 타인의 업무 또는 기타 행위에 대하여 악희(惡戲) 또는 방해를 하는 자 18. 이유 없이 타인의 금담(金談) 거래 등에 관섭하거나 함부로 소송, 쟁의를 권유, 교사하여 기타 분요(紛擾)를 야기하는 행위를 하는 자 87. 도선, 교량 기타의 장소에서 정액 이상의 통행료를 청구하거나 정액의 통행료를 지불하지 아니하고 통행하거나 이유 없이 통행을 방해 또는 통선의 요구에 응하지 아니하는 자

제(22호·23호), 출판물·광고 규제(13호·14호·15호·16호), 노동자나 동물 학대에 대한 규제(34호·54호), 부랑자(혹은 '위험인물')(1호·2호)나 밀매음(3호), 각종 단체 행위 등으로 문제를 일으키는 자(4호)에 대한 단속 등을 통해 재판 없이도 '적법 절차'에 의한 사회통제를 할 수 있는 절차적 기반을 구축하였다.

「경찰범처벌규칙」은 조선을 식민지로 통치하기 위한 추가 조항을 담고 있기도 하지만, 조선 사회를 일본 근대 사회와 유사한 일상적 감시망 안에 가두어 놓고 있었다는 점에서 식민지 사회를 일본 사회와 같이 근대적 구조로 바꾸기 위한 사회 통제 기능까지 있었음을 확인할 수 있다.

「경찰범처벌규칙」은 민중의 일상과 관계가 깊은 법률이었다. 사례를 통해 살펴보면 1909년 주세법(酒稅法)이 만들어지기 전에는 술의 제조 및 판매가 자유로웠기 때문에 주종이 다양하고 제조하는 장소 또한 여러 곳이었다. 이미 일제는 1904년 메가타 다네타로(目賀田種太郎)가 한국정부 재정고문에 취임하면서 주조업을 새로운 재원으로 주목하여 주류에 대한 과세계획을 세우기 시작하여 1909년(융희 3년) 2월 8일 법률 제3호로서 주세법을 공포하였다. 주세법에서는 주류를 양성주(釀成酒), 증류주, 혼성주 세 가지로 구분하고, 주류 제조자는 제조장 1개소마다 면허를 받아야 하며, 주류 제조자는 매년 11월말까지 다음해 제조할 주류와 조석수(造石數)를 정하여 관할 재무서에 신고하며, 면허를 받지 않고 주류를 제조하는 자는 2원 이상 200원 이하의 벌금에 처한다는 것 등이었다.[79] 그리고 이를 어기면 「경찰범처벌규칙」에 의해 처벌받았다. 따라서 주세법은 일상적으로 마시던 술의 종류와 제조장소가 제한되는 것을 넘어 주류제조가 범죄로 치부되며 일상을 통제하는 결과를 가져왔다.

즉, 「경찰범처벌규칙」은 「조선형사령」만으로 단속이 불가능한 정치적·사회적 행위까지 간단히 처벌할 수 있었기 때문에 조선총독부의 통치 편의성을 위해 매우 편리한 수단으로 활용되었다. 따라서 식민지 이후 조선인과 재조 일본인이 훨씬 더 강력한 일상적 감시와 통제에 놓이게 되었다.

2) 「조선태형령」의 실시와 식민통치의 효율성

태형은 일제 무단통치의 상징으로 직접 육체에 고통을 주는 신체형이기 때문에 일반적으로 야만적 형벌이라 할 수 있다. 그렇지만 형벌 조직의 요점은 오로지 국가의 형편을 감안하여 범죄의 예방·진압에 가장 유효하고 적절한 방법을 발견함에 있고, 또 그 집행 방법이 적절했으며, 사소한 죄에 대한 제재로서 단기의 자유형 또는 소액의 벌금형보다 그 효과가 컸던 '조선의 사정'에 의해 「조선태형령」을 발포했다.

한국인과 일본인에 대한 법률적용에 있어서 차별없이 동일한 법규를 적용한다는 취지로 1912년 「조선형사령」을 공포하고 「형법대전」을

---

79 『官報』1면, 1909.2.13.

폐지하였다. 하지만 일본의 형사법제를 직접 조선에 적용하지 않고 「조선형사령」을 통해 의용하는 형식으로 적용되었다. 일본은 「조선형사령」의 시행으로 「형법대전」에 규정된 태형이 폐지되었다. 이에 조선총독부는 통치의 효율성을 추구하기 위해 1912년 3월 18일 「조선태형령」(제령 제13호)을 공포하여, 즉결심판 대상이 되는 행위에 대해 재조 일본인에게는 구류 또는 과료형을, 조선인에게는 태형을 실시함으로써 경죄에 대한 형벌을 이원화하였다. 그 결과 「형법대전」의 규정 없이도 한국인에 한하여 태형제도를 그대로 유지하였다. 태형을 실시할 수 있는 영역은 광범위하게 적용하였다. 이외에도 대한제국기에 제정되었던 「신문지법」, 「보안법」, 「출판법」 등의 법률, 「조선형사령」에 의용된 일본 「형법」, 「삼림령」 등 제령하고 「경찰범처벌규칙」, 「도로취체규칙」, 「하차(荷車)취체규칙」 등의 조선총독부령, 「요리옥음식점영업취체규칙」, 「숙옥(宿屋)영업취체규칙」 등 경무총감부령 등에는 3개월 이하의 징역 또는 구류, 100원 이하의 벌금, 과료에 처할 수 있는 항목이 다수 존재하여 식민지 조선인의 일상이 통제당하고 있는 상태였다. 따라서 식민지 태형제도의 시행과정을 이해하기 위해서는 병합 이전 조선의 형벌, 나아가 형사사법 전반의 변화과정 속에서 태형제도의 성격을 살펴볼 필요성이 있다.

조선시대의 기본 법전인 『대명률』의 첫머리에는 태(笞), 장(杖), 도(徒), 유(流), 사(死)라고 하는 다섯 가지의 형벌이 적혀 있다. 태, 장형의 경우는 가벼운 죄를 범한 경우에 태와 장으로 죄인의 볼기를 치는 형벌이다. 태형은 10대에서 50대까지, 장형은 60대에서 100대까지 각각 다섯 등급으로 나누어 집행하였다. 원래 『대명률』에서는 가시나무를 사용하도록 하였으나, 조선에서는 일반적으로 물푸레나무를 사용하였고 없으면 다른 나무를 대신 썼다고 한다. 기본적으로 태형은 50대까지였고

그 이상은 장형의 범주에 들어갔다.[80]

러일전쟁에서 일본군이 승기를 잡으면서부터 일진회를 중심으로 재판제도 개혁에 대한 요구가 나타났다. 일진회는 1906년 이후 법부대신·내부대신에게 불공정한 재판을 한 사법관과 탐학한 관찰사 및 군수에 대한 면관 및 처벌을 요구하기 시작하였다. 일진회는 친일 활동으로 지방 유생과 의병, 일부 지식인들에게 배척당하고 있었지만, 이러한 활동은 일반 민인들로서는 지방관들로부터 억울하게 수탈당하거나 박해받은 데 대해 호소할 수 있는 좋은 기회라고 생각할 수 있었다.[81] 따라서 일진회의 친일성을 희석시키는 좋은 기회라고 할 수 있었다.

이 같은 한국 재판제도의 내부문제가 계속되자, 을사늑약으로 통감부를 설치한 일제가 한국민으로부터 신뢰를 얻기 위해 착안한 분야도 사법 제도 개선이었다. 한국 재판제도의 운영이 불공정하고 문란하므로 이를 개선하면 곧 일본에 대한 한국민의 적개심이나 저항감을 줄일 수 있는 좋은 도구가 되기 때문이다.

이에 따른 조치로 1906년 10월 「재판소구성법」이 개정되었고[82] 이후 일제는 직접 한국 입법에 관여하였다. 1907년 1월 5일 이토는 한국 사법제도에 관한 정책 훈시에서 "한국의 정치 개선은 즉 한국에서 일본의 세력 확장이라는 점이다. 시정 개선과 세력 확장과는 그 명의가 틀리지만 사실은 하나이다"며 "제국 관리는 항상 한인을 양성한다는 취지에서 자진하여 모범을 보여 한인으로 하여금 이에 따르도록 하지 않으면

---

80 김호, 2013, 「조선의 처벌시스템」, 『과학과 기술』, 91~92쪽.
81 도면회, 2014, 『한국근대형사재판제도사』, 푸른역사, 420쪽.
82 『韓末近代法令資料集』 5, 289쪽.

안 된다. 특히 재판사무 같은 것은 가장 공평함을 존중해야 하므로 유독 한인뿐 아니라 여러 외국인의 눈에도 한국에서 일본 재판관의 사무취급이 공평하다는 명성을 얻도록 세심히 유의하지 않으면 안 된다"고 연설하였다.[83]

1907년 6월에는 고문폐지에 대하여 논의하였다. 특히 이토는 조선의 지방에서 재판 상태를 보면 한국에서는 재판제도가 거의 없고, 인권보호 방도는 갖추어지지 않은 상태이며, 따라서 어쩔 수 없이 개량방법을 강구해야 한다고 주장하였다. 그리고 이어서 이를 개량하고자 3심제를 원칙으로 하되 아직 재판소가 완전하지 않으므로 제1심, 제2심, 종심의 3심제로 하되 제1심, 즉 초심은 군수가 담당하고 제2심, 즉 재심은 관찰사, 종심은 평리원이라는 순서로 하고 민사와 형사의 취급을 구별하여 종래와 같이 민사에서도 신체를 구속한다고 하는 난폭한 재판법은 개정하였다. 또한 재판 절차를 군수의 재판(1심)에 불목하면 관찰사에게, 관찰사의 재판(2심)에 대한 상고는 평리원(3심)에서 하도록 하고 고문은 일체 금지하고 재판에서도 모두 기한을 정하여 지체를 예방하도록 하는 조치를 취했다.[84] 일제는 이처럼 한국의 사법제도를 정상화 시켜준다는 명분으로 실질적 권한을 장악해 나가고 있었다. 또한 일제는 대외적으로 한국의 낙후된 사법제도를 개선하면서 자신들의 사법제도 개편과 운영은 공정하다는 명분을 통해 침략성은 은폐하였다. 나아가 정당성까지 확보해 나가면서 식민지 조선을 효과적으로 억압하고 통제할 목적으로 한

---

83 남기정 역, 1978, 앞의 책, 39~45쪽.
84 『日韓外交史料集成』第6卷 中, 526~527쪽, #114, 「韓國施政改善ニ關スル協議會 第十八回」(1907년 6월 18일, 대신회의 筆記).

국 사법권 장악의 발판을 마련하였는데 그 명분은 조선의 야만적인 법률을 개선한다는 것이었고 그중 가장 중요한 문제는 '신체형'에 대한 것이었다.

하지만 그럼에도 불구하고 태형으로 대표되는 '신체형'은 여러 방면에서 적용·실시되었다. 이후 1905년 재정된 「형법대전」은 『대명률』에 존치하고 있는 개괄적 처벌규정인 불응위율을 여전히 차용하고 있었다. 불응위(不應爲)조에서는 율령에 조문이 없어도 불응위에 해당하면 처벌하도록 하고 있다. 그러나 정당행위에 의할 경우 구성요건에 해당하는 행위라도 사회상규에 위배되지 않으면 처벌할 수 없으므로, 양자는 정반대의 입장에 있는 것이 된다. 이는 죄형법정주의의 현대 형법과 유죄필주(有罪必誅)의 전통 형법의 차이를 보여주는 것이다.[85] 철저한 죄형법정주의가 실현되려면, 그 전제조건이 충족되어야 한다. 전제조건이란 형법상 책임주의 원칙의 관철에 달려 있다. 이를 위하여 첫째로 죄형법정주의의 핵심요소인 ① 소급효금지, ② 실질적 정의에 부합하는 성문법주의, ③ 명확성, ④ 유추해석 금지의 원칙이 철저하게 준수되어야 한다. 둘째로 책임주의에 따른 범죄성립과 비난가능성의 핵심인 ① 행위자에 대한 책임능력의 요구, ② 행위자가 자신의 행위에 대한 위법성의 인식 내지 인식가능성의 필요와 함께 ③ 적법행위의 기대가능성이 존재해야 한다. 셋째로 형벌의 정도와 범행 간의 균형이 충분히 유지될 수 있도록 적절한 법정형의 형성과 함께 양형의 합리화방안이 보장되어야 한다.[86]

---

85 김대홍, 2014, 「조선시대 『대명률』 불응위조에 관한 연구」, 『법사학연구』 49, 11쪽.
86 불응위율은 지나치게 개괄적인 규정이어서 어떤 행위를 형법상 금하고 허용하고 있는가에 대한 기준이 모호하기 이를 데가 없어 죄형법정주의에 반했다고 보았기 때문에 크레마지는 불응위율 폐지를 제안한바 있다.(허일태, 2019, 「형법대전(刑法大典)

이 같은 관점에서 볼 때 일제가 사법권을 장악하고 행사하는 과정에서 '법적정당성'을 강조하면서도 사안에 따라서 형법의 기본 원리인 죄형법정주의에 기반하지 않은 조항인 불응위율까지 적용하는 점에서 기만적인 모습을 보여주고 있다.

도박사건의 경우도 태형이 선고되었다. 이성녀는 한성 중부 대사동에 있는 미국인 클랩햄의 집에서 금전을 걸고 승패를 다투는 도박을 하다가 피착되었고, 이의석은 이성녀와 같은 장소, 즉 한성 중부 대사동의 미국인 클랩햄 집에서 도박을 하다 체포되었다.[87] 차이가 있다면 이의석은 판돈 30원으로 한 번, 35원으로 한 번 총 2번 도박을 하다 체포된 점이다. 재판부는 이들의 행위에 대해 「형법대전」 제672조를 적용하였다. 제672조는 도박율로 "재물로 도박한 자는 태(笞) 100에 처함"이다. 이에 따라 이성녀는 태 100을 언도 받았다. 이의석은 제672조에 의해 형을 언도 받은 후 동법 제129조[88]에 의해 태 100에 처해졌다.

단순 절도 사건의 경우도 태형이 선고되고 집행되었다. 피고 최업동은 주소가 충청남도 덕산이지만 주거지 없이 주점에서 일하는 자였다. 그러던 어느 날 밤 1원 40전에 해당하는 말린 민어를 몰래 훔쳤고 결국 법의 심판을 받게 된다. 민어는 백성 민(民)자를 쓸 정도로 예부터 대중적인 물고기로 알려져 있다. 서남해 연안 및 서해 연안에서 많이 잡혔는데 그중 전남 태이도, 경기 덕적도, 평안도 신도 연해가 주산지였기 때문

의 내용상 특징-적용범위와 죄형법정주의를 중심으로」, 『형사법연구』 20, 105쪽).
87 「판결선고서 제4호」(1907.3.2.), 『평리원판결문』, (국가기록원관리번호 CJA000021-0039).
88 第129條 二罪以上이同時에俱發된境遇에ᄂᆞᆫ其重ᄒᆞᆫ者를從ᄒᆞ야處斷ᄒᆞ고其各等ᄒᆞᆫ者ᄂᆞᆫ從一科斷홈이라

에 한성에서도 쉽게 구할 수 있는 물건이었다.[89] 그에게 적용된 규정은 「형법대전」 제591조로 절도 금액의 규모에 따라 최소 8개월에서 최대 종신으로 형량이 증가한다. 그러므로 최업동은 8개월 정도 금옥될 수 있었다. 이 사안은 형식적으로는 외형적 감형의 절차를 거치고 있다. 「형법대전」에서는 주형(主刑)을 ① 사형, ② 유형, ③ 역형, ④ 금옥형, ⑤ 태형으로 구분하였기 때문에 금옥형을 태형으로 변경시킨 것은 분명 감형이다. 하지만 실질적으로는 6개월 구금사건을 태형 중 정도가 가장 심한 100대의 형벌로 처리했다는 점은 감형을 가장한 혹형으로 처리한 것이다. 장형과 태형은 형구의 크기나 강도에서 차이가 있지만 단순절도는 조선시대 장형 100대에 해당하는 범죄는 아니었다. 따라서 「형법대전」 체제에서의 단순 범죄는 이전에 비해 가혹한 처벌을 받은 것으로 보인다.

일제는 메이지유신을 거치면서 서구 근대문물을 수용하고 이를 활용하여 식민지지배의 중요한 이데올로기로 구사했다. 사법권의 독립, 심급(審級), 민사·형사의 분리 등을 특징으로 하는 서구 근대 사법제도를 기준으로 해서 보면 대한제국의 사법은 분화되지 않은 문제가 큰 제도였다. 갑오개혁 후 정부는 1895년 「재판소구성법」으로 행정과 사법을 분리하고, 지방재판소와 고등재판소의 2심제를 도입했다. 1899년 대한제국 정부는 이 법을 개정하여 고등재판소를 '평리원(平理院)'으로 개칭했으나, 실제로 한성부 외에는 제대로 지방재판소가 설치되지도 않았고 사법의 독립도 이루어지지 않았다. 1905년 완성된 「형법대전」도 적지 않은 전근대적 요소들을 담고 있었고, 민법전의 편찬, 민사소송 절차의 확립은 요원한 상태였다.

---

[89] 정해석, 1990, 「신 자산어보」, 『샘터』 21, 100쪽.

「형법대전」은 근대적 외형은 갖추고 있었지만 내용상 전근대적 요소가 많았다. 또한 법률의 구성요건이나 위법성 조각사유 등에 대한 구체적인 실체가 없이 법 규정을 그대로 적용하는 법체제였다. 그래서 일본은 「형법대전」이 전근대적이며 야만적이라고 평가하면서도 이를 근대적으로 개선하려고 하지 않고 전근대적인 면을 존치하거나 확대하려 했다. 이는 전근대적 혹형이 한국을 효율적으로 지배할 수 있다는 점에서 기인한다. 따라서 일본은 아래와 같은 방향으로 「형법대전」에 새로운 조문이 신설되야 한다고 생각하고 있었다.

첫째, 폭동에 가입한 수괴 혹은 중요의 직무를 담당하지 않고 단지 총을 소지하여 지방을 소요하는 자 같은 것은 부화(附和) 수행하는 자로 태형에 처하는데 한국의 현시상태에서는 이 범인에 태형을 과하는 것으로는 도저히 공공질서를 유지할 수 없다.

둘째, 자수 감형의 예는 각 조 중이 두세 군데 산견(散見)하지만 일반적인 총칙으로 이를 설치하여 회오(悔悟)의 동기를 주는 것이 필요하다. 자수감형의 유효(有效)함은 폭도를 진압하는 데 실험(實驗)의 효과를 거두었다.

셋째, 관리의 직무방해죄에 대해서는 범인체포 기타 두세 개의 특례에 관한 것에 대해 규정되어 있지만 일반 직무집행에 대한 방해에 관해서는 전혀 그 명문을 결하였다. 옛날에는 인민이 유순해서 관리의 위압이 심해 그것이 되었지만 이제 관리에 반항하는 것이 있기 때문에 필요하다.

이 같은 태형을 기반으로 한 엄형주의의 강화는 통치의 편의를 위해 「형법대전」을 이용하여 통치를 효율적으로 하자는 것에서 기인한다.[90]

---

90 양홍준, 2006, 「통감부시기 형사경찰제도와 범죄수사」, 『한국사학보』 22, 174~175쪽.

1910년대 일제는 태형 같은 신체형으로 대표되는 전근대적이고 차별적인 형벌제도를 잔존시켰고, 사법적 판단과 처벌 기능을 상당 부분 헌병경찰에게 맡겼을 뿐 아니라, 호적사무·민사소송의 조정·강제집행 등도 경찰의 소관으로 돌렸다. 그러나 그런 한계에도 결과적으로 한국의 근대적 사법제도는 통감부시기 이래 일제의 식민지지배 아래에서 형성되었고, 조선총독부는 사법제도 개혁을 '시정(施政)'의 중요한 성과로 꼽았던 것이다.

1912년 3월 18일 조선총독부제령 제13호「조선태형령」이 제정되고 4월 1일부터 시행되었다. 조선총독부는 1912년 3월에「조선태형령」을 공포하여 즉결심판 대상이 되는 행위에 대해서 일본인에게는 구류 또는 과료형을, 조선인에게는 태형을 실시함으로써 경죄에 대한 형벌의 이원화 구조를 형성하였다. 조선인 죄수 대부분이 영예심이나 수치 관념이 없는 열등한 인물들이라 구류와 같은 자유형으로는 형벌 집행 효과를 달할 수 없다고 조선총독부가 인식했기 때문[91]이었다.

일본의 범죄 즉결 심판은 20엔 이하의 과료에 처할 죄 및 30일 이하의 구류에 처할 죄를 대상으로 한 데 반하여, 조선의 범죄 즉결 심판은 ① 구류 또는 과료형에 처할 모든 죄, ② 형법상의 도박죄와 경미한 폭행죄로서 각각 3월 이하 징역 또는 100엔 이하의 벌금이나 과료형에 처할 만한 죄, 3월 이하의 구류 또는 과료형에 처할 죄, ③ 행정법규 위반죄로서 3월 이하 징역·금고·구류 또는 100엔 이하의 벌금 또는 과료형에 처할 죄로 그 종류와 형량이 엄청나게 확대되고 강화되었다.[92] 벌금 액수

---

[91] 도면회, 2014, 앞의 책 505~506쪽.

[92] 朝鮮總督府, 1920,『朝鮮法令輯覽』(大正9年版)

는 20엔에서 100엔으로 5배, 형량은 30일에서 3개월로 3배 강화되고, 적용 죄목의 종류는 형법상의 도박죄와 폭행죄, 그리고 조선총독부가 공포한 수십 종목의 행정법규 위반죄로 확대되었다.

태형은 ① 3개월 이하의 징역 또는 구류에 처할 자, ② 100엔 이하의 벌금 또는 과료에 처해야 하나 일정한 주소가 없거나 자산이 없다고 인정되는 자 등 두 가지 경우에 정상에 따라 태형에 처한다는 것이다. 이 때 징역·구류 1일 또는 벌금·과료 1엔을 태1도로 환산한다는 것이다.

다만, 이 태형은 대한제국기 태형보다 몇 가지 점에서 완화되었다고 볼 수 있다. 우선, 대한제국기엔 70세 이상 노인과 15세 이하 소년(「형법대전」 제52조의 '노유(老幼)' 정의)과 여성의 범죄는 반란·살인죄 외에는 속전으로 대신할 수 있었으나(「형법대전」 제179조), 이들 노인, 소년, 여성에게도 태형을 집행할 수 있었다. 이에 비하여 「조선태형령」에서는 16세 이상 60세 이하의 남자에게만 부과하는 것으로 하여(제5조) 여성은 태형 집행 대신 구류, 과료, 벌금, 징역형을 부과하였다. 따라서 3·1운동기에 태형으로 인한 심각한 부상자가 다수 속출했다는 점에서 태형이 다른 형벌, 즉 징역형, 사형, 벌금형보다 잔혹한 형벌이라 할 수 있다.

본래 「조선태형령」은 강점기 이전 조선 사회에서 태형에 처했던 범죄 종목에 조선총독부가 '처벌의 효과'를 운운하면서 그대로 태형을 부과할 수 있도록 남긴 법이었다. 그러면서 3월 이하의 자유형 및 100원 이하의 자유형에 처해야 할 경우에도 그것을 태형으로 전환할 수 있도록 했다. 이로써 태형은 주된 법정형이 아니면서도 환형이 가능한 영역에 무한히 적용할 수 있는 형벌이 되었다. 태형으로 환영되는 비율은 1910년 내내 증가하는 추세[93]였는데, 이는 당시 조선총독부의 조선인에 대한 형 집행 방향이 어디에 있었는지 보여준다. 근대 행형에 비해 전근대적이고 폭력적이라 여겨진 처벌 방식으로 조선인을 길들이려 했던 것이다. 특히 "오늘에 한 법이 나오고 내일에 또 한 법이 나오는"[94] 상황 속에서 기존의 수많은 관행들이 새롭게 '범죄화'되어 태형처벌―교화의 대상이 되었다.[95]

「조선태형령」의 내용은 다음과 같다.

조선태형령[96]

제1조 3월 이하의 징역 또는 구류에 처하여야 하는 자는 정상(情狀)에 의하여 태형에 처할 수 있다.

제2조 100원 이하의 벌금 또는 과료에 처하여야 하는 자가 다음 각 호의 1에 해당하는 경우에는 그 정상에 의하여 태형에 처할 수 있다.

① 조선 안에 일정한 주소가 있지 아니한 경우

② 무자산이 인정된 경우

제3조 100원 이하의 벌금 또는 과료를 언도 받은 자가 그 언도확정 후 5일 내에 이를 완납하지 아니한 경우에는 검사 또는 즉결관서의 장은 그 정상에 의하여 태형으로 대체할 수 있다. 다만, 태형 집행 중 아직 집행하지 아니한 태수에 상당하는 벌

---

93 염복규, 2004, 「1910년대 일제의 태형제도 시행과 그 운용」, 『역사와현실』 53, 205~206쪽.

94 『每日申報』, 1911.3.28.

95 염복규, 2004, 위의 글, 211쪽.

96 「조선태형령」, 『조선총독부관보』 호외, 1912.3.18.

금 또는 과료를 납부한 경우에는 태형을 면한다.

제4조 이 영에 의하여 태형에 처하거나 벌금 또는 과료를 태형으로 대체하는 경우에는 1일 또는 1원을 1태로 절산하며 그 1원에 미치니 아니한 경우에도 1태로 계산한다. 다만, 태는 5 아래로 할 수 없다.

제5조 태형은 16세 이상 60세 이하의 남자가 아니면 부과할 수 없다.

제6조 태형은 태로 볼기를 때려 집행한다.

제7조 ① 태형은 30태 이하는 1회에 집행하며, 30이 증가할 때마다 1회를 추가한다.

② 태형의 집행은 1일 1회를 초과할 수 없다.

제8조 태형의 언도를 받은 피고인이 조선 안에 일정한 주소가 없거나 도망의 우려가 있는 경우에는 검사 또는 즉결관서의 장은 이를 감옥 또는 즉결관서에 유치할 수 있다.

제9조 태형의 언도가 확정된 자는 그 집행이 종료할 때까지 이를 감옥 또는 즉결관서에 유치하며, 제3조의 규정에 의하여 환형 처분을 받은 자 또한 같다.

제10조 ① 검사 또는 즉결관서의 장은 수형자의 심신 또는 신체의 장애로 인하여 태형을 집행하기에 적당하지 아니하다고 인정하는 경우에는 3월 이내 집행을 유예할 수 있으며, 유예 3월을 초과해도 태형 집행에 적당하지 아니하다고 인정하는 경우에는 그 집행을 면제한다.

② 전항의 규정에 의하여 집행을 유예 받은 자에 대하여는 전조의 규정에 의하지 아니할 수 있다.

제11조 태형은 감옥 또는 즉결관서에서 비밀로 집행한다.

제12조 태형의 시효는 각 본형에 대하여 정하는 예에 의한다.

제13조 이 영은 조선인에 한하여 적용한다.

부칙   이 영은 1912년 4월 1일부터 시행한다.

조문별 내용과 성격을 살펴보면「조선태형령」은 3월 이하의 징역 또는 구류에 처하여야 하는 자에 대해 정상에 의하여 태형에 처할 수 있도록 하였다(제1조). 100원 이하의 벌금 또는 과료에 처하여야 하는 자가 무자산이거나 일정한 주소가 없는 경우 태형에 처할 수 있었다(제2조). 또한 100원 이하의 벌금 또는 과료를 언도 받은 자가 그 언도확정 후 5일 내에 이를 완납하지 아니한 경우에는 검사 또는 즉결관서의 장은 그 정상에 의하여 태형으로 대체하였다. 하지만 형 집행 중 아직 집행하지 아니한 태수에 상당하는 벌금 또는 과료를 납부한 경우에는 태형을 면하도록 하였다(제3조). 즉 태형의 실질적인 대상은 '벌금 또는 과료를' 납부할 수 없는 계층이 대부분이었다.

이에 일제는「조선태형령」은 기존의 규정을 상당히 개량했고, 사안에 대한 적용 범위를 확대하고 적용해야 할 사람을 제한하여 여자와 노인, 어린 아이는 제외하였다. 또 집행할 때는 가급적 인도를 중시하는 취지에서 특별히 상세한 수속법을 규정하여야 했다. 그 결과 실정에 잘 적응하여 그 효과는 상당히 양호하였다고 평가하고 있었다.

3)「조선태형령」의 적용사례와 폐지

1912년 4월 내선인과 외국인에 대한 형사 법규를 정리·통일할 때에도 당분간 구제도를 답습해서 조선인의 가벼운 죄에 대한 제재 조치로 존치되었다. 그러나 근래 조선인이 점차 향상·자각한 바가 있고, 또 민도도 이전에 비할 바가 아니어서 기본형인 징역 또는 재산형으로 이를 다스려도 형정에 어떠한 지장도 없다고 인정되었다. 또한 시세의 추이에 비춰볼 때 직접 육체에 고통을 주는 형벌제도는 문명국의 형벌로는 비난의 여지가 있고, 또 내선인 사이에 형벌제도에서 차별을 두는 것은 새로운 정치의 취지에 부합하지 않았다. 때문에 1920년(大正 9) 3월 제령 제5호로 "「조선태형령」에 따라 태형에 처해지거나 또는 벌금 혹은 과료를 태형으로 바꿔 아직 그 집행이 끝나지 않은 자에 대해서는 계속 종전의 예에 따른다"며 이를 폐지하였다.[97]

형벌은 형벌권이라는 국가의 고유권한을 통해 사회질서를 유지시키고 공익을 실현시키는 도구이다. 일제는 한국을 강점하면서 강력한 형벌권을 바탕으로 '효율적' 식민통치를 하고자 하였다. 전근대사회의 형벌은 신체에 직접적으로 작용하는 신체형이었다. 하지만 근대사회에 접어들면서 징역형을 통해 신체의 자유를 억압하는 것이 형벌로써 기능한다는 점을 인식하기 시작했고 신체형 중심에서 자유형 중심으로 형벌의 형태가 변화하기 시작했다. 형벌권으로써 징역형을 완성시키는 공간은 감옥이었다. 전통사회에서의 감옥은 미결수들을 일시적으로 구금하는 시설이었다. 하지만 근대국가는 징역형을 통해 감옥을 형벌권이 지속되는 공간으로 변화시켰다. 일시적인 공간에서 지속적인 공간으로 변화하였기 때문에 근대 감옥시설은 전근대 감옥에 비해 훨씬 많은 공간과 재원이 필요했고 이는 행정비용의 부담이었다.

---

[97] 「朝鮮笞刑令 廢止의 件」(1920.3.31.), 『조선총독부관보』 2289.

일제가 식민지에서 태형을 실시할 수 있었던 배경에는 행형비의 절약과 형벌의 가시적 효과라는 두 가지 측면에서 살펴볼 필요가 있다. 한국 강점 직제 러일전쟁의 비용 문제 등으로 일본의 국가경제가 좋지 못한 상황에서 행정비용의 최소화는 꼭 필요하였다. 징역 3개월을 태 90대로 환형하면 2일만 구금하면 되기 때문에 88일의 행형비가 절감되고 1910년대 전반적으로 취약한 총독부의 재정에서 감옥 증설이 어려웠다는 점에서 태형은 최소비용으로 최대효과를 누릴 수 있는 효율적인 형벌이었다.[98]

일제강점기 태형제도가 가지고 있는 또 하나의 특징은 일상에 대한 통제이다. 강점 이전에는 범죄행위가 아니던 주세령, 삼림령, 도량형법 위반 등에 대해 태형을 부과함으로써 단순범죄가 아닌 일상에 대한 감시와 통제를 시도했다는 점은 일제강점기 태형제도의 본질을 파악할 수 있는 좋은 사례라고 할 수 있다.

일제는 한국을 강점하면서 도량형을 비롯한 일상에 대한 통제를 이어나가고 있었고 이를 위반할 경우 통제하는 수단 또한 태형이었다. 식민지 조선에서의 도량형 문제는 식민지 지배정책의 용이성을 위해서도 반드시 해결해야 할 부분이었다. 이에 도량형법을 위반한 사항에 대해서도 태형을 통해 사회 통제의 기능을 강화하게 된다.

1913년 6월 2일 경성지방법원에서 작성된 우갑순의 도량형법 위반 사건도 태형이 부과되었다.[99] 경성부 인창면 전농리 거주 우갑순(38세,

---

98 염복규, 2004, 앞의 글. 204~205쪽.
99 「1913년 公刑 제447호」, 『경성지방법원판결문』 1913년 6월 2일(국가기록원 관리번호3CJA0000047-0004)

농업)에 대해 조선총독부 검사 나가야(長屋戒三) 간여, 심리하에 하타(畑義三) 판사가 곤장 60대에 처한다는 판결을 내렸다. 우갑순은 1913년 5월 11일 경기도 가평군 군내면 객사리 6통 9호 정태홍(鄭太弘) 소유의 검인 없는 되를 빌려와 같은 날 같은 마을에 사는 문 아무개 집에서 빌려온 되로 이름 미상의 자에게 고추 5말가량을 팔았다. 피고가 정부의 검인이 없는 되를 사용한 행위는 「도량형법」 제6조 제1호, 제8조 제2호, 「조선형사령」 제42조에 해당하여 3년 이하의 징역형을 선택하고 그 형기 내에서 피고에게 징역 2개월에 처할 것이나 정상을 참작하여 「조선태형령」 제1조 및 제4조에 따라 태형에 처하도록 하였다.

주세령을 위반한 경우에도 태형이 부과되었다. 주세령의 주요 내용은 조선주를 '조선 재래의 방법에 의하여 제조하는 탁주, 약주 및 소주'라고 규정하고 종래 주세법의 양성주, 증류주, 홍성주의 구분을 양조주(釀造酒), 증류주(蒸溜酒), 재조주(再製酒)로 고친다는 것, 또 1석당 세율을 정하여 만드는 양에 따라 과세액을 산출하는 방식으로 전환함과 동시에 세율을 인상한다는 것, 증류주와 재제주는 그 주정(酒精) 함유 도수에 따라 세율을 구분한다는 것, 1개 주조장에서는 1주조 년도에 청주 100석 이상, 맥주 500석 이상, 주정과 비조선 탁주는 50석 이상, 조선주인 소주는 2석 이상, 기타 주류는 한 가지 당 5석 이상을 제조하지 못하는 자는 면허를 주지 않는다는 것, 기존의 자가용(自家用) 술 면허소지자에게는 '조선주'에 한하여 제조량을 소량으로 제한한다는 것 등이었다.[100] 종래 주세법과 다른 내용은 1석당의 세율에 제조량을 곱하여 과세액을 산출한다는 것이다. 이에 따라 소비세 본연의 성격을 가지게 되면서 세율

---

100 『每日申報』, 1916.7.26.

이 상당히 인상되었다.

　1916년 주세령의 시행으로 자가 양조가 제한되고 고율의 과세로써 강권으로 주류의 상품화가 시작되자 조선인들은 '밀조(密造)', 즉 몰래 양조하여 주세령에 대응하였다.[101] 밀조는 광범위하게 이루어졌다. 주로 탁주에서 밀조가 행해져서 이는 '양조계의 암'이라고 언급될 정도였다. 탁주 밀조는 식량으로 대용되던 탁주를, 싼 값에 쌀을 팔아 비싸게 사 마셔야 해서 대한 불만이 크고 제조가 쉬웠던 것에 원인이 있었다. 주로 집에서 탁주를 제조했다가 주세령 위반으로 검거되었다. 피고인이 제조한 탁주는 1말 2되, 곧 20리터가 조금 넘는 양이었다. 탁주는 쌀 생산지와 관계가 깊어 황해도 이남지역에서 1년 내내 소비되며 남쪽지방일수록 소비가 증가했다.[102] "중산자 이상의 음료"로 인식된 약주에 비하여 "하등사회의 음료"로 인식된 술이었다.[103] 피고인이 제조한 술의 양을 봤을 때 농사일을 하는 피고인이 집에서 스스로 먹거나 손님을 접대하기 위해서 탁주를 만든 것으로 보인다. 이 시기 일반적인 농가의 관습이었을 것이다. 하지만 곧 피고인은 벌금 30원에 처해졌는데, 이는 태 30에 해당했다. 이즈음 소 한 마리 가격이 54원 정도[104]였음을 생각했을 때 벌금 30원은 농가 가계에 큰 부담이었을 것이다. 벌금을 낼 수 없을 때에는 「조선태형령」에 따라 태로 대신할 수 있었다. 여기에는 주세령 위반으로 처벌을 받은 피고인들도 포함되었다. 관행적으로 자급자족해오던 먹거

101　김승연, 1994, 「1905년~1930년대 초 일제의 酒造業 정책과 조선 주조업의 전개」, 『한국사론』 32, 124쪽.
102　김승연, 1994, 위의 글, 71쪽.
103　統監府財政監査廳, 1907, 『韓國酒造業調査報告』, 1~2쪽.
104　「10원 지폐를 철필로 위조」(1917.2.10.), 『每日申報』.

리가 1916년에 들어와 법의 통제 안에 놓이게 되면서 어제의 관행들이 '범죄'가 되어 처벌의 대상이 되었던 것이다.

경상북도 영덕군 창수면 창수동에 사는 김상학 및 오석기가 자신의 동네에 있는 산으로 일본인에게 대여한 국유림에서 뿌리 둘레 1자 반 내외의 상수리나무 약 50그루를 도벌한 사건이 있었다. 1920년 3월 26일 대구지방법원 영덕지청에서 작성한 김상학 외 1인의 삼림령위반사건의 내용은 다음과 같다. 경상북도 영덕군 창수면 창수동 거주 김상학(30세, 농업), 오석기(39세, 농업)에 대해 동 지청 호리오 판사가 검사사무취급 조선총독부 도경부 오쿠보(大久保福吉) 간여하에 피고들이 궐석인 채로 심리하여 각각 태 60에 처하도록 하였다.[105]

일제는 「조선형사령」의 제정과 동시에 '구관존중(舊慣尊重)'의 명분으로 제령 제13호로 「조선태형령」을 공포하여 「형법대전」에 부녀자의 간통죄 등에만 제한적으로 잔존한 '전근대적' 형벌을 존속시켜 이를 식민지 조선인에게만 차별적으로 적용하였다.[106] 또 일제는 1910년 12월 15일 제령 10조로 「범죄즉결례」를 제정하여 제1조에 "경찰서장 또는 그 직무를 취급하는 자"는 '3월 이하의 죄'에 대해 '구류·태형 또는 과료형'을 '즉결' 처분할 수 있게 하여 「조선태형령」이 3·1운동 이후 일제의 민심수습책의 일환으로 1920년 3월 31일 폐지될 때까지 경찰서장이나 헌병대장에 의해 조선인은 전근대적 성격의 신체형인 태형에 노출되었다.[107]

---

105 「1920년 刑 제27호」(1920.3.26.), 『대구지방법원영덕지청판결문』, (국가기록원 관리번호 CJA0000047-0004)
106 도면회, 2014, 앞의 책; 한인섭, 1998, 앞의 책, 134쪽.
107 문준영은 식민지 조선의 태형령과 대만, 관동주의 태형제도와 다른 점을 자유형

「조선태형령」은 1919년에 발생한 3·1 운동이 직접적인 계기가 되어 폐지되었다. 3·1 운동의 폭발성에 당황한 일제는 무단통치의 억압성과 야만성에 분노한 한국인을 달래기 위한 시도 중 하나로 태형 제도의 폐지를 추진하였다. 조선총독부는 1919년 10월 16일 「조선태형령」 폐지안을 일본 내각에 보냈고, 이듬해 3월 24일 일본 내각은 1920년 4월 1일부로 「조선태형령」을 폐지한다는 결정을 내렸다. 총독부는 「조선태형령」 폐지에 대해 "기본형인 징역 또는 재산형으로 이를 다스려도 형정(刑政)에 어떠한 지장도 없다고 인정되었다. 또한 시세의 추이에 비춰 볼 때 직접 육체에 고통을 주는 형벌제도는 문명국의 형벌로는 비난의 여지가 있고, 또 내선인 사이에 형벌제도에서 차별을 두는 것은 새로운 정치의 취지에 부합하지 않았다. 때문에 1920년(大正 9) 3월 제령 제5호로 3월 말일을 기한으로 이를 폐지했다. 그 결과 조선인은 내지인과 완전히 동일한 형벌제도 아래 놓이게 되었다"[108]고 자찬하였다.

태형은 주세령, 삼림령 등을 명분으로 한 일상생활을 통제하는 수단으로 마지막까지 활용되었다. 또한 태형제의 설치와 금고형 기간의 가중은 일본이 조선인을 한층 효율적으로 지배하기 위한 조치였다. 지방 군수에게 있던 태형의 집행권을 경찰관에게 이관시킴으로써 형 집행의 신속성과 효율성을 높이고자 하였다는 점에서 식민지 조선에 끼친 영향력은 상당하다고 할 수 있다.

을 벌금형으로 환형하는 제도를 두지 않고 오직 태형만을 적용하고 있는 점을 들고 있다.(문준영, 2001, 「제국일본의 식민지형 사법제도의 형성과 확산-대만의 사법제도를 둘러싼 정치·입법과정을 중심으로」, 『법사학연구』 23, 133쪽.)

108 박찬승 외 역, 2018a, 앞의 책, 377쪽.

4) 「보안법」의 적용과 처벌

1907년 6월에 친일내각이 성립한 후 일본이 조선을 지배하기에 유리한 법률이 다수 제정되었는데 「보안법」도 그중 하나였다. 「보안법」은 일본의 「보안법」을 본 따 1907년 7월 29일 통감부령으로 제정되었다. 「보안법」의 처분 규정은 일본의 「보안법」에 비해 더욱 가중된 것이었는데, 태형제의 설치와 금고형 기간의 가중은 일본이 조선인을 한층 효율적으로 지배하기 위한 조치였다. 본 문서는 태형의 집행권 이관 문제에 관한 것으로 지방 군수에게 있던 태형의 집행권을 경찰관에게 이관시킴으로써 형 집행의 신속성과 효율성을 높이고자 하였다.

「보안법」 전문은 다음과 같다.

제1조 　내부대신(倂合後는 警務總長)은 安寧秩序를 保持키 爲ᄒᆞ야 必要한 境遇에 結社의 解散을 命홈을 得홈

제2조 　경찰관은 安寧秩序를 保持키 爲ᄒᆞ야 必要한 境遇에 集會 又는 多衆의 運動 或은 群集을 制限 禁止ᄒᆞ거ᄂᆞ 又는 解散홈을 得홈

제3조 　경찰관은 前二條의 境遇에 必要로 認ᄒᆞ는 時에는 武器 及 爆發物 其他 危險한 物件의 携帶를 禁止홈을 得홈

제4조 　경찰관은 街路 其他 公開의 處所에서 文書 圖書의 揭示 及 分布 朗讀 又는 言語形容 其他의 動作을 爲ᄒᆞ야 安寧秩序를 紊亂홀 念慮가 有ᄒᆞ다 認홀 時는 그 禁止를 命함을 得홈

제5조 　內部大臣(合倂後는 警務總長)은 政治에 關ᄒᆞ야 不穩한 動作을 行할 念慮가 有하다고 認ᄒᆞ는 者의게는 其居住處所에서 退

去ᄒᆞ기를 命ᄒᆞ며 又 一個年 以內의 期限을 特定ᄒᆞ야 一定ᄒᆞᆫ 地域에 犯入홈을 禁止홈을 得홈

제6조 前五條에 依한 命令에 違反ᄒᆞᆫ 者는 四十 以上의 笞刑 又는 十個月 以下의 禁獄에 處홈

제7조 政治에 關ᄒᆞ야 不穩ᄒᆞᆫ 言論 動作 又는 他人을 煽動 敎唆 或은 使用ᄒᆞ거나 又는 他人의 行爲에 關涉하야 因ᄒᆞ야 治安을 防害ᄒᆞ는 者는 五十 以上의 笞刑 十個月 以下의 禁獄 又는 二個年 以下의 懲役에 處함

제8조 本法의 公訴時効는 六個月임

제9조 本法의 犯罪는 身分의 如何를 不問ᄒᆞ고 地方裁判所 又는 港市裁判所의 管轄홈

此九條中 第二條 第五條 及 第七條가 此法의 主眼이요 아울러 最히 만히 適用된 것은 勿論이라.[109]

이 같은 「보안법」의 핵심은 제7조였다. "정치에 관하여 불온한 언론 동작 또는 타인을 선동 교사 혹은 사용하거나 또는 타인의 행위에 간섭함으로 인해 치안을 방해하는 자는 5년 이상의 태형(笞刑), 10개월 이하의 금옥(禁獄) 또는 2개년 이하의 징역에 처한다"라고 규정되어 있었다. 또한 1919년 3·1운동 직후 조선총독에 의해 만들어진 제령 제7호 「정치에 관한 범죄처벌의 건」 제1조는 "정치의 변혁을 목적으로서 다수 공동하여 안녕질서를 방해하고 또는 방해하려는 자는 10년 이하의 징역

---

109 한국데이터베이스 http://db.history.go.kr/item/level.do?levelId=kd_004_0020_0060_0010.

또는 금고(禁錮)에 처한다"라고 규정되어 있었다.[110]

강점 이후 의병판결에서 의병에 대한 「보안법」 적용 사례가 나타난다. 승려였던 정해식(鄭海識)은 이범윤의 부하로 조선의 상황을 정찰하고 보고한 혐의로 기소 재판을 받았다. 재판 내용을 살펴보면, "메이지 43년 음력 7월경 청국 봉천성 안도현에 거주하는 동지 차도선(車道善)을 방문하여 그에게서 조선 독립을 기도하여 장래 기회를 보아 그 목적을 수행하려는 뜻이 있음을 듣고서, 또한 그에게서 조선 내지 상황을 정찰하며 보고하라는 것을 의뢰 받고서 이를 승낙하여 이듬해 44년 음력 4월경부터 몸을 인삼 행상으로 가장하고서 함경남도 갑산군·삼수군·길주군·명천군 등의 각지를 편력하며 경찰 및 군비의 배치와 상황, 기타 조선인 일반의 의향 등을 정찰한 다음 2회쯤 이를 차도선에게 보고하고, 그 후 또한 계속하여 동년(1912년) 12월 하순에 이르기까지 전기한 각 군을 편력하여 정찰함으로써 치안을 방해"한 혐의로 「보안법」 제7조 위반으로 징역 7년을 선고받았다.[111] 강점 이전과는 달리 의병에게 「보안법」이 적용되기 시작한다는 점에서 강점 이후 판결의 특징이라고 보인다.

「정치에 관한 범죄처벌의 건」(조선총독부제령 제7호, 시행 1919.4.15., 제정)의 전문은 다음과 같다. "제1조 ① 정치의 변혁을 목적으로 하여 다수공동으로 안녕 질서를 방해하거나 방해하고자 하는 자는 10년 이하의 징역 또는 금고에 처한다. 다만 형법 제2편 제2장의 규정에 해당하는 때에는 이 영을 적용하지 아니한다. ② 전항의 행위를 하게 할 목적으로

---

110 山口吸一 編纂, 1939, 『改正 朝鮮制裁法規 全』, 朝鮮圖書出版株式會社 참조.
111 독립운동사편찬위원회, 1974, 『독립운동사자료집 별집1-의병항쟁재판기록』, 192쪽.

선동한 자의 죄도 전항과 같다. 제2조 전조의 죄를 범한 자가 발각 전에 자수한 때에는 형을 경감하거나 면제한다. 제3조 이 영은 제국 외에서 제1조의 죄를 범한 제국신민에게도 적용한다."

따라서 일제하 형법 10조의 "① 주형의 경중은 전조에 규정한 순서에 의한다. 단, 무기금고와 유기징역은 금고를 중한 형으로 하고, 유기금고의 장기가 유기징역의 장기의 2배를 초과하는 때에도 금고를 중한 형으로 한다. ② 동종의 형은 장기가 긴 것 또는 다액이 많은 것을 중한 형으로 하고, 장기 또는 다액이 동일할 때에는 단기가 긴 것 또는 소액이 많은 것을 중한 형으로 한다. ③ 2개 이상의 사형, 장기 또는 다액 및 단기 또는 소액이 동일한 동종의 형은 범정에 의하여 그 경중을 정한다"라고 되어 있기 때문에 이에 의거하여 신법보다 양형이 가벼운 구법인 「보안법」 제7조를 적극적으로 활용하였다.

일본은 1910년 8월 29일 한일병합과 동시에 일본 천황의 칙령으로 「조선에 시행해야 할 법령에 관한 건」(칙령 제324호)을 공포하고, 다음 해인 1911년 3월 25일 동일한 내용을 법률 제30호로 제정·공포하였다. 이 법률은 6개의 조항으로 구성되어 있으며, 중요한 내용으로는 조선에서 법률을 요하는 사항은 조선총독의 명령으로 규정할 수 있고, 이 명령을 제령(制令)이라고 한다는 것과 조선총독의 명령은 천황의 재가를 받아야 한다는 것, 일본법률의 전부 또는 일부를 조선에 시행할 것은 칙령으로 정한다는 것 등이다.[112] 따라서 종래의 구한국 법령은 과도기 동안만 유효하고 이후 효력을 상실하였다.

---

112 정긍식, 1996, 『조선총독부 법령사료(I)』, 한국법제연구원; 2001, 『조선총독부 법령체계분석(I)』, 한국법제연구원 참조.

보안법은 최고 형량이 2년에 불과한 법률이어서 일본이 조선을 식민지화한 이후 사상범 통제에 충분치 않았다. 강력한 통제가 필요했던 일제는 1925년 5월 "국체를 변혁과 사유재산을 부인할 목적으로 결사를 조직하거나 그 정(情)을 알고도 이에 가입한 자를 최고 10년 이하의 징역이나 금고에 처할 수 있다는 내용을 골자로 하는 치안유지법을 제정하였으며, 조선총독부도 이 법률이 제정되자 곧 바로 시행에 들어갔다.

한편「보안법」도 집회 결사 언론을 단속하는 처벌법, 특히 정치에 관한 불온한 언동(제7조)을 단속하는 법으로서 전시체제기에도 여전히 기능했다.

전시체제기에 들어와 상대적으로 감소세를 보이는 치안유지법 사건에 비해「보안법」위반 사건은 1937년 이후 증가했다. 사건의 수가 늘어난 것에 비해 인원의 수는 줄어드는 경향을 보인다. 이는「보안법」위반 사건의 중심이 종교단체에서 개인의 '정치에 관한 불온언동'으로 변화되었기 때문이다.[113]

5)「조선감옥령」,「조선감옥령시행규칙」을 통한 수형시설의 관리

감옥 제도를 규정한「조선감옥령」도 발포했다.「조선감옥령」도 대부분의 실체법 사항은 일본 감옥법을 따르는 전형적 의용 법령이었다. 그러나 이와 더불어 상세한 실체법 규정을 포함한「가출옥취체규칙」(부령 제33호, 1912.3.20.) 및「조선감옥령시행규칙」(부령 제34호, 1912.3.20.)을

---

[113] 정병욱, 2015,「전시기(1937~1945) 경성지방법원 검사국 사건기록과 '사상' 사건의 추이」,『한국민족운동사연구』83, 240쪽.

발포하여 감옥 제도에서 식민지적 특례 조항을 설치했다.[114]

조선감옥령

제1조   감옥에 관한 사항은 본령, 기타 법령에 특별한 규정이 있는 경우를 제외하고 감옥법에 의한다.

제2조   감옥법 중 주무대신의 직무는 조선총독이 이를 행한다.

제3조   구치감(拘置監)에는 태형의 집행을 받은 자를 유치할 수 있다.

제4조   새로 입감하는 자가 전염병에 걸린 자일 때에는 입감시키지 아니할 수 있다.

제5조   재감자에게는 양식의 자변(自辨)을 허락할 수 있다.

부칙   본령은 메이지 45년 4월 1일부터 시행한다.

전근대 시대 형벌은 신체형이 일반적이었다. 조선시대에는 죄의 경중에 따라 태형 혹은 장형이라 불리는 신체형을 형벌로 사용하여 사회를 통제하는 기능을 하였다. 이는 서양에서도 마찬가지였다. 감옥은 사람을 가두어 두는 곳이지 벌하는 곳은 아니라는 인식이 일반적이었다. 감금을 통해 특정 인물의 신병은 확보할 수 있지만 이것이 곧 처벌은 아니라고 생각했다.[115] 하지만 근대사회 이후 징역형을 통해 신체의 자유를 억압하는 것이 사회적 동물인 사람에게는 형벌의 기능을 한다고 인식하

---

114   「조선감옥령」은 일제하의 감옥 법령이었을 뿐 아니라 해방 후에도 1953년까지 효력을 유지했다(미군정법령 제21호).

115   미셸 푸코 저, 오생근 역, 2003, 『감시와 처벌』, 나남, 190쪽.

기 시작했다.

전통사회에서의 감옥은 미결수들을 일시적으로 구금하는 시설에 불과했다. 하지만 징역형이 도입되면서 감옥은 형벌권이 지속되는 공간으로 변화하게 된다. 일시적 공간에서 지속적 공간으로 변화하였기 때문에 근대적 감옥시설은 전근대 감옥에 비해 훨씬 더 많은 공간과 재원이 필요하게 되었다. 따라서 근대적 감옥은 공간, 재원, 시간을 소비하며 '감시'와 '처벌'을 통해 수감자, 나아가 사회전반에 대한 통제를 하게 된다. 따라서 감옥에 대한 연구는 단순한 통제의 기능을 넘어 그 사회의 성격을 파악할 수 있는 중요한 도구라 할 수 있다.

하지만 이 같은 중요성에도 불구하고 한국의 근대적 감옥제도와 관련된 연구는 그다지 많지 않은 실정이다. 한국의 감옥제도에 대한 최초의 연구는 나카하시 마사키치(中橋政吉)에 의해 이루어졌다. 나카하시는 야만적이고 낙후된 조선의 행형제도를 문명국 일본이 근대화시켜주었다는 시각에서 한국의 감옥제도를 서술하였다.[116] 이종민은 일본이 한국을 강점하는 과정에서 나타난 식민지적 차별과 근대성이 가지는 폭력에 주목하였다.[117] 홍문기는 감옥규칙을 통해 근대 감옥제도의 도입 양상을 분석하여 갑오개혁 이전 개화파들의 감옥제도에 대한 이해와 개혁안을 살피고 이를 바탕으로 갑오개혁 이후 일본이 주도적으로 실시한 감옥제도에 대한 문제점들을 살펴보았다.[118]

116　中橋政吉, 1936, 『朝鮮舊時の刑政』, 治刑協會.(민속원 영인본, 1999)

117　이종민, 1998, 「식민지하 근대감옥을 통한 통제 메카니즘 연구-일본의 형사처벌체계와의 비교」, 연세대학교 박사학위논문.

118　홍문기, 2019, 「1894년 「감옥규칙」성립과 근대 감옥 제도의 도입양상」, 『한국사연구』 185.

1894년 군국기무처 설치 이후 감옥사무가 일원화되고, 법무아문 제정(制定)을 통해 징역형에 대한 검토가 이루어져 유형(流刑)이 자유형으로 전환되는 제도적인 변화가 있었고 이후 통감부기를 거치며 1908년 전후 서대문형무소가 설치되면서 일제는 식민지 조선에 사회에 대한 통제력과 지배력을 강화해 나갈 수 있었다. 서대문형무소는 1910년 일제의 식민지배가 시작된 시기 이미 적정 수용인원의 4~5배의 인원을 수용하고 있었고 따라서 이를 확장할 필요성이 있었다. 특히 총독부는 1919년 3·1운동으로 인해 수감자가 급격히 증가함에 따라 기존 계획에 의거한 감옥 확장으로는 수요를 감당하지 못한다는 사실을 인지하였다. 그 결과 감옥시설을 대대적으로 신축하였고 이를 바탕으로 1920년대 공산주의 사상의 확산과 이에 따른 독립운동 전개로 인한 수감자의 증가에 대응할 수 있었다. 하지만 사상범의 증가는 식민지배의 방해 요소로 작용하였다.[119] 사상범이 일반범과 함께 수용되면서 감옥에서의 '사상적 선동' 문제가 나타나기 시작했던 것이다. 이에 식민통치의 편의를 위해 사상범과 일반범을 '분리'시키는 계획을 세우고 서대문형무소를 통해 이를 실현시킨다. 하지만 일제의 식민지배에 저항하는 세력은 지속적으로 증가하였고 사상범을 감당하기 위한 감옥의 공간은 늘 부족했다. 그 결과 구조적으로 수감자들은 가혹한 수감생활을 할 수밖에 없는 처지에 놓이게 된다.

---

119 박경목, 2019, 『식민지 근대감옥 서대문형무소』, 일빛, 33~39쪽.

6) 전시체제기 불경죄의 적용

황민화정책이 펼쳐지면서 식민권력은 국체의 존엄을 모독하는 모든 사상을 적으로 삼고 이를 '불경죄'로 이전보다 더욱 강력히 처벌하였다. 특히 국체부정·사회변혁 등을 지향하는 듯한 종교적 결사에 대해서 불경죄가 본격적으로 적용되어 종교적, 사상적으로 탄압했다. 이는 곧 궁성요배, 어진영 하사, 신궁대마 예배 등에 관한 불온한 언사에 대해서 불경죄로 적용하여 처벌하였다. 전시체제 이전 불경사건은 형법 제188조 또는 경찰범처벌규칙 제66조에 의해 처벌되고 있었던 것에서 1936년 신사제도개편 이후 신사(神社·神祠)에 대한 불경행위는 불경죄에 저촉된다. 뿐만 아니라 경신사상을 고취시키기 위해 신궁대마 강제보급이 펼쳐지면서 신궁대마에 대해서도 법적으로 형법 제74조 제2항의 신궁에 해당하는 것으로서 이에 대한 불경행위도 불경죄에 저촉된다. 따라서 이 시기 불경사건이 폭발적으로 증가하였다.

1941년 9월 1일에는 소위 신생활체제가 반포되었다. 이로 인해 애국반 모임에 참석하며 이 모임의 일환으로 도쿄의 천황을 향한 요배식이 진행되고, 매일 1분 동안 정오에 묵도가 행해졌다. 여기에 더해서 이세신궁참배 경험을 통한 경신숭조의 정신을 체득시키고 강화시켜 황국신민의 신념을 강화시키고자 했다.[120]

불경죄가 도입된 이래 조선에서 불경사건은 꾸준히 발생하고 있다. 조선에서는 전시체제하에 들어서서 그 어느 때보다 절실해진 '총후치안

---

120 「경성초등교원 이세신궁참배 입오일 경성출발」, 『동아일보』, 1938.6.25; 「지원병훈련생 이세신궁 참배」, 『동아일보』, 1938.11.7; 「지원병여행」, 『동아일보』, 1940.4.20.

확립'이라는 목표를 검찰과 경찰이 공유하였고, 1941년 3월 공포된 「국방보안법」과 「치안유지법」 제3차 개정 법률이 이루어졌다.[121] 이로 인해 「치안유지법」 및 「보안법」에 의해 검거된 건수가 가장 많은 비중을 차지하였다. 이 두 가지 법에 뒤이어 세 번째로 많은 건수를 차지하는 황실에 대한 죄, 즉 불경죄에 저촉되는 사건은 1941년을 기점으로 그 수가 가장 큰 폭으로 증가했다.[122] 하지만 기소되지 않고 불기소되는 경우도 증가했다. 이는 식민권력이 불경죄가 법적으로 성립되는지 여부를 명확히 따지기보다는 일단 불경한 싹이 보이면 검거단속 및 법적 제재를 통해 탄압했음을 보여준다. 특히 유사종교인들 가운데 불경죄로 기소되었다가 무죄가 되거나 애초에 무죄 혹은 혐의 없음으로 풀려나는 경우가 많았은데, 이는 유사종교 자체를 국체변혁, 국체부정을 목적으로 하는 단체라고 일제가 상정하였기 때문이다. 따라서 유사종교인들이 포착되면 대거 검거한 후 죄의 유무를 판별하였는데 일부 종교인들에 대해서는 불경죄에 해당하는 증거를 찾아냈지만 대부분의 신도들에게서는 국체 변혁 및 부정과 관련한 증거를 발견하기 어려웠다.

이렇게 지속적으로 발생하는 불경범죄로 인해 가와무라(河村) 대구복심법원검사정은 관내 상황 보고에서 "비상시국하 국체명징의 절규 없이 금일 황공하옵게도 이렇게도 다수의 불경사건의 속발을 보이는 것은 참으로 송구할 바를 모르는 이와 같은 혹은 만방무비한 무리가 국체에 대

---

[121] 개정 법률에 의하면 그 위반사건의 수사에 관해 검사에게 피고인의 소환, 구인·구류, 피고인 및 증인신문, 압수, 수색, 검증, 감정, 통역 및 번역 등의 강제처분권을 부여하였다(문준영, 2010, 앞의 책, 596~597쪽).

[122] 조소연, 2017, 「전시체제기(1937~1945년) 조선총독부의 '不敬罪' 처벌과 운용」, 고려대학교 한국사학과 석사논문, 17~18쪽.

한 인식부족에 기인하는 것으로서 우리들은 일반 민중으로 해서 존엄한 국체에 대한 명징을 이루는 인식을 파악시켜야 할 헌신적 노력을 경주하는 반면 사찰취체를 엄중히 하고 단호한 태도로써 이에 삼가 황공하옵게도 이 종류의 사범(事犯)의 근절을 기하는 것을 거듭해서 강조하는 것이다"[123]라고 하여 불경사범에 대해 우려하고 있었다.

특히 1937년 이후 국체를 부정하거나 변혁을 지향하는 종교적 결사에 대해서 불경죄가 적용되면서 경미한 비합리적인 종교적 행위에 대해서도 불경죄가 적용되었다. 그래서 불경사건에 대한 범행 동기 가운데 종교적인 이유가 많은 비율을 차지하게 되었다. 이는 불경죄가 종교탄압에 극심한 영향을 미친 점을 확인할 수 있다.

1937년 중일전쟁 이후 전시체제기에 검거된 유사종교인들이 항일전쟁이나 무력투쟁과 같은 적극적이고 직접적인 운동을 펼친 것은 아니지만, 일제패망과 조선독립을 확신하며 독립을 실현시킬 노력으로 기원제(祈願祭)를 거행하거나 독립자금을 준비하기도 했으며 민족의식을 고취시켜 황민화정책에 저항하기도 했다.

일제는 1936년 「유사종교해산령」에 따라 각도 경찰국의 지휘 아래 종교 시설물을 폐쇄하고 종교지도자들을 피검하는 등 대대적으로 탄압을 가하였다. 「유사종교해산령」이 내려진 이후 신종교 단체의 포교활동과 민족운동은 급격히 위축되었고, 그러한 상황은 불경죄로 검거된 수많은 종교인들의 사례를 통해 확인할 수 있다. 불경사범 가운데 종교인들이 많은 이유는 전시체제에 대한 저항감이 종교적 형태로 나타난 것

---

[123] 「河村大邱覆審法院檢事長の管內狀況報告, 昭和十四年十月裁判所及檢事局監督官會意」(『朝鮮刑事政策資料』, 1939).

이다. 또한 식민권력이 민중의 사상과 일상을 통제하여 황민화 정책에서 일탈하지 못하게 하려는 의도도 있었다.

7)「조선임시보안령」과 조언비어 유포 단속

「조선임시보안령」은 1941년 태평양전쟁으로 돌입하면서 식민권력이 식민지 조선의 언론·출판·집회·결사 등에 대한 단속을 한층 강화하기 위해 제정한 것으로, 시행 후 조언비어(造言飛語) 관련자들이 가장 많이 저촉되는 법령이었다. 그 이유는 유언비어의 처벌대상을 확대했기 때문이다. 이는 일본의 「언론·출판·집회·결사 등 임시취체법」 제17조와 제18조를 조선에 적용한 것이었다. 그런데 "시국에 관한 유언비어"라는 조항은 얼마든지 확대 해석과 남용이 가능하여 조선민중의 모든 언사가 처벌 대상이 될 수 있었다. 「조선임시보안령」에 따르면, "시국에 관한 유언비어를 한 자는 2년 이하의 징역 혹은 금고 또는 2,000원 이하의 벌금에 처한다(제20조)", "시국에 관해 인심을 혹란할 만한 사항을 유포시킨 자는 1년 이하의 징역, 금고 혹은 구류 또는 1,000원 이하의 벌금 또는 과료에 처한다(제21조)"고 규정하였다.[124]

이 시기 조언비어 즉 유언비어는 총력전체제기 식민 대중이 파시즘 체제에 일상적으로 저항하는 방식이다. '조언(造言)'이란 거짓으로 어떤 사실을 만들어 내는 것, '비어(飛語)'란 상호 간에 전파되는 것을 말한다. 유언비어는 일상적으로 전쟁과 일제의 전시통제정책에 불만을 지닌 대중들 개개인에 의해 비교적 쉽게 표출되었다. 또한 민심의 불안과 정부

---

[124] 鈴木敬夫, 1989, 『朝鮮植民地統治法の研究』, 北海島大學圖書刊行會, 206~207쪽.

에 대한 반감을 잘 반영하는 것으로서 계급·계층이나 연령층을 불문하고 지속되었고, 따라서 이 시기 유언비어는 중요한 사회문제의 하나가 되었다. 전시하에서는 특히 '군사에 관한' 내지 '시국에 관한' 유언비어가 많았다. 확대되어가는 전쟁을 위한 군사적·경제적 기반을 마련하기 어려웠던 일제 당국으로서는 강력한 '황국신민화' 정책을 통해 식민지 조선민중들을 '일본국민', '천황의 신민(臣民)'으로서의 자각을 높이는 것이 매우 중요했다. 이러한 상황에서 전시유언비어 등 각종 '불온언동'의 횡행은 '총력전체제'를 주창한 일제의 전쟁력에 큰 손실을 가져다주는 것이 여겨졌다. 전시 총력전기 식민권력은 이른바 '불온언동'을 "인심(人心)에 불안 동요를 생기게 하고 적개심을 저해하며 총후(銃後)의 결속을 이완시키는 등 총후의 치안에 중대한 지장을 미치는 범죄"라고 규정하고, 「형법」·「육군형법」·「해군형법」·「국방보안법」·「조선임시보안령」·「경찰처벌규칙」 등의 해당 조항에 규정된 바에 따라 강력히 처벌하도록 했던 것이다. 예를 들어 「국방보안법」에서는 '불온언동'을 "외국과 통모(通謀)하거나 외국에 이익을 줄 목적(제16조 2항)"을 요건으로 "치안을 방해하는 사항"으로 규정하였다.[125]

중일전쟁 이후 일제는 식민지 조선에서 전시파시즘 체제하 인적·물적 수탈과 함께 전반적인 일상에 대한 통제를 실시하였다. 일상에 대한 통제의 영역은 광범위하였는데 여론 통제도 그중 하나였다. 일반적으로 권력에 불리한 여론은 표면에 나타나지 않고 잠재되어 있다. 하지만 이 잠재된 여론은 '뜬소문'의 형태로 사람들의 입에서 입으로 전파되며 쉽

---

[125] 이상 전시기 유언비어 통제에 관한 내용은 변은진, 2013, 『파시즘적 근대체험과 조선민중의 현실인식』, 선인, 211~214쪽 참조.

게 번지게 된다. 따라서 권력은 사회를 혼란하게 만든다는 이유로 '뜬소문'을 강력하게 단속하였다. 특히 일제는 침략전쟁을 확대해 나가는 과정에서 국가총력전 체제를 강화하고 식민지 민중의 '불온'한 행동이나 사상을 통제할 필요성이 있었다. 이에 '뜬소문'의 확산을 방지하고자 '조언비어'[126] 유포자를 처벌하였다.

일제강점 말기 조언비어에 대한 기존의 연구는 주로 사회학과 계열에서 진행되었다.[127] 역사학계에서는 박수현과 변은진의 연구가 주목할 만하다.[128] 박수현은 중일전쟁기 유언비어의 내용을 분석하였다. 이 시기 유언비어는 일본패망의 당위성과 조선인의 고통이라는 두 가지 인식하에 조성되었고 그 결과 일제의 전쟁협력 논리가 대중들에게 큰 영향을 끼치지 못했다고 파악하였다. 전반적인 유언비어의 내용을 고찰하고 이를 통해 조선인들의 부정적인 전쟁인식을 확인한 것은 의미가 있다. 하지만 시기적으로 중일전쟁기라는 한정된 시기 유언비어의 내용에 집중한 측면이 강한 편이다. 변은진은 일제 말 유언비어는 전쟁에 대한 공포와 위기의식에서 시간이 흐를수록 일본의 패망과 조선 독립의 희망으로 흘러가고 이는 민중 간 공동 언로(言路)를 확보하여 조선인 내부의 결속을 강화하고 민족의식을 고무시키는 역할을 하였다고 파악하고 있다.

---

126 당대에는 유언비어라는 용어보다 조언비어를 주로 사용하였기 때문에 본고에서는 조언비어라 칭하도록 하겠다.

127 이시재, 1986, 「日帝末의 朝鮮人流言의 研究」, 『한국사회학』 20; 박용하, 1990, 「일제말기 유언비어현상에 대한 일고찰」, 고려대학교 신문방송학과 석사학위논문 등이 있다.

128 박수현, 2004, 「중일전쟁기 '流言蜚語'와 조선인의 전쟁인식」, 『한국민족운동사연구』 40; 변은진, 2011, 「유언비어를 통해 본 일제말 조선민중의 위기담론」, 『아시아문화연구』 22.

조언비어는 시대와 장소를 불문하고 존재해왔으나 일제 강점 이래 조언비어는 항상 처벌의 대상이었다. 강점 초기 '불온한 사상'은 주로 「보안법」에 의해 처벌받았다. 「보안법」은 집회 결사 언론을 단속하고 정치에 관한 불온한 언동(제7조)을 처벌할 수 있었기 때문에 전시체제기에도 여전히 기능했다. 하지만 최고 형량이 2년에 불과한 법률이어서 일본이 조선을 식민지화 한 이후 사상범 통제에 충분치 않았다.

일제는 1931년 만주침략을 시작으로 1937년 중일전쟁, 1941년 태평양전쟁으로 전선을 확대해 나가며 식민지 총 동원체제를 구축하고 인적·물적 수탈을 심화시켰다. 하지만 이러한 식민지 정책에 조선인들은 반발하였고 그 결과 이에 대한 저항으로 '불온'하고 '불경'한 조언비어가 널리 유포되었다.

1937년 중일전쟁 이후 조선총독부는 조언 확산을 방지할 대책을 마련하기 시작했다. 조선총독부 경무국은 1937년 7월 11일부터 12일에 걸쳐 긴급과장회의 등 간부회의를 수차례 개최하고 치안확보에 만적을 기하기 위해 조언비어 단속 방침 등을 각도경찰부에 통첩했다.[129] 그 결과 각 경찰서에서 조언을 엄중하게 단속하기 시작했다.[130] 나아가 7월 21일에는 미하시 고이치로(三橋孝一郎) 경무국장은 "시국에 대해 황당무계한 언사를 유포하고 일반 민중에게 불안한 생각을 품게 하거나 또는 무리에게 내선인 대 재류중국인 사이의 감정을 자극하고 또는 경제적 요언(妖言)을 하는 경제계 소란을 유발하는 것과 같은 언동을 감하는 자

---

129 『동아일보』, 1937.7.13; 1937.7.13; 『경성일보』, 1937.7.13.
130 『每日申報』, 1937.7.15.

가 있는 일은 심히 유감"이라고 담화를 발표했다.[131] 이 같은 조치들을 통해 볼 때 중일전쟁 직후부터 이미 조선사회에서 전쟁 관련 여러 소문이 떠돌고 있었음을 알 수 있다. 총독부뿐만 아니라 조선군도 8월 초에 조언비어를 유포한 자에 대해서는 「육군형법」을 적용하여 처벌한다는 방침을 발표했다.[132]

전시체제하에서 들어서면서 '총후치안확립'이라는 목표를 위해 1941년 3월 「국방보안법」이 공포되고 「치안유지법」 제3차 개정이 이루어졌다.[133] 그 결과 7개 조항에서 65개 조항으로 확대된 새로운 「치안유지법」이 공포되어 1941년 5월 15일부터 시행되었다. 이와 함께 1941년 3월 일제는 「치안유지법」 등으로 처벌하기 곤란한 '국가기밀의 누설 혹은 발포'에 관한 범죄를 처벌할 목적으로 「국방보안법」을 제정하였다.

하지만 조언비어 유포에 적용된 법규는 주로 「조선임시보안령」과 「육군형법」, 「해군형법」 등이었다. 「조선임시보안령」에서는 제21조에 따라 처벌하였고, 이외 「육군형법」 28조 7호나 「해군형법」 23조 7호는 "적국을 이롭게 하고자 조언비어한 자는 사형에 처한다"고 하였고 「육군형법」 제99조, 「해군형법」 제100조는 "전시 또는 사변 때 군사에 관한 조언비어를 한자는 7년 이하의 징역이나 금고"로 처벌하였다.

---

131 『동아일보』, 1937.7.22.
132 『동아일보』, 1937.8.6.
133 문준영, 2010, 앞의 책, 596~597쪽.

결론

법률 제63호로 상징되는 일본의 식민통치제도는 1895년 사법성에 근무하고 있던 영국인 커크우드와 프랑스인 르봉이 작성한 통치안에서 비롯되었다. 당시 대만통치제도를 수립하고 있었던 대만사무국에서는 커크우드의 의견서를 참고하여 「대만조례안」을 작성하였다. 이 조례안은 행정·입법·사법·재정에 관한 내용을 중심으로 모두 21개 항목으로 이루어져 있었는데, 입법에 대해서는 대만총독이 입법회의(식민지 입법기구 역할)의 의정과 칙재를 거쳐서 총독부령을 제정하도록 규정하였다. 예·결산에 대해서도 입법회의가 의정할 수 있을 정도로 강력한 권한을 행사할 수 있도록 제안하였다.

그러나 대만총독부는 해당 조례안에 대하여 '입법회의의 권한이 심대하여 대만총독의 입법권 행사를 제약할 수 있다'는 이유로 강하게 반대하였다. 이후 대만사무국은 대만총독부의 의견을 일부 반영한 「대만통치법」을 새롭게 작성하였다. 「대만통치법」은 입법기구를 설치하지 아니하고 그 대신에 총독부평의회를 설치하는 쪽으로 입법 절차를 변경하였다. 입법회의는 대만 주민(특히 대만인)의 참여를 제한적이나마 허용하는 것이지만 총독부평의회는 총독부 관리들로만 구성되는 관료조직이었다.

「대만통치법」은 일본정부에 의해서 일부 수정된 후 제국의회에 제출되었다. 이 법안에 대해서 제국의회 의원들은 위헌론을 제기하였으나 일본정부와 제국의회가 타협하여 3년 시한의 법률 제63호로 제정될 수 있었다. 법률 제63호에서는 대만총독에게 입법명령권을 위임하여 주었으나, 대만에 독자적인 입법기관(입법원)을 설치하자는 주장이나 입법회의의 의정을 거쳐서 입법명령을 발할 수 있도록 한 종전의 계획은 모두 수용되지 않았다. 식민지 대만의 통치법은 여러 기관들이 개입하면서 관료적·독재적 성격이 대폭 강화되었다. 대만통치제도는 식민지 주민의 참여를 철저히 차단하였으며, 대만총독부 내의 심의 절차들을 형식화하고 총독의 권한을 강화하는 방향으로 만들어졌다. 이 점이 일제 식민통치제도의 특징이었다.

일제의 대만통치제도는 크게 2단계를 거쳐서 변화하였다. 첫째 단계는 1896년 4월 1일부터 1921년까지의 시기로 특별통치주의 시기이다. 이 시기 대만에 시행되는 주요 법령도 대만 재래의 법과 관습을 존중하는 내용으로 제정되었다. 둘째 단계는 1921년에 법률 제3호가 제정되면서 대만의 입법원칙이 크게 바뀌는 시기이다. 종전까지 대만의 입법사항은 대만총독이 제정하는 것이 원칙이었으나 법률 제3호는 일본 본국의 법률을 우선적으로 적용·시행하도록 변경하였다. 만약, 대만에 시행할 법률이 없을 경우에 한하여 대만총독이 입법할 수 있었다. 대만에서는 1922년 1월 1일부터 내지연장주의가 시행되었다.

조선에서도 대만의 사례를 따라서 총독에게 입법권을 위임하였다. 다만, 일본정부는 대만의 통치모델을 조선에 도입하면서도 제국의회의 간섭을 배제하고 조선총독인 데라우치의 정치적 권위를 보장하는 방향으로 일부 수정하려고 했다. 예컨대, 조선총독의 입법권(制令)을 '법률'이 아니라 '칙령'으로 부여하려고 했고 시한법률이 아니라 영구법으로 제정하려고 했으며 제령의 입법 절차도 간소화하려는 계획을 가지고 있었다. 그러나 이 같은 시도는 제국의회의 반발로 좌절되어 법률 제30호로 공포되었다. 대만과 조선의 입법제도의 차이는 첫째, 법률 제63호는 시한 입법이지만 법률 제30호는 영구법이라는 점, 둘째, 대만 내에는 율령을 심의하는 관료적 기구가 있었지만 조선에서는 이러한 기구조차 없었다는 점이 차이이다.

조선에 대한 식민통치는 법률 제30호 및 「조선총독부관제」의 입법정신에 따라서 원칙상 조선총독부가 시행하였고 또 이 같은 상황을 일본정부도 수용하였다. 1912년에 제정된 「조선민사령」은 제1조에서 일본인·외국인·조선인을 구별하지 않고 일본민법을 비롯한 일본 법령으로 규율할 것을 분명히 했고, 조선에 의용할 일본 법령 23종을 구체적으로 나열했다. 이에 앞서 1908년에 제정된 「대만민사령」은 대만인 사이의 민사사건에 관해서는 일본민법이 아닌 대만 관습에 의거하도록 했고, 일본인 및 외국인에게는 일본 법령이 통용되도록 했다. 「조선민사령」은 조선 지역의 민사사건에 관한 일본민법의 의용[1]을 원칙으로 했다는 점에서 일제의 법 정책에서 전환점이 되는 중요한 법령이다. 다만 「조선민사령」 제11조에서는 조선인의 친족, 상속, 부동산물권 등에 관해서 예외적으로 조선 관습을 법인(法認)했다.

그러나 조선총독부는 관습의 법인에 머무르지 아니하고 성문법으로 전환할 계획을 가지고 있었다. 1918년에 「공통법」이 제정되자 곧바로 조선총독부는 「조선민사령」 제11조 개정에 착수한 것이다. 그러나 이 같은 관습의 성문법화 정책은 내각 법제국의 법제일원화 주장에 밀려서 좌절되었고 1921년과 1922년에 일본민법을 그대로 의용하는 것으로 「조선민사령」 제11조가 개정되었다. 이를 통해서 식민지 법에 대해

---

[1] 조선총독부는 1912년 3월 18일 제령 제7호 「조선민사령」을 제정하여 일본민법을 조선에 의용했다. 「조선민사령」 제1조는 "민사에 관한 사항은 본령 기타의 법령에 특별한 규정이 있는 경우를 제외하고 다음의 법률에 의한다"라고 규정하고, 다음의 법률로 민법, 민법시행법, 상법, 상법시행법 등 23종의 일본 법령을 열거했다. 이로써 일본민법은 조선에 적용되게 되었으며, 현재 법학계에서는 일반적으로 '의용민법(依用民法)'이라고 부르고 있다. 정긍식, 1992, 「日帝의 慣習調査와 意義」, 『國譯慣習調査報告書』, 한국법제연구원, 11쪽.

서 조선총독부는 전권을 행사하지는 못하였음을 알 수 있다. 조선에 대한 통치책은 조선총독부와 일본정부가 긴밀히 협의하면서 만들어졌다.

한편, 관제상 조선총독은 일본의 각성 대신과의 관계에서 대등한 지위에 있었다. 그렇다고 해서 조선총독이 일본정부로부터 자율적이었다고 말할 수는 없다. 1942년 이전까지 일본정부는 조선총독에 대한 감독권과 지시권이 없었지만, 그 같은 권한이 없어도 총독부를 굴복시킬 수 있는 강한 법제적 수단을 가지고 있었다. 하지만 일본정부는 정치적 위상을 고려하여 총독을 존중하여 주었고 총독부를 배려하였다. 왜냐하면 일본정부가 직접 나서서 식민행정 사무를 일일이 처리할 수 있는 상황이 되지 못하였기 때문이다. 다만 총독부가 일본정부의 제국통치시스템을 벗어나거나 사전에 동의하지 않은 식민정책을 추진하는 경우에는 단호한 입장을 보여주었다. 일본정부와 조선총독부 간의 몇 번의 충돌에서 총독부가 패배하면서, 조선총독부 관료들은 정치적 미사여구, 배려와 존중의 표현 속에 깔려 있는 냉엄한 권력의 차이를 분명히 깨달았을 것이다. 그것이 현실이었다.

1930년대 후반 중일전쟁기에 접어들면서 일본정부는 거국일치의 관점에서 식민지를 직접 통치하려는 경향을 강화하였다. 조선총독의 통치권을 축소 내지는 폐지하려는 일본정부의 움직임에 대해서, 조선총독부는 종합행정권(입법·사법·행정)을 유지하는 쪽으로 대응했다. 그러나 1942년 이후 조선통치의 주도권은 상당 부분 일본 본국정부가 장악한 상태였다. 태평양전쟁 발발 이후 전 국가적인 동원을 위해서는 식민지―본국이라는 이원 체제가 효율적이지 못했기 때문에, 일본의 각 지역을 일원화하여 전시상황에 대응하려 했던 것이다. 이와 같은 상황에서 조선총독의 입법권 위축은 피할 수 없었으며, 조선 관습을 성문법화하려는 시도도 좌절될 수밖에 없었다.

이와 함께 일본정부는 조선인의 정치적·사회적 처우 개선을 통해 조선인이 자발적으로 전시동원에 협력하도록 유도했다. 그 대표적인 것이 조선인의 이적과 참정권 문제였다. 일본정부는 전쟁에 적극 협력한 소수의 조선인을 일본으로 이적할 수 있도록 하고, 조선에 중의원선거법을 실시하여 조선인에게 참정권을 부여하려고 계획했다. 그리고 조선인이 제국의회에 참여하게 되면 조선총독의 입법권을 박탈하고 조선을 일본 법역으로 통합할 계획이 있었다.

일본정부의 강력한 법역 통합 조치는 조선인과 일본인을 평등하게 대우한다는 것을 의미하지는 않았다. 일본정부에 의해 추진된 동법역화(同法域化)는 조선 지역의 입법 및 사법·행정권한을 일본 본국의 국가기관이 행사하겠다는 의미로 해석되어야 한다. 즉, 당시 식민지의 법적 표현이었던 이법역(異法域) 체제를 일국일법역(一國一法域)으로 전환하여, 조선을 일본의 일개 지방과 동일하게 취급하려는 지향으로 설명할 수 있다. 동법역화는 형식상으로 ①「조선에 시행할 법령에 관한 법률」을 폐지하여 조선총독의 입법권을 박탈하고, ② 조선총독부재판소가 대심원을 최고재판소로 하는 계통으로 통합됨으로써 일본의 재판소구성법이 조선에도 연장 시행되어 조선총독의 사법권을 박탈하고, ③ 조선총독부의 권한이 중앙정부에 대해 분립적이었던 것을 폐지하여 보통의 지방관서와 같이 중앙정부의 감독하에 있는 행정기관의 계통에 속하게 하는 것을 의미했다.[2]

원칙적으로 법역의 통합은 각 이법역에 거주하는 사람들의 법적 제

---

2 松岡修太郎, 1944, 『朝鮮行政法提要』, 東都書籍, 15쪽.

도적 평등도 수반하기 마련이다. 그러나 이러한 의미에서의 '동화(同化)'는 일본정부의 식민 정책에 근본적 변화가 없는 한 불가능한 것이었고, 천황의 조서와 조선총독의 유고 및 훈시 등에 이념적 형태로만 존재할 뿐이었다. 식민지 시기 내내 조선총독부를 비롯하여 일본정부는 법적 평등을 의미하는 정치적 동화는 전혀 고려하지 않았다.

한편, 일제하 형사 법령은 기본적으로 독립운동으로 대표되는 일제에 저항하는 세력을 탄압하고 식민지 조선인의 일상을 통제 및 규제하기 위한 목적으로 운영되었다. 「조선형사령」을 비롯한 당대 형사 사법 관계 법령은 대부분 식민지 운영을 위한 독자적인 실체법이 아니라 일본 형법, 형사소송법을 의용하는 형식이었다. 그러나 그 운용은 본국에서와는 달리 식민지적 특징을 가미한 것이 대부분이었으며, 식민지만의 특례 조항들도 존재했다. 또한 일제하 형사 사법 관계 법령은 일제강점기 식민지배에 적용된 것으로 끝나지 않고 현대 한국의 형사법 제도에도 큰 영향을 끼쳤다는 점에서 중요한 의미가 있다.

특히 형사사건과 처리는 일제강점기 다양한 계층의 일상을 민낯으로 보여주고 있기 때문에 식민지 사회의 이중적이고 복합적인 모습을 있는 그대로 느끼게 해준다. 동시에 일제의 형사법 체계가 어떻게 이루어져 있고, 조선 사회에 어떤 영향을 미쳤는가를 보여주기 때문에 식민지 시대 형사법을 계승한 해방 이후 및 현대의 형사법 체계를 이해하는 데도 도움을 준다.

조선총독부는 「조선형사령」, 「조선태형령」, 「조선감옥령」 등으로 대표되는 식민지 형법을 1912년 3월 18일 한꺼번에 발포하여 식민지 형사 사법 체계를 구축했다. 가장 기본이 되는 「조선형사령」은 이후 몇 차례 개정되었지만 큰 틀은 일제 말기까지 유지되었다. 「조선형사령」은 부칙을 포함하여 모두 47개조로 구성되어 있는데 내용은 대부분 다양한 식민지 특유의 절차 규정이며 실체법 사항은 특별한 규정이 있는 경우를 제외하고는 일본 형법, 형법시행법, 형사소송법 등에 의하도록 하는 '의용 형법'이었다. 「조선형사령」이 제정되기 전까지 형사에 관해서는 일본인에 대해서는 일본 형법 등을 적용하고 조선인에 대해서는 대한제국에서 제정한 「형법대전」이 적용되었다. 하지만 「조선형사령」을 통해 일본의 형법과 형사소송법이 의용되었고 「형법대전」으로 대표되는 대한제국의 법령은 폐지되었다. 이에 따라 원론적으로는 일본인과 조선인을 구분하지 않는 동일한 형사 실체법 체계가 성립되었던 것이다.

하지만 의병을 비롯한 무장 독립운동을 진행하며 저항하는 세력을 강력하게 탄압하기 위해서는 처벌 규정이 더 강한 「형법대전」이 효과적인 면이 있었다. 일제는 한국을 강점한 이후 한국의 형벌이 일본에 비해 과도하게 엄격하기 때문에 이를 개선하고자 「조선형사령」을 반포하였다. 하지만 한국의 치안 상황이라는 특수성을 이유로 「형법대전」의 일부 조항을 존치시켰다. 그중 대표적인 조항이 강도율이다. 일제는 구래의 한국법이 혹형(酷刑)이라 평가하면서도 일본 형법에 비해 형량이 강해서 잔존 의병세력을 효율적으로 탄압할 수 있는 「형법대전」 강도율을 적극 활용하였다.

「조선형사령」의 시행으로 인해 식민지 조선에서 일본의 메이지 형사소송법이 의용되면서 외형적으로 서구식 법령체계를 갖춘 근대적 형사소송 절차가 시행되었다. 하지만 실질적 사법권은 조선총독에게 예속되어 있었다. 따라서 공정한 재판이 진행되기 어려운 구조였다.

이는 일본에서 실시되었던 형사소송 절차와 명백한 차이가 있었다. 일본의 형사소송 절차에서 나타나는 특징은 수사 절차상 필요한 강제처분의 기능이 예심판사에게 있었고, 예외적인 경우에만 검찰이나 경찰에게 수사권을 인정하였다. 하지만 식민지에서는 현행범인 경우 사법경찰이 검사나 예심판사에 준하는 지위를 부여받았고, 검사에게는 예심청구의 재량권이 부여되었다.

식민지 조선에서는 일본과 달리 예심판사가 가지는 고유의 권한을 검사 및 경찰이 행사할 수 있도록 하였다. 따라서 검찰과 경찰은 독자적 강제 수사권을 행사할 수 있었고 그 과정에서 작성된 조서의 증거능력을 법원이 인정하였다. 또한 식민지에서「조선형사령」은 검찰에게 예심판사와 같은 권한을 부여하였고 경찰에게는 유치장 관련 조항을 제외하고 검사에 준하는 권한을 갖도록 하였다. 또한 검사와 경찰에게 현행범이 아닌 사건과 관련하여서도 공소 제기 전 긴급한 처분을 통해 압수·수색·검증하고 피고인이나 증인을 신문할 수 있도록 규정하였다. 또한 이러한 절차에 대해 14조에서 예심에 관한 규정 준용을 통해 식민지 조선의 검찰과 경찰이 강제처분에 한해서는 예심판사와 같은 지위를 가질 수 있었다.

「조선형사령」에 의해 일본의 형사소송법이 적용되면 경찰은 피고인을 심문하고 14일 이내에 검사에게 송치하거나 석방해야 하고, 검사는 송치받은 피고인을 구류하면서 20일 이내에 기소여부를 결정하여 기소가 안 되면 석방해야 하는 것이 원칙이었다. 원칙상 '이내'에 풀어주어야 하지만 조사과정에서 경찰과 검찰에 의한 증인 및 피고인 조사가 광범위하게 실시되었고 이 과정에서 작성된 조서는 증거능력이 있었기 때문에 조선에서는 경찰과 검찰의 조서를 근거로 재판이 진행되는 경우가 발생하였다. 재판 절차에서도「조선형사령」은 일본인, 조선인을 불문하고 모두 일본 형사소송법에 의하는 것을 원칙으로 했으나 다른 한편 특례 조항을 두어 각종 식민지적 절차 규정을 마련하였던 것이다.

일본은 한국을 강점하여 통치하면서 일본의 형사소송법을 의용하여 적용함으로써 '문명화'된 근대국가의 이미지를 보여주고자 했다. 하지만 실질적인 운영에서는 식민 통치의 효율성과 편의성을 위해 특례조항 등을 설치하여 일본인과 식민지 조선인을 차별적으로 취급하였고 이 과정에서 한국인의 기본적 인권보호는 무시되었다. 즉,「조선형사령」체계는 구조적으로 자의적이고 강압적인 권력을 광범위하게 행사하는 제도적 도구가 되었다고 할 수 있다.

1910년 말 발포된「범죄즉결례」는 형사 사무 처리의 신속을 기하기 위해 일정한 범위 내의 범죄에 대해서는 정식 재판을 거치지 않고 피고인의 진술에 따라 경찰서장 및 그 직무를 처리하는 자가 즉결 처분할 수 있도록 한 법령으로 사법권의 일부를 행정청에 위임한 형태였다. 따라서 정 당시 즉결권자는 구체적으로는 경찰서장 및 헌병분대장, 분견소장으로 규정되었고, 즉결 처분이 가능한 범위는 3개월 이하의 징역, 100원 이하의 벌금에 처해야 할 범죄, 구류·과료·태형에 해당하는 범죄였다. 일제는 '무단통치기'「범죄즉결례」와 함께「조선태형령」(1912, 제령 제13호)을 통해 식민지의 일상을 통제하였다. 일제는「조선형사령」을 공포하고 시행하면서 야만성 등을 이유로「형법대전」을 폐지하였다. 그 결과「형법대전」을 근거로 행해지던 태형을 실시할 수 없는 상황이 되었다. 이에 같은 해「조선태형령」을 통해「형법대전」에 근거하지 않아도 신체형인 태형을 실시할 수 있도록 하였다.「조선태형령」에 의하면 3개월 이하 구류에 해당하는 경우, 100원 이하의 벌금이나 과료의 처분을 받고 이를 납부하지 않으면 정상(情狀)에 따라 적용되었다. 따라서「범죄즉결례」에 의해 전국 각 지역에 설치된 경찰서장이나 분서장의 자의에 의해 태형이 부과되는 경우가 빈번하게 발생되었기 때문에 객관적 처벌이 아닌 집행자의 주관성이 반영될 수밖에 없는 구조였다.

'문화통치기'에는 3·1운동 등의 영향으로 「조선태형령」을 폐지하고, 「정치에 관한 범죄처벌의 건」(1919.4.15, 제령 제7호)을 제정하여 '집단적 독립운동의 기도'에 대해 형벌을 가중하면서 탄압을 본격화한다. 또한 1925년 5월 「치안유지법」을 공포하여 식민지의 독립과 해방을 추구하는 모든 행위를 적용대상으로 삼았다. 그러기에 이 시기 조선 독립운동 사건 가운데 상당수가 살인, 강도, 사기 등 범죄 행위로 취급을 받고 처벌되었다.

1907년 통감부시기 제정된 「보안법」도 집회와 결사를 금지하는 도구로 활용되었다. 1906년 통감부 부령으로 제정된 「보안규칙」에 이어 1907년 공포된 「보안법」은 일제가 한국을 강점하는 과정에서 이에 반발하는 한국인들의 저항을 효과적으로 통제하는 기능을 하였다. 「보안법」에 의하면 내부대신은 안녕질서 유지를 위해서 필요한 경우 결사의 해산을 명할 수 있었다. 경찰에게는 집회를 제한하거나 해산할 수 있는 권한이 부여되었고, 내무대신은 '정치에 관해 불온한 동작을 할 우려가 있는 자'에게 거주지에서 퇴거하거나 특정지역에 가지 못하도록 하는 거주지를 제한할 수 있도록 하였다. 그리고 이를 위반할 경우 40대 이상의 태형이나 10개월 이하의 금옥을 가할 수 있도록 하였다. 정치에 관한 불온 행동 등에 치안을 방해하는 경우는 50대 이상의 태형이나 10개월 이하의 금옥, 2년 이하의 징역에 처하도록 하여 일제에 저항하는 단체 및 개인을 탄압하는 도구로 활용하였다.

제국주의 일본은 식민지 조선을 대륙침략의 전진기지로 활용하면서 경제적 지배정책도 병참기지화로 선회하였다. 특히 1938년 이래 국가총

동원법의 시행에 따라 「가격통제령」, 「미곡통제령」, 「국민징용령」, 「임금통제령」, 「물자통제령」, 「국민근로동원령」 등이 발효되면서 식민지 민중에 대한 탄압도 고도화되었다. 일제는 식민지 민중의 저항을 억압하기 위해 「조선사상범보호관찰령」, 「조선사상범예방구금령」을 제정하여 치안유지법 위반자 중 기소유예, 집행유예, 가출옥, 만기출옥한 자를 2년 동안 보호관찰하고, 더 나아가 계속 구금할 수 있는 법적 기반을 마련하였다. 또한 「조선임시보안령」 등을 제정하여 기본권을 제한하기도 하였다.

부록

연표

⟨일제강점기 형사사법⟩

연도	내용	비고
1910. 12. 15	犯罪卽決例	
1912. 3. 18	犯罪卽決例 改正	
1912. 3. 18	朝鮮笞刑令	
1912. 3. 18	朝鮮刑事令	
1912. 3. 25	警察犯處罰規則	
1917. 12. 8	朝鮮刑事令 改正	
1919. 8. 9	朝鮮刑事令 改正	
1920. 3. 19	朝鮮刑事令 改正	
1920. 3. 31	朝鮮笞刑令 廢止	
1921. 3. 24	朝鮮刑事令 改正	
1920. 4. 30	朝鮮刑事令 改正	
1922. 12. 7	朝鮮刑事令 改正	
1929. 5. 7	朝鮮刑事令 改正	
1930. 9. 8	朝鮮刑事令 改正	
1933. 1. 17	朝鮮刑事令 改正	
1935. 5. 28	朝鮮刑事令 改正	
1938. 4. 28	朝鮮刑事令 改正	
1938. 7. 14	朝鮮刑事令 改正	
1944. 2. 15	朝鮮戰時刑事特別令	

〈일제강점기 민사사법〉

연도	내용	비고
1910. 12. 15	民事爭訟 調停에 關한 件	
1911. 12. 6	民籍簿의 閱覽, 其他에 關한 件	
1912. 3. 18	民事爭訟 調停에 關한 件 改正	
1912. 3. 18	朝鮮民事令	
1918. 6. 11	朝鮮民事令 改正	
1921. 6. 7	民籍法 改正	
1921. 6. 7	朝鮮人과 內地人 婚姻의 民籍手續에 關한 件	
1921. 11. 14	朝鮮民事令 改正	
1922. 3. 9	朝鮮民事令 改正	
1922. 12. 7	朝鮮民事令 改正	
1922. 12. 8	朝鮮戶籍令	
1929. 5. 7	朝鮮民事令 改正	
1931. 6. 9	朝鮮民事令 改正	
1933. 12. 28	朝鮮民事令 改正	
1934. 4. 30	朝鮮民事令 改正	
1935. 8. 2	朝鮮民事令 改正	
1936. 12. 28	朝鮮民事令 改正	
1938. 4. 28	朝鮮民事令 改正	
1938. 5. 31	朝鮮民事令 改正	
1939. 8. 30	朝鮮民事令 改正	
1939. 11. 10	朝鮮民事令 改正	
1939. 12. 26	朝鮮戶籍令 改正	
1940. 12. 29	朝鮮民事令 改正	
1941. 4. 21	朝鮮民事令 改正	
1941. 4. 8	朝鮮戶籍令 改正	
1942. 2. 28	朝鮮戶籍令 改正	
1942. 9. 26	朝鮮戶籍令 改正	
1942. 9. 26	朝鮮寄留令	
1943. 6. 9	朝鮮民事令 改正	

법령

대일본제국헌법(1890.2.11. 공포, 1890.11.29. 시행)

제1조 대일본제국은 萬世一系의 천황이 통치한다.
제2조 皇位는 皇室典範이 정하는 바에 따라 皇男子孫이 계승한다.
제3조 천황은 신성하여 범하여서는 안 된다.
제4조 천황은 국가의 원수로서 통치권을 總攬하며 이 헌법이 條規에 따라 이를 행사한다.
제5조 천황은 제국의회의 協贊을 거쳐 입법권을 행사한다.
제6조 천황은 법률을 재가하며 그 공포 및 집행을 명한다.
제7조 천황은 제국의회를 소집하며, 그 개회, 폐회, 정회 및 중의원의 해산을 명한다.
제8조 천황은 공공의 안전을 保持하거나, 그 재앙을 피하기 위해 긴급한 필요에 따라 제국의회 폐회의 경우에 법률에 대신할 칙령을 발한다. 이 칙령은 다음 회기에 제국의회에 제출해야 한다. 만일 의회에서 승낙하지 않을 때에는, 정부는 장래에 향하여 그 효력을 상실함을 공포해야 한다.
제9조 천황은 법률을 집행하기 위하여, 또는 公共의 안녕질서를 保持하고 신민의 행복을 증진하기 위하여 필요한 명령을 發하거나 發하게 한다. 단, 명령으로 법률을 변경할 수 없다.(이하 생략)

韓國人이 관계한 司法에 관한 건(日本勅令 제238호, 1909.10.16.)

제1조 통감부재판소는 본령 기타 법령에 특별한 규정이 있는 경우를 제외하고 한국인에 대해서는 한국 법규를 적용한다.

제2조 한국인과 한국인이 아닌 자 사이의 민사사건에 대해서는 다음의 변경으로써 일본 법규를 적용한다. 단, 한국인에 대한 재판의 집행은 한국 법규에 依한다.

1. 原告 또는 被告가 구두변론의 期日에 출두하지 아니한 경우에는 재판소에서 적당하다고 思料한 때에 限하여 申陣에 의하거나 또는 직권으로 闕席判決을 할 수 있다.
2. 민사소송법 제11조 제2항, 제3항, 제240조, 제246조 내지 제248조 제2편, 제2절, 제428조 및 제429조의 규정을 이를 적용하지 않는다.

제3조 검사 또는 사법경찰관을 통감의 허가를 받아서 한국의 친임관 또는 칙임관을 체포할 수 있다. 단 급속을 요하는 때는 곧바로 체포하고 보고할 수 있다.

제4조 假出獄에 관한 규정은 한국 법규에 依하여 處刑한 자에게 역시 이를 적용한다.

附則 본령은 1909년 11월 1일부터 시행한다.

조선에 시행할 법령에 관한 법률(法律 제30호, 1911.3.)

제1조 조선에서 법률을 요하는 사항은 조선총독의 명령으로 규정할 수 있다.

제2조 전조의 명령은 내각총리대신을 거쳐 칙재를 청한다.

제3조 임시긴급을 요하는 경우에 조선총독은 곧바로 제1조의 명령을 발할 수 있다. 전항의 명령은 발포 직후 칙재를 청하고 만약에 칙재를 얻지 못했을 때는 조선총독은 곧바로 그 명령이 장래에 효력이 없다는 것을 공포한다.

제4조 법률의 전부 또는 일부를 조선에 시행할 것을 요하는 것은 칙령으로 정한다.

제5조 제1조의 명령은 제4조에 의해 조선에 시행한 법률 및 특히 조선에 시행할 목적으로 제정한 법률 및 칙령에 위배할 수 없다.

제6조 제1조의 명령은 制令이라 칭한다.

附則 본법은 공포일로부터 시행한다.

조선에서의 법령의 효력에 관한 건(制令 제1호, 1910.8.29.)

조선총독부 설치에 즈음하여 조선에 있어서 효력을 잃을 帝國法令 및 韓國法令은 당분간 조선총독이 發한 명령으로서 그 효력을 갖는다.

朝鮮民事令案(1910.9.)

제1조 민사에 관한 사항은 민법, 상법 … 및 그 부속법률에 의한다. 부속법률은 조선총독이 지정한다.

제2조 부동산에 관한 권리에 관하여는 민법 제2편 … 의 규정에 의하지

않고 종래의 예에 의한다.

제3조 朝鮮人間의 민사에 관하여는 제1조의 규정에도 불구하고 종래의 예에 의한다.

附則 本令은 　日부터 이를 시행한다.

조선민사령(제령 제7호, 1912.3.)

제1조 민사에 관한 사항은 본령 기타 법령에 특별한 규정이 있는 경우를 제외하고 다음의 법률에 의한다.

1. 민법, 2. 메이지 35년 법률 제50호, 3. 메이지 37년 법률 제17호, 4. 메이지 32년 법률 제40호, 5. 메이지 33년 법률 제51호, 6. 메이지 33년 법률 제13호, 7. 민법시행법, 8. 상법, 9. 메이지 33년 법률 제17호, 10. 상법시행법, 11. 메이지 23년 법률 제32호, 12. 상법시행조례, 13. 민사소송법, 14. 외국재판소촉탁에 따른 공조법, 15. 메이지 32년 법률 제50호, 16. 家資分散法, 17. 인사소송수속법, 18. 비송사건수속법, 19. 민사소송비용법, 20. 商事非訟事件印紙法, 21. 執達吏手數料規則, 22. 공탁법, 23 경매법

　…

제10조 조선인 상호간의 법률행위에 대해서는 법령 중 공공의 질서에 관계없는 규정과 다른 관습이 있는 경우에는 관습에 의한다.

제11조 제1조의 법률 중 能力, 친족 및 상속에 관한 규정은 조선인에게 적용하지 않는다. 조선인에 관한 전 항의 사항에 대해서는 관습에 의한다.

제12조 부동산에 관한 물권의 종류 및 효력에 대해서는 제1조의 법률에서 정한 물권을 제외하고 관습에 의한다.(이하 생략)

조선민사령 제11조 개정안(1921)

제11조 조선인의 친족 및 상속에 관해서는 별단의 규정이 있는 것을 제외하고 제1조의 법률에 의하지 않고 관습에 의한다. 단, 親權, 後見, 保佐人, 무능력자를 위해 설치하는 친족회에 관한 규정은 이러한 제한에 있지 않다.

조선민사령 제11조 개정안(1922)

제11조 조선인의 친족 및 상속에 관해서는 별단의 규정이 있는 것을 제외하고 제1조의 법률에 의하지 않고 관습에 의한다. 단, 혼인연령, 재판상 이혼, 認知, 親權, 後見, 保佐人, 친족회, 상속의 승인 및 재산의 분리에 관한 규정은 이러한 제한에 있지 않다. 분가, 절가 재흥, 혼인, 협의상 이혼, 연조 및 협의 파양은 부윤 또는 면장에게 신고함으로써 효력이 발생한다. 단 유언에 의한 연조에 대해서는 그 신고는 양친의 사망시로 소급하여 그 효력을 발생한다.

조선민사령 제11조 개정안(1939)

제11조 조선인의 친족 및 상속에 관해서는 별단의 규정을 제외하고 제1조의 법률에 의하지 않고 관습에 의한다. 단 氏, 혼인연령, 재판상 이혼, 인지, 재판상 이연, 서양자 연조의 경우에 혼인 또는 연조가 무효일 때 또는 취소할 때에서의 연조 또는 혼인의 취소, 친권, 후견, 보좌인, 친족회, 상속의 승인 및 재산의 분리에 관한 규정은 이러한 제한에 있지 않다. 분가, 절가 재흥, 혼인, 협의상 이혼, 연조 및 협의상 이연은 부윤 또는 면장에게 계출함으로써 효력을 발생한다. 단, 유언에 의한 연조에 대해서는 그 계출은 양친의 사망시로 소급하여 그 효력을 발생한다. 氏는 호주(법정대리인이 있을 때는 법정대리인)가 정한다.

제11조의 2 조선인 양자 연조에 있어서 양자는 양친과 '姓'을 같이할 것을 요하지 않는다. 단, 사후양자의 경우에는 이러한 제한에 있지 않다. 서양자 연조는 양자 연조의 계출과 동시에 혼인계출을 함으로써 효력을 발생한다. 서양자는 妻의 家에 들어간다. 서양자 연조 또는 연조의 취소로 인하여 그 家를 떠나도 家女의 직계비속은 그 家를 떠나지 않고, 태아가 생겼을 때는 그 家에 들어간다.

조선형사령(制令 제11호 1912.3.18.)

조선형사령을 明治 44년 법률 제30호 제1조 및 제2조에 따라 칙재를 얻어 이를 공포한다.

제1조 형사에 관한 사항은 본령, 기타 법령에 특별한 규정이 있는 경우를 제외하고 다음 법률을 따른다.

1. 형법

2. 형법시행법

(개정, 制令 제8호 1930.9.8. 昭和 5년 법률 제9호 추가)

3. 폭발물취체벌칙

4. 明治 23년 법률 제34호

5. 통화 및 증권 模造취체법

6. 明治 38년 법률 제66호

7. 印紙犯罪巡罰法

8. 明治 23년 법률 제101호

(개정, 制令 제14호 1922.12.7. 海底電信線保護萬國聯合條約罰則)

9. 海底電信線保護萬國聯合條約罰則

(개정, 制令 제14호 1922.12.7. 형사소송법)

10. 형사소송법

(개정, 制令 제14호 1922.12.7. 외국재판소의 촉탁에 따른 공조법)

(개정, 制令 제18호 1938.4.28. 일만사법사무공조법 추가)

11. 보통치죄법, 육군치죄법, 해군치죄법 교섭의 건 처분법

(개정, 制令 제14호 1922.12.7. 형사소송비용법)

12. 형사보상법 (개정, 制令 제4호 1933.1.17. 추가)

13. 형사소송비용법 (개정, 制令 제8호 1921.4.30. 추가)

제2조 前條의 법률 중 대심원 직무는 고등법원, 대심원장 직무는 고등법원장, 검사총장 직무는 고등법원검사장, 검사장 직무는 복심법원검사장, 지방재판소검사 및 區재판소검사 직무는 지방법원검사가 이를

행한다.

제3조 형법 제75조 및 76조 그리고 형사소송법 제28조 제3항 및 제130조 제1항의 규정은 이를 왕족에게 준용한다.

(개정, 制令 제14호 1922.12.7.) 형법 제75조, 제76조 및 조선총독부재판소령 제3조 제3항 규정은 왕족에 대해 이를 준용한다.

제4조 조선총독부 경무총장은 사법경찰관으로 치죄를 수사함에 있어 지방법원검사와 동일한 직권을 가진다.

(개정, 制令 제2호 1920.3.19.) '조선총독부 경무총장은'을 '조선총독부 도지사는 각기 관할지 내에서'로 고친다.

제5조 다음에 기재한 관리는 검사의 보좌로서 그 지휘를 받아 사법경찰관으로 치죄를 수사해야 한다.

1. 조선총독부 경무부장
2. 조선총독부 경시, 경부
3. 헌병장교, 준사관, 하사
4. 조선총독부 道삼림주사

(개정, 制令 제16호 1919.8.9. 추가)

(개정, 制令 제14호 1922.12.7. 삭제)

전항의 사법경찰관은 검사가 직권상 발한 명령에 따른다.

(개정, 制令 제2호 1920.3.19.) '조선총독부 경무부장'을 '제3부장인 조선총독부 사무관'으로, '조선총독부 경시, 경부'를 '조선총독부 道경시, 道경부, 道경부보'로 고친다.

(개정, 制令 제3호 1921.3.24.) '제3부장'을 '경찰부장'으로, '조선총독부 道삼림주사'를 '조선총독부 영림창 삼림주사, 道삼림주사'로 고친다.

(개정, 制令 제14호 1922.12.7.) 제1항 제4호 삭제

제6조 재판소는 피고인이 그 재판소의 관할구역 내에 있지 않을 때 결정에 따라 사건을 피고인의 소재지를 관할하는 동등한 재판소에 이송할 수 있다.

제7조 관리, 공리가 만든 서류이자 형식에 하자가 있는 것은 당해 관리, 공리가 이를 보정할 수 있다.

전항의 보정을 했을 때는 그 연월일, 장소 및 보정 사항을 부기하여 서명·날인해야 한다.

제8조 서류의 송달에 대해서는 본령에 규정하는 것 외에 조선민사령을 준용한다.

(개정, 制令 제14호 1922.12.7. 삭제)

제9조 소송관계인에게 기일에 出願할 受書를 제출하게 하거나 또는 구두로 次回의 出願을 명했을 때는 소환장 또는 호출장을 송달한 것과 동일한 효력을 낳는다. 단, 구두로 出願을 명한 경우에는 그 내용을 調書 또는 공판시말서에 기재해야 한다.

(개정, 制令 제14호 1922.12.7.) 형사소송법 제82조 중 20리라고 되어 있는 것은 8리, 5리라고 되어 있는 것은 3리로 한다.

제10조 형사소송법에 따라 市町村長의 입회를 요하는 경우에는 2인 이상의 상당한 입회인이 있으면 된다.

(개정, 制令 제14호 1922.12.7.) 형사소송법에 의해 市町村 吏員으로 하여금 입회케 할 경우에는 府관리, 府面 吏員 또한 2인 이상의 상당한 자로 하여금 입회케 해야 한다.

(개정, 制令 제4호 1933.1.17.) '부면리원'을 '부읍면리원'으로 고친다.

제11조 검사 또는 사법경찰관이 형사소송법 제144조, 제146조 또는 제147조의 경우에 犯所에 臨檢할 필요가 없다고 인정할 때는 臨檢을

하지 않고 예심판사에게 속하는 처분을 할 수 있다.

(개정, 制令 제14호 1922.12.7. 삭제)

제12조 검사는 현행범이 아닌 사건이라도 수사 결과 급속한 처분을 요하는 것이라고 사료할 때는 공소제기 전에 한해 영장을 발하고 검증·수색·물건차압을 하며, 피고인·증인을 신문하거나 또는 감정을 명할 수 있다. 단, 벌금·과료 혹은 비용배상 언도를 하거나 또는 선서를 하게 할 수 없다.

전항의 규정에 따라 검사에 허가한 직무는 사법경찰관 역시 임시로 이를 행할 수 있다. 단, 구류장을 발할 수 없다.

(개정, 制令 제14호 1922.12.7.) 검사가 형사소송법이 규정하는 경우 외에 사건이 금고 이상의 형에 해당하고 급속한 처분을 요하는 것이라고 사료할 때는 공소 제기 전에 한하여 압수·수색·검증 및 피의자 勾引, 피의자 혹은 증인의 訊問·감정·통역 또는 번역 처분을 할 수 있다.

전항의 규정에 따라 검사에게 허가한 처분은 사법경찰관 역시 이를 할 수 있다.

형사소송법 제87조 제1항, 제88조 및 제131조의 규정은 앞의 두 항의 피의자 구인에, 형사소송법 제1편 제13장에서 제15장 중 검사 또는 사법경찰관이 하는 처분에 관한 규정은 앞의 두 항의 증인 신문·감정·통역 또는 번역 처분에 부쳐 이를 준용한다.

제13조 사법경찰관은 前條 제2항의 규정에 따라 피고인을 신문한 후 금고 이상의 형에 해당하는 자라고 사료할 때는 14일을 넘지 않는 기간 동안 이를 유치할 수 있다.

사법경찰관은 전항의 유치기간 내에 증빙서류 및 의견서와 함께 피고인을 관할재판소의 검사에 송치해야 한다.

앞의 두 항의 규정은 사법경찰관이 형사소송법 제147조 제1항의 직무를 행하는 경우에 이를 준용한다.

(개정, 制令 제14호 1922.12.7.) 사법경찰관이 前條 제2항의 규정에 따라 피의자를 신문한 후 형사소송법 제87조 제1항 각 호에 규정하는 사유가 있다고 사료할 때는 10일을 기하지 않은 기간 동안 이를 유치할 수 있다.

사법경찰관은 전항의 유치기간 내에 서류 및 증거물과 함께 피의자를 관할재판소의 검사 또는 상당관서에 송치하는 수속을 해야 한다.

앞의 두 항의 규정은 사법경찰관이 형사소송법 제127조의 규정에 따라 피의자를 신문하고 금고 이상의 형에 해당한다고 사료할 경우에 이를 준용한다.

제14조 앞의 두 조의 경우에 있어서 제1조의 법률 중 예심에 관한 규정을 준용한다.

(개정, 制令 제14호 1922.12.7.) 검사는 제12조에 규정하는 처분을 다른 검사 또는 사법경찰관에게 명령하거나 또는 촉탁할 수 있다.

사법경찰관은 전항의 처분을 다른 사법경찰관에게 명령하거나 또는 촉탁할 수 있다.

사법경찰관이 다른 사법경찰관의 명령 또는 촉탁에 따라 피의자에 대해 勾引狀을 발한 경우에는 형사소송법 제128조의 규정에 준하여 이를 명령하거나 또는 촉탁한 사법경찰관에게 피의자를 송치해야 한다.

제15조 검사가 피고인을 구류한 경우에 20일 내에 기소 절차를 하지 않을 때는 이를 석방해야 한다.

형사소송법 제146조 제2항의 규정은 이를 적용하지 않는다.

(개정, 制令 제14호 1922.12.7.) 검사가 제12조의 규정에 따라 피의자를 신문한 후 형사소송법 제90조 제1항에 규정하는 원인이 있다고 사료할 때는 이를 구류할 수 있다. 이 경우에는 형사소송법 제91조 및 제131조의 규정을 준용한다.

검사는 전항의 규정에 따라 피의자를 구류했을 경우에 10일 내에 공소를 제기하지 않을 때는 구류를 취소해야 한다.

검사는 피의자를 구류했을 때는 다시 형사소송법 제255조의 규정에 따라 구류를 청구할 수 없다.

제16조 검사가 범죄의 수사를 끝내고 유죄라고 사료했을 때는 공판을 요구해야 한다. 단, 구류 또는 과료에 해당하는 사건을 제외하고 사건이 번잡할 때는 예심을 요구할 수 있다.

(개정, 制令 제14호 1922.12.7.) 형사소송법 제113조 중 '2개월'이라고 되어 있는 것은 '3개월'로 한다.

(개정, 制令 제8호 1935.5.28.) 형사소송법 제113조 중 '2개월'이라고 되어 있는 것은 '3개월', '1개월마다'라고 되어 있는 것은 '2개월마다'로 한다.

제17조 재판소 또는 예심판사는 필요하다고 인정할 때 사법경찰관으로 하여금 검증·수색·물건차압을 하게 하거나 또는 감정을 명하게 할 수 있다. 이 경우에는 제12조 제1항 단서의 규정을 준용한다.

(개정, 制令 제14호 1922.12.7.) 재판소 또는 예심판사는 필요하다고 인정할 때 사법경찰관으로 하여금 검증을 하게 하거나 또는 감정을 명하게 할 수 있다. 이 경우 감정에 대해서는 형사소송법 제1편 제14장 중 사법경찰관이 하는 처분에 관한 규정을 준용한다.

제18조 재판소는 그 소재지 외의 지방법원 판사에게 검증·수색·물건

차압을 하거나 또는 감정을 명하는 것을 촉탁할 수 있다.

예심판사는 그 재판소 소재지 외의 지방법원 판사에게 감정을 명하는 것을 촉탁할 수 있다.

(개정, 制令 제14호 1922.12.7. 삭제)

제19조 受命判事 또는 受託判事는 검증의 경우에 필요하다고 인정할 때 예심판사에 속하는 처분을 할 수 있다.

(개정, 制令 제14호 1922.12.7. 삭제)

제20조 재판소는 급속을 요한다고 인정할 때 공판 개정 전이라도 검사에게 통지하여 수색·물건차압을 하거나 또는 증인을 신문하거나 혹은 감정을 명할 수 있다. 이 경우에는 소송관계인의 입회를 필요로 하지 않는다.

재판소는 그 部員 1명에게 명하여 전항의 처분을 하게 할 수 있다.

(개정, 制令 제14호 1922.12.7. 삭제)

제21조 형사소송법 제92의 규정은 제12조 및 앞의 두 조의 경우를 준용한다.

(개정, 制令 제3호 1917.12.8.) '제12조'를 '제12조, 제17조'로 고친다.

(개정, 制令 제14호 1922.12.7. 삭제)

제22조 형사소송법 제130조 제2항의 규정은 조선총독에게 이를 명한다.

(개정, 制令 제14호 1922.12.7. 삭제)

제23조 통역관 또는 통역생을 通事로 하는 경우는 선서를 하게 할 필요가 없다.

(개정, 制令 제14호 1922.12.7.) 통역관, 통역생 또는 서기를 通事 또는 번역인으로 하는 경우에는 선서를 하게 할 필요가 없다.

제24조 형사소송법 제179호의 2 제2항의 규정에 따라 변호인을 선임해

야 하는 경우에는 변호사가 아닌 자를 이에 충원할 수 있다.

(개정, 制令 제14호 1922.12.7.) 직권에 붙여야 하는 변호인은 변호사 또는 사법관 試補가 아닌 자를 이에 충원할 수 있다.

제25조 형사소송법 제237조, 제241조, 제264조 및 제270조의 규정은 이를 적용하지 않는다.

(개정, 制令 제14호 1922.12.7.) 형사소송법 제334조의 규정은 사형 또는 무기징역 혹은 금고에 해당하는 사건에 한하여 이를 적용한다.

제26조 1년 내 아래의 징역, 금고 또는 300원 이하의 벌금을 언도한 제1심의 판결에 대해 증거에 관한 이유를 생략할 수 있다.

전항의 경우에 공소의 申立이 있었을 때는 판결재판소는 이유서를 작성하여 이를 공소재판소에 송부해야 한다.

(개정, 制令 제14호 1922.12.7.)판사 단독으로 유죄 언도를 한 판결에 대해서는 증거에 관한 이유를 생략할 수 있다.

형사소송법 제361조의 규정은 이를 적용하지 않는다.

제27조 형사소송법 제245조의 규정은 故障의 申立 및 재심의 訴에 이를 준용한다.

(개정, 制令 제14호 1922.12.7.) 검사 또는 변호인이 피고인·증인·감정인·通事 또는 번역인을 신문하는 것이 필요할 때는 그 신문을 재판장에게 청구해야 한다.

제28조 변호인은 상소를 할 수 없다.

(개정, 制令 제14호 1922.12.7. 삭제)

제29조 故障의 申立 또는 상소를 할 있는 자는 그 권리를 포기할 수 있다.

(개정, 制令 제14호 1922.12.7. 삭제)

제30조 故障의 申立을 한 자는 그 사건에 부쳐 판결이 있을 때까지 언제

라도 이를 취소할 수 있다. 이 경우에는 전에 한 궐석판결은 확정의 효력을 낳는다.

검사는 상소를 취소할 수 있다.

(개정, 制令 제14호 1922.12.7. 삭제)

제31조 상고를 하려면 그 申立書를 原재판소에 제출하는 한편 그 申立을 한 날부터 5일 내에 취의서를 제출해야 한다.

原재판소는 申立書 및 취의서를 수취했을 때 속히 상대방에게 상고의 申立이 있었음을 통지하는 한편 동시에 취의서의 등본을 송달해야 한다.

(개정, 制令 제14호 1922.12.7.) 형사소송법 제422조 중 50일이라고 되어 있는 것은 35일로 한다.

제32조 형사소송법 제281조 제1항의 답변서는 이를 原재판소에 제출해야 한다.

原재판소는 답변서를 수취했을 때 속히 그 등본을 上告申立人에게 송달해야 한다.

(개정, 制令 제14호 1922.12.7. 삭제)

제33조 上告申立人이 기간 내에 취의서를 제출하지 않을 때는 그 상고의 申立에 대해서는 형사소송법 제274조의 규정을 준용한다.

(개정, 制令 제14호 1922.12.7. 삭제)

제34조 上告申立人은 취의서를 제출해야 하는 기간을 경과한 후 14일 내에 추가취의서를 상고재판소에 제출할 수 있다.

형사소송법 제280조 및 제281조의 규정은 전항의 경우에 이를 준용한다.

(개정, 制令 제14호 1922.12.7. 삭제)

제35조 상고의 상대방은 상고 申立기간의 경과 후 추가취의서를 제출할 수 있는 기간의 만료 전에 한하여 附帶上告를 할 수 있다.

附帶上告는 그 취의서를 原裁判所에 제출함으로써 이를 행한다.

附帶上告에 대해서는 前條의 규정을 적용하지 않는다.

(개정, 制令 제14호 1922.12.7. 삭제)

제36조 취의서, 추가취의서 또는 답변서에는 상대방의 수에 맞는 등본을 첨부해야 한다.

(개정, 制令 제14호 1922.12.7. 삭제)

제37조 상고재판소는 추가취의서를 제출할 수 있는 기간 만료 후의 일시를 공판기일로 정하고 늦어도 개정부터 3일 전에 이를 소송관계인에게 통지해야 한다.

(개정, 制令 제14호 1922.12.7.) 약식명령을 받은 자는 정식재판의 청구를 포기할 수 있다.

제38조 차압물건을 환부해야 하는 경우, 소유자의 소재 불명 또는 기타 사유로 인해 환부를 할 수 없을 때는 검사는 공시에 따라 환부 청구를 한다는 내용을 催告해야 한다. 공시일로부터 6개월 내에 그 청구가 없을 때는 물건은 국고에 귀속한다.

전항의 경우에 보관이 불편한 물건은 이를 公賣하여 그 대금을 보관할 수 있다.

(개정, 制令 제14호 1922.12.7.) 형사소송법 제545조 중 市町村長이라고 되어 있는 것은 부윤 또는 면장으로 한다.

(개정, 制令 제25호 1938.7.14.) 제38조의 2를 제38조의 3으로 한다.

제38조의 2 만주국 법령에 따른 현행범인이 만주국에서 조선으로 도주해 왔을 때는 일만사법사무공조법 제1조 제1항의 규정에 관계없이 사법

경찰관리는 만주국 사법경찰관리의 촉탁으로 범죄 수사에 공조한다. 전항의 규정에 따라 수탁사항을 실시하는 경우에는 현행범인이 그 장소에 있었던 것으로 간주한다.

현행범인이 조선에서 만주국으로 도주했을 경우에 급속을 요할 때는 일만사법사무공조법 제13조의 규정에 관계없이 사법경찰관리는 만주국 사법경찰관리에 대해 범죄 수사의 촉탁을 할 수 있다.

제39조 조선민사령 제3조, 제4조, 제6조, 제16조에서 제18조 및 제32조의 규정은 형사에 이를 준용한다. 단, 제3조, 제4조, 제6조, 제16조 및 제18조 중 제1조라고 되어 있는 것은 본령 제1조에 해당한다.

(개정, 制令 제14호 1922.12.7.) 조선민사령 제2조에서 제4조, 제6조, 제9조, 제16조, 제17조, 제32조 및 제41조의 규정은 형사에 부쳐 이를 준용한다. 단, 조선민사령 제2조 중 前條와 동령 제3조, 제4조, 제6조 및 제16조 중 제1조라고 되어 있는 것은 본령 제1조에 해당한다.

(개정, 制令 제7호 1929.5.7.) '제17조, 제32조 및 제41조'를 '제17조 및 제32조'로 고친다.

부칙

제40조 본령은 明治 45년 4월 1일부터 이를 시행한다.

제41조 다음 법령은 이를 폐지한다.

1. 형법대전

2. 철도사항범죄인처단례(개정, 制令 제3호 1917.12.8. 삭제)

3. 형사재판비용규칙(개정, 制令 제3호 1917.12.8. 삭제)

형법대전 제473조, 제477조, 제478조, 제498조 제1호, 제516조, 제536조 및 제593조의 죄 그리고 그 미수범에 관한 규정은 당분간 본령시행 전과 동일한 효력을 가진다. 단, 減等에 대해서는 형법

제68조의 예에 따른다.

형법대전 제2조의 규정은 전항의 규정의 적용에 부쳐 계속 그 효력을 가진다.

(개정, 制令 제3호 1917.12.8. 제2항 및 제3항 삭제)

제42조 본령시행 후 계속 효력을 가지는 舊한국법규의 형은 다음 예에 따라 본령의 형명으로 변경한다. 단, 형의 기간 또는 금액은 이 범위에 속하지 않는다.

舊한국 법규의 예	본령의 예
사형	사형
종신징역	무기징역
종신유형	무기금고
15년 이하의 역형	유기징역
15년 이항의 유형이나 금옥	유기금고
벌금	벌금
구류	구류
과료	과료
몰입	몰수
태형	20일 이하의 구류나 과료

제43조 본령시행 전 舊한국법규의 형에 처해진 자는 前條의 예에 비추어 이를 본령의 형을 받은 자로 간주한다.

전항의 경우에 태형에 처해진 자에 대해서는 태 5대를 구류 1일로 바꾼다.

제44조 舊한국법규에 의해 허가된 假放은 이를 가출옥으로 간주한다.

제45조 본령시행 전에 죄를 범하여 아직 확정판결을 거치지 않은 자에 대해서는 본령으로 이를 처단한다.

제46조 본령시행 전 이미 시행한 상고는 종전의 절차에 따라 이를 완결한다.

제47조 조선민사령 제79조 및 제82조의 규정은 형사에 이를 준용한다.

참고문헌

1. 자료

1) 개인문서, 일기, 전기, 회고록류

『大野綠一郎文書』,『寺内正毅文書』,『寺内正毅日記』,『水野練太郎回想錄·關係文書』,『齋藤實文書』,『倉富勇三郎文書』.

司法協會, 1940,「朝鮮司法界の往事を語る座談會」,『朝鮮司法協會雜誌』19卷 10號·11號(남기정 역, 1976,『日帝의 韓國司法府侵略實話』, 육법사).

小磯國昭, 1968,『葛山鴻爪』, 丸ノ内出版.

小森德治, 1968,『明石元二郎(上·下)』, 原書房.

穗積眞六郎,『わが生涯を朝鮮に』.

矢内原忠雄, 1965,『矢内原忠雄著作集』, 1卷·4卷.

야나이하라 다다오 저, 최은진 역, 2023,『일본의 식민지 조선통치론』, 민속원.

御手洗辰雄, 1957,『南次郎』, 南次郎傳記刊行會.

原敬文書研究會, 1986,『原敬關係文書(6)』, 日本放送出版協會.

原奎一郎 編, 1981,『原敬日記(1~6卷)』, 福村出版株式會社.

原正鼎, 1943,「戶籍令制定當時の回顧」,『戶籍』3卷 7號.

田中武雄, 1960,「小磯總督時代の統治概觀」,『朝鮮近代史料研究集成』, 朝鮮史料研究會.

萩原彦三,「私の朝鮮記錄」,『大塚象三郎文書』.

黑田甲子郎 編, 1920,『元帥寺内伯爵傳』.

2) 정기간행물

『國家學會雜誌』,『每日申報』,『法學志林』,『法學協會雜誌』,『司法協會雜誌』,『朝鮮』,『朝鮮總督府官報』,『朝鮮總督府施政年報』,『朝鮮總督府月報』,『朝鮮總督府統計年報』,『朝

鮮行政』,『朝鮮彙報』,『戶籍』.

3) 정부기록보존소 문서

『諸會議關係書類(1937)』(문서번호 247).

『新規豫算要求書綴(1939)』(문서번호 157).

『朝鮮寄留令ニ關スル書類(1942)』(문서번호 257).

4) 일본국립공문서관 및 외무성 외교사료관 문서

『本邦內政關係雜件 植民地關係』(일본 외무성 외교사료관 문서).

『朝鮮人及び臺灣人ノ內地人式氏名變更關係雜件(上·下)』.

『朝鮮人及台灣人の內地人式氏名變更關係雜件(茗荷谷文書)』.

5) 대만 관련 자료

岡松參太郎,「臺灣ノ制度ニ關スル意見書(1901)」(臺灣近現代史研究會, 1993,『臺灣近現代史研究(Ⅱ)』, 東京: 台灣近現代史研究會).

岡松參太郎, 1903,「臺灣現時の法律」,『臺灣慣習記事』3-1.

岡松參太郎, 1905,「日本民法の缺點を論じて臺灣立法に對する希望に及ぶ」,『臺灣慣習記事』5-3.

岡松參太郎, 1908,「臺灣の立法」,『臺法月報』2-2.

臺灣總督府, 1921,『臺灣ニ施行スヘキ法令ニ關スル法律其ノ沿革竝現行律令』.

臺灣總督府, 1921,『臺灣ニ施行スヘキ法令ニ關スル法律ニ基キ發布シタル現行律令』.

臺灣總督府, 1943,『臺灣事情』.

臺灣總督府, 1945,『臺灣統治概要』, 南天書局.

臺灣總督府警務局, 1986,『臺灣總督府警察沿革誌』, 綠蔭書房.

臺灣總督府官房情報課, 1943,『大東亞戰爭と臺灣』.

山田示元, 1915,「國法上舊慣の地位」,『臺法月報』9-8.

臨時臺灣舊慣調查會, 1903,『臨時臺灣舊慣調查會第一部調查第一會報告書』.

臨時臺灣舊慣調查會, 1910~1911,『臺灣私法』.

臨時臺灣舊慣調查會, 1911,『臺灣私法』.

臨時臺灣舊慣調査會, 1917, 『臺灣舊慣調査事業報告』.

臨時臺灣土地調査局, 1901, 『臺灣舊慣制度調査一斑』.

臨時土地調査局, 1901, 『臺灣舊慣制度調査一斑』.

姉齒松平, 1938, 『本島人ノミニ關スル親族法竝相續法大要』, 臺法月報.

持地六三郎, 1912, 『臺灣植民政策』, 冨山房.

鶴見祐輔, 1943, 『後藤新平傳』, 太平洋協會出版部.

後藤新平, 1901, 「臺灣の經營上舊慣制度の調査を必要とするの意見」, 『臺灣慣習記事』 1-5・1-6.

6) 조선총독부 간행물·단행본·관련자료

工藤武重, 1934, 『明治憲政史』, 有斐閣.

廣池千九郎, 1909, 『韓國親族法親等制度之硏究』, 法理硏究會.

金森德次郎, 1922, 『帝國憲法要綱』, 巖松堂.

吉武繁, 1931, 『朝鮮親族法要論』.

南雲幸吉, 1935, 『現行朝鮮親族相續法類集』.

內閣制度百年史編纂委員會, 1985, 『內閣制度百年史(上下)』, 大藏省印刷局.

內部警務局, 1910, 『民籍事務槪要』.

綠旗日本文化硏究所, 1940, 『氏創設の眞精神とその手續』.

大津淳一郎, 1927, 『大日本憲政史』.

大宅義一, 1938, 『(朝鮮)公文起案の實際』, 朝鮮圖書株式會社.

大宅義一, 1941, 『公文起案の基礎知識』, 朝鮮圖書株式會社.

東京大學出版會, 『帝國議會貴族院委員會速記錄』.

東京大學出版會, 『帝國議會貴族院議會速記錄』.

東京大學出版會, 『帝國議會衆議院委員會速記錄』.

東京大學出版會, 『帝國議會衆議院議會速記錄』.

東京大學出版會, 『樞密院會議議事錄』.

藤田東三, 1933, 『朝鮮親族法-主として朝鮮高等法院判例を中心としての考察』, 大阪屋號書店.

馬場社, 1926, 『朝鮮親族相續慣習法綜攬』.

梶康郎, 1926, 『帝國憲法要綱』, 帝國講學會.

法典調査局, 1909, 『慣習調査問題』.

司法法規改正調査委員會, 1937, 『司法法規改正調査委員會審議案(一)』.

山崎丹照, 1942, 『內閣制度の硏究』, 高山書院.

山崎丹照, 1943, 『外地統治機構の硏究』, 高山書院.

細谷正, 1915, 『日鮮對照朝鮮民籍要覽』.

小松綠, 1920, 『朝鮮倂合之裏面』.

小早川欣吾, 1940, 『明治法制史論』, 巖松堂.

松岡修太郎, 1941, 『外地法』, 日本評論社.

松岡修太郎, 1944, 『朝鮮行政法提要』, 東都書籍.

水野直樹, 1998, 『戰時期 植民地統治資料(1-7)』, 柏書房.

深井英五, 1953, 『樞密院重要議事覺書』, 岩波書店.

野村調太郎, 1939, 『朝鮮祭祀相續法論 序說』.

外務省, 1965, 『日本外交年表竝主要文書(上·下)』, 原書房.

外務省, 1966, 『小村外交史』, 原書房.

外務省, 1990, 『外地法制誌(1~12卷)』, 文生書院.

切山篤太郎·春澤得一, 1920, 『朝鮮親族相續慣習類纂』, 巖松堂京城店.

朝鮮總督府, 『司法官會議諮問事項答申書(1917)』; 『裁判所及檢事局監督官協議決定事項(1917. 10)』; 『司法官提出意見ニ對スル總督內示(1917. 10)』; 『司法官ニ對スル總督訓示·司法官ニ對スル總督指示·司法官ニ對スル司法府長官注意事項(1917. 10. 司法官會議)』.

朝鮮總督府, 1910, 『慣習調査報告書』(정긍식 편역, 2000, 『改譯版慣習調査報告書』, 한국법제연구원).

朝鮮總督府, 1915, 『朝鮮關係帝國議會議事經過摘錄』.

朝鮮總督府, 1915, 『朝鮮施政ノ方針及實績』.

朝鮮總督府, 1938, 『裁判所及檢事局監督官會議 總督訓示及法務局長注意事項集』.

朝鮮總督府, 1943, 『朝鮮統理と皇民化の進展』.

朝鮮總督府, 1994, 『朝鮮總督府帝國議會說明資料(1-17)』, 不二出版.

朝鮮總督府法務局, 1936, 『朝鮮の司法制度』.

朝鮮總督府中樞院, 1938, 『民事慣習回答彙集』.

朝鮮總督府中樞院, 1938, 『朝鮮舊慣制度調査事業概要』.

朝鮮總督府中樞院, 1945, 『民事慣習回答彙集(續編稿)』.

衆議院事務局, 『帝國議會衆議院秘密會議事速記錄集』.

衆議院事務局, 1914, 『衆議院事務概覽』.

中村哲, 1943, 『植民地統治法の基本問題』, 日本評論社.

持地六三郞, 1912, 『臺灣植民政策』, 冨山房.

拓務大臣官房文書課, 1934, 『外地ニ行ハソルル法律調』.

淸宮四郞, 1944, 『外地法序說』, 有斐閣.

2. 연구서

강만길 외, 2004, 『일본과 서구의 식민통치 비교』, 선인.

김동명, 2006, 『지배와 저항』, 경인문화사.

김운태, 1999, 『개정판 日本帝國主義의 韓國統治』, 박영사.

김종식, 2007, 『1920년대 일본의 정당정치』, 제이앤시.

김종식 외, 2022, 『일제의 조선 참정권 정책과 친일세력의 참정권 청원운동』, 동북아역사재단.

문준영, 2010, 『법원과 검찰의 탄생』, 역사비평사.

박병호, 1985, 『한국의 전통사회와 법』, 서울대출판부

박성진·이승일, 2007, 『조선총독부 공문서』, 역사비평사.

변은진 외, 2007, 『제국주의 시기 식민지인의 '정치 참여' 비교』, 선인.

소현숙, 2017, 『이혼 법정에 선 식민지 조선 여성들』, 역사비평사.

이승일, 2008, 『조선총독부 법제정책』, 역사비평사.

이영미, 2011, 『한국 사법제도와 우메 겐지로』, 일조각.

전상숙, 2022, 『조선총독의 지배정책』, 동북아역사재단.

정긍식, 2002, 『韓國近代法史攷』, 박영사.

조명근, 2022, 『일제강점기 화폐제도와 금융』, 동북아역사재단.

최석영, 1997, 『일제의 동화이데올로기의 창출』, 서경문화사.

홍양희, 2021, 『조선총독부의 가족정책』, 동북아역사재단.

古屋哲夫・山室信一 編, 2001, 『近代日本における東アジア問題』, 吉川弘文館.

駒込武, 1996, 『植民地帝國日本の文化統合』, 岩波書店(오성철 외 역, 2008, 『식민지제국 일본의 문화통합』, 역사비평사).

宮田節子, 1985, 『朝鮮民族と「皇民化」政策』(이형낭 역, 1997, 『朝鮮民衆과 '皇民化' 政策』, 일조각).

金英達, 1997, 『創氏改名の研究』, 未來社.

牧英正・藤原明久 編, 1993, 『日本法制史』, 靑林書院.

北岡伸一, 1988, 『後藤新平-外交とヴィジョン』, 中央公論社.

山本有造, 1992, 『日本植民地經濟史硏究』, 名古屋大學出版會.

西英昭, 2009, 『'臺灣私法'の成立過程 :テキストの層位學的分析を中心に』, 福岡: 九州大學出版會.

水林彪 編著, 2009, 『東アジア法硏究の現狀と將來』, 國際書院.

水野直樹, 2008, 『創氏改名―日本の朝鮮支配の中で』, 岩波書店.

王泰升, 1999, 『臺灣日治時期的法律改革』, 聯經.

王泰升, 2014, 『臺灣法における日本的要素』, 国立臺灣大学出版中心.

王太升, 1999, 『日本統治時期臺灣の法改革』, 聯經出版事業公司.

王太升, 2014, 『臺灣法における日本的要素』, 国立臺灣大学出版中心.

李英美, 2005, 『韓國司法制度と梅謙次郎』, 法政大學出版局.

鄭政誠, 2005, 『臺灣大調査-臨時臺灣舊慣調査會之硏究』, 博揚文化.

鄭鍾休, 1989, 『韓國民法典의 比較法的硏究』, 創文社.

鵜飼信成・福島正夫・川島武宜・辻清明 編, 1958-1967, 『(講座)日本近代法發達史(1~11冊)』, 勁草書房.

浅野豊美, 2008, 『帝國日本の植民地法制』, 名古屋大學出版會.

春山明哲, 2008, 『近代日本と臺灣: 霧社事件・植民地統治政策の硏究』, 藤原書店.

春田哲吉, 1999, 『日本の海外植民地統治の終焉』, 原書房.

桶口雄一, 2001, 『戰時下朝鮮の民衆と徵兵』, 總和社.

鶴見祐輔, 1943, 『後藤新平傳』, 太平洋協會出版部.

海野福壽, 1995, 『韓國倂合』, 岩波書店.

3. 연구논문

권태억, 2001, 「동화정책론」, 『역사학보』 172.

_____, 1994, 「통감부 설치기 일제의 조선근대화론」, 『국사관논총』 53.

김낙년, 1994, 「일본제국주의의 식민지 지배의 특질」, 『한국사(13)』, 한길사.

김동명, 1998, 「1920년대 식민지 조선에서의 정치운동 연구-일본제국주의의 지배에 대한 저항과 '협력'의 변증법」, 『한국정치학회보』 32-3.

_____, 1998, 「일본제국주의의 식민지 지배 체제의 개편-3·1운동 직후 조선에서의 동화주의 지배 체제의 확정」, 『韓日關係史研究』 9.

_____, 2001, 「15년전쟁하 일본제국주의의 식민지지배 체제의 전개」, 『일본학』 20, 동국대학교 일본학연구소.

김신재, 2016, 「일제 강점기 조선총독부의 지배정책과 동화정책」, 『동국사학』 60.

김영달, 1994, 「創氏改名의 制度」, 『創氏改名』, 학민사.

김종식, 2007, 「1919년 일본의 조선문제에 대한 정치과정-인사와 관제개혁을 중심으로」, 『한일관계사연구』 26.

_____, 2011, 「1910년대 식민지 조선 관련 일본 국내정치 논의의 한 양상」, 『한일관계사연구』 38.

김창록, 1994, 「日本에서의 西洋 憲法思想의 受容에 관한 硏究」, 서울대학교 박사학위논문.

_____, 1995, 「식민지 피지배기 법제의 기초」, 『법제연구』 8.

_____, 2002, 「制令에 관한 연구」, 『법사학연구』 26.

도면회, 1999, 「일제식민통치기구의 초기 형성과정」, 『일제식민통치기관연구』 1.

_____, 2014, 『한국근대형사재판제도사』, 푸른역사.

류승렬, 2007, 「한국의 일제강점기 '동화'론 연구에 대한 메타 분석」, 『역사와현실』 65.

문준영, 2001, 「제국일본의 식민지형 사법제도의 형성과 확산-대만의 사법제도를 둘러싼 정치·입법과정을 중심으로」, 『법사학연구』 23

_____, 2004, 「제국일본의 식민지형 사법제도의 형성과 확산-대만의 사법제도를 둘러싼 정치·입법과정을 중심으로」, 『법사학연구』 30.

미즈노 나오키, 2001, 「조선 식민지 지배와 이름의 '차이화': '내지인과 혼동하기 쉬운 이름'의 금지를 중심으로」, 『사회와 역사』.

미즈바야시 다케시 저, 이영미·문준영 역, 2009, 「日本近代法體系의 歷史的 特質-帝國憲法(1889년) 明治民法(1898년) 體制論」, 『법사학연구』 40.

박병호, 1992, 「일제하의 가족 정책과 관습법 형성 과정」, 『법학』 33-2.

서종진, 2020, 「일본 제국주의의 '내지연장주의'와 조선총독부의 '문화정치'」, 『한국정치외교사논총』 41-2.

손경찬, 2004, 「민형소송규칙의 제정과 의의」, 『법사학연구』 30.

손준식, 2002, 「일본의 대만 식민지 지배」, 『아시아문화』 18.

_____, 2010, 「일제 식민지 하 대만의 경찰제도의 변천과 그 역할」, 『중국근현대사연구』 47.

심희기, 2003, 「일제강점 초기의 판례와 법학: 일제강점 초기 "식민지 관습법"의 형성」.

윤대성, 1991, 「일제의 한국 관습조사사업과 민사관습법」, 『논문집(창원대)』 13-1.

_____, 1991, 「日帝의 韓國慣習調査事業과 傳貰慣習法」, 『韓國法史學論叢-박병호 교수 화갑 기념(2)』, 박영사.

이규수, 2004, 「야나이하라 타다오(矢內原忠雄)의 식민정책론과 조선인식」, 『대동문화연구』 46.

이병수, 1977, 「朝鮮民事令에 關하여-제11조의 관습을 중심으로」, 『법사학연구』 4.

이상욱, 1986, 「韓國相續法의 成文化過程」, 경북대학교 박사학위논문.

이승일, 2003, 「일제의 관습조사사업과 식민지 관습법의 성격」, 『역사민속학』 17.

_____, 2004, 「1910·20년대 조선총독부의 법제 정책」, 『동방학지』 126.

_____, 2005, 「조선총독부의 조선인 등록제도 연구-1910년대 민적과 거주등록부의 등록 단위의 변화를 중심으로」, 『사회와 역사』 67.

_____, 2005, 「조선호적령 제정에 대한 연구」, 『법사학연구』 32.

_____, 2006, 「조선총독부 공문서를 통해 본 식민지배의 양상-조선총독의 제령(制令)의 제정을 둘러싼 갈등을 중심으로」, 『사회와역사』 71.

_____, 2010, 「일제의 동아시아 구관조사와 식민지 법 제정 구상-대만과 조선의 구관입법을 중심으로」, 『한국사연구』 151.

_____, 2011, 「식민지 조선과 대만의 창씨개명·개성명 비교 연구」, 『대동문화연구』 76.

이재원, 1995, 「제국주의 식민통치 성격 비교: 프랑스-알제리」, 『역사비평』 2.

이형식, 2011, 「조선총독의 권한과 지위에 대한 시론」, 『사총』 72.

_____, 2014, 「1910년대 일본제국의회 중의원과 조선통치」, 『사총』 82.
_____, 2020, 「고이소 총독 시기(1942.5~1944.7) 조선총독부의 운영과 통치이념」, 『일본역사연구』 52.
전상숙, 2005, 「일제의 식민지 조선 행정일원화와 조선 총독의 '정치적 자율성'」, 『일본연구논총』 21.
전영욱, 2022, 「일제시기 제령의 위상과 정치적 역할」, 서울시립대학교 박사학위논문.
최은진, 2020, 「1930년대 조선농지령의 제정과정과 시행결과」, 한양대학교 박사학위논문.
한성민, 2016, 「을사조약 이후 일본의 '한국병합' 과정 연구」, 동국대학교 박사학위논문.

江橋崇, 1985, 「植民地における憲法の適用 ―明治立憲體制の一側面」, 『法學志林』 82卷 3·4號.
岡本眞希子, 1996, 「アジア·太平洋戰爭末期における朝鮮人·臺灣人參政權問題」, 『日本史研究』 401.
_____, 1997, 「アジア·太平洋戰爭末期の在日朝鮮人政策」, 『在日朝鮮人史研究』 27.
金英達, 1997, 「日本の朝鮮統治下における'通婚'と'混血'-いわゆる'內鮮通婚'の法制·統計·政策ついて」, 『人權問題研究室紀要』 39.
楠精一郞, 1991, 「外地參政權問題」, 『近代日本史の新研究』, 北樹出版.
大河純夫, 1989·1993·1994, 「明治8年太政官布告第103號〈裁判事務心得〉の成立と井上毅 (1)~(3)」, 『立命館法學』 205·206, 227.
鈴木一郞, 2000, 「後藤新平と岡松參太郞による舊慣調査(1)」, 『東北學院大學法學政治學研究所紀要』 8.
_____, 2001, 「後藤新平と岡松參太郞による舊慣調査(2)」, 『東北學院大學法學政治學研究所紀要』 9.
山根幸夫, 1979, 「臨時臺灣舊慣調査會の成果」, 『論集: 近代中國と日本』, 東京: 山川出版社.
水野直樹, 1997, 「戰時期の植民地支配と'內外地行政一元化'」, 『人文學報』 79. , 2001, 「國籍をめぐる東アジア關係」, 『近代日本における東アジア問題』, 吉川弘文館.
王鉄軍, 2008, 「近代日本政治における臺灣總督制度の研究」, 『中京法學』 43-1.
王鉄軍, 2009, 「臺灣總督府司法官の形成」, 『中京法學』 43-3·4.
田中隆一, 2000, 「帝國日本の司法連鎖」, 『朝鮮史研究會論文集』 38.

淺野豊美, 1998,「日本帝國最後の再編」,『戰間期のアジア太平洋地域-國際關係とその展開』, 早稻田大學社會科學硏究所.

靑野正明, 2002,「朝鮮總督府の'創氏'構想」,『桃山學院大學總合硏究所紀要』28-2.

村上一博, 1998,「裁判基準としての習慣と民事慣例類集」,『同志社法學』49-5.

春山明哲, 1980,「近代日本の植民地統治と原敬」,『日本植民地主義の政治的展開1895~1934年』, アジア政經學會.

春山明哲, 1988,「臺灣舊慣調査と立法構想」,『臺灣近現代史硏究(6)』, 岩波書店.

春山明哲, 1993,「明治憲法體制と臺灣統治」,『岩波講座 近代日本と植民地 4』, 岩波書店.

平野武, 1972,「日本統治下の朝鮮の法的地位」,『阪大法學』83.

檜山幸夫, 2018,「臺灣總督の律令制定權と外地統治論」,『臺灣總督府の統治政策』, 創泉堂出版.

찾아보기

ㄱ

가바야마 스케노리 54
가쓰라 다로 74
가와카미 소로쿠 60
각령 112, 113
각의결정 117
경찰명령 133
경찰범처벌규칙 133, 270, 289
고다마 히데오 157
고마쓰 미도리 78, 157
고이소 구니아키 203
고토 신페이 100
공식령 115
공통법 165, 169, 170
공통법규조사위원회 169
관습 성문화 190
관습법 161, 165, 177
관습조사보고서 163
구관 156, 160
구관급제도조사위원회 164
구관심사위원회 164
구관입법 32
구관주의 159, 160

구라치 데쓰키치 78
구라토미 유사부로 97, 157
국무대신 115
국방보안법 322, 325, 329
귀족원령 122
긴급칙령 113
긴급칙령 제324호 84

ㄴ

내각관제 115
내선일체 14, 199, 209
내외지행정일원화 104, 107, 207
내지연장주의 15, 28, 30, 70, 73

ㄷ

다나카 다케오 209
대권명령 113
대동아성 104
대만민사령 32, 152, 156
대만사무국 59, 62
대만조례안 25, 60
대만총독부관제 31
대만총독부평의회 27, 67, 69

대만통치법 25, 62
대명률 295
대심원 56
데라우치 마사타케 33, 74
덴 겐지로 70
도령(島令) 124
도령(道令) 124
도조 히데키 224
동화정책 14, 16, 18, 20
동화주의 14, 18

ㄹ
르봉 16, 24, 55

ㅁ
마쓰다 겐지 90
마쓰이 시게루 157
마쓰테라 다케오 97, 157
메이지헌법 15, 59, 69, 77, 80, 87, 120
미나미 지로 208
미야모토 하지메 194, 208
미즈노 렌타로 120
미즈노 준 67
민적법 172

ㅂ
범죄즉결례 250
법례 168
법률 제30호 27, 31

법률 제3호 29, 31, 70
법률 제31호 29
법률 제63호 26, 27, 31, 68
법률취조위원회 157
법제국 31, 117
법제일원화 190, 193
병역법 205
병합준비위원회 78, 80, 153
보안법 295, 313, 314, 317
부동산물권 160
부령(府令) 124, 132

ㅅ
사법경찰관 255, 258
사법경찰사무와 영장집행에 관한 건 255, 257
사법법규개정조사위원회 186, 189
사법협회 164
사이토 마코토 103, 120
삼림령 295
서양자 185, 195
성령 112
성문법 161, 165, 177
시바타 젠자부로 119
신문지법 295
신탁법 188
씨(氏) 195

ㅇ

아리요시 주이치 157
아베 노부유키 213
아즈미 도키타로 157
아카시 모토지로 97
야나이하라 다다오 18
야마가타 아리토모 74
야마나시 한조 103
야마다 사부로 82
야스히로 반이치로 79, 90
예심 281, 283
오노 로쿠이치로 208
와타나베 도오루 157
요코타 고로 180
우라베 기타로 90
우메 겐지로 155
육군형법 325, 328
율령 32, 72, 113
이법역 165, 166
이법지역 166, 170, 227
이성양자 185
이식제한법 167
이적(移籍) 200, 214
이토 히로부미 60
일본민법주의 159, 193
일시동인 14, 209
입법명령 113
입법원 24, 27, 56
입법회의 25, 61

ㅈ

자주주의 18~20
자치정책 20
자치주의 14, 19
재판소구성법 243
정치에 관한 범죄처벌의 건 249, 315
제국의회 77, 112, 120
조서 115
조선감옥령 317, 318
조선감옥령시행규칙 317
조선고등법원 163
조선교육령 118, 120
조선기류령 142
조선농지령 33, 128
조선민사령 29, 32, 33, 152, 154, 157, 158, 180, 195
조선민사령급민적법개정조사위원회 174, 184
조선소작령 33
조선에 있어서의 법률효력에 관한 건 278
조선은행법 34, 129
조선임시보안령 324, 325, 328
조선전시형사특별령 247
조선총독부관제 31, 83, 241
조선총독부령 132
조선총독부사무분장규정 242, 245
조선총독부재판소령 239, 240, 246, 247, 252

조선총독부판사징계령 242
조선친족령 203, 206
조선태형령 294, 295, 304, 306, 312
조선통치사견 27
조선형사령 29, 33, 244, 248, 250, 255, 258, 270
조선호적령 184, 196, 205
조언비어 325
종속주의 18
종합행정권 206
중의원 122
중의원선거법 122, 222
중추원 164
즉결심판 287
집행명령 113, 132

ㅊ

참정권 214
창씨개명 199
척무성 101
척식국 99
척식무성 98
철도사항범죄인처단례 263
총독부평의회 25, 63
추밀원 117
출판법 295
취조국 164
치안유지법 250
칙령 112, 113

ㅋ

커크우드 24, 27, 55, 56, 59

ㅌ

통감부재판소령 238, 239, 244, 262
통감부재판소사법사무취급령 279
특별통치주의 28

ㅍ

폭력행위 등 처벌에 관한 건 250

ㅎ

하나이 다쿠조 91
하라 다카시 27, 65, 70
하라 세이테 177
한국인에 대한 사법에 관한 건 279
해군형법 325, 328
형법대전 263, 271, 293, 300, 311
형사소송법 278
형사재판비용규칙 263
호적법 172, 205
호적협회 164
후카자와 신이치로 187
훈령 134

동북아역사재단 일제침탈사 연구총서 06
일제의 식민지 법 체제와 조선통치

초판 1쇄 인쇄 2023년 12월 15일
초판 1쇄 발행 2023년 12월 27일

지은이 이승일 · 김항기
펴낸이 이영호
펴낸곳 동북아역사재단

등 록 제312-2004-050호(2004년 10월 18일)
주 소 서울시 서대문구 통일로 81 NH농협생명빌딩
전 화 02-2012-6065
팩 스 02-2012-6186
홈페이지 www.nahf.or.kr
제작·인쇄 역사공간

ISBN 979-11-7161-033-4 94910
       978-89-6187-669-8 (세트)

- 이 책은 저작권법에 의해 보호를 받는 저작물이므로 어떤 형태나 어떤 방법으로도 무단전재와 무단복제를 금합니다.
- 책값은 뒤표지에 있습니다. 잘못된 책은 바꾸어 드립니다.